浙江大学文科高水平学术著作出版基金资助出版

中青年艺术史学者论丛

薛龙春　主编

三代遗风

古代中国物质文化中的复古

Legacy of
the Three Dynasties

Renaissance in
Ancient Chinese Material Culture

许雅惠　著

浙江大学出版社
ZHEJIANG UNIVERSITY PRESS
·杭州·

图书在版编目（CIP）数据

三代遗风：古代中国物质文化中的复古 / 许雅惠著.
杭州：浙江大学出版社, 2024. 8. -- ISBN 978-7-308
-25071-9

Ⅰ. K877.24

中国国家版本馆CIP数据核字第20243NP912号

三代遗风

古代中国物质文化中的复古

SANDAI YIFENG
GUDAI ZHONGGUO WUZHI WENHUA ZHONG DE FUGU

许雅惠　著

策划编辑	殷　尧
责任编辑	殷　尧　徐凯凯
责任校对	蔡　帆
封面设计	项梦怡
出版发行	浙江大学出版社
	（杭州市天目山路148号　　邮政编码　310007）
	（网址：http：//www.zjupress.com）
排　　版	云水文化
印　　刷	浙江海虹彩色印务有限公司
开　　本	787mm×1092mm 1/16
印　　张	25
字　　数	422千
版 印 次	2024年8月第1版　2024年8月第1次印刷
书　　号	ISBN 978-7-308-25071-9
定　　价	198.00元

浙江大学出版社市场运营中心联系方式：0571-88925591；http://zjdxcbs.tmall.com

总　序

　　本丛书所收录的作者都来自东亚，大多出生于20世纪六七十年代，如今正值盛年。他们多在海外取得博士学位，目前又都供职于美国、日本与中国港台地区的高校或博物馆，身处研究与策展的一线。

　　在世纪之交，北京生活·读书·新知三联书店策划了"开放的艺术史"丛书，由尹吉男教授主编，翻译出版了高居翰、雷德侯、巫鸿、包华石、白谦慎、乔迅等众多海外学者的研究成果。"开放的艺术史"丛书并没有收录更年轻一辈学者的研究成果，于是，我们这套"中青年艺术史学者论丛"就有了一个很好的出版契机。

　　收入本丛书的著作，涉及书法、绘画、器物、宗教美术、视觉文化与中外艺术交流，这些研究成果与"开放的艺术史"丛书中所收录的著作形成了一种接力。收入"开放的艺术史"丛书中的著作今天已经为中文学界所熟知，在深化中国艺术史研究方面，功绩卓著。希望本丛书能承前启后，担负起在此领域内推动开放与交流的职责。

　　这批作者的研究各有特点，读者在阅读中不难发现。他们处于强调"原物"的前辈学者与强调跨学科、跨文化的后辈学者之间，故而也有一些共同的特点。他们大多接受过良好的视觉训练，擅长处理形式与风格的问题，这种能力无疑得益于前辈学者。而在当下的学术风气中，是否懂得鉴定的技巧，能否作出审美判断，似乎已经不那么重要，具备这种能力的学者也越来越少。本丛书中的作者在研究中也寄寓了理论关怀，善于借助社会理论来观察艺术史现象。概言之，这批中青年学者既有对形式的敏感力与分析力，也能娴熟运用现代理论，对于解释力的提升有强烈的渴望，这或许是20世纪六七十年代出生的艺术史学者的特点。期望这些著作的出版会引起相关领域的关注，并刺激中国艺术史研究的反思与新变。

　　在我们开始策划这套丛书后不久，疫情便开始在全球肆虐，学界的很多交流被迫中断，甚至联络都变得困难起来。而本丛书中的作者克服了巨大的时空障碍，及时完成了书稿的写作、翻译与打磨，在此我谨代表编者感谢他们的信任与付出。愿疫情尽早结束，愿作者和广大的读者因为这套丛书成为知音。

薛龙春

2022 年元旦

序 言

从事晚期复古铜器研究至今，已二十余年。当年我在台北故宫博物院的铜器科工作，负责"古色——十六至十八世纪艺术的仿古风"特展筹备工作，每日在地下库房中面对数量庞大的仿古铜器，试图理出些许头绪，而图录文章算是初步成果。2004 年，我负笈美国耶鲁大学，以宋代金石与艺术复古为题，取得博士学位，之后在台湾大学历史系任教至今。

本书所收录我在 2003 年时于晚期复古铜器研究领域发表的第一篇学术专论，该文首次将《绍熙州县释奠仪图》纳入晚期复古礼器的研究视野。在这篇略嫌生涩的文章中，讨论了这本礼器图与《宣和博古图》的关系，及其作为宋、元礼器图式范本的重要角色。这篇文章首次将研究材料扩展到《绍熙州县释奠仪图》这类具有实用功能的礼器图，一方面点出复古礼器的儒学脉络，另一方面也指出，在印刷时代，通过他类图籍的撷取与转载，上层知识精英的金石礼器知识得以如涟漪般"间接"传播至社会其他阶层。这些年来，这篇文章中的材料已广为学者引用，论点也几乎成为学术常识，具有一定的学术史意义。

《绍熙州县释奠仪图》的研究使我留意到图册与器物制作间的关系，同时也觉得有必要梳理清楚古铜器收藏在北宋的缘起。宋代是雕版印刷的第一个高峰，无论是金石图录还是礼器图都有赖印刷而得以广泛流通，于是我的博士论文便以印刷图籍与仿古艺术之间的关系为题，探讨印刷文化与物质文化的交会。此外，北宋第一代金石学家多属士大夫阶层，这些社会精英研究古铜器不仅出于知识上的兴趣，也具有现实的政治意义，如元祐宰相吕大防所说："聚前代之藏珍，备兴朝之法器。"我的博士论文也明白揭示宋代金石学的此重政治功能。

2010 年完成的博士论文，是我从事复古艺术研究十年的成果，并获得耶鲁大学艺术史系当年度最佳博士论文奖。可惜回台北任教后，由于评职称的要求，必须将精力用于开发新课题，博士论文中仅两章改写成论文发表。其中一篇论文承蒙美国加州大学洛杉矶分校罗泰（Lothar von Falkenhausen）教授厚爱，收入他参与编辑的比较世界古物学专书。本书收录了这两篇文章，并译成中文，方便读者利用。

2010 年至今，由于我在大学任教，肩负教学、研究、学术服务等各种事务，复古艺术研究只能是多项任务之一了，此阶段主要完成了之前受限于博士论文主题而搁置的一些课题。之前研究《绍熙州县释奠仪图》时，便注意到韩国陶瓷与日本释奠礼器，台湾大学艺术史研究所的谢明良教授也不时与我分享一些材料与见解。不过这个课题要到我在大学任教后，才有机会付诸文字。这篇初探性质的文章，除了具体比对中、韩文物，也持续关注图籍的媒介功能，包括金石图录、礼器图与类书，将图籍传入高丽与朝鲜的脉络稍作梳理。

日本茶道中的唐物古铜器，也是我一直感兴趣的材料，应美国南加州大学李琛妍（Sonya Lee）教授之邀，我开始研究 20 世纪早期日本的中国古铜器的接受。这篇文章对日本吸收中国古铜器的过程进行了长时段梳理，并讨论当日本收藏向现代转化之时唐物传统所扮演的角色。文章原以英文发表，此次也译为中文。这两篇日、韩研究都属尝试之作，延续我对图籍与器物之间相互阐发的关怀，也发掘了一些有意思的新材料，抛砖引玉，希望能引起更多研究者的重视。

任何留心宋代复古艺术的人一定会注意到《三礼图》这本书，作为《考古图》与《宣和博古图》的对立面，宋人经常讨论这本书，也不乏言词激烈的批评，现代经学研究者更是嗤之以鼻。《三礼图》曾是我博士论文的候选题目之一，后来虽然放弃，但许多问题仍萦绕心中。特别是镇江府学刊本特殊的页面形式，与现存宋版书皆不相同，我猜想它也许还保留着中古时期五经壁画的图绘特点，只是没有证据。作为竞争的失败者，《三礼图》能有何正面意义？最后我总算在书籍文化史中找到了着力点：源远流长的《三礼图》提供了一个罕见案例，由其书籍形式的变迁，可看出读者如何"使用"这本书，而现存的宋元礼器，见证了《三礼图》的具体使用情况。

本书中的文章，除第三章"今之古礼"是为一个因疫情而夭折的展览所写、首发在此，其他章节皆已发表。局部内容或有重复，为顾及文章的完整性，此次出版仍维持原貌，不作删节。在书籍版本方面，早年《宣和博古图》只有清宫文渊阁四库全书本与清初亦政堂刊本曾全本影印出版。随着研究深化，我开始利用台北"中研院"历史语言研究所傅斯年图书馆收藏的元至大重修本，不过这个本子没有影印出版。上海图书馆另藏有一至大本，2008 年收入中华再造善本影印出版，有时我也参照这个本子。本书中不同章节的写作，前后历时十多年，使用的书籍版本不免有所出入，《宣和博古图》之外，《考古图》《绍熙州县释奠仪图》也有这种情况。此次整理文稿，尽量将主要图录的版本统一，采用我所能见到的最佳本子：《宣和博古图》采傅斯年图书馆所藏元至大重修版，《考古图》采中华书局影印文津阁四库全书版，《绍熙州县释奠仪图》采百部丛书集成之指海本，《三礼图》以镇江府学刊《新定三礼图》为主要版本。

本书是我自初出茅庐以来二十余年学术历程的缩影。本书的出版，首先感谢来国龙教授与白谦慎教授的邀约，出版过程中劳烦薛龙春教授甚多，特申谢忱。我在台湾大学的助理黄庭硕、欧阳宣、邹培姗完成了翻译的初稿，林柏安、陈昱硕统一了脚注与图注格式，在此一并致谢。最后，黄铭崇伴我走过这一路的跌宕起伏，他的包容——无论是生活还是学术上——我都感受在心。

许雅惠

2021 年 4 月 6 日

目　录

第一章
政治漩涡中的北宋金石学家 [1]

人们对过去遗存产生兴趣的原因有许多：收藏家出于对古代遗物的爱好，博物学者怀抱重建人类历史的梦想，统治者以此追寻自我肯定或统治正当性。无论何者，对古代遗存的兴趣总在特定的时空脉络下被点燃，且往往与历史事件交织在一起。其终极之关怀，有些被公开宣告，众所周知；有些则秘而未宣，但志同道合者自能领会。只有经过仔细梳理，现代的研究者才能揭示出那些隐而不显的内部宣言，掌握金石收藏与研究在历史、文化及政治等诸多因素交织下的动态发展。

在中国历史上，首先系统地搜集并研究古代遗物、建立起金石学研究的是北宋（960—1127）学者。他们的青铜器铭文研究为古文字学奠定了基础，他们的金石研究成为后代学习的楷模，他们编纂的图录成为元（1271—1368）、明（1368—1644）、清（1644—1911）古铜器知识的主要来源。宋代金石著作的"现代"性格，使一些学者将北宋金石学视为现代中国考古学的本土起源。[2]但古物为何忽然在11世纪引起士大夫如此之关注？由于北宋绝

<hr>

1　本章译自 Ya-hwei Hsu, "Antiquaries and Politics: Antiquarian Culture of the Northern Song, 960-1127," in Alain Schnapp et al, eds., *World Antiquarianism: Comparative Perspectives*（Los Angeles: Getty Research Institute, 2013）, 230-248。

2　王国维与 R. C. Rudolph 都强调宋代金石学的现代性格，见 Guowei Wang, "Archaeology in the Song Dynasty," *The China Journal* 6, no. 5（1927）: 222-231; R. C. Rudolph, "Preliminary Notes on Sung Archaeology," *Journal of Asia Studies*, 22, no. 2（1963）: 169-177。张光直注意到宋代金石学与现代考古学在方法上的差异，但也强调二者都被视为历史书写的工具，见 K. C. Chang, "Archaeology and Chinese Historiography," *World Archaeology*, 13, no. 2（1981）: 156-169。

大多数金石收藏家也活跃于政坛，本章将思考士大夫所怀抱的政治与文化理念，如何成为驱动金石收藏与研究的根本动力，同时又如何与当时的宫廷政治联系紧密。

一、金石研究的兴起

北宋金石学始于欧阳修（1007—1072）的提倡，这位多才多艺的士大夫在许多方面都有出色表现。他是能干的官员、流畅的作家、敏锐的史家，也是热忱的金石学者。在文学领域，他公开提倡古文，希望回归上古、两汉平易的写作风格，成功改革了当时流行的骈体。在儒家经典研究方面，他鼓励学者批判传世的文本与注疏，开启疑经的理性新时代。作为一位史家，他未受官方支持，独自完成《新五代史》。这部作品受到同时代人的重视，因为欧阳修在书中援引《春秋》的微言大义与道德训诫，而《春秋》这部经典则被视为曾被孔子（传统说法是前 551—前 479）亲自删定。[1]欧阳修也是研究商周铜器铭文和汉唐碑刻的先驱，并留下《集古录》。综合说来，欧阳修可以说是领导 11 世纪后半叶北宋文化发展的灵魂人物。

作为一位金石学者，欧阳修感兴趣的并非石碑与铜器本身，而是其上镌刻的文字，《集古录》即是明证。该书收录欧阳修所收藏的拓片一千卷，包括铜器铭文与石碑文字以及他的评论。流传至今，绝大多数的拓片均已散失，仅存欧阳修的评论。《集古录》序中，欧阳修热切地表达收藏拓片带给他的快乐。艾朗诺（Ronald Egan）曾讨论过感性层面在欧阳修收藏活动中的重要性，此与当时士大夫的审美追求相互呼应。[2]

在整部《集古录》中，欧阳修一直认为有必要向他的读者说明，为何收藏古代铭文不是玩物丧志，而是高雅的学术活动。他不断强调自己的收藏有助于订正传世儒家经典中的错误。此外，古代铜器和石碑上的文字也为书法提供了范本。欧阳修曾向轻视书法的石介（1005—1045）表示，书写展现出

1　关于欧阳修纂修《新五代史》及部分内容翻译，见 Richard L. Davis, *Historical Records of the Five Dynasties*（New York: Columbia University Press, 2004）。

2　Ronald Egan, *The Problem of Beauty: Aesthetic Thought and Pursuits in Northern Song Dynasty China*（Cambridge, Mass.: Harvard University Asia Center, 2006）, 7-59.

一个人的性格与人品，有德行之人应当以合适之书风来书写。[1]诚如过往研究中所指出的，欧阳修盛赞颜真卿（709—785）的书法，正是由于颜氏崇高的道德境界。[2]作为一位受命招抚叛军将领的高阶士大夫，颜真卿被扣留，屹立不屈，拒绝投降，最终被缢死。欧阳修相信，通过临摹颜真卿的书法，书写者也能学习颜真卿的高尚品德。由此可知，欧阳修的拓片收藏也蕴含道德训诫的意味。

第一位认真收藏古器物本身而非器铭的学者，是较欧阳修年轻的友人刘敞（1019—1068）。欧阳修收藏的部分铜器，即是刘敞相赠，[3]大部分的铜器铭文拓片亦然。[4]尽管刘敞是最早有系统地收藏并研究古铜器的人，他最为人所知的却是其经学研究。在王称（活动于1100年左右）写的刘敞传中，详细记载刘敞对礼的研究，并列举《春秋》及其他经典注释作为其代表著作。[5]刘敞也被认为是第一位直视经典而非通过汉唐注疏传统来理解经典的学者。[6]

除了经学著作外，刘敞也写了一部关于古代青铜礼器的著作——《先秦古器图》。此书记录他在陕西知永兴军时的收藏，仅存序说明此书之缘起。[7]与欧阳修不同，满足情感需求在刘敞的金石收藏中并不重要。刘敞将这些器物视为古代知识与思想的结晶，由于古器亦来自圣人之所出的年代，必有助于阐明传世经典，同时能补足圣人之言。通过对古器物的研究，他希望有朝一日能实现"礼家明其制度，小学正其文字，谱牒次其世谥"[8]。这样的学术倾向体现在刘敞的研究取径上——探究器物铭文、功能与历史的关联。由此看来，刘敞作为经学家的身份甚于金石收藏者。

1　见欧阳修：《欧阳文忠公集》，《四部丛刊初编》（上海：上海书店，1984—1989），卷66，页7b—11b。亦见欧阳修对书法的评论，见欧阳修：《欧阳文忠公集》，卷129，页5a-b。

2　关于欧阳修对颜真卿书法之推崇，以及士大夫阶层通过树立新的书法典范与帝王审美相抗衡，研究见 Amy McNair, *The Upright Brush: Yan Zhenqing's Calligraphy and Song Literati Politics*（Honolulu: University of Hawaii Press, 1998）。

3　欧阳修：《欧阳文忠公集》，卷134，页1a-b、11a—12a、19b。

4　欧阳修：《欧阳文忠公集》，卷134，页19b。

5　刘敞的传记，见王称：《东都事略》，据宋绍熙间眉山程舍人刊本影印（台北："央图"，1991），页1155—1160；亦见脱脱等撰：《宋史》（北京：中华书局，1977），卷319，页10383—10387。

6　关于宋代的经学研究，见皮锡瑞著，周予同注释：《经学历史》（北京：中华书局，1959），页220—221。

7　刘敞：《公是集》，《百部丛书集成》，据清乾隆敕刻武英殿聚珍本影印（台北：艺文印书馆，1965），卷36，页13b—14a。

8　刘敞：《公是集》，卷36，页13b—14a。

博学如刘敞，也坦言无法阐明古铜器的所有面向，即便是铭文，也仅能释读出一半的文字。[1] 刘敞的铭文研究大部分已佚失，少部分内容因被征引而得以保存。举例来说，刘氏对公元前 8 世纪的一件铜鼎——晋姜鼎——之释文，便被欧阳修《集古录》所引用，之后又被收录在吕大临《考古图》（此书是另一部北宋金石巨作，将于后文详论）中。刘敞以圆圈标出他无法释读的字（参见图 1-3 ）。[2] 在此古文字研究的萌芽阶段，有大量铭文尚未能释出。尽管如此，他仍勤勉不倦地研究、整理古铜器及其铭文，期盼来日有人能延续这项工作。由此来看，《先秦古器图》主要收集刘敞接触过的古铜资料并呈现研究现状，而非一部论述之作。然而该书描摹古铜器及其铭文的表现方式，对之后的金石藏家产生了深刻影响。

在欧阳修与刘敞的倡导下，金石收藏与研究的风气迅速传播，特别是在1061 年欧阳修被任命为参知政事后。欧阳修吸引了不少有潜力的年轻士人至门下，以他为中心，形成了一个收藏圈。他们分享新的发现并交换彼此的拓片，同时启发其他的朝廷士大夫或活跃于京师的士人。[3] 这些年轻士人有不同的偏好，但对古物都有极大的兴趣。欧阳修的一位门生——著名的诗人及绘画评论家苏轼（1036—1101 ）也收藏古代铜器，并留下了一些评论。[4] 苏轼的友人、知名的文人画家李公麟(1042—1106)，则将其所收藏的铜器、玉器绘制成长卷，并加上评论，与友人分享。[5] 李氏的作品现已不存，不过他的评论有些被后来的图录征引，学者 Robert E. Harrist 据此得以重建李氏的部分收藏。[6] 在古铜器的礼仪、历史及美学等面向之外，同时期的博物学家沈括（1031—1095 ）则对铜器制造的工艺技术，提供了富有洞见的观察。[7]

11 世纪后半叶，随着欧阳修与刘敞著作的流传，古物的收藏与研究也在士大夫之间蓬勃发展。1092 年，现存最早的古铜器图录《考古图》问世，此

1　刘敞：《公是集》，卷 36，页 13b—14a。

2　吕大临：《考古图》，《四库全书存目丛书》子部 77（台南：庄严文化，1995 ），页 622。

3　在欧阳修《集古录》中，收有欧阳修与其友人交换拓片的信件。欧阳修：《欧阳文忠公集》，卷 134，页 20a—21a。

4　见苏轼：《东坡题跋》，《宋人题跋》（台北：世界书局，1962 ），页 12、119。

5　翟耆年：《籀史》，《百部丛书集成》，据清道光钱氏据墨海金壶刊版重编增辑本影印（台北：艺文印书馆，1965— ），页 11—13。

6　Robert E. Harrist, "The Artist as Antiquarian: Li Gonglin and His Study of Early Chinese Art," *Artibus Asiae*, 55, nos. 3-4（1995 ）: 237-280.

7　沈括撰，胡道静校注：《梦溪笔谈》（北京：中华书局，1958 ），页 192—194。

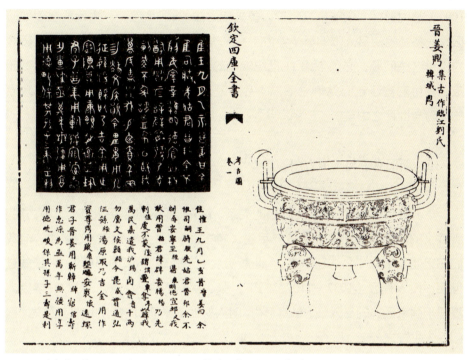

图1-1 《考古图》(1092年后记)的页面格式,《四库全书》本

书由吕大临(1047—1093)编著。《考古图》现存有几个版本,多为17世纪以后,据说18世纪清宫修纂的《四库全书》本之底本是宋本。[1] 作为古铜器图录的先驱之作,《考古图》将每件器物的图像与铭文并置,创立了铜器著录的新格式,同时提供了全新的视觉体验(图1-1)。《考古图》一书对金石出版的持久影响,甚至及于今日。

值得注意的是,《考古图》并非个人的收藏记录。除了宫廷收藏之外,其中还收集了37位私人收藏家的藏品,数量超过200件,其中仅有8件属吕氏家族收藏。由于每件器物均有线绘图,吕大临必定认识这些收藏家,并且有渠道接触原件而绘成线图。吕大临是基于何种动机,将零散的私人收藏汇集成一本有系统的图录?吕大临的兄长,亦即著名的政治家吕大防(1027—

---

1 现存最早的《考古图》是14世纪印本,根据1299年版本;图像质量最佳的是18世纪《四库全书》版。年代最早的版本,见吕大临:《考古图》,《四库全书存目丛书》子部77(台南:庄严文化,1995),页614—750。《四库全书》本,见吕大临、赵九成撰:《考古图 续考古图 考古图释文》(北京:中华书局,1987),本书收录容庚对《考古图》版本之研究,又见容庚:《宋代吉金书籍述评》,曾宪通选编:《容庚选集》(天津:天津人民出版社,1994),页3—73。

1097）曾说道："聚前代之藏珍，备兴朝之法器。"[1]然而，古代珍宝要如何振兴一朝？驱使吕大临编纂《考古图》的动力，是否已超越知识与学术范畴？为探讨这些问题，必须考虑 11 世纪晚期的政治情况。我们将发现，在激烈而难以妥协的宫廷新旧党争之下，《考古图》这样的金石之作也被卷入了政治的攻防与批评之中。

二、新旧党争与《考古图》

要了解《考古图》与当时政治的关系，首先要问：谁是吕大临？《考古图》所载录的收藏家又是些什么人？尽管《考古图》是吕大临仅存的著作，但我们知道他是一位知名的理学家。[2]他最初从学于张载（1020—1077），张载过世后，投入程颐（1033—1107）门下，张、程二人均为名震一时的理学家。浸淫于儒家经典的吕大临，专精于礼，时人对他的学问赞誉有加，将其列为"程门四先生"之一。

吕大临来自中产之家，他的父亲仅于地方任职，不过，吕大临及兄弟五人均高中进士。[3]其兄长吕大防更在哲宗（1086—1100 年在位）元祐年间（1086—1094）担任宰执，[4]吕大临得以编纂《考古图》，应与此有密切关联。

元祐年间是北宋新旧党争的关键时刻，朝中新、旧两党之间的裂痕再难弥合。此政治冲突可追溯至 11 世纪 60 年代晚期，王安石说服年轻的神宗皇帝（1068—1085 年在位）施行全面性改革，变法的目标是整顿军事积弊、财政赤字、官僚效率以及其他社会问题。[5]王安石针对政府组织、税制、学校及

1　见稽璜编：《钦定续通志》，据台北故宫博物院藏本影印（台北：台湾商务印书馆，1983），卷 394，页 620。

2　吕大临的传记，见王稱：《东都事略》，页 1367—1368；亦见脱脱等撰：《宋史》，卷 340，页 10848—10849。

3　吕氏兄弟有五位取得进士，其中四位取得进士的时间分别是 1049 年、1053 年、1057 年及 1061 年。见吕懋勋编：《蓝田县志》（台北：成文出版社，1969），页 290。

4　吕大临传，见王稱：《东都事略》，页 1363—1367；亦见脱脱等撰：《宋史》，卷 340，页 10839—10844。

5　关于王安石变法，见 James T. C. Liu, *Reform in Sung China: Wang An-shih (1021-1086) and His New Policies* (Cambridge, Mass.: Harvard University Press, 1959) ; and Paul Smith, "Shen-tsung's Reign and the New Policies of Wang An-shih, 1067-1085," in *The Cambridge History of China*, vol. 5, pt. 1, eds. Denis Twitchett and Paul J. Smith et al.,(Cambridge University Press, 2009), 347-483。

科举制度所推行的激进改革，起初被寄予厚望，然而士大夫之间对变法的不同意见迅速演变成不同阵营的公开斗争，新、旧二党遂形成。支持王安石变法的新党在整个神宗朝都握有大权，反对变法的旧党士大夫多数被贬谪，离开京师。1085 年，神宗驾崩，继位的哲宗皇帝年纪尚幼，由宣仁太后（1032—1093）摄政，她召回旧党，停止新法，政治潮流逆转。然而，当 1093 年宣仁太后过世，哲宗亲政，主张改革的新党再度重掌权力。之后继位的徽宗（1101—1125 年在位）进一步采取严厉的措施，禁元祐党，并持续推动新政。

历史学家将北宋晚期政治分为三个阶段：改革（1069—1085）、反改革（1086—1093）、后改革（1094—1125）。[1] 长期的新旧党对立主导着朝廷政治，并渗透至各层面。在这期间，保守的旧党一直被贬抑，仅在"反改革"的元祐年间短暂掌权。此正是吕大防被召回汴京、拔擢为宰相之时，由此可知，吕大防属于旧党，是反对变法的主要角色。吕大临则于此时任职秘书省，开始编纂《考古图》。

《考古图》一书所收录的收藏家，不乏坚定的反变法者。举例而言，文彦博（1006—1097）有 16 件铜器被收在《考古图》中，他曾任仁宗朝（1023—1063）宰相。[2] 文彦博与王安石因变法而不合，请求致仕，离开京师开封，前往西京洛阳。洛阳成为保守派的中心，隐然与开封的朝廷相抗衡。吕大临所师从的程颐亦居洛阳，且同样反对变法，吕大临或许是在这期间与文彦博熟识。元祐年间，文彦博被召回京师，重返政坛，直至致仕。

金石学先驱刘敞的藏品也收录于《考古图》，共 13 件。刘敞在《考古图》编纂前便已过世，吕大临应是通过《先秦古器图》一书或刘敞之子刘奉世（1041—1113）取得这些资料的。刘奉世同样也是反改革的旧党支持者，亦在元祐朝为官。[3]

检索《考古图》收录的收藏家传记，可以发现还有一些人也于元祐年间

1　关于北宋晚期党争政治的研究，见 Liu, *Reform in Sung China*, 9; Ari Daniel Levine, "Che-tsung's Reign（1085-1100）and the Age of Faction" and "The Reigns of Hui-tsung（1100-1126）and Ch'in-tsung（1126-1127）and the Fall of the Northern Song", in *The Cambridge History of China*, vol. 5, pt. 1, eds. Denis Twitchett and Paul J. Smith et al.,（Cambridge: Cambridge University Press, 2009）, 484-555, 556-643。亦见罗家祥：《北宋党争研究》（台北：文津出版社，1993）。

2　文彦博的传记，见王称：《东都事略》，页 1013—1025；亦见脱脱等撰：《宋史》，卷 313，页 10258—10265。

3　刘奉世传，见王称：《东都事略》，页 1160—1161。

于朝廷任官：前文提及的李公麟[1]、苏轼[2]、苏颂（1020—1101）[3]、王钦臣[4]、张舜民[5]。他们的收藏与来自秘阁、太常及内藏的宫廷收藏，构成了《考古图》的主要部分。由此可知，《考古图》之编纂是元祐年间保守派重回汴京的结果，与当时政治情势的发展有关。

作为政治局外人近二十年的元祐旧党士大夫重返京师后，文化活动兴盛，这可从他们彼此交换的评论中得以验证。举例而言，文彦博藏有一幅李成（919—967）所绘的《寒林图》，后方题记显示吕大防、范纯仁（1027—1101）、李公麟与苏轼曾共同欣赏过这幅作品。[6]这些人也在吕大临的交游圈中，不难想象士大夫也举办类似的艺术雅集，欣赏彼此收藏的铜器。吕大临在《考古图》后记中提到，自己曾于各士大夫家中检视过不少青铜器，且能传摹图写器物之样貌，以供后续研究。[7]我们可以想象，吕大临应是在同朝士大夫所举办的雅集聚会中接触这些铜器的，并逐渐累积线图与铭文，成为日后编纂《考古图》的材料。

对具有政治敏感度的北宋后期的读者而言，《考古图》作为反改革派旧党之产物，应无疑问。该书开头所罗列的收藏家名单，也公开宣告其与旧党士大夫之联系。或许《考古图》的编纂还有庆祝保守派重回权力核心的味道，也抚慰了过去他们变法十多年间贬谪生涯的失意与怨愤。那一时期，他们被逐出朝廷，著作被禁，而王安石的学说成为权威，在学校及科举考试中大行其道。[8]

《考古图》带有的政治色彩并未降低其艺术成就。吕大临对铭文的解读经常被后来的金石学家征引，《考古图》图、文并列的形式也成为后世金石图录的范本，其中最具代表性的是 12 世纪早期皇家的收藏图录——《宣和博古图》。此书由徽宗敕编，全书 30 卷，收录超过 800 件宫中收藏的古代铜器，

1　见王稱：《东都事略》，页 1801—1802。
2　脱脱等撰：《宋史》，卷 338，页 10801—10818。
3　王稱：《东都事略》，页 1373—1377；亦见脱脱等撰：《宋史》，卷 340，页 10859—10868。
4　陆心源：《元祐党人传》（扬州：江苏广陵古籍刻印社，1987），卷 2，页 20b—21a。
5　王稱：《东都事略》，页 1462—1464；亦见脱脱等撰：《宋史》，卷 347，页 11005—11006。
6　卞永誉：《式古堂书画汇考》（台北：正中书局，1958），册 3，页 423。
7　吕大临：《考古图》，页 615。
8　北宋晚期党争政治的研究，见罗家祥：《北宋党争研究》。

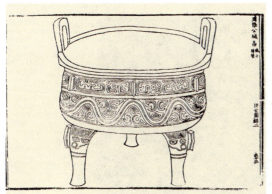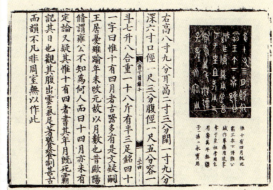

图1-2　《宣和博古图》，元至大（1308—1311）重修本

规模远甚于《考古图》，此书的编纂使北宋的复古风潮达到巅峰。[1]此书之编纂，与徽宗绍述神宗、哲宗之变法，革新朝廷礼制有关，此书的目标之一是提供朝廷礼器设计之楷模。换句话说，《宣和博古图》之关怀不在理论性的经学研究。

出于对礼器制作的考虑，徽宗的大臣放弃了欧阳修《集古录》特重铭文的著录方式——仅收铭文拓片、释文及注释，但不提供器物图像——取而代之，他们采用了《考古图》的做法，将器物线图与拓片的铭文并置，并在后方加上评论（图1-2）。《宣和博古图》与《考古图》的格式基本相同，进一步比较两书之内容发现，《宣和博古图》的编纂者大量参考了《考古图》，经常借用后者的铭文释文。此处以刘敞旧藏的晋姜鼎为例，说明二书的紧密关系。晋姜鼎铭文最早为刘敞所释出，欧阳修《集古录》中有录。[2]后来《考古图》除了转录《集古录》中刘敞的释文，还加上了晋姜鼎的线图。[3]徽宗朝时，这件鼎进入皇室收藏，并被收入《宣和博古图》中。[4]将三本金石著作的铭文释文并列，可看出金文研究进展的过程（图1-3、图1-4、图1-5）。

比较欧阳修《集古录》中所录的刘敞释文（图1-3）与吕大临《考古图》

1　在12世纪的书目或金石著作中，此书有"博古图""宣和博古图""重修博古图录"等题名，笔者参考12世纪中叶官方著作《籀史》，以"宣和博古图"为书名，这也是南宋较常见的题名。

2　欧阳修：《欧阳文忠公集》，卷134，页3b—7a。

3　吕大临、赵九成撰：《考古图　续考古图　考古图释文》，页8—9。

4　《至大重修宣和博古图录》，卷2，页7a。笔者使用的元至大（1308—1311）版，现藏于台北"中研院"。

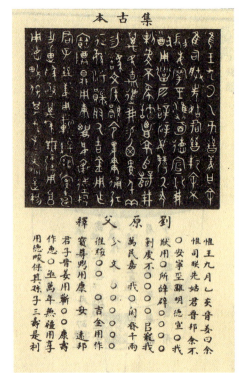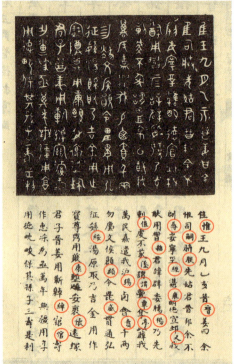

图1-3　晋姜鼎铭文与释文，录于吕大临《考古图》

图1-4　晋姜鼎铭文与释文，吕大临《考古图》释文

中的释文（图1-4），可知后者有极大的进步。刘敞的释文仍留下了许多未能释出之字，并以圆圈标示；相对地，吕大临成功地释出了每个字，有时还用小字注出宋代的通用字（图1-4中所圈出者）。但吕大临并非独自完成这项工作的，从注记可知，他受惠于欧阳修同时代的古文字学家杨南仲。

　　《宣和博古图》之释文（图1-5）与《考古图》基本相同。《宣和博古图》的编纂者有时对个别文字有不同意见（图1-5中所圈出者），但这些分歧并未造成意思上的太大差异。此外，《宣和博古图》的编纂者偏好当代的通行字胜于古字，于是都径以通用字释文，不再转写出古字。这种做法为现代的古文字学家所不取，此应与《宣和博古图》作为礼器制作指导的实际用途有关。总而言之，吕大临的《考古图》为《宣和博古图》之基础，就如欧阳修《集古录》乃吕大临《考古图》之基础一般；然而，《宣和博古图》晋姜鼎条目中并未提到吕大临或《考古图》。

　　对《考古图》的刻意忽视，贯穿《宣和博古图》全书前后30卷，而且吕

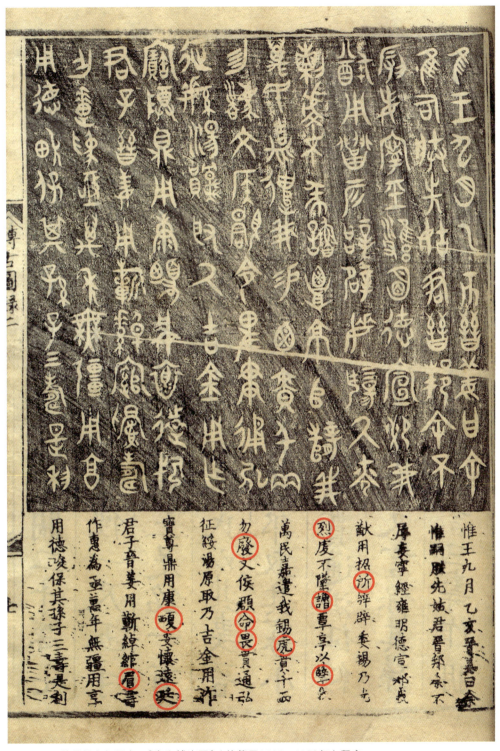

图1-5　晋姜鼎铭文与释文，《宣和博古图》（编纂于1110—1123年）释文

大临的名字也从未出现过。然而忽略前人成果并非《宣和博古图》的纂辑方针，有些著作被广泛征引，例如聂崇义（活动于 950 年后）《三礼图》[1]、欧阳修《集古录》[2]、李公麟《古器图》[3] 和王安石《字说》[4]。相较之下，《宣和博古图》对《考古图》的刻意忽视更引人注目。其中王安石及其《字说》在《宣和博古图》中出现的频率特别高，该书旨在研究字形起源，与古文字有关，但与古铜器礼仪并无太大关系。[5] 为何刻意忽视吕大临的《考古图》，同时大力宣扬王安石的《字说》，必须再次回到政治脉络中寻求解答。

三、《宣和博古图》中的政治攻防

《宣和博古图》编纂于"后改革"时期的徽宗朝，此时变法者重返政坛，更精确地说，是变法的追随者回归权力核心，因为此时神宗朝主张变法的主要角色多已离开人世。然而，新旧党之间的对立、冲突依旧。继位次年，徽宗将年号改为"崇宁"，以此向神宗的熙宁变法致敬。他以"绍述"作为施政原则，在宰相蔡京的辅佐下，任用新党，恢复新法。

新党掌权后，开始对元祐旧党人士进行一连串的清算与报复，1102 年至 1104 年达到高峰。许多在元祐年间任职的士大夫被贬谪，被禁止录用，他们的名字被刻在石碑上，先是立于宫门之外，后来更扩大到各地的州县学，此即著名的"元祐党籍碑"。[6] 元祐党人过世后，禁锢还扩及其家族子弟及门生，他们被禁止至京师参加考试，[7] 不许与宗室通婚，[8] 至于他们之著述——所谓"元

---

1 见《至大重修宣和博古图录》，卷 5，页 11a；卷 6，页 10a、31a；卷 7，页 25b、37a–b。

2 欧阳修仅被引用一次，见《至大重修宣和博古图录》，卷 2，页 34b。

3 李公麟被引用几次，见《至大重修宣和博古图录》，卷 3，页 8a；卷 8，页 9b；卷 13，页 3b。

4 此书已佚，有学者进行辑佚，见张宗祥辑录，曹锦炎点校：《王安石字说辑》（福州：福建人民出版社，2005）。包弼德（Peter K. Bol）主张王安石在《字说》中发现了一个整合的体系，使得王氏相信他能够恢复"斯文"。见 Peter K. Bol, *"This Culture of Ours": Intellectual Transitions in T'ang and Sung China* (Stanford, Calif: Stanford University Press, 1992)，232–233。

5 王安石被引用的频率最高，共有 20 余次。见《至大重修宣和博古图录》，卷 1，页 30b、44a；卷 2，页 25a；卷 3，页 10b；卷 5，页 51b。

6 脱脱等撰：《宋史》，卷 19，页 365、368。"元祐党籍碑"有两个版本，一成于徽宗崇宁二年（1103），共 98 人。翌年（1104），名单扩增为 309 人。两份名单见黄以周编：《续资治通鉴长编拾补》（台北：世界书局，1961），卷 21，页 9；卷 24，页 3—6。

7 脱脱等撰：《宋史》，卷 19，页 364—365。

8 黄以周编：《续资治通鉴长编拾补》，卷 22，页 9。

祐学术"——则被斥为异端而遭禁，[1] 雕版被销毁。[2]

　　根据"元祐党籍碑"很容易便能找出元祐党人的名单，当中包括吕大临的师长程颐及诸多故旧。当中有不少人的名字也出现在《考古图》中，像刘奉世、王钦臣、张舜民及苏轼。[3] 吕大临本人没有在党籍名单中，大概因为他的官职不显，不过他的兄长——元祐宰相吕大防的名字却居党籍之首。同样列于党籍之首的还有旧党领袖文彦博，他也是《考古图》中的主要藏家。

　　政治氛围影响了《考古图》的命运，这部著作没有像其他元祐学术一样被禁毁，可能是因为该书在学校或科考中并不重要。然而，此书明显为元祐党之作：由吕大防之弟所纂集，且收录大量元祐党人的收藏。《宣和博古图》的编纂者想必对是否使用《考古图》感到矛盾：一方面这是当时关于古铜器最全面的著作，另一方面该书与元祐政治的紧密关联不免引人猜忌。于是，徽宗的编纂大臣们在参考《考古图》的同时，决定完全不提书名及作者。相反地，有机会便尽可能引用王安石的著作，背后的政治动机非常清楚。

　　王安石的《字说》可说是当时最受争议的著作之一。王安石认为《字说》展现了其经学研究的精髓，并下令官学采用此书，[4] 但保守派则对此书百般嘲讽，并批评其中包含的佛、道因素及其对圣人之"道"的侮辱。《字说》一书的禁弛，与新、旧党势力的消长相呼应。在王安石变法期间，此书受到官方认可，成为权威著作；在随后的"反改革"时期，遭到禁用；"后改革"时期，解除引用禁令，并于徽宗朝获得高度推崇。至 1125 年，徽宗因女真入侵仓皇退位，继位的钦宗（1101—1161，1126—1127 年在位）再次下令禁用《字说》，同时贬黜新党。[5] 在此历史时刻，禁锢新党学术无疑是针对徽宗而发，间接批判他在政治与军事上的失败。

　　在这样的政治化氛围下，是否引用一部著作——无论是《考古图》还是《字说》——透露出个人的政治倾向。政治意识形态渗透至学术领域，因为宋代

1　脱脱等撰：《宋史》，卷 19，页 366。

2　黄以周编：《续资治通鉴长编拾补》，卷 21，页 9；脱脱等撰：《宋史》，卷 22，页 414。

3　元祐党人的传记汇整，见陆心源：《元祐党人传》。

4　两党对经典有不同见解。简言之，新党尊崇《周礼》典范，旧党则重视《春秋》的道德训诫。两阵营对经典的歧见，参见下列著作：James T. C. Liu, *Reform in Sung China*, 22-58; Robert M. Hartwell, "Historical Analogism, Public Policy, and Social Science in Eleventh- and Twelfth-Century China," *America Historical Review*, 76, no. 3（1971）: 690-727; and Bol, "This Culture of Ours," 212-254。官方对王安石著作的认可，见脱脱等撰：《宋史》，卷 346，页 10969。

5　脱脱等撰：《宋史》，卷 18，页 341；卷 23，页 427。

士大夫不只是官僚，也是经学家、史家、作家或评论者。对他们而言，研究古物不仅是学术工作，还承载着更大的社会与政治功能。受到政治意识形态的影响，不少此时期完成的著作带有明显的政治偏见，特别是深陷宫廷政治中的士大夫之作。蔡絛（死于 1148 年后）的《铁围山丛谈》便是一例。这本书记载了许多他处所未见的一手记述，但蔡絛回护其父蔡京的意图十分明显。讨论到《宣和博古图》时，蔡絛只字不提吕大临及《考古图》。[1]这并不令人意外，因为蔡京是刻立元祐党籍碑的推手。

尽管北宋晚期学术的政治化几乎已无可避免，仍有一些较为中立的作品，与本章最相关的是赵明诚（1081—1129）的《金石录》。此书为赵明诚的金石拓片收藏目录，并附有他的评论。[2]在赵明诚过世后，由其妻李清照表上于朝。如赵明诚在序中所言，这本书遵循欧阳修《集古录》之传统。赵氏在书中回应了过往的金石学者，有时与他们商榷。[3]他既不总是同意吕大临的意见，也没有对吕氏置若罔闻，他仰赖自己的判断。他对 11 世纪前辈的总体批评迄今仍有参考价值：他们太想要将铭文与历史记录联系在一起，以致有时显得过于牵强。[4]

《金石录》与《宣和博古图》中同时记录了一个事件，但彼此有所分歧。该事件的主角是宗室赵仲忽，他献给哲宗一件铜方鼎，上有铭文"鲁公作文王尊彝"，被视为周公（鲁公）用来祭祀文王的宗庙祭器。由于周公与文王均为著名的历史人物，这件祭器引起了皇帝的注意，命令大臣讨论。经过一番检视，大臣们认为这是一件赝品，赵仲忽因而遭到罚俸。[5]有意思的是，《宣和博古图》记载此事的发生时间为"反改革"的元祐时期，赵明诚则说是"后改革"的哲宗绍圣年间（1094—1098）。《宣和博古图》更抓紧此机会攻击元祐大臣：

　　　方当绍述先烈，作新大政，故用圣遏朋邪以彰宝器，俾一时纯

1　蔡絛撰，冯惠民、沈锡麟点校：《铁围山丛谈》（北京：中华书局，1983），页 79。
2　李清照序的翻译，以及赵明诚与李清照收藏活动的讨论，见 Stephen Owen, *Remembrance: The Experience of the Past in Classical Chinese Literature*（Cambridge, Mass.: Harvard University Press, 1986），80-98。
3　赵明诚：《宋本金石录》（北京：中华书局，1991）。
4　赵明诚：《宋本金石录》，页 298。
5　《至大重修宣和博古图录》，卷 2，页 5b。

正不沮于朝，异代神奇复显于世，岂不快哉。[1]

同一事件也见于陆游（1125—1210）的《家世旧闻》，他从其父那听闻此事，同样记载此事发生于绍圣年间，与赵明诚所载相同。[2]《宋史》也载有此事，系于哲宗元符年间。[3] 由此看来，可能是《宣和博古图》的编纂者蓄意更改事件的发生时间，用以攻讦元祐大臣，可知徽宗时的古物与金石学是如何紧密地与朝廷政争交织在一起的。

远离北宋的政治漩涡，南宋的士大夫得以较为客观地评判前朝金石学的发展。高宗绍兴年间，翟耆年奉命撰写《籀史》，评述国朝主要的金石著作。他没有遗漏《考古图》，也没有讨论《考古图》与《宣和博古图》两书的关系，[4] 他仅仅赞扬了徽宗及其大臣们编纂《宣和博古图》所取得的成就。

之后，王应麟（1223—1296）在记录徽宗朝新成礼器时，引用了一条 12 世纪晚期的官方记录：

> 自刘敞著《先秦古器记》，欧阳修著《集古录》，李公麟著《古器图》，吕大临著《考古图》，亲得三代之器。政和新成礼器制度皆出于此。[5]

这位作者将徽宗朝的新成礼器制度归功于之前的数本金石著作，包括吕大临的《考古图》，历史的距离似乎让人们得以较为公允地总结北宋金石学的发展。

结　语

北宋金石图录之间的矛盾关系，如《考古图》与《宣和博古图》这一案例所示，显示出在北宋晚期高度政治化的氛围中，学术研究如何为士大夫们

1　《至大重修宣和博古图录》，卷 2，页 5b。
2　姚宽、陆游撰，孔凡礼点校：《西溪丛语 家世旧闻》（北京：中华书局，1993），卷下，页 213。
3　脱脱等撰：《宋史》，卷 18，页 353。
4　翟耆年：《籀史》。
5　王应麟：《玉海》（京都：中文出版社，1986），页 1364。

所利用。宋代士大夫的多才多艺，使他们得以广泛地利用不同的手段实践其政治理念。即便如此，我们不应简单地认为，北宋时期的金石学者对过去的兴趣仅仅是一种表面的托辞或掩饰。他们沉浸在儒家经典之中，力图重建三代文本与器物的"真正"意涵。他们彼此竞争金石知识之权威，尽管因朝廷党争蒙上阴影，仍促使北宋的古物研究达到巅峰，并催生出《考古图》与《宣和博古图》这样的开创性作品。唯有认识到北宋金石学者面临的文化及政治潮流，我们才能理解，何以金石古器之研究能在北宋晚期的学术世界里占据如此显要的位置。

第二章
宋代士大夫的金石收藏与礼仪实践
——以蓝田吕氏家族为例

北宋中期地下出土的商周青铜器受到重视，士大夫开始系统地收藏、品评、著录、研究这些文物，建立起"金石学"这门学问。南宋时期，古器物或仿古制作的器物更进入日常生活，各种材质的鼎、簋、觚、尊或在书斋中成为士人风雅生活的点缀，或在佛道寺观中成为供养之具，影响往后元、明、清数百年的发展。俯拾皆是的商周古器物及其形象，可说是中华文化传统中最普遍可见的视觉元素，在帝制中国后期充满生机，20 世纪进入现代化之后，仍不减其动能，持续发展。

古铜器研究作为北宋上层士大夫的专门之学，如何进入生活当中，并且向广大社会渗透，在南宋时期成为通俗文化的一部分？换句话说，金石之学这门纸上学问，如何成为日常实践，与两宋士人追求的文化理想有何关系？2006 年于陕西蓝田发现的北宋吕氏家族墓地提供了线索，让我们探讨吕氏族人是如何利用收藏的商周古铜器进行研究，并将之运用于个人生活乃至家族礼仪当中的。从吕氏家族的例子可知，对北宋中晚期的士大夫来说，研究金石古器追求的不仅是纯粹的纸上学问，还具有强烈的实践面向。

陕西蓝田吕氏墓地共发掘有二十多座墓葬，是元祐宰相吕大防的家族墓地，其中 M2 墓主为吕大临，他曾纂辑《考古图》（成书于元祐七年 [1092]）一书，图绘三十多家私人藏品，是现存第一本记录私家收藏古铜器、玉器之著作。吕氏家族墓地中除了常见的丧葬用具之外，还出土了不少罕见的器物，包括古代青铜器、仿古器物、文房用品等。本章以吕氏家族墓地为核心，结合《考古图》与其他出土材料，探讨北宋晚期士人的古器研究、仿制与再利用，以了解在金石学的发展过程中，士人如何借由出土古物发展出一套包含理论与实践两个层面的文化论述。

一、蓝田四吕

北宋后期名噪一时的蓝田四吕兄弟，《宋史》均有传，按排行先后为吕大忠（1025—1100）、吕大防（1027—1097）、吕大钧（1031—1082）、吕大临（1040—1093）。[1] 排行第二的吕大防于皇祐元年（1049）取得进士后，其余三人也陆续于皇祐（1049—1054）、嘉祐（1056—1063）年间取得进士，排行老大的吕大忠是皇祐五年（1053）取得进士，老三吕大钧是嘉祐二年（1057），至于吕大临则为嘉祐六年（1061）。[2] 他们的父亲吕蕡原为河南汲郡人，后来迁居京兆蓝田，因以为家。

四兄弟当中，吕大防的仕宦最显，于宣仁太后主政的元祐元年（1086）拜尚书右丞，元祐三年（1088）超拜尚书左仆射兼门下侍郎，位居宰执之列。哲宗亲政之后，罢黜元祐大臣，吕大防不仅屡遭贬谪，最后更死于岭南赴任之途中；[3] 徽宗崇宁年间颁布"元祐党籍碑"，已过世的吕大防也名列其中。在著述方面，吕大防于元丰三年（1080）知永兴军时，命令户曹刘景阳按视、邠州观察推官吕大临检定各种长安旧图，立《长安图》碑，[4] 此图成为往后学

1　四吕兄弟生平见脱脱等撰：《宋史》（北京：中华书局，1977），卷340，页10839—10849。过去无法确定吕大临的生卒年，现根据陕西蓝田吕氏家族墓地M2出土石敦，署年元祐八年（1093），可知吕大临若非卒于1093年，便是在1092年写完《考古图》后记之后过世的。至于吕大临的生年，几位学者都指出《宋名臣言行录外集》卷六引祭文提道："呜呼！吾十有四年而子始生。其幼也，吾抚之；其长也，吾诲之。以至宦学之成，莫不见其始，终于其亡也，得无恸乎？"他们考订祭文作者为吕大防。此段文字没有指明祭文的对象，但从吕氏诸兄弟之生卒年可知（图2-2），小吕大防13岁的只可能是吕大临，此祭文应即大防祭大临之作。按此推算，大临生年为1040。上述祭文之考订与讨论，参见陈俊民辑校：《蓝田吕氏遗著辑校》（北京：中华书局，1993），页3—4。李如冰对吕大临生卒年有比较仔细的讨论，李如冰：《宋代蓝田四吕及其著述研究》（北京：人民出版社，2012），页70—76。吕大忠的生卒年原来不详，出土的墓志载其卒于1100年，享年76岁，古人出生即一岁，享年76岁实际上活了75年，以此推断其生年为1025年。

2　吕懋勋等修纂：《蓝田县志》，光绪元年（1875）刊本（台北：成文出版社，1969），页290。

3　脱脱等撰：《宋史》，卷340，页10844。

4　赵彦卫（约1140—1210）载有《长安图》制图年月、负责官员与内容大概，见赵彦卫著，傅根清点校：《云麓漫钞》（北京：中华书局，1996），页140—142。

者考订隋、唐长安城布局的重要参考。[1]元丰七年（1084）编成的《韩吏部文公集年谱》则开年谱编纂之先河。大哥吕大忠一生宦海浮沉，以宝文阁待制致仕，最著名的文化业绩是元祐二年（1087）担任陕西转运副使时，将唐代石经移置京兆府学，成为西安碑林的前身。[2]

　　有别于两位兄长以事功见长，吕大钧与吕大临以学问闻名。吕大钧与张载（1020—1077）为同榜进士，却因一言契合，而前往执弟子之礼。《宋史》记载大钧特别重视礼仪节文，丧祭冠婚一本于礼，使得"关中化之"。吕大钧留下的礼仪著作，除了补充张载的《横渠张氏祭礼》，还有《乡仪》一书。[3]四兄弟中学问最为人称道的是吕大临，大临原来师从张载，张载过世后，改游于程颐（1033—1107）门下，为"程门四先生"之一。他通六经，尤其精于礼，有《礼记解》一书。[4]吕大临的著述最丰，可惜多半亡佚，完整留存至今者有《考古图》。

　　四吕兄弟的著作与诗文虽然大部分亡佚，但经由学者们的辑佚，仍复原了不少内容。[5]除了理学著作，吕氏兄弟还留下一些规劝教化之作：针对宗族子弟的有吕大防、吕大临合著的《吕氏家祭礼》，针对同乡里人者有吕大钧的《吕氏乡约》（熙宁九年[1076]吕大忠后记）、《乡仪》。其中吕大钧在制订《吕氏乡约》《乡仪》时，史无前例地以地方文化精英之姿态，对乡人进行教化，引起一时侧目与争论。[6]《吕氏乡约》的施行成效并不清楚，但南宋时由于朱熹（1130—1200）的提倡与增损，[7]受到理学家的重视，对明清乡约的制订产生了不小影响。目前最早的版本是中国国家图书馆藏宋嘉定五年（1212）李大有刻本，书后附有朱熹题跋。[8]此外，南宋、元代流行的类书《事

1　程大昌（1123—1195）《雍录》便多所参考，见程大昌著，黄永年点校：《雍录》（北京：中华书局，2002），页8。

2　路远：《西安碑林史》（西安：西安出版社，1998），页54—58。

3　"《横渠张氏祭礼》一卷：张载子厚撰。末有吕大钧和叔说数条附焉。"陈振孙著，徐小蛮、顾美华点校：《直斋书录解题》（上海：上海古籍出版社，1987），页187。"《吕氏乡约》一卷、《乡仪》一卷：吕大钧和叔撰。"见陈振孙著，徐小蛮、顾美华点校：《直斋书录解题》，页188。

4　陈俊民辑校：《蓝田吕氏遗著辑校》，页187—468。

5　关于蓝田四吕的著作辑佚，参陈俊民辑校：《蓝田吕氏遗著辑校》；李如冰：《宋代蓝田四吕及其著述研究》。

6　李如冰：《宋代蓝田四吕及其著述研究》，页155—166。

7　朱熹：《朱文公文集》，《四部丛刊初编》（台北：台湾商务印书馆，1965），卷33，页528；卷74，页1376。

8　吕大钧：《吕氏乡约　乡仪》（北京：北京图书馆出版社，2003）。

林广记》，从冠、昏、丧、祭等家礼到士人居乡的各项杂礼，均引用自吕大钧。[1]
可见吕大钧订立的礼仪规范，受到宋元士人的重视。[2] 由此看来，四吕兄弟除
了勤于著述，还具有"起而行"的实践能力，试图将稽古考订的礼文制度推
行至宗族与乡里。

二、墓地布局

吕氏家族墓地位于陕西蓝田五里头，墓地被盗后，考古人员开始进行发掘，
自 2006 年 12 月到 2011 年 1 月，一共清理了墓葬 29 座、家庙遗址 1 处，并
勘探发掘了部分神道遗迹。正式的考古报告尚未发表，本章主要根据已出版
的简报以及两本图录。[3] 初步来看，至少在墓地布局与随葬器物方面，吕氏家
族有许多前所未见的独特做法。结合蓝田四吕的论著，可使我们思考吕氏家
族在礼仪方面的论述与实践。

墓地共有 29 座墓，成人墓 20 座、未成年人墓 9 座。根据墓志与出土器
物的铭文可知，墓葬年代在宋神宗至宋徽宗政和年间（1068—1118），集中
于北宋中、晚期，没有延续到金代。整体呈西南—东北走向，由南向北分成
四列，同一代人位于一列（图 2-1）。辈分最高的吕通夫妇墓（M8）位于墓
地最南边；向北是吕通的两个儿子吕英（M9）、吕蕡（M17）；再向北是吕英、
吕蕡的儿子们，自西向东分别为吕大雅夫妇（M1）、吕大临（M2）、吕大防（M3）、
吕大圭夫妇（M12）、吕大忠夫妇（M20）、吕大钧夫妇（M22）、吕大观（M28）。[4]
除 M2、M3 外，墓中都有墓志，可以确定墓葬归属。M2 虽然没有墓志，但
出土了一件吕与叔石敦，推断此墓应该是吕大临的墓葬；M3 是个空穴，按照

1　引用吕大钧的相关篇目，见陈元靓：《事林广记》，至元六年（1340）郑氏积诚堂刊本（北京：中华
书局，1999），页 37、38、40、41、45、52、54。
2　《直斋书录解题》著录《十书类说》三卷："不知何人所集。十书者，管子《弟子职》、曹昭《女诫》、
韩氏《家祭式》、司马温公《居家杂仪》、吕氏《乡礼》、范氏《义庄规》、高氏《送终礼》、高登《修
学门庭》、朱氏《重定乡约社仓约束》也。虽不专为礼，而礼居多，故附之于此。"陈振孙著，徐小蛮、
顾美华点校：《直斋书录解题》，页 188—189。当中的吕氏乡礼，可能是吕大钧的《乡仪》。
3　发掘简报见陕西省考古研究院：《陕西蓝田县五里头北宋吕氏家族墓地》，《考古》，2010 年第 8 期，
页 46—52；图录有陕西历史博物馆编：《金锡璆琳：蓝田吕氏家族墓出土文物》（西安：三秦出版社，
2013）；陕西省考古研究院等编：《异世同调：陕西省蓝田吕氏家族墓地出土文物》（北京：中华书局，
2014）。
4　张蕴：《陕西蓝田北宋吕氏家族墓园考古发掘与研究》，收入陕西省考古研究院等编：《异世同调：
陕西省蓝田吕氏家族墓地出土文物》，页 6—15。

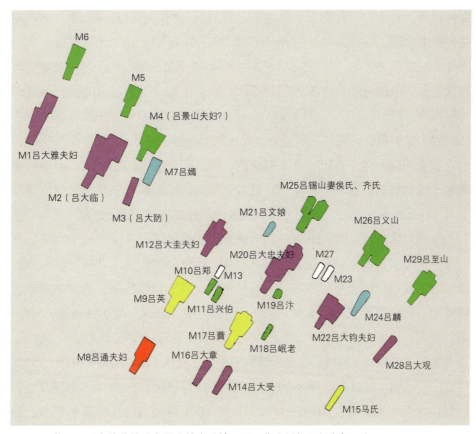

图2-1　蓝田吕氏家族墓地分布图（笔者重绘，同一代人以相同颜色标示）

墓地布局，考古学家推测其是客死他乡的吕大防衣冠冢。[1] 至于大字辈的大章
（M16）、大受（M14）二人，葬在祖父吕通墓后，推断二人应是不幸早夭，
因而祔葬在祖父之侧。

　　大字辈之后是山字辈，位于墓地最北边，根据墓志与出土器物的铭文，
墓主确定的墓葬有：吕锡山妻与继妻（M25）、吕义山（M26）、吕至山（M29）。
三座山字辈墓葬紧跟着大字辈的墓葬之后：吕大忠夫妇后方埋葬着嫡子吕锡
山的两位亡妻，吕大钧夫妇后方埋葬着嫡子吕义山，吕大观墓的后方是他的
嫡子吕至山。同一支的父子葬于同一行，排列十分整齐。

　　根据这个原则，考古学家进一步推测其他没有墓志的墓葬归属：夫妇合
葬的 M4 位于吕大防墓之后，应为嗣子吕景山夫妻之墓；M6 与 M5 两座单人

女性墓葬，分别为吕大雅之子吕仲山之妻与吕大临之子吕省山之妻，她们的丈夫并未合葬。[1] 这也许是吕氏族人原本的规划，不过，由于金人入侵，实际埋葬情况发生了变化。首先，M4 的墓主很可能不是吕景山，因为北宋末年女真入侵时，一部分的吕氏族人逃到四川，寓居于蜀，见于记录的就有吕景山与吕锡山。[2] 绍兴元年（1131）六月，吕景山还被宋高宗任命主管台州（今浙江临海）崇道观，可知其仍居南方，但不知是否移居浙江。[3] 宋金和战期间，金人曾于绍兴九年（1139）一度将陕西、河南部分地区归还南宋，但不久便败盟，重启战争。绍兴十一年底（1142）宋金达成和议，陕西、河南地复归金人。在此情况之下，吕景山是否返回关中居住或安葬，令人怀疑。

分布于墓地当中的，还有未成年便夭折的男子以及未嫁而亡的女子，他们先于父母而亡，祔葬在祖父左右或稍后，因此，均较正常辈分往前二列。他们的墓葬规模明显小于家族中的成年男子，墓志也较粗略，随葬品应该也较简单。这些墓葬包括吕大章（M16）、吕大受（M14）祔于吕通墓（M8）旁，吕大雅殇子吕郑（M10）与吕兴伯（M11）祔葬祖父吕英（M9）之后，吕大防殇子吕岷老（M18）与吕大忠殇子吕汴（M19）祔葬吕蕡（M17）后方，吕义山子吕麟（M24）祔葬吕大钧（M22）之后。墓地中还有两名年轻女性，吕景山之女吕嫣（M7，1086—1107）祔葬 M3（推测为吕大防墓）后方，吕锡山之女吕文娘（M21）祔葬吕大忠墓（M20）之后。[4]

根据文献、墓志与出土器物之铭文，综合整理吕氏五代以男子为主的世系表，如图 2-2 所示，墓地中的墓号标于名字上方，未葬入墓地者以 × 表示。世系表的墓号标示清楚可见，墓地虽然一共埋葬了五代人，实际上至山字辈而止，下一代修字辈继宗的长子并未埋入，埋入的都是祔葬于祖父旁早夭或未及婚嫁的子女。

墓地安排呈现出以成年男性为主的家族结构：横向列次以区别不同的世代，垂直轴线表示各支的父子传承。此布局特别强调嫡长子的继承地位，墓

1 张蕴：《陕西蓝田北宋吕氏家族墓园考古发掘与研究》，页 12。
2 "（绍兴七年五月）右朝散大夫吕锡山依旧知果州（今四川南充）。锡山，大忠子也，寓居于蜀上，召之，锡山辞不至。"李心传：《建炎以来系年要录》（北京：中华书局，1988），卷 111，页 1800。"（绍兴元年六月）乙亥……朝奉大夫吕景山主管台州崇道观。景山，大防子，建炎初提举潼川府路常平官，省而罢，寓家于蜀，至是因其请而命之。"李心传：《建炎以来系年要录》，卷 45，页 811。
3 李心传：《建炎以来系年要录》，卷 45，页 811。
4 吕嫣墓志，见魏军：《北宋吕倩容墓志考释》，《考古与文物》，2016 年第 3 期，页 89—92。

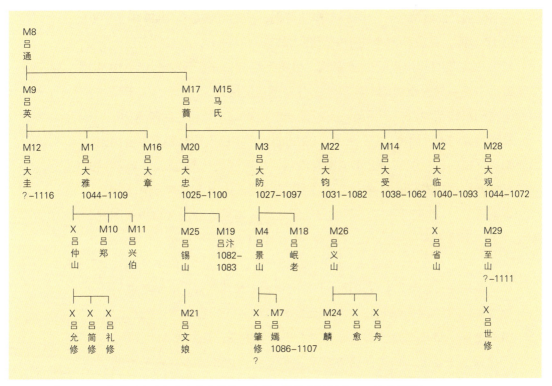

图2-2　蓝田吕氏五代世系表（名字上方为墓号，未葬入墓地者以X表示，笔者绘图）

地的中轴线以吕通为首，长子吕英、嫡孙吕大圭排列在后。吕通的次子吕蕡则另成一支，与其长子吕大忠、嫡孙吕锡山排列在同一轴线上。山字辈继宗的长子们（修字辈）原来也应该埋在他们父亲的后方，只是随着金人入侵，族人南迁，也就无法实现原来的规划。

墓地整体布局如同家族世系表般规律而有条理，这是目前考古中仅见者。关于此家族墓地之创建，出土的吕大雅（1044—1109）墓志提道：

> 通生二子，长曰英，著作佐郎赠朝散大夫，次曰蕡，尚书比部郎中赠太师，追封莘国公。莘公羁旅入关，以笃行称长者，居京兆府蓝田县，为其县人。大夫公官于汝，后居郏城，子孙因家焉。<u>莘公诸子仕益显贵，追先公之志，卜葬于县之白鹿乡太尉原，自其祖太师始，故家郏城者，必反葬从先茔也</u>。[1]

---

[1]　下划线为笔者所加，下同。陕西省考古研究院等编：《异世同调：陕西省蓝田吕氏家族墓地出土文物》，页212。

　　文中提到，吕蕡诸子在显贵后卜葬此墓地，指的应该是从 1049 年至 1061 年短短 12 年间，吕蕡的六个儿子中有四人陆续考取进士，后来次子吕大防更在宣仁太后主政的元祐年间位居宰执。吕蕡死后，诸子于熙宁七年（1074）在蓝田县白鹿乡太尉原营造家族墓地，并追葬祖父吕通。[1] 这个墓地于是成为吕通一支的家族茔地，长子吕英一支虽然居住在郏城，死后也返葬蓝田。

　　关于吕蕡诸子之治丧，同为张载门人的范育于《吕大钧墓表》中曾提到，吕大钧居父丧时，一切祭奠之事均摒弃流俗，按照古代礼书施行。[2] 到底吕氏兄弟是如何按古礼进行的？吕大防与吕大临曾经合写过《吕氏家祭礼》一卷，作为祭祀规范，[3] 此书已不存，不过元代出版的《事林广记·大宗小宗图说》中收录了一小段，内容为：

　　　　吕汲公《家祭仪》曰：古者小宗有四，有继祢之宗，继祖之宗，继曾祖之宗，继高祖之宗，所以主祭祀而统族人。后世宗法既废，散无所统，祭祀之礼，家自行之，支子不能不祭，祭不若告于宗子。今宗法虽未易复，而宗子主祭之义，略可行，宗子为士，庶子为大夫以上，牲祭于宗子之家。故今议家庙，虽因支子而立，亦宗子主其祭，而用其支子命数，所得之礼可合礼意。[4]

　　此段文字提到，由于年代久远，嫡长子继承制下的大宗已不可复原，仅能讨论小宗，并特别强调宗子主祭的角色。文末还提到，吕氏家庙是因支子（也就是吕蕡这一支）显贵而立，但长子吕英是继宗的宗子，祭祀时当由宗子主持，

1　墓志尚未发表，营建家族墓地的时间见张蕴：《陕西蓝田北宋吕氏家族墓园考古发掘与研究》，页 9。

2　"始居谏议，衰麻敛奠祭之事，悉捐俗习事尚，一仿诸礼，后乃寝行于冠、婚、饮酒、相见、庆吊之间，其文节灿然可观，人人皆识其议，相与起好矜行，一朝知礼义之可贵。"见吕懋勋等修纂：《蓝田县志》，页 996；又见陈俊民辑校：《蓝田吕氏遗著辑校》，页 611。《宋元学案》有云："患近世丧葬无法，期功以下有衰麻之变，祀先之礼，袭用流俗，于是一循古礼为倡，教童子以洒扫应对，女子未嫁者，使观祭祀纳酒浆，……于是关中风俗一变而至于古。"见黄宗羲撰，全祖望补，王梓材等校：《宋元学案》（台北：世界书局，1991），上册，页 383。

3　陈振孙著，徐小蛮、顾美华点校：《直斋书录解题》，页 187。"《吕氏家祭礼》一卷，陈氏曰：丞相京兆吕大防微仲、正字大临与叔撰。《朱子语录》曰：与叔集诸家礼补仪，以仪礼为骨"，马端临：《新校本文献通考·经籍考》（台北：新文丰出版公司，1986），卷 15，页 367。

4　陈元靓：《事林广记》，至元六年（1340）郑氏积诚堂刊本（北京：中华书局，1999），页 52。

用支子的命官礼数，如此可以合乎礼的精神。这段话与吕氏墓地所见、强调嫡长子继承的现象颇为吻合。

《宋史》对于吕氏兄弟中最精于礼的吕大钧与吕大临二人有此评论：

> 大钧从张载学，能守其师说而践履之。居父丧，衰麻葬祭一本于礼。后乃行于冠昏、膳饮、庆吊之间，节文粲然可观，关中化之。尤喜讲明井田兵制，谓治道必自此始，悉撰次为图籍，可见于用。虽皆本于载，而能自信力行，载每叹其勇为不可及。[1]

> （大临）通六经，尤邃于礼，每欲掇习三代遗文旧制，令可行，不为空言以拂世骇俗。[2]

吕氏墓地让我们具体了解了蓝田诸吕所施行的"三代遗文旧制"，茔地布排反映出吕氏兄弟的礼论，其严格遵循宗子继承的规范，整体犹如家族世系表一般，纵横分明。

三、随葬之商周古铜器与仿古器

除了墓地安排井然有序、显示出一套严格的茔地规范之外，墓中随葬的古器与仿古器，也让我们进一步探讨蓝田吕氏如何仿古施行丧葬礼仪。表2-1按墓葬年代整理了墓地出土的古器与仿古器。由于考古报告尚未出版，无法知道这些器物确切的出土位置，目前仅能根据它们的材质、铭文、造型与装饰特点，来考察这些器物在丧葬中的功能。

表 2-1　蓝田吕氏家族墓地出土古器与仿古器

出土墓葬	器名	铭文	资料来源
M9 吕英	仿古耀州窑瓷簋	无	陕西省考古研究院等编：《异世同调：陕西省蓝田吕氏家族墓地出土文物》，页18—21

1　脱脱等撰：《宋史》，卷340，页10847。
2　脱脱等撰：《宋史》，卷340，页10848。

续表

出土墓葬	器名	铭文	资料来源
M2 吕大临（1040—1093？）	仿古石敦	"嗟乎，吾弟任重而道远者夫，宋左奉议郎秘书省正字吕君与叔石敦。元祐八年癸酉十一月辛巳，从兄大圭铭"	陕西省考古研究院等编：《异世同调：陕西省蓝田吕氏家族墓地出土文物》，页24—27
M1 吕大雅（1044—1109）	仿古石磬	脊背："林钟庚辰六月" 正面：祭文：吕景山 "维大观四年岁次庚寅正月庚子朔二十五日甲子，从子宣义郎景山敢以清酌庶羞之奠，恭祭于从父致政承务郎府君。乌乎，府君纯懿……乌乎哀哉，尚飨" 背面挽词：吕景山、锡山、德修、辅修铭：吕景山"有宋大观三年，岁在己丑正月庚子，汲郡吕君正之以疾卒于汝州之郏城，越明 年二月丙申，反葬于京兆府蓝田县太尉原之先茔，礼也。其孤仲山斲石以为林钟之磬，备物而纳诸圹。从子景山泣而铭之，其词曰：乌乎，斲南山之石兮……赠之者谁乎？仲也，实君之孤，铭之者谁乎？景也，迺君之从子"	陕西省考古研究院等编：《异世同调：陕西省蓝田吕氏家族墓地出土文物》，页216—221
M29 吕至山（？—1111）	战国至西汉铜鼎	"隹政和元年十一月壬申，孤子吕世修为考承议郎乍敦［簋］，以内其圹"	陕西省考古研究院等编：《异世同调：陕西省蓝田吕氏家族墓地出土文物》，页54—57
	汉代铜盘	"隹政和元年十一月壬申，孤子吕世修为考承议郎乍盘，以内其圹"	陕西省考古研究院等编：《异世同调：陕西省蓝田吕氏家族墓地出土文物》，页58—59
	唐代铜带流匜	"隹政和元年十一月壬申，孤子吕世修为考承议郎乍匜，以内其圹"	陕西省考古研究院等编：《异世同调：陕西省蓝田吕氏家族墓地出土文物》，页60—63
M26 吕义山	仿古石磬	尚未发表	陕西省考古研究院等编《异世同调：陕西省蓝田吕氏家族墓地出土文物》，页12
M4	仿古石磬	尚未发表	陕西省考古研究院等编《异世同调：陕西省蓝田吕氏家族墓地出土文物》，页12
M25	汉绿釉陶鼎	无	陕西省考古研究院等编：《异世同调：陕西省蓝田吕氏家族墓地出土文物》，页22—23
不明	西周铜簋	"自牧"	陕西省考古研究院等编：《异世同调：陕西省蓝田吕氏家族墓地出土文物》，页50—53

续表

出土墓葬	器名	铭文	资料来源
不明	战国铜鼎	"牧"	陕西历史博物馆编：《金锡璆琳：蓝田吕氏家族墓出土文物》，页43—45
不明	汉铜博山炉	"丹内者盘"（原来铭文）"自牧"（后刻）	陕西历史博物馆编：《金锡璆琳：蓝田吕氏家族墓出土文物》，页49—51
不明	汉铜镜3面	无	陕西历史博物馆编：《异世同调：陕西省蓝田吕氏家族墓地出土文物》，页64—66
不明	汉鎏金铜铺首	无	陕西历史博物馆编：《异世同调：陕西省蓝田吕氏家族墓地出土文物》，页67
不明	汉谷纹玉璧2	无	陕西历史博物馆编：《异世同调：陕西省蓝田吕氏家族墓地出土文物》，页68—69

从表2-1可知，墓地中较早出现的是仿古之器，出自M9吕英墓，是一件仿自西周铜簋的瓷器，为陕西当地的耀州窑所烧造（图2-3）。[1]根据自名，今日我们将此类器物定名为簋，不过宋人称之为敦，在吕大临的《考古图》中便收录有不少这类器物（为了避免混淆，本章若遇到今昔名称不同的情况，一律以今名称呼，必要时以括号加注宋代器名）。该件瓷器除了材质不同，造型、纹饰明显模仿西周晚期的铜簋。类似的铜簋在陕西地区时有出土，吕大临《考古图》中便著录了好几件，[2]其中"散季敦"还是吕氏自家的藏品（图2-4）。[3]散季敦于北宋中期便已出土流传，欧阳修（1007—1072）《集古录》中曾有著录，[4]不知吕英死时散季敦是否已归吕氏兄弟收藏。

　　大字辈墓中出土的石质仿古器，包括吕大临墓出土的石敦与吕大雅墓的

1　陕西省考古研究院等编：《异世同调：陕西省蓝田吕氏家族墓地出土文物》，页18—21。

2　吕大临、赵九成撰：《考古图　续考古图　考古图释文》（北京：中华书局，1987），页39、41、42、44。以上均得于陕西。

3　吕大临、赵九成撰：《考古图　续考古图　考古图释文》，页39—40。

4　欧阳修：《欧阳文忠公文集》，《四部丛刊初编》（台北：台湾商务印书馆，1965—），卷134，页1042。

图2-3　仿古耀州窑瓷簋，M9 吕英墓出土

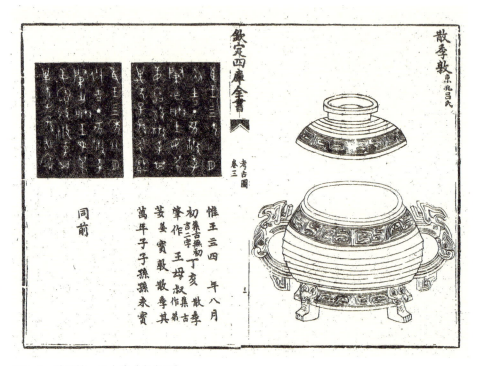

图2-4　散季敦，吕大临《考古图》

图2-5　仿古石敦及铭文，M2吕大临墓出土

石磬。石敦的造型简单，表面朴素无纹，与商周古器有差距；如果没有铭文，不容易与敦相联系（图2-5）。[1]铭文是吕大圭所写，内容为：

> 嗟乎，吾弟任重而道远者夫，宋左奉议郎秘书省正字吕君与叔
> 石敦。元祐八年癸酉十一月辛巳，从兄大圭铭。

文句十分简单，只知道撰铭的吕大圭与受器的吕大临，无法判断石敦是吕大临生前所用还是专门为了丧葬而制作。

吕大雅墓出土的石磬，正、反面都刻满铭文，撰铭者全为家族子弟（图2-6）。[2]一面是以吕景山为首的从子、从孙撰写的祭文与挽词，另一面是吕

1　陕西省考古研究院等编：《异世同调：陕西省蓝田吕氏家族墓地出土文物》，页24—27。
2　陕西省考古研究院等编：《异世同调：陕西省蓝田吕氏家族墓地出土文物》，页216—221。

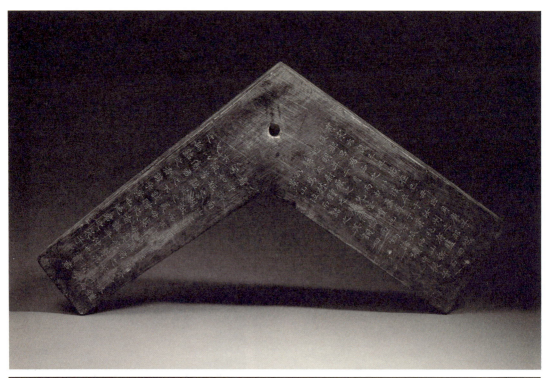

图2-6　仿古石磬，M1吕大雅墓出土

景山撰写的磬铭。祭文写于大观四年（1110）正月，内容为：

> 维大观四年岁次庚寅正月庚子朔二十五日甲子，从子宣义郎景
> 山敢以清酌庶羞之奠，恭祭于从父致政承务郎府君。乌乎，府君纯
> 懿……乌乎哀哉，尚飨。

这段文字与司马光（1019—1086）《书仪·丧仪》中的亲宾奠祝文文辞相近，作"宾祝执祝辞出于上宾之右，西向读之曰：维年月日某官某以清酌庶羞致祭于某官之灵"[1]，可能是丧礼时亲宾奠的祭文。

另一面的磬铭写作时间稍晚，由内容可知石磬是由吕大雅长子吕仲山所制作，从子吕景山所题铭：

> 有宋大观三年，岁在己丑正月庚子，汲郡吕君正之以疾卒于汝
> 州之郏城，越明年二月丙申，反葬于京兆府蓝田县太尉原之先茔，
> 礼也。其孤仲山斫石以为林钟之磬，备物而纳诸圹中。从子景山泣
> 而铭之，其词曰：乌乎，斫南山之石兮……赠之者谁乎？仲也，实
> 君之孤，铭之者谁乎？景也，乃君之从子。

此段磬铭内容记墓主卒年、葬年，又有铭词，颇类一篇墓志铭，但墓中另出土有一方墓志石，由程颐门人张闳中撰铭，句德之书写，吕至山篆盖，可知此磬铭与墓志铭有别。[2] 以石磬随葬，除了吕大雅墓，还见于 M26 吕义山墓与 M4 等，但材料尚未发表。由于这一做法目前仅见于此墓地，推测制作石磬并在上面书写祭文、挽词、铭词随葬，应为吕氏家族内部特有的行为，与一般由社会贤达撰写的墓志铭有别。

这件石磬的脊部还刻着乐律与时间："林钟庚辰六月"，最接近的庚辰年为元符三年（1100），远早于吕大雅死亡的 1109 年，难道石磬早已制成、直到吕大雅死后才加刻铭文，进而成为随葬品？若是如此，则无法解释铭文

1　司马光：《温公书仪》，《百部丛书集成》（台北：艺文印书馆，1965—），卷 7，页 10b。
2　吕大雅墓志石，见陕西省考古研究院等编：《异世同调：陕西省蓝田吕氏家族墓地出土文物》，页 210—215。

内容："其孤仲山斮石以为林钟之磬，备物而纳诸圹中。"或许庚辰指的是日期，查对年表，大观三年六月七日为庚辰日，介于吕大雅的卒日与葬日之间，家族在此段时间备置丧葬用品，应该较为合理。

　　之所以选择六月备置随葬的石磬，可能与《史记·律书》这段记录有关："六月也，律中林钟。林钟者，言万物就死气林林然。"[1] 六月对应到乐律中的林钟，也是万物"死气林林"的季节。《宋大诏令集》记录了政和八年（1118）至宣和三年（1121）间徽宗布告天下的"明堂月令"，当中列出各月之中的天运与朝廷政事；[2] 庚辰日可能是合于士大夫身份的月令行事之日。

　　这些仿古制作的随葬品，为同时期墓葬所仅见，也是宋代仿古器中年代最早的。它们由谁制作？在丧葬中的角色为何？一般说来，根据用途与性质，墓葬出土品大体可分为三类：孝子备置的丧葬礼仪器、墓主个人生前用品、亲友赙赠的物品。其中丧葬用器多遵循传统规范，具有一定的固守性与普及性，如吕大雅墓出土的铁铧、吕大临墓出土的铁牛与铁猪，[3] 都与墓仪有关，广泛见于华北地区的宋代墓葬。[4] 耀州窑瓷簋没有铭文，仅出现在吕英墓中，应该不是丧葬器，可能是吕英个人的物品，也可能是丧礼中亲友的赙赠物品。吕大临石敦亦然，仅出现于 M2，上有吕大圭的题铭，可能是吕大圭赙赠。

　　至于吕大雅墓石磬，是由儿子吕仲山所备置，两面铭刻着家族成员写给亡者的文词：祭文与挽词一面写于大观四年正月，丧礼举办之时，家族子弟以此表达哀悼之意；另一面写于大观四年二月返葬祖茔之际，帮助我们了解此磬为何进到墓圹中，属于葬礼的一部分。由此可知，石磬应是丧礼、葬礼中所用，最后随葬入圹。除了吕大雅墓，刻铭石磬也出现于墓地中的其他墓葬，笔者推测以仿古之石磬作为丧葬之礼仪用器，应是吕氏族人的发明。其灵感来源为何？《考古图》中收录有一件扶风王氏收藏的"遣磬"，上面便刻着

1　司马迁：《史记》（台北：鼎文书局，1981），卷 25，页 1247。
2　宋绶、宋敏求编，司义祖校点：《宋大诏令集》（北京：中华书局，1962），卷 126—133。
3　陕西省考古研究院等编：《异世同调：陕西省蓝田吕氏家族墓地出土文物》，页 224、226—227、228—229。
4　宿白最早指出墓葬中随葬铁器的墓仪用途，徐苹芳进一步结合《大汉元陵秘藏经》讨论随葬陶俑，见宿白：《白沙宋墓》（北京：文物出版社，1957）；徐苹芳：《唐宋墓葬中的"明器神煞"与"墓仪"制度：读〈大汉原陵秘葬经〉札记》，《考古》，1963 年第 2 期，页 87—106。后补充新出土资料，重新出版，见徐苹芳：《唐宋墓葬中的"明器神煞"与"墓仪"制度》，《中国历史考古学论丛》（台北：允晨文化出版公司，1995），页 277—314。

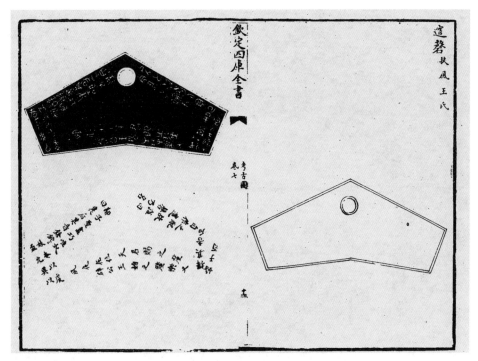

图2-7　磬

铭文（图2-7），吕氏家族于石磬上刻铭或许受此启发。[1]1986年陕西凤翔南指挥村秦公一号大墓曾经出土有类似的石磬，上面也刻有记事刻辞，可知"遣磬"属于春秋时期秦国之作。[2]

至吕至山（M29，卒于1111）墓出现了真正的古代青铜器，[3]分别是战国鼎、汉代洗、唐代带流洗。虽然是古器，但由吕至山儿子吕世修加刻了铭文以为随葬。内容如下：

> 隹政和元年十一月壬申，孤子吕世修为考承议郎乍敦［簋］，以
> 内其圹。
> 隹政和元年十一月壬申，孤子吕世修为考承议郎乍盘，以内其圹。

1　吕大临、赵九成撰：《考古图　续考古图　考古图释文》，页138。
2　李学勤：《秦怀后磬研究》，《文物》，2001年第1期，页53—55、101。
3　张临生试图结合吕氏传记资料，对吕至山墓中各类随葬品作整体研究，只是当时材料公布极少，有些错误信息。张临生：《北宋蓝田吕氏家族出土吕岊墓考辨》，《孔德成先生学术与薪传研讨会论文集》（台北：台湾大学中文系，2009），页313—347。

图2-8　战国至西汉时期的铜鼎，M29 吕至山墓出土

　　隹政和元年十一月壬申，孤子吕世修为考承议郎乍匜，以内其
圹。[1]

　　根据铭文，吕世修将这些器视为"敦""盘""匜"。其中铭文称作"敦"
的器，盖上也以斗大墨书写着"敦"字，作圆腹三足造型，今日已知该器为
战国至西汉时期典型的弦纹铜鼎，与当日的认知不同（图2-8）。铭文称作"盘"
的是一件素面平底折沿洗，是汉代常见的实用器（图2-9）；称作"匜"的是
一件罕见的带流洗，腹部刻团花纹与蝶纹，流部装饰对蝶纹（图2-10），类

<hr />

1　吕至山墓出土的"敦""盘""匜"，见陕西省考古研究院等编：《异世同调：陕西省蓝田吕氏
家族墓地出土文物》，页 54—57、58—59、60—63。

图2-9　汉代铜盘，M29
吕至山墓出土

图2-10　唐代铜带流
洗，M29吕至山墓出土

似的团花、蝶纹、对蝶装饰在唐代金银器上经常可以看到，推测其为唐代之器。[1]

吕世修的铭文明显仿自西周金文，内容依序为时间、作器者、受器者、用途。虽然吕世修不是作器者，仅在器上加刻铭文，但他沿用了西周金文格套："为考承议郎乍器。"铭文中也包含了一些不见于商周的宋代用语，包括官衔"承议郎"，自称"孤子"以示丧父（丧母自称"哀子"）、[2]"以内（纳）其圹"等。值得注意的是，铭文字体不是当时通行的楷体，而是具有古意的篆体，个别文字还模仿地下出土的金文，可见其中刻意仿古的意识。

若与吕至山墓出土的其他刻铭器物比较，这三件古铜器铭文的仿古意图便更为突显。墓中出土了一件圆形歙砚，它的体积不小，直径23厘米，制作规整，外底刻有一段铭文（图 2–11）：

图2–11　歙砚，M29 吕至山墓出土

> 政和元年十一月壬申，承议郎吕君子功葬，以尝所用歙石研纳诸圹，从弟锡山谨铭之曰：为世之珍，用不竟于人，鸣呼！[3]

从铭文内容可知，这件歙砚珍品为吕至山个人的文房用具，他生前对此砚大概颇为珍重，死后以之陪葬，由从弟吕锡山撰铭纪念。铭文格式与字体均与"敦""盘""匜"有别，似乎还带有金文的味道，以事件发生时间开始，但全篇内容、用语主要表达悼念，与前述吕大临石敦相近，字体也是一般通行的楷体，而非仿古篆书。

1　关于宋代对蝶纹的讨论，见谢明良：《略谈对蝶纹》，收入谢明良：《陶瓷手记：陶瓷史思索和操作的轨迹》（台北：石头出版股份有限公司，2008），页 127—141。根据谢明良的讨论，对蝶装饰常见于唐代金银器，宋代发展成熟，无论在陶瓷器还是装饰品上，均形成了固定的表现方式。

2　司马光：《温公书仪》，卷 7，页 2b。

3　陕西历史博物馆编：《金锡璆琳：蓝田吕氏家族墓出土文物》，页 93—95。

战国、汉、唐的三件古器，由主持丧礼的儿子为亡父仿古撰铭，利用铭文将战国鼎变成"敦"、汉洗变成"盘"、唐带流洗变成"匜"。其中盘、匜为成套使用之沃盥水器，吕大临《考古图》卷六论匜之用途时，便道：

> 按《公食大夫礼》，具盘匜，君尊不就洗也；《士虞礼》《特牲》《少牢馈食》，皆设盘匜，尸尊不就洗也。匜水错于盘中南流，流匜所以注水也，沃尸盥者一人，奉盘者东面，执匜者西面，滴沃，此用匜之事也。[1]

明白说明了盘与带流的匜作为一套沃盥水器，搭配使用。由此可知，这几件古器的选择不是随意的，而是考虑到它们在礼仪中的实际用途，进而利用铭文将两件时代不同、毫不相干的器物组合成套，作为一组沃盥盘、匜陪葬。

至于素面铜鼎被当成"敦"，乍看之下颇令人费解，因为当时的士大夫收藏有不少这类汉代素面铜鼎，吕大临《考古图》中也多有收录，器名均作"鼎""鬲"或"小鼎"。[2]为何吕世修会将这件鼎称作"敦"？实际上，吕世修并非唯一一位将三足小鼎视为敦的，同时期活跃于徽宗朝的董逌也认为古敦与鼎形制相似，并反复论证这个观点；[3]也有认为鼎、敦形制相似，无盖柱足为鼎，有盖为敦。[4]可知北宋晚期的士大夫对鼎、敦有所混淆。[5]

墓地出土的商周古铜器，除了吕至山墓中出土的作为"敦""盘""匜"的三件古鼎、古洗之外，还有三件出土墓葬不明的盗掘品，上面也都有宋代加刻的篆体铭文，包括"自牧"铭西周铜簋[6]（图2-12）、"自牧"铭汉铜博山炉[7]（图2-13）、"牧"铭战国铜鼎[8]（图2-14）。"牧"应该是"自牧"

1　吕大临、赵九成撰：《考古图 续考古图 考古图释文》，页125。
2　吕大临、赵九成撰：《考古图 续考古图 考古图释文》，页165、167—171。
3　董逌：《广川书跋》，清光绪十三年（1887）行素草堂藏板，《石刻史料新编》（台北：新文丰出版公司，1986），第三辑，第38册，页683、696。
4　张邦基撰，张凡礼点校：《墨庄漫录》，《唐宋史料笔记丛刊》（北京：中华书局，2002），页208—209。
5　张临生：《北宋蓝田吕氏家族出土吕𡾋墓考辨》，页324—325。
6　陕西省考古研究院等编：《异世同调：陕西省蓝田吕氏家族墓地出土文物》，页50—53。
7　陕西历史博物馆编：《金锡璆琳：蓝田吕氏家族墓出土文物》，页50—51。
8　陕西历史博物馆编：《金锡璆琳：蓝田吕氏家族墓出土文物》，页43—45。

图2-12 "自牧"铭西周铜簋，出土墓葬不明

图2-13 "自牧"铭汉代铜博山炉，出土墓葬
不明

图2-14 "牧"铭战国铜鼎，出土墓葬不明

的减省，推测这三件铭文相同的器物来自同一墓葬，属同一墓主之物，但无法确定是否出自吕至山墓。"自牧"的字面意思是自我修养，可能是个人字号、斋室名称或格言警句，虽无法确定"自牧"所指为何，但这个词应该不具丧葬意涵。这三件"牧"或"自牧"款的铜器均为南宋时期常见的香炉类型，[1]或许它们原来用于书斋薰香或作为摆设出现，属于墓主的个人收藏而入圹。

综合以上讨论，蓝田吕氏家族墓地出土了令人瞩目的仿古器物与商周古器，有不少表面刻有铭文。最早出现的是仿古的瓷簋，来自吕英墓葬，造型、纹饰完全模仿西周铜簋，但材质有别；大字辈墓中出现带有古意、简单朴素的石质仿古器，包括吕大临墓石敦与吕大雅墓石磬；至山字辈墓葬，才以真正的商周古器随葬。根据铭文字体与内容，我们可以推测这些器物入圹的原因。有的属于墓主个人收藏与用品，如"自牧"款古代铜器；有的带有礼器性质，是孝子备置的丧葬礼仪用器，如吕大雅墓的石磬与吕至山墓中被当作敦、盘、匜的三件古器物；至于朴素的石敦，可能是吕大临的个人物品，或是族人祭吊之物，类似赙赠物品。

四、吕氏家族的古器收藏

除了带有铭文的商周古器与仿古器之外，吕氏家族墓地还出土了一些汉代古器，包括釉陶鼎、[2]玉璧、[3]铜镜[4]以及鎏金铜铺首，[5]以上器物除了釉陶鼎出土自 M25（吕锡山妻墓）外，其他为盗掘品，不知出自何墓。墓葬中出土有为数不少的汉代古器，说明吕氏家族整体收藏应较《考古图》所载更加广博，时代不限商、周，材质也不限铜、玉。从大字辈的兄弟开始，经过数代经营，蓝田吕氏已成为北宋晚期京兆地区最具实力的收藏家族之一。

蓝田吕氏的收藏见于著录者共有九件，八件收录在自家编纂的《考古图》中（见表 2-2）；一件收录在稍晚的赵九成《续考古图》，是吕至山收藏的

1　根据南宋赵希鹄的《洞天清禄集》，古铜器主要拿来当作香炉或花瓶使用，见赵希鹄：《洞天清禄集》，《丛书集成新编》（台北：新文丰出版公司，1985），册 50，页 183—184。

2　陕西省考古研究院等编：《异世同调：陕西省蓝田吕氏家族墓地出土文物》，页 22—23。

3　陕西省考古研究院等编：《异世同调：陕西省蓝田吕氏家族墓地出土文物》，页 68—69。

4　陕西省考古研究院等编：《异世同调：陕西省蓝田吕氏家族墓地出土文物》，页 64—66。

5　陕西省考古研究院等编：《异世同调：陕西省蓝田吕氏家族墓地出土文物》，页 67。

"篆口鼎"，于岐下出土。[1] 从这些著录资料来看，藏品的出土地集中于陕西京兆一带与河南郏城，正好是吕蕡、吕英两支居住之地，可知吕氏的收藏是以家乡作为根据地。藏品中最有名的是散季敦，欧阳修《集古录》中曾提到过这件器物，[2] 赵明诚的《金石录》中也曾有讨论，[3] 后来进入徽宗内府，收录在《宣和博古图》中。[4] 这件器物之所以知名，是由于器、盖上的铭文不仅简短易懂，而且根据吕大临的考证，该器是武王时的散宜生所作，这件器物可与历史上的重要人物联结。尽管赵明诚对吕大临的考证不以为然，认为缺乏证据，附会太多，但明了易懂的散季敦仍成为西周文辞的代表作之一。[5]

表 2-2 《考古图》收录京兆吕氏藏品列表

器　名	出土地	卷　数	页　码
父己鬲	河南郏城（今河南郑州中牟）	2	24—25
散季敦	陕西永寿（今陕西咸阳）	3	39—40
兽环壶	陕西京兆	4	103—104
兽环细文壶二	陕西永寿（今陕西咸阳）	4	98
特钟	无	7	137
编钟	无	7	137
螭首平底斗	不知	10	176
螭首平底三足铛	河南郏城（今河南郑州中牟）	10	176—177

　　吕氏兄弟的政治与文化实力，从吕大临的《考古图》中可见一斑。《考古图》全书共十卷，收录公私收藏的青铜器与玉器，总数超过 200 件。书籍前方附有藏家姓名一览，包含将近 40 位私人藏家，以及秘阁、太常、内藏等宫廷收藏。根据吕大临的后记，书成于元祐七年（1092）二月。元祐年间，吕家的政治势力达至巅峰，吕大防贵为宰相，吕大临任秘书省正字，有机会接触内府收藏。

1　赵九成：《续考古图》，十万卷楼丛书本，《百部丛书集成》（台北：艺文印书馆，1968），卷2，页23。

2　欧阳修：《欧阳文忠公文集》，卷134，页1042。

3　赵明诚：《宋本金石录》，淳熙前后龙舒郡斋刻本（北京：中华书局，1991），页295—296。

4　王黼等撰：《至大重修宣和博古图录》（北京：北京图书馆出版社，2005），卷16，页24。

5　蔡絛撰，冯惠民、沈锡麟点校：《铁围山丛谈》（北京：中华书局，1983），页80。

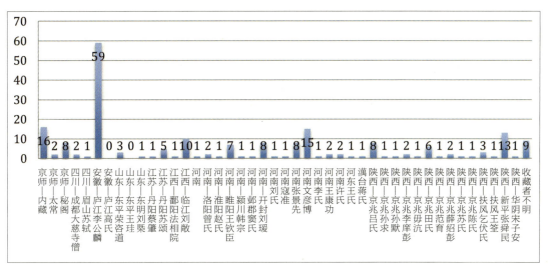

图2-15　《考古图》所收录的藏家与藏品数量分布图

后记提道：

> 予于士大夫之家所阅多矣，每得传摩图写，寝盈卷轴，尚病款
> 繁未能深考，暇日论次成书，非敢以器为玩也，观其器，颂其言，
> 形容仿佛以追三代之遗风，如见其人矣。[1]

可知吕大临在士大夫家曾经眼不少古物，甚至传模图写它们的样貌。汇编各家收藏的《考古图》可说是吕大临与收藏家们的交游记录，体现了吕氏兄弟的文化网络。[2] 过去笔者曾在新旧党争的脉络中讨论过《考古图》的编纂，[3] 以下进一步分析书中的收藏家网络，了解吕氏兄弟在收藏圈中的角色。

图 2-15 是根据《考古图》的著录内容整理而成，为方便讨论，在籍贯前加上地域，并明确标出各家的藏品数量。按藏家籍贯排列，最左面三处为内府收藏，总数为 26 件，最末 9 件为藏家不明者。诸藏家中，"京兆吕氏"为

1　吕大临、赵九成撰：《考古图 续考古图 考古图释文》，页 2。
2　过去学者曾根据《考古图》前方的名氏，研究宋代的金石收藏家，不过并未特别关注这些收藏家与吕氏兄弟之间的关系。最近的研究参见张临生：《李公麟与北宋古器物学的发轫：宋代古器物学研究之一》，台北故宫博物院编：《千禧年宋代文物大展》（台北：台北故宫博物院，2000），页 19—46。
3　参见本书第一章。

吕氏家族的收藏，有 8 件。

　　首先，这个藏家清单反映了元祐期间吕大防在京师的政治纽带，收藏品最受注目者为李公麟（约 1042—1106）、文彦博（1006—1097）、张舜民、刘敞（1019—1068）等人。李公麟这位著名的白描画家，也是当时的大收藏家，画有《古器图》五卷与《周鉴图》一卷；[1] 活跃于京师，其藏品在《考古图》中一枝独秀，远超过其他藏家。[2] 藏品次多的是文彦博，当吕大防在元祐年间回到京师时，德劭年高的仁宗朝宰相文彦博被尊为太师，两人同时在朝。[3] 张舜民是吕氏兄弟同乡，来自永兴军路，也曾于元祐朝廷任官。[4] 刘敞则与欧阳修同为金石收藏的先锋，著有《先秦古器图碑》；[5] 元祐年间刘敞早已过世，吕大临收录的藏品可能转录自《先秦古器图碑》，也可能来自刘敞的儿子刘奉世（1041—1113），元祐年间刘奉世与吕大防同朝为官。[6]

　　元祐年间与吕氏兄弟同朝为官的藏家还有不少，他们来自南北各地，包括：张景先、刘瑗、苏颂（1020—1101）[7]、王钦臣[8]、韩宗道（1027—1097）[9]、

1　李公麟的著作，参见翟耆年：《籀史》，清道光钱熙祚校刊本，《百部丛书集成》，页 11—13；Robert E. Harrist, "The Artist as Antiquarian: Li Gonglin and His Study of Early Chinese Art," *Artibus Asiae* 55.3/4(1995): 237-280; 张临生：《李公麟与北宋古器物学的发轫：宋代古器物学研究之一》，台北故宫博物院编：《千禧年宋代文物大展》，页 19—46。

2　《考古图》中收录的玉器全为李公麟所藏，分别在卷八与卷十，玉器数量的计算与铜器不同，说明如下：《考古图》中有些玉器有独立的条目，一条算一器；有些小玉饰共享一个帮助条目，在统计时，将这些算作一器。若是个别计算，李公麟收藏的铜器、玉器总数为 68 件。

3　文彦博传，见王称：《东都事略》（台北：台北图书馆，1991），卷 67，页 1013—1025；脱脱等撰：《宋史》，卷 313，页 10258—10265。

4　张舜民传，见脱脱等撰：《宋史》，卷 347，页 11005—11006。

5　刘敞生平，见王称：《东都事略》，页 155—160；脱脱等撰：《宋史》，卷 319，页 10383—10387。

6　例如："（元祐七）六月辛酉，以吕大防为右光禄大夫，苏颂为尚书右仆射兼中书侍郎，韩忠彦知枢密院事，苏辙为门下侍郎，翰林学士范百禄为中书侍郎，翰林学士梁焘为尚书左丞，御史中丞郑雍为尚书右丞，户部尚书刘奉世签书枢密院事。"脱脱等撰：《宋史》，卷 17，页 334。刘奉世传，见脱脱等撰：《宋史》，卷 319，页 10388—10390。

7　苏颂传，见脱脱等撰：《宋史》，卷 340，页 10859—10868。

8　王钦臣为王洙之子，传见脱脱等撰：《宋史》，卷 294，页 9817。

9　《宋史》无传，昌彼得等编：《宋人传记资料索引》（台北：鼎文书局，1974—），册 5，页 4170。

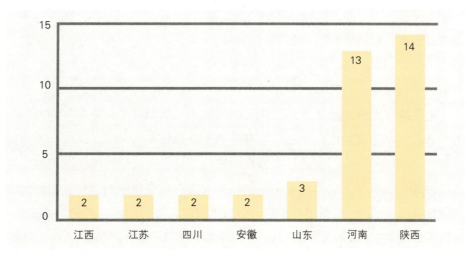

图2-16　《考古图》中所收录之藏家籍贯分布图

苏轼（1036—1101）[1]、蔡肇（？—1119）[2]、范育[3]、薛绍彭[4]、毌沔、荣咨道。其中刘瑗，字伯玉，其身份最为特殊，是哲宗、徽宗朝势力颇大的内侍，死后谥忠简。[5] 他还是当时知名的收藏家与书画家，藏有书画万卷，能学古人写隶书，徽宗御府中藏有刘瑗的绘画九幅。[6]《考古图》中收录了八件刘瑗的藏品，可见刘瑗通过古物结交士大夫，他也进入了元祐士大夫的收藏圈。[7]

　　《考古图》中的藏家清单也明显可见吕氏兄弟的故乡纽带，籍贯陕西的藏家有十四位，占各地之冠（图2-16）。当中藏品最丰富的是新平张舜民与京兆田氏，后者应该是著有《京兆金石录》的田概，书成于元丰五年（1082）。[8] 籍贯陕西的14位藏家中，有10位来自吕氏的家乡京兆，其中范育、毌沔与吕家的互动尤其密切。范育在熙宁中与吕大忠同朝为官，[9] 又与吕大钧、吕大

1　苏轼传，见脱脱等撰：《宋史》，卷338，页10801—10818。

2　蔡肇传，见脱脱等撰：《宋史》，卷444，页13120—13121。

3　范育传，见脱脱等撰：《宋史》，卷303，页10050—10051；昌彼得等编：《宋人传记资料索引》，册2，页1625。

4　《宋史》无传，昌彼得等编：《宋人传记资料索引》，册5，页4197。

5　昌彼得等编：《宋人传记资料索引》，册5，页3886。

6　刘瑗的书法，见米芾：《书史》，《百川学海》，《百部丛书集成》，页32b；刘瑗的绘画，见宋徽宗敕编：《宣和画谱》，《艺术丛编》（台北：世界书局，1974），卷12，页335—337。

7　刘瑗的八器，见吕大临、赵九成撰：《考古图　续考古图　考古图释文》，页31、57—58、87、102、108—109、155、179、183。

8　陈振孙：《直斋书录解题》，页231。

9　脱脱等撰：《宋史》，卷340，页10845。

临同为张载门人，吕大钧死后还替他撰写墓表。[1] 毌沆不但是吕大防的同乡、同僚，而且还是他的亲家，历知陕西的延州、泾州、同州。[2] 毌沆在庆历（1041—1048）中守长安时，曾得到一件铭文极长的秦钟，此钟后来进入内府收藏，《考古图》中有收录。[3]

京兆藏家比例如此之高，一方面说明吕氏兄弟与故乡人士的互动密切，另一方面也与京兆地区出土古器物甚多、收藏风气兴盛有关。该地为西周镐京所在，西临凤翔府，也就是古公亶父移居之处、西周贵族聚居的周原，自古以来便是古铜器的宝库。北宋中期，士大夫利用任官陕西之便，开始大规模收集商周青铜器：文彦博在仁宗、英宗年间守京兆时，收集了一些古铜器，其中不少收录于《考古图》中；[4] 刘敞在仁宗嘉祐五年（1060）至嘉祐八年（1063）知永兴军时，"归自长安，所载盈车"，积累了傲人收藏并开展研究；[5] 嘉祐年间，苏轼为凤翔府判官时也有所得。[6] 仁宗年间士大夫于陕西京兆、凤翔一带收集古铜器时，吕蕡一支应已移居于此地。

神宗年间，王安石（1021—1086）变法，司马光、文彦博、富弼（1004—1083）等居洛，并仿唐代"香山九老"故事，举办"洛阳耆英会"，[7] 西京洛阳俨然成为反对者的聚居地。[8] 在此期间，不少反对新法的士大夫被外放至各地，其中也包括吕大防。熙宁末、元丰初，吕大防知秦州，继徙永兴军，居数年，

1　陈俊民辑校：《蓝田吕氏遗著辑校》，页 611。

2　昌彼得等编：《宋人传记资料索引》，册 1，页 395；毌沆于 1071 年知延州、1072—1075 年知泾州、1075—1077 年知同州，见李之亮：《宋川陕大郡守臣易替考》（成都：巴蜀书社，2001），页 378、524、347。

3　黄伯思记录了毌沆守长安得钟一事，见黄伯思：《宋本东观余论》（北京：中华书局，1988），页 154。吕大临著录作"秦铭勋钟"，见吕大临、赵九成撰：《考古图　续考古图　考古图释文》，页 134—135。

4　文彦博守京兆的时间为 1053—1055 年、1065 年，见李之亮：《宋川陕大郡守臣易替考》，页 253—254。"潞国公守京兆得鼎，其铭曰：惟正月初吉丁亥，王子吴择其吉金……"见董逌：《广川书跋》，《石刻史料新编》（台北：新文丰出版公司，1986），第三辑，册 38，页 704。文彦博的藏品中有不少出土自陕西者，见吕大临、赵九成撰：《考古图　续考古图　考古图释文》，页 17—18、27—28、75—76、117、123。

5　欧阳修：《欧阳文忠公文集》，卷 134，页 1043。刘敞知永兴军时间为 1060—1063 年，见李之亮：《宋川陕大郡守臣易替考》，页 254。

6　欧阳修：《欧阳文忠公文集》，卷 134，页 1042。

7　刘馨珺：《北宋洛阳耆英会》，《政治大学历史学报》，第 30 期（2008），页 1—42。

8　葛兆光：《洛阳与汴梁：文化重心与政治重心的分离——关于 11 世纪 80 年代理学历史与思想的考察》，《历史研究》，2000 年第 5 期，页 24—37。

后又改知成都府。[1]《考古图》的诸藏家中，熙宁、元丰间居陕西的便有冊沆、王钦臣、韩宗道[2]、范育[3]等人。神宗年间，王钦臣任陕西转运副使，元丰五年田概的《京兆金石录》成，王钦臣为其写序；[4]张景先有几件铜器，在熙宁年间得于陕西扶风与凤翔，或许他当时也在陕西。推测神宗年间吕氏兄弟应该已经留意古铜器，且与宦游陕西的士大夫有所交往。

熙宁、元丰年间，活动于京兆一带的士人，包括家居此地与任官于此的，很可能因为处于周秦故都、时有古器出土，享有无法匹敌的地利优势，已形成一个松散的金石收藏群体。相较于西京洛阳高调的士大夫与他们的追随者，这个网络并不引人注意，要到哲宗元祐年间吕大防贵为宰执，通过吕氏兄弟，才让京兆与京师的收藏圈合流。至元祐七年，吕大临汇整历来重要的士大夫收藏，包括已故的刘敞、年高的文彦博与当时最具规模的李公麟的收藏，加上内府藏品，纂成《考古图》一书。其收录藏家之众、藏品数量之多与对古器之整理考订，都是前所未见的，为北宋古器物研究之里程碑。在北宋中、晚期的收藏家中，京兆吕氏不是收藏最富者，但由于吕大防的政治实力，使得《考古图》得以汇编公、私所藏，成为规模最宏大的私人古器物图录。吕大临也因此成为欧阳修、刘敞等第一代金石学家的继承者，并影响了徽宗的《宣和博古图》。

五、形容仿佛以追三代之遗风

吕氏兄弟收藏古铜器的原因，吕大防曾说："聚前代之藏珍，备兴朝之法器。"[5]言下之意，古器物有着经世之用，只是前代之珍要如何成为兴朝法器，关于这个问题，吕大临在《考古图记》中有所讨论：

---

1 脱脱等撰：《宋史》，卷 340，页 10841。吕大防与 1076—1079 年知秦州，1079—1082 年知永兴军，1082—1085 年知成都府，见李之亮：《宋川陕大郡守臣易替考》，页 17—18、257、466—467。

2 韩宗道于 1079—1081 年知凤翔府，1081—1082 年知河中府，见李之亮：《宋川陕大郡守臣易替考》，页 489、281—282。

3 范育于 1082—1084 年知河中、1084—1085 年知凤翔，见李之亮：《宋川陕大郡守臣易替考》，页 282、490。

4 陈振孙：《直斋书录解题》，页 231。

5 嵇璜等奉敕撰：《续通志》（台北：新兴书局，1959），卷 167，页 4253。

> 所谓古者，虽先王之陈迹，稽之好之者，必求其所以迹也，制
> 度法象之所寓，圣人之精义存焉，有古今之所同，然百代所不得变
> 者。……不意数千百年后，尊彝鼎敦之器犹出于山岩、屋壁、陇亩、
> 墟墓之间，<u>形制文字且非世所能知，况能知所用乎？</u> 当天下无事时，
> 好事者蓄之，徒为耳目奇异玩好之具而已。噫！天之果丧斯文也，
> 则是器也胡为而出哉？……予于士大夫之家所阅多矣，每得传摩图
> 写，浸盈卷轴，尚病窾繁未能深考。暇日论次成书，非敢以器为玩也，
> 观其器，颂其言，形容仿佛以追三代之遗风，如见其人矣。<u>以意逆志，
> 或探其制作之原，以补经传之阙亡，正诸儒之谬误，天下后世之君
> 子有意于古者，亦将有考焉</u>。

这段文字中，吕大临批评"好事者"把古器当作"耳目奇异玩好之具"，[1]
强调收集古器的目的是"观其器，颂其言"，追三代遗风以提升个人修养；
并从知识层面"探其制作之原，以补经传之阙亡，正诸儒之谬误"，充实个
人对古代的认识。对于古器的用途，吕大临说连它们的形制、铭文都搞不清
楚了，"况能知所用乎"？此处的"用"所指为何？

礼器之"用"，大致有两个层次：一是器物的基本功能，即盛装内容；
一是配合使用者的身份与场合，在典礼中的摆设与使用，属礼仪功能。吕大
临与之前的研究者已考证出不少古器的器名与功能，如盘、匜组合作为沃盥
水器之用，对古礼器的基本功能逐渐厘清，争议较小。至于古器的礼仪功能，
由于涉及研究者对三礼之书的理解与诠释，歧异较大。吕大临后记慨叹"况
能知所用乎"，应主要是针对古器的礼仪功能而发。由于不知其如何使用，
当然无法在礼仪中使用这些古器，只能借由古器与铭文，考证古代礼仪制度，
以追古人遗风。[2]

这段话如何帮助我们理解吕英墓的瓷簋与吕大临墓的石敦？这两件器物

1　自欧阳修以来，北宋士大夫便经常强调自己收藏古物有更深刻的目的，不是玩物丧志的行
为，见欧阳修：《欧阳文忠公文集》，卷 134，页 1036—1037；刘敞：《公是集》，《百部丛书集成》
（台北：艺文印书馆，1969），卷 36，页 13b—14a。
2　Jeffrey Moser 在北宋理学思想的脉络中分析这段文字，也有类似看法，参 Jeffrey Moser, "The Ethics of Immutable Things: Interpretating Lü Dalin's Illustrated Investigations of Antiquity," *Harvard Journal of Asiatic Studies* 72.2（2012）: 259-293.

虽然仿自商周古铜器，却不作为礼器，也刻意在材质、造型或铭文上与真正的古器物相区别。青瓷簠外观肖似散季敦，实际上是一件瓷器；石敦除了材质不同，铭文内容与字体也与古铜器有别，仅保留古敦的基本造型。这两件器物一方面仿古，另一方面又刻意区别，避免了被视为赝品或造假的可能性。呼应《考古图记》所说，借由古器"观其器，颂其言"，以趋近古人心志；通过仿古制作，达到"形容仿佛以追三代之遗风"[1]。换句话说，吕氏兄弟仿古所制作的这些器物，追求的是百代不变的古人之"精义"，不强调外观的近似。类似的仿古意趣也偶见于同时期的士大夫，李公麟曾于元祐五年（1090）作洗玉池，由东坡居士苏轼铭之，李公麟自作钟鼎篆款于池，文曰：

> 元祐惟五年庚午正月初吉，舒[城]李伯时公麟父曰：友善陈散侯惠我泗滨乐石，敬怀义德，不敢辞，乃用珥古宝十有六玉，环四周，受泉其中，命曰洗玉池，永嘉明德，恭祈寿康，子子孙孙无疆惟休，其宝用之无已。[2]

可知李公麟在友人所赠嘉石的四周雕上古玉十六，注水其中，命之"洗玉池"，并加上自作钟鼎篆款。后来李公麟过世，还以所藏的一件古玉随葬。徽宗继位后，派人来索洗玉池，李公麟的儿子只好暗中把苏轼的洗玉池铭磨去，交给使者。[3]洗玉池四周的玉雕，同样也以寓古之意而为时人乐道，并非鱼目混珠的复制。

瓷簠与石敦的拥有者吕英与吕大临死于吕氏一族显贵之时，稍后的吕大雅与吕至山则不然。哲宗、徽宗绍述神宗的新政，贬斥元祐大臣，首当其冲的吕大防在绍圣初死于贬谪的路上。死前对偕行的儿子吕景山说："吾老矣，罪如此，万死何惜。汝何罪，欲俱死瘴乡耶？我不若先死，使汝护丧而归，吾犹有后也。"[4]徽宗崇宁年间"元祐党籍"颁布之后，朝廷对党人及其子弟

1　通过古物达到提高个人修养的目的，参 Jeffrey Moser, "The Ethics of Immutable Things: Interpretating Lü Dalin's Illustrated Investigations of Antiquity," 259–293.

2　翟耆年：《籀史》，页 12b—13a。

3　《考古图》后人附益文字引《复斋漫录》，见吕大临、赵九成撰：《考古图　续考古图　考古图释文》，页 140—141。

4　熊克：《中兴小记》，《百部丛书集成》，卷 31，页 14b—15a。

的禁锢尤甚。[1] 大观四年的吕大雅墓中出现带有丧仪色彩的石磬，上面刻着族人撰写的挽词与铭文，或许反映出吕氏家族子弟因政治牵连而仕途发展受阻，转向家族内部经营。

至徽宗政和元年的吕至山墓，不但以真正的古代铜器随葬，上面还由儿子吕世修加刻铭文，将原来毫不相干的三件器物组合成套：战国鼎变成"敦"，汉洗成为"盘"，唐带流洗则成为"匜"。它们不但构成沃盥盘、匜之组合，铭文也仿西周金文格式，字体采用具有古意的篆书，个别文字甚至来自出土金文。这三件出土之古器物，为人收藏后，通过加刻铭文，又再次成为礼器被埋藏到墓中。它们的组合与使用，颇有重现古代礼器的味道，这与吕大临"况能知所用乎"的看法有所扞格，为何有此转变？

大观、政和年间，徽宗朝廷正如火如荼地进行礼制改革，礼仪的制订可以《政和五礼新仪》为代表，礼器的更张则见"新成礼器"之制作。徽宗朝的大臣放弃《三礼图》等旧图传统，改以地下出土古铜器为依归。[2] 礼器的改革大约始于徽宗大观二年（1108），这年皇帝下诏图绘士大夫家藏三代古器，作为参考；[3] 政和三年（1113）图绘工作告成，设置礼制局，督造礼器；宣和二年（1120）诏罢礼制局，礼器制作告一段落。[4]

表面看来，徽宗的目标是革新礼器，使之更正确，亦更符合《周礼》《仪礼》《礼记》三礼的记载。实际上，这项改革直接威胁北宋中期以来的士大夫收藏。大观二年大臣要求图绘士大夫家藏古器的札子中说："委守令访问士大夫或民间有收藏古礼器者，遣人往诣所藏之家，图其形制，点检无差误，申送尚书省议礼局。其采绘物料，并从官给，不得令人供借及有骚扰，如违并以违制论。"虽说不得骚扰，但在这波搜索的过程中，有不少古器物进入内府，成为皇家收藏。许多收录于《考古图》的私家藏品最终也进入宫廷，

1　脱脱等撰：《宋史》，卷 19，页 364—369。

2　陈梦家著，王世民整理：《博古图考述》，《湖南省博物馆文集》（长沙：船山学刊杂志社，1998），第四辑，页 8—20；陈芳妹：《宋古器物学的兴起与宋仿古铜器》，《台湾大学美术史研究集刊》，第 10 期（2001），页 37—160；Ya-hwei Hsu,"Antiquities, Ritual Reform, and the Shaping of New Tasteat Huizong's Court,"*Artibus Asiae* 73.1（2013）: 137-180.

3　郑居中编：《政和五礼新仪》，《景印文渊阁四库全书》（台北：台湾商务印书馆，1983），册 647，页 10—11。又见杨仲良：《续资治通鉴长编纪事本末》（北京：北京图书馆出版社，2003），卷 133，页 4164—4165。

4　杨仲良：《续资治通鉴长编纪事本末》，卷 134，页 4224。

出现在徽宗的《宣和博古图》中。可以想见，徽宗朝的大臣找寻士大夫藏品时，大概参考了《考古图》，这应该是吕大临编纂此书时所始料未及的。[1]

吕至山死于政和元年朝廷大力搜索古铜器之时，吕氏族人如何面对徽宗这位超级收藏家？[2]吕氏之收藏有些进入了宣和殿，为徽宗所有，如知名的散季敦。[3]蓝田吕氏墓地的发现更让我们知道，还有一些吕氏之收藏进入族人的墓葬，永远保留于家族之中。这些铜器均带有刻铭，以最直接、无法磨灭的方式宣示器物的所有权：有的刻上斋号之类的短铭；有的仿西周金文，刻上作器者与受器者，重新组合成套，作为礼仪用器再次入圹。于是，原本出自墓葬、为收藏家所珍重的古董，改变性质成为礼器，再度随葬入圹，也得以永远保留于吕氏家族之中。之前吕大临对古器的态度是"况能知所用乎"，在徽宗仿古进行礼器改革的刺激下，吕氏族人前所未见地在古器上加刻铭文，一方面宣示所有权，一方面也彰显吕氏家族积累数代的古器物研究传统。

徽宗时期以古器入圹的士大夫不只吕至山，山西忻州市北宋武功大夫田茂（1059—1114）墓中曾出土一件铜香炉，高16厘米，炉体为镂孔山形，底有承盘，是典型的汉代博山香炉造型。但考古报告的照片模糊，也不排除该件博山炉可能是宋代仿品。该器出土时内部盛有香灰，可知曾被使用过。[4]此例证也说明北宋晚期士大夫在生活中实际使用古器，死后则以之随葬。

徽宗的新成礼器多半完成于政和四年（1114）之后，晚于吕至山之墓。推测吕氏族人在北宋晚期金石方面的成果，除了吕大临《考古图》为《宣和博古图》所参考，吕氏以铭文定义古器礼仪功能的方式可能也为徽宗朝大臣们所借鉴。徽宗朝大臣们同样也仿西周金文，撰写祭祀铭文，刻于新成礼器之上。字体同样是带有古意的篆书，个别文字也参考出土金文。[5]北宋中期以来士大夫的古器研究，在徽宗朝礼制改革的刺激下，最终也进入礼仪实践的

1　王国维与罗福颐汇编两宋所著录之金文，整理他们的著录表发现，《宣和博古图》收录的铜器中，有超过30件见于《考古图》，有20件左右见于《续考古图》，可知不少北宋的私家收藏最终都进入徽宗内府。王国维编，罗福颐校补：《三代秦汉两宋金文著录表》（北京：北京图书馆出版社，2003）。

2　Ebrey 称徽宗为 megacollector，相当贴切，见 Patricia B. Ebrey, *Accumulating Culture: The Collections of Emperor Huizong*（Seattle: University of Washington Press, 2008），7。

3　王黼编：《至大重修宣和博古图录》（北京：北京图书馆出版社，2005），卷16，页25。

4　冯文海：《山西忻县北宋墓清理简报》，《文物》，1958年第5期，页49—50。

5　Ya-hwei Hsu, "Antiquities, Ritual Reform, and the Shaping of New Taste at Huizong's Court," 152.

场域，成就了徽宗朝的制度、器用与宫廷艺术。

结　语

宋代士人不仅坐而言，而且起而行，关于这个实践面向，特别是礼仪层面，过去学界已有不少讨论。新出土的蓝田吕氏家族墓地，从墓地布局到随葬品，出现许多前所未见的做法，让我们得以具体讨论北宋士人的礼仪实践，以及其与北宋中期开始流行的金石收藏的关系。

结合墓地材料、吕氏兄弟的生平与相关著述可知，吕氏兄弟在日益显贵之时，开始规划一个具有典范性的家族茔地，以排列规整、世代相序的墓地传达出宗子继承的概念。这个规划原则与他们的礼论相呼应：古礼中的大宗之法虽无法复原，小宗仍可遵循。此时，关中的吕氏族人也留心出土古器，并与当地士人、藏家相交游，形成一个松散的古铜器收藏圈。借着摩挲古代铜器、诵读器物上的古代文字，他们希望神交古人，追三代遗风，也不忌讳仿照古铜器新制器物。这些仿古之作虽具古意，但与古器物截然不同，以避免产生伪造赝品的疑虑。

吕氏之显贵于元祐年间达到顶点，吕大临编纂的《考古图》展现出京兆吕氏的政治与文化实力，成为继欧阳修《集古录》以来最具代表性的古器著作。哲宗、徽宗的绍述路线限制了吕氏子弟仕途的发展，徽宗的礼制改革更使元祐士大夫的收藏饱受威胁。除了藏品进献入宫以外，吕氏子弟也发展出一套方式与朝廷抗衡：通过加刻铭文，重新赋予古器礼仪用途，将它们从古董变成礼器，再次随葬入圹，此做法是目前考古所仅见。随后女真人入侵，有些吕氏族人避难至蜀地，茔地也至此而止。蓝田吕氏家族墓地五代人29座墓葬与随葬品，与京兆吕氏的礼仪理想、文化创造、仕途兴衰紧密交织，随着宋室南迁，北宋晚期士大夫之间形成的这股文化风尚，也转移到南方各地继续发展。

第三章

今之古礼
——司马光《书仪》与蓝田吕氏家族墓地

　　——吕氏世学礼，宾、祭、婚、丧，莫不仿古。[1]

　　陕西蓝田五里头吕氏家族墓地的发现，无疑是中国考古学史上重要的一页。过去对北宋金石考古的认识，只能通过欧阳修（1007—1072）《集古录》、吕大临（1040 1093）《考古图》、赵明诚（1081—1129）《金石录》等书，以及传世或出土的零星文物，如今有吕大临家族五代 29 人的墓葬作为见证，让我们得以一窥这个闻名关中的礼学世家，是如何面对死生大事、仿古行礼的。

　　吕氏家族的茔地呈西南—东北走向，前方是家庙，后方有一条 400 米的神道通往墓地，四周则环绕着排水的兆沟。[2]墓地以始祖吕通（966—1002）夫妇墓为首，后方按世代次序排列，同代人葬在同一列。夫、妇死后长眠于同一墓室当中，继宗的嫡长子则踵步于双亲墓葬后方，前后相序。茔地整体布局如世系表一般井然，兼顾世代与嫡庶，展现出儒家的宗法精神。

　　第二代吕蕡（1000—1074）的墓志提到，此太尉原墓地营建于神宗熙宁七年（1074），由日渐显贵的吕大防（1027—1097）兄弟在吕蕡过世后所规划。如此说来，这个按儒家宗法精神所设计的茔地，应当反映了大字辈诸子的理想。

1　见 M20 吕大忠继妻樊氏墓志铭，陕西省考古研究院等：《蓝田吕氏家族墓园》（北京：文物出版社，2018），页 657。

2　陕西省考古研究院等：《蓝田吕氏家族墓园》，页 6—189。

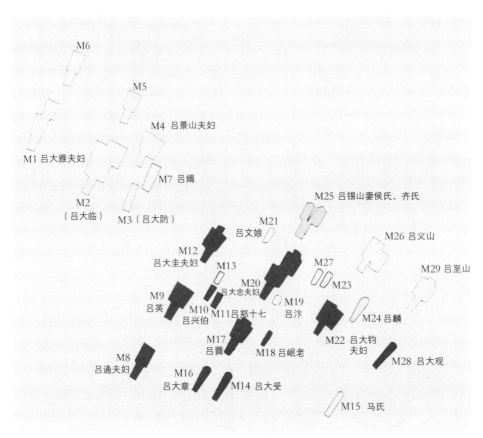

图3-1　熙宁七年（1074）太尉原墓地启用时之埋葬情况，当时仅有深灰色墓葬

这个新祖茔刚启用时的布局如何？图 3-1 为熙宁七年时的情况，当时仅有深灰色的墓葬，其他还不存在，不过从旧祖茔迁入的墓葬已经呈现出世代相序、长子继宗的原则了。显然大字辈诸子在规划之时，心中已有一幅清晰的蓝图，且预先为自己与子辈留下葬地。随着时间推移，大字辈与山字辈诸人渐次埋入，最晚的是吕大圭（1031—1116），他于政和七年（1117）葬入墓中，陪伴早已亡故的妻子。宋金战争爆发后，吕氏族人迁居南方，太尉原墓地也停止使用。

　　吕氏诸子以钻研三代古礼而闻名，这个墓地展现出其家族的共同理想。北宋中期以来，不少士大夫都致力于建立一套合于士庶阶层施行的礼仪，其中以司马光（1019—1086）为代表。他以《仪礼》为本，删削减省，并酌采当时习俗而成《书仪》一书。司马光出身山西夏县，长期在开封为官，后来又迁居洛阳，《书仪》因而记录了不少华北地区的流行风俗。吕氏诸子对司马光的《书仪》应不陌生，墓地中有些特殊做法还与《书仪》的记载相呼应。

本章通过比较墓地现象与《书仪》内容，探讨吕氏诸子如何回应司马光对古典礼仪的解释，以及如何进一步超越《书仪》、对《仪礼》进行再诠释。

一、《书仪》中的埏道与隧道

蓝田吕氏墓葬的形制与唐代关中上层阶级墓有明显区别。北朝以来，长安高级贵族流行带斜坡墓道的穹窿顶土室或砖室墓，身份越高，墓室越大，墓道越长，天井与过道越多，左右壁面彩绘的车马仪仗队伍也越壮观。[1] 斜坡墓道除了象征墓主身份，营建时亦方便工匠上下，埋葬时也供运送棺椁与随葬品，具有实际用途。[2] 进入北宋，关中的官宦之家仍采用斜坡墓道，不过此做法也为地方土豪所采用，且普遍见于华北其他地区。[3] 社会上层好用斜坡墓道，至于一般平民则多见朴素的土洞墓，做法是自地面向下垂直开凿至相当深度，再向侧边挖出一横向空间作为墓室，以容纳棺木与少量随葬品，整体侧剖面呈靴形。[4] 考古报告多以"竖穴式"或"竖井式"称呼这种垂直下挖的墓道，有别于斜坡式的墓道。

吕氏家族墓是一种混合形式，全为未铺砖的素朴土洞，但规模宏大，垂直的竖井墓道深度达十多米。墓室空间宽敞，夫妇合葬一墓，但各有空间。

---

1 唐代长安墓葬的形制与等级，代表性著作见宿白：《西安地区唐墓壁画的布局和内容》，收入《魏晋南北朝唐宋考古文稿辑丛》（北京：文物出版社，2011），页160—178（原发表于《考古学报》，1982年第2期，页137—153）；宿白：《西安地区的唐墓形制》，收入《魏晋南北朝唐宋考古文稿辑丛》，页148—159（原发表于《文物》，1995年第12期，页41—49）；傅熹年：《唐代隧道型墓的形制构造和所反映的地上宫室》，《文物与考古论集》（北京：文物出版社，1986），页322—343；齐东方：《试论西安地区唐代墓葬的等级制度》，收入北京大学考古系编：《纪念北京大学考古专业三十周年论文集》（北京：文物出版社，1990），页286—310；程义：《关中地区唐代墓葬研究》（北京：文物出版社，2012）。

2 傅熹年：《唐代隧道型墓的形制构造和所反映的地上宫室》，页327—330。

3 关中的官宦之家如李唐后裔李璹（968—1023）墓，其他华北地区的地方土豪纪年墓如山西稷山李锡（1035—1103）墓与河南安阳王现（1058—1109）墓。见西安市文物保护考古所：《西安长安区郭杜镇清理的三座宋代李唐王朝后裔家族墓》，《文物》，2008年第6期，页36—53；山西省考古研究所：《稷山南阳宋代纪年墓》，《三晋考古》，第4辑，2012年，页510—514；中国社会科学院考古研究所安阳工作队：《河南安阳新安庄西地宋墓发掘简报》，《考古》，1994年第10期，页910—918。

4 咸阳市文管会：《西北林学院古墓清理简报》，《考古与文物》，1992年第3期，页21—35；陕西省考古研究院、凤翔县博物馆：《凤翔孙家南头墓地宋元明墓葬发掘简报》，《文博》，2014年第3期，页9—15。

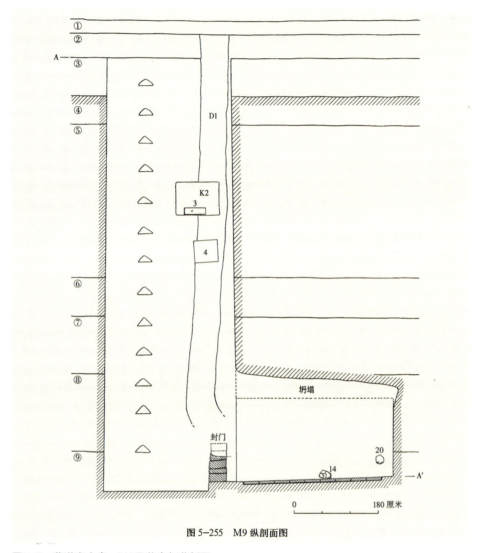

图5-255　M9 纵剖面图

图3-2　墓道旁小龛，M9吕英夫妇墓剖面

墓道为竖井式，两侧经常开有小龛或耳室，放置墓志石或随葬品。其布局可说是将前朝水平横向伸展的斜坡墓道，改为垂直向下的竖井墓道；斜坡墓道两侧的龛、室，也从水平的左右布排改为垂直的上下层叠（图3-2、图3-3）。

　　由考古角度来看，竖井式墓道是华北地区特有的做法，关于这类墓道，司马光《书仪》"穿圹"一条有载：

　　　其坚土之乡，先凿埏道，深若干尺，然后旁穿窟室以为圹，或以

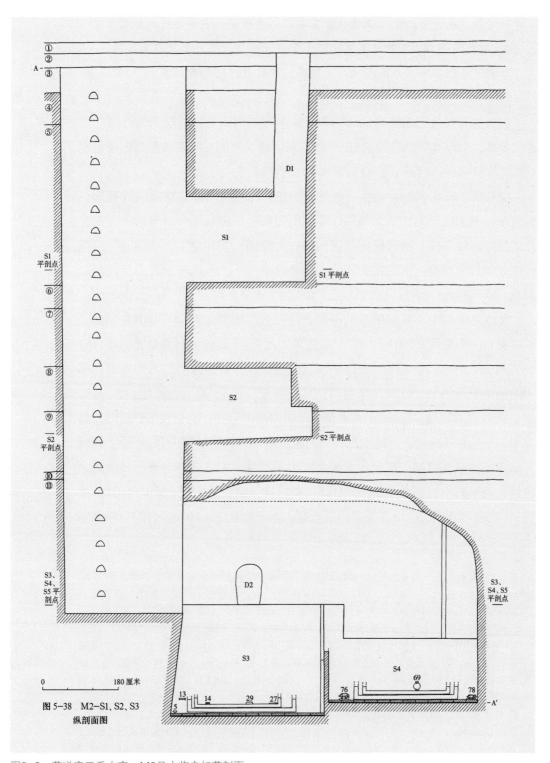

图 5-38　M2-S1、S2、S3

纵剖面图

图3-3　墓道旁三重小室，M2吕大临夫妇墓剖面

砖范之，或但为土室，以塼数重塞其门，然后筑土实其埏
久，终不免崩坏，不若直下穿圹之为牢实也……古者乃天子得为隧道，
自余皆悬棺而窆。今民间往往为隧道，非礼也，宜悬棺以窆。[1]

过去也有学者引用司马光《书仪》来解释考古所见，不过因为处理的是
唐代墓葬，有不少扦格难解之处。[2] 如今以同属北宋的吕氏家族墓地重新检视
这段文字，其中的埏道、隧道等形制可迎刃而解。

《书仪》所提倡的"埏墓"是垂直下挖，然后再向旁穿窟室以为墓室，
或直接以墓道底部为圹室，与吕氏墓地所见相合，应该是今日考古所见的竖
井式墓道。《书仪》接着批评"民间往往为隧道，非礼也"，"隧道"所指
应该是斜坡式墓道，这是宋金华北上层社会最流行的墓道样式，见于河南、
山西、陕西等地，有来自官宦之家，也有地主土豪之家。

官宦之家集中于两京所在的河南，可以著名的安阳韩琦（1008—1075）
家族墓与洛阳富弼（1004—1083）家族墓为代表。[3] 墓葬方向多坐北朝南，斜
坡墓道位于南侧，墓室内以砖砌出高耸的穹窿顶，或是并列的两个椁室。其
中韩琦由于政治地位崇高，死后得到皇帝特恩，墓室内以石板隔出上、下二
室，形制最为特殊。[4] 这些士大夫墓多不见富丽的壁画，但有代表身份的石墓
志铭，而且有随葬品，只是多数被盗，无法确知完整的随葬内容。[5] 除了韩琦
与富弼两大家族墓地，其他士大夫之家也采用带斜坡墓道的穹窿顶砖室墓，
包括：河南郑州贾正之（1045—1105）夫妇墓，他是范仲淹（989—1052）外
孙；[6] 河南方城范通直与彊氏夫妇二人墓，其子范致虚（1070—1129）在徽宗

1　司马光：《温公书仪》，《百部丛书集成》，据清嘉庆学津讨原本影印（台北：艺文印书馆，
　　1965—），卷 7，页 5a。
2　傅熹年以唐墓为分析对象，认为唐代理解的隧道为带有天井与过洞的斜坡墓道，羡道则是顶
　　部敞开的斜坡墓道，因此将斜坡墓道顶部敞开的部分称为羡道，连接墓室带有天井与过洞的部
　　分称为隧道。见傅熹年：《唐代隧道型墓的形制构造和所反映的地上宫室》，页 322—326。相关
　　名词的讨论与整理，又见程义：《关中地区唐代墓葬研究》，页 49—56。
3　河南省文物局：《安阳韩琦家族墓地》（北京：科学出版社，2012）；洛阳市第二文物工作队
　　编：《富弼家族墓地》（郑州：中州古籍出版社，2009）。
4　刘未：《宋代的石藏葬制》，《故宫博物院院刊》，2009 年第 6 期，页 55—63。
5　过去 Dieter Kuhn 认为士大夫不用穹窿顶砖室墓，今可知不确，华北地区士大夫也采用此形制。
6　郑州市文物考古研究院、河南省南水北调文物保护管理办公室：《郑州黄岗寺北宋纪年壁画
　　墓》，《中原文物》，2013 年第 1 期，页 4—9。

时官拜尚书左丞。[1]

　　河南一地以穹窿顶砖造墓室为主流，不过有些外地士大夫不采此墓葬形制，但仍保留了墓室一侧的斜坡墓道。如河南密县冯京（1021—1094）夫妇墓，冯京来自江夏（今湖北江夏），先后娶富弼的两个女儿为妻，死后赠司徒、谥文简，墓葬为四室并排的石室墓，分别埋葬冯京与三位妻子，各室间有小洞相通，墓室前方有一条斜坡墓道。[2]河南平顶山苏辙次子苏适（1068—1122）夫妇墓，前方也有一条长达 12 米的斜坡墓道，墓圹内筑有并列二室，之间以门洞相通，夫妇在各自的墓室中长眠。[3]苏适夫妇墓的形制在河南当地相当罕见，应该源自家乡蜀地，是遵循《诗经》"谷则异室，死则同穴"的做法。苏轼曾说，蜀地这种墓式是最合于古礼的。[4]这么说来，前述冯京与妻子们也是各居一室，之间以小洞相通，应该也是对《诗经》的一种诠释。

　　官宦阶层之外，华北的地主土豪也大量使用斜坡墓道，只是规模缩减，河南白沙三座北宋墓前有阶梯墓道，便属于此类。[5]这类墓葬亦多为砖砌穹窿顶结构，且在砖壁上施加富丽的壁画或雕刻，随葬品很少，原来可能葬以易朽的纸明器。墓中不出墓志，也罕见士人墓中常见的文房用品，一般认为墓主为地主土豪，属地方的经济精英。[6]

　　以上讨论可知北宋华北地区，特别是河南一地，社会上层精英墓葬之大

1　范致虚父范通直墓，见刘玉生：《河南省方城县出土宋代石俑》，《文物》，1983 年第 8 期，页 40—43。母亲彊氏墓，见河南省文化局文物工作队：《河南方城盐店庄村宋墓》，《文物》，1958 年第 11 期，页 75—76。范致虚传，见脱脱等撰：《宋史》（台北：鼎文书局，1980），卷 362，页 11327—11329。

2　河南省文物研究所、密县文物保管所：《密县五虎庙北宋冯京夫妇合葬墓》，《中原文物》，1987 年第 4 期，页 77—90。

3　李绍连：《宋苏适墓志及其他》，《文物》，1973 年第 7 期，页 63—69。

4　苏轼：《东坡题跋》，收入毛晋《津逮秘书》，明崇祯毛氏汲古阁刻本，卷 1，页 21-2、22-1。汉籍电子文献数据库，http://hanchi.ihp.sinica.edu.tw/ihp/hanji.htm，2020/10/19 检索。Helga Stahl, "Su Shi's Orthodox Burials: Interconnected Double Chamber Tombs in Sichuan," in Kuhn Dieter, ed., *Burial in Song China*（Heidelberg: edition forum, 1994）: 161-214.

5　宿白：《白沙宋墓》（北京：文物出版社，2002）。华北各地地方精英使用斜坡墓道之例，参太原市文物管理委员会：《太原市南坪头宋墓清理简报》，《文物》，1956 年第 3 期，页 41—44；裴静蓉：《娄烦下龙泉村宋代家族墓发掘简报》，《文物世界》，2016 年第 5 期，页 3—9；陕西省考古研究院：《陕西西安马腾空北宋墓发掘简报》，《考古与文物》，2021 年第 3 期，页 46—54。

6　学界公认华北地区装饰华丽的穹窿顶砖室墓为地主土豪之墓，较早之系统讨论，见 Dieter Kuhn, *A Place for the Dead: An Archaeological Documentary on Graves and Tombs of the Song Dynasty（960-1279）*（Heidelberg: edition forum, 1996），44-49。

概。无论是官宦之家还是地方土豪，均使用带斜坡墓道的砖室墓，何以斜坡墓道——也就是《书仪》所称的隧道——不合礼？《书仪》引春秋晋文公向周襄王请用隧道被拒的故事，说明隧道在古代仅限天子使用，因此民间使用隧道不合古礼。使用竖井式的埏道，将棺木垂直吊挂进入墓圹，才是符合古礼的做法。

竖井式埏道在华北上层阶级的使用情况如何？带竖井墓道的墓葬大致有两类：竖穴土圹墓与土洞墓。竖穴土圹墓最简单，直接穿地为圹，是司马光《书仪》最推崇的墓式。墓主多为经济能力有限的平民，当士大夫阶层采用此墓制时，规模往往宏大许多，不但以砖、石砌筑坚固的墓室，还有不少随葬品。河南方城范致虚弟范致祥（？—1103）墓便是竖穴土圹墓，墓圹四周以砖石砌筑，墓室长度达 4.58 米，宽 2.76 米。[1]

垂直下挖再横向开穴的洞室墓较土圹墓讲究，也见于河南地区的士人墓，[2] 但显赫的士大夫家族罕用此式，前述韩琦家族墓地中仅韩粹彦（1065—1118）夫妇墓采竖井式墓道。[3] 这种竖井洞式墓多见于关中平原，此地的北部是汉、唐帝陵，南部的白鹿原与少陵原是唐代贵族官人的葬地，[4] 这些早期贵族墓葬皆以斜坡墓道为主流，带竖井墓道的土洞墓多为庶人采用。[5] 进入北宋，关中的官宦之家也采竖井式洞室墓，如李唐后裔李保枢（926—978）与窦氏（933—1019）夫妇墓，以及其孙妇宋氏（1007—1076）墓均为此式；[6] 太中大夫光禄少卿致仕的淳于广（942—1034）与其妻周氏墓也是带竖井墓道的土

1　南阳地区文物队、南阳市博省物馆、方城县博物馆：《河南方城金汤寨北宋范致祥墓》，《文物》，1988 年第 11 期，页 61—65、39。

2　如河南洛阳苗北 IM3631 李氏（1039—1057）墓，长 2.72 米，宽 1.4 米，仅能容棺。从墓志可知，李氏的丈夫是乡贡进士康君，夫父官衔为尚书比部员外郎，为七品之官。洛阳市文物考古研究院：《河南洛阳市苗北村五代、宋金墓葬发掘简报》，《考古》，2013 年第 4 期，页 43—56。

3　河南省文物局：《安阳韩琦家族墓地》，页 48—52。

4　妹尾达彦：《隋唐长安城と关中平野の土地利用——官人居住地と墓葬地の变迁を中心に》，收入妹尾达彦主编：《都市と环境の历史学［增补版］：东アジアの都城と葬制》，第 3 集（东京：中央大学文学部东洋史学研究室，2015），页 31—181。

5　宿白：《汉唐宋元考古——中国考古学（下）》（北京：文物出版社，2010），页 116—117；程义：《关中地区唐代墓葬研究》，页 49—86。

6　西安市文物保护考古所：《西安长安区郭杜镇清理的三座宋代李唐王朝后裔家族墓》，《文物》，2008 年第 6 期，页 36—53。

洞墓；[1] 曾任知县后因罪被革官的范天祐（989—1049）墓也属此样式。[2]

在华北士大夫家族墓多采用隧道的情况下，吕氏家族墓仅见竖井式埏道，完全不用隧道，除了承续关中北宋新习俗，也应是一种刻意选择的结果。当同时期河南二京地区的士大夫以斜坡隧道下棺时，居周秦故都的吕氏兄弟选择自竖井埏道悬棺以窆，此关中士族之做法正合于司马光《书仪》所阐述的古礼。

二、《书仪》中的便房

有别于河南士大夫家族，吕氏家族墓地采用竖井式埏道。此外，他们在墓道侧面横向挖小龛或耳室，形成上下多重的埋藏空间。于墓道两侧开小龛放置墓志或随葬品的例子有二：M9 吕英夫妇墓的墓道东西两侧开了三小龛，上层二龛对开，摆放墓志，下方一龛则放置瓷瓶、罐等随葬品（图 3-2）；M1 吕大雅与贾氏墓也沿着墓道，在主墓室上方开龛放墓志。[3] 还有一类是在主墓室上方开挖耳室，发现时均为空室，没有随葬品。此类有三例，均属大字辈所有：M20 吕大忠、M12 吕大圭、M2 吕大临。其中 M2 吕大临夫妇墓的主室上方甚至开有二重小室，形成上下三重埋藏空间（图 3-3）。

沿着竖井墓道两侧开耳室的做法十分罕见，考古报告推测可能是防盗之用。若以司马光《书仪》来对应，它们应该称作"便房"：

> 穿圹……其明器、下帐、五谷、牲酒等物，皆于埏道旁，别穿窟室为便房以贮之。其直下穿圹者,既实上将半,乃于其旁穿便房以贮之。[4]

文中明白指出开凿墓葬时，于埏道旁另开窟室作为便房，贮放陪葬的明器、床帐、五谷、牲酒等，这段记录与吕氏墓地所见的小龛、耳室完全相符。

关于便房中贮放的物品，司马光在下棺一段有更具体的说明。葬礼当天，

1　西安市文物管理处：《西安西郊热电厂基建工地清理三座宋墓》，《考古与文物》，1992 年第 5 期，页 64—72。

2　西安市文物保护考古研究所：《西安北宋范天祐墓发掘简报》，《中国国家博物馆刊》，2017 年第 6 期，页 23—40。

3　陕西省考古研究院等：《蓝田吕氏家族墓园》，页 450。

4　司马光：《温公书仪》，卷 7，页 5a。

将棺木下至墓室中安放妥当后，以砖封门，其次放墓志，并将明器等随葬品，逐一放至"便房"中，最后以土掩埋：

> 下棺……匠以砖塞圹门，在位者皆还次。掌事者设志石、藏明器、下帐、苞筲、酰醢、酒于便房，以版塞其门，遂实土。亲戚一人监视之，至于成坟。[1]

这段文字清楚地说明，"便房"中放置的有明器、下帐、苞筲、酰醢、酒。这些随葬品均见于《仪礼·既夕礼》，是埋葬前备置的物品，其具体所指为何？

《书仪》中指出，明器与下帐两者均象生平所用之物而尺寸缩小，明器为车马与人形侍俑，下帐则是居家用具如床、席、桌椅之类：

> 明器刻木为车马、仆从、侍女，各执奉养之物，象平生而小，多少之数依官品。（以下双行小字注）《既夕礼》有明器、用器、燕器……[孔子]又曰："其曰明器，神明之也。"又曰："涂车、刍灵，自古有之。"《丧葬令》五品、六品明器许用三十事，非升朝官者，许用十五事，并用器碗碟瓶盂之类，通数之。[2]

> 下帐：为床帐、茵席、倚卓之类，皆象平生所用而小也。[3]

汉代以下墓葬中经常可见这类随葬品，一般称为明器模型，所象之物随时代而异，如汉代有杂技俑、唐代可见马球俑。保存至今的多半为陶瓷所制，竹、木、草等易朽材质多半无存。至于后来兴起的纸明器，只有新疆吐鲁番盆地由于气候干燥，尚可见以回收纸制成的明器，其他地区多无存。[4]宋代承袭晚唐五代用法，以《丧葬令》规定各级品官许用的明器种类与数量，此处司马光所引内容，与宋初沿用的《后唐长兴二年诏》大致相同，均规定五品、六品许用三十件明器，非升朝官可用十五件。[5]

1　司马光：《温公书仪》，卷8，页5a。
2　司马光：《温公书仪》，卷7，页7a-b。
3　司马光：《温公书仪》，卷7，页7b。
4　唐长孺编：《吐鲁番出土文书》（北京：文物出版社，1992—1996）。
5　脱脱等撰：《宋史》，页2917。

苞、筲、酰醢则是祭奠死者的食物。"苞"原本是包裹起来的羊、猪等祭牲生肉，但司马光认为生肉容易腐败，不如改用干肉，祭奠完毕包以蒲筐，再以箱、竹掩蔽，也可用席簟包裹。"筲"原指黍、稷、麦，司马光认为用竹器或小瓮各装五升五谷即可。"酰醢"一般指醋与肉酱，以两个小瓮盛装。

> 苞：《既夕礼》苞二，注：所以裹奠羊豕之肉。……今遣奠既无牲体，又生肉经宿则臭败，不若用循礼，得事之宜。然遣奠之时，亦当设脯，既奠，苞以蒲筐，或箱或竹掩耳，或席簟之类包之，皆可也。[1]
>
> 筲：《既夕礼》筲三，黍、稷、麦，今但以竹器或小罂贮五谷各五升可也。[2]
>
> 酰醢罂：《既夕礼》瓮三，酰醢屑（注：姜桂之屑也），今但以小罂二贮酰醢。[3]

"便房"中除了放置苞、筲、酰醢、酒等祭奠酒食，以及明器、下帐等供亡灵在死后使用的物品之外，有时还摆放墓志。[4] 厘清了便房的功能，回头检视 M9 吕英夫妇与 M1 吕大雅夫妇墓，墓道侧的小龛中，有的放墓志，有的出瓷瓶、罐，应当是盛装筲、酰醢、酒的容器，至于包着的干肉"苞"当然是腐烂无存了。有些便房尺寸较大，但不见出土物，如 M2 吕大临、M20 吕大忠、M12 吕大圭三墓，原来可能存放竹木容器盛装的祭奠酒食，也许还随葬有机物做成的明器、下帐，只是腐朽无存了。

吕氏家族虽然在埏道侧边开凿便房，但并未亦步亦趋遵照《书仪》指示。根据《书仪》"碑志"记载："若直下穿圹，则置之便房；若旁穿为圹，则置之圹门。"[5] 此处司马光提到两种墓形：直下穿圹与旁穿为圹，随墓圹开设位置不同，墓志放置地点也不同。吕氏家族的成年墓葬均是旁穿为圹，按理要将墓志放在圹门。[6] 实际上，他们的墓志多放在墓中头龛内，少数放便房，

1　司马光 :《温公书仪》，卷 7，页 7b。

2　司马光 :《温公书仪》，卷 7，页 7b。

3　司马光 :《温公书仪》，卷 7，页 7b。

4　司马光 :《温公书仪》，卷 7，页 6b。

5　司马光 :《温公书仪》，卷 7，页 6b。

6　直下穿圹的仅有 M19 吕汸（1082—1083）墓，陕西省考古研究院等 :《蓝田吕氏家族墓园》，页 849。

但没有一件放在圹门处。由此可见吕氏诸子在参照《书仪》的同时，又有自家主张，当中最能代表家族特点的，是那些超越《书仪》规范的仿古随葬文物。

三、超越《书仪》，直追三代的仿古石器

墓地出土品中最引人注目的是来自古代的青铜器，它们与吕大临《考古图》相呼应，见证了京兆吕氏傲人的收藏实力：他们不但有能力收藏古器，还能将之随葬入圹。前者需要的是财力与收藏人际网络，后者还需要对古代礼典的钻研理解。[1] 于是在吕氏家族墓地，出现了目前仅见的仿古现象：吕氏子弟在古代铜器表面加刻铭文，将家族收藏品变为一套礼器，再度随葬入圹，此现象笔者曾专文讨论，不再赘述，此处以仿古石器为考察对象。[2]

除了古铜器，仿古制作的石磬、石鼎、石敦是另一批独特的随葬品，至今亦仅见于吕氏墓地。这些仿古石器的表面多半有刻铭，自铭为磬、鼎或敦，并说明制作的时间、场合、制作者、撰铭者，具有强烈的纪念意义。表3-1中整理了墓地出土的仿古石磬、鼎、敦，按铭文所述的下葬时间排序：

表3-1　吕氏墓地出土之仿古石磬、鼎、敦汇总表（未标示"无铭"者皆有铭文）

墓号	墓主	葬年	石磬	石敦	石鼎	报告页码
M22*	吕大钧	1082	1 无铭			695
M2*	吕大临	1093		2		298—299
M20*	吕大忠	1100	1 铭文残	1 无铭	1 无铭	649—650
M26	吕义山	1103	1	2	1	796—799
M1*	吕大雅	1110	1			223—227
M4*	吕景山	1111	1	1		341—342
M12	吕大圭	1117	1	1		531—532

注：* 号表示该墓曾经盗扰。

1　京兆吕氏的收藏网络分析，参见许雅惠：《北宋晚期金石收藏的社会网络分析》，《新史学》，第29卷第4期（2018年12月），页71—124。
2　参见本书第二章。

从铭文可知，这些仿古石器的所有者皆为男性，女性不用。M22 所出的无铭石磬，出土时因盗扰而产生位移，应为陪葬吕大钧之物。[1] 从目前考古来看，这些仿古石器也不见于宋代其他士大夫家族墓地，是吕氏家族男性所特有。

从表 3-1 可知，吕氏家族中大字辈开始使用仿古石器。1082 年埋葬吕大钧时，墓中首次出现石磬；十一年后埋葬吕大临时，开始使用石敦一对。1100 年以后，随葬石磬成为家族男性特有且固定的做法，有时还伴随石鼎或石敦，只有被盗严重的 M29 吕至山墓中不见仿古石器，而是以真正的古代铜器随葬。

从铭文内容可知，这些仿古石器是嗣子或家族亲友为纪念亡者所作，专供殉葬之用。铭文志墓主之品德行谊，有时发挥墓志铭的作用，如 M26 吕义山墓所见。这座完整、未被盗扰的墓葬中，没有出土墓志，不过有一件石磬，一件石鼎，一对石敦，以这些仿古石器标志墓主。石磬由儿子吕德修、吕辅修所作，铭文由家族友人王康朝撰写，内容列出墓主名讳、官衔、德行、嗣子姓名（图 3-4）。[2] 至于同墓出土的石鼎、石敦，分别由安喜县人王安中与家族友人孙求撰写铭文，以四字一句的韵文铭辞为主，以鼎铭为例（图 3-5）：

> 有宋安喜大夫吕府君之鼎，以崇宁元年十二月庚申纳诸墓，维府君严其身而靖其民，政以不侮，遗诸路不取，实有纪于我安喜。邑子王安中以是为铭曰：吕宗文武，皇于四国，粤先君子，世载诚德。施及嗣人，刚重而立，其实维和，荐以典则。帝弗享之，我民斯食，着于殉鼎，以配永极。[3]

铭文提到吕义山于徽宗崇宁元年（1102）死于知安喜县任内，为感念他对地方的贡献，县民王安中于是撰铭刻于鼎上。

吕义山墓中没有墓志，不过若将磬、鼎、敦三者铭文合而观之，整体发挥墓志铭的作用。磬文有类墓志铭前方散文体的志文，鼎、敦上的四字韵语则有类墓志铭末尾的铭辞，整体犹如一篇墓志铭。

1　陕西省考古研究院等：《蓝田吕氏家族墓园》，页 705。
2　陕西省考古研究院等：《蓝田吕氏家族墓园》，页 799。
3　陕西省考古研究院等：《蓝田吕氏家族墓园》，页 795—797。

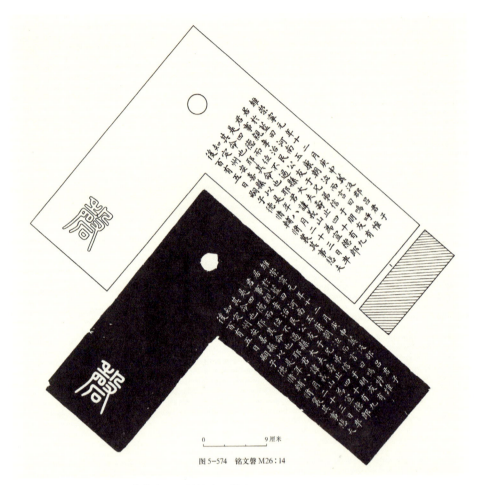

图5-574　铭文磬 M26：14

图3-4　石磬，M26吕义山墓出土，鼓长边42厘米

图3-5　石鼎，M26吕义山墓出土

吕义山墓中为何没有随葬墓志石？ 宋代官方规定墓志石限品官使用，如徽宗政和时期明定九品以下至庶人不用墓志。[1] 不过民间使用墓志铭的风气兴盛，直到徽宗执政末期，庶人墓中都可见墓志铭。[2] 吕义山死时官列宣德郎，从八品，按规定可以有墓志。之所以不见墓志铭，应该与徽宗崇宁年间的元祐党禁有关。党禁方炽时，不仅子弟仕途受阻，党人死后甚至不敢立墓碑、埋墓志，如刘挚子刘跂所说："元祐大臣不幸亡殁者，类皆不敢纳铭于圹，植碑于隧。"[3] 哲宗亲政至徽宗执政早期是清算元祐旧党的高峰，在此期间过世的家族男性有三人：M3 吕大防、M20 吕大忠、M26 吕义山。吕大防于1097 年死于贬谪路上，族人只能将其衣冠象征性地埋入祖茔，墓内什么随葬品都没有。三年后吕大忠过世时，也只有一方简略的墓石，尺寸既小又无铭辞，称不上墓志铭，不过墓中有刻铭石磬与无铭的敦、鼎。再过三年，吕义山下葬时，连一方墓石都没有，不过有刻铭的仿古石磬、鼎、敦。由此看来，在党争的压迫下，吕氏子弟转而以家族特有、不受官方规范的仿古磬、鼎、敦，在墓中标志死者，传达其文化精英的身份。

作为政治身份的象征，墓志铭与吕氏家族的仕途兴衰紧密相连，吕大忠（1025—1100）与二位夫人的墓志可为见证（图 3-6）。[4] 前妻姚氏（？—1045）卒时，吕氏兄弟仕途才刚起步，她的墓志铭非常简单，有石无盖，尺寸仅 37 厘米×36 厘米。过了五十年，后妻樊氏（1037—1095）卒时，吕家势力如日中天，亦尚未受到打击，受封为仁寿县君的樊氏，随葬一方与身份相称的墓志铭，志、盖上下相合，撰、书、篆盖之人俱全，边长 68.5 厘米，全文超过 500 字。此后开始哲宗朝的政治报复，当吕大忠于元符三年（1100）卒时，只有一方无盖、无铭的墓石，尺寸 46 厘米×44 厘米，内文仅 195 字，规格与内容完全比不上后妻樊氏的墓志铭。

党禁稍歇之后，吕氏子弟又恢复墓志铭的使用，如 M1 吕大雅与 M12 吕

1 郑居中编：《政和五礼新仪》，卷 216，《凶仪·品官丧仪中·葬》，《景印文渊阁四库全书》（台北：台湾商务印书馆，1983—1986），册 647，页 4a（总页 885）。
2 如宣和八年（1126，实际上已改元，但墓志仍用旧年号）宋四郎墓葬，见洛阳市文物管理局、洛阳古代艺术博物馆编：《新安县李村 1 号北宋壁画墓》，收入《洛阳古代墓葬壁画》（郑州：中州古籍出版社，2010），页 398—409。
3 刘挚：《忠肃集》，《景印文渊阁四库全书》（台北：台湾商务印书馆，1983—1986），册 1099，刘安世序，页 445。
4 陕西省考古研究院等：《蓝田吕氏家族墓园》，页 654—664。

图3-6　吕大忠与前妻、后妻墓志对比（大小按原比例，左：前妻姚氏[？—1045]墓志铭；中：后妻樊氏[1037—1095]墓志铭；右：吕大忠[1025—1100]墓文）

大圭所见。此二墓均同时埋葬墓志铭与石磬，可知刻铭的仿古石器虽发挥墓志铭的作用，但两者有别。仿古石器不受官方规范，铭文撰写者多为家族成员或亲友，私密性较强；官方礼仪规定下的墓志铭则多由社会贤达撰写，公开性强，两者之间没有相互取代的关系。

　　吕氏家族特有的石磬，除了标志死者身份，在丧葬中扮演何种功能？ 之前笔者曾说过，石磬与丧礼中的亲宾奠仪式有关，此处再加补充。[1]司马光《书仪》有"亲宾奠"一条，是下葬前亲友致祭的仪式。此时灵柩已移至厅室中央，欲致奠的宾客于庭中设茶果、酒馔，接着进入厅室，烧香、酹茶酒，然后宣读祝辞，也就是一般通称的祭文，格式为：

　　　　维年月日，某官某谨以清酌庶羞，致祭于某官之灵（中间辞临时
　　　　请文士为之），尚飨。[2]

　　M1吕大雅石磬上的祭文便按此格式，撰文者是吕景山，内容如下：

　　　　维大观四年岁次庚寅正月庚子朔二十五日甲子，从子宣义郎景山

1　参见本书第二章。
2　司马光：《温公书仪》，卷7，页10b。括号内为双行小字注。

敢以清酌庶羞之奠，恭祭于从父致政承务郎府君。乌乎，府君纯懿……
敢寓诚于菲奠，愿降鉴于忱词，乌乎哀哉，尚飨。[1]

文中"清酌庶羞之奠""寓诚于菲奠"说明这段文字是丧礼时奠祭死者的祝辞，由吕景山代表宣读。祭文后方有四段哀悼死者的挽词，由子辈的景山、锡山与孙辈的德修、辅修四人具名撰写，应是在祝辞（祭文）之后宣读悼挽。

《书仪》所述亲宾奠仪式，除了以茶果、酒馔致奠，没有提到仪式用器。有别于《书仪》，吕氏家族发明石磬，加上刻铭，赋予仪式中宣读的祭文与挽词形体，成为具体的物质存在，随同死者一起进到圹中。

在众多商周古器中，为何选择石磬进行仿制？由今日考古可知，陕西关中一带的先秦墓葬有以编钟、编磬陪葬的做法，家居周、秦故都的吕氏兄弟应该对此有所了解，《考古图》中便收录一件扶风王氏收藏的磬，边缘阴刻两周铭文。此外，石磬由于形制中矩、质地温润、声音悠长，还被吕氏子弟赋予君子美德的象征意义，如吕景山为吕大雅撰写的磬铭：

斫南山之石兮，以创兹器。声中林钟兮，如矩之制。诒而不肆兮，体君之恭。辨而不流兮，韫君之美。毋簨毋虡，弗击弗拊兮，又以伤君之不试。赠之者谁乎？仲也，实君之孤。铭之者谁乎？景也，乃君之从子。[2]

相似内容也见于吕大圭的磬铭（图3-7）：

汲郡吕君玉磬，政和丁酉十月癸酉，藏于京兆蓝田之墓。河南王彦方铭曰：凛然其质，温润而良。亮乎其声，清越以长。呜呼君也，斯其不忘。[3]

由此可知，石（玉）磬的质地凛然温润，声音清亮悠长，是君子美德的象征。

1　陕西省考古研究院等：《蓝田吕氏家族墓园》，页226。
2　陕西省考古研究院等：《蓝田吕氏家族墓园》，页225。
3　陕西省考古研究院等：《蓝田吕氏家族墓园》，页532。

图3-7　石磬及铭文，M12吕大圭墓出土

将君子美德与玉石相比，最早见于《礼记·聘义》：

> 夫昔者，君子比德于玉焉。温润而泽，仁也。缜密以栗，知也。廉而不刿，义也。垂之如队，礼也。扣之其声，清越以长，其终诎然，乐也。瑕不掩瑜，瑜不掩瑕，忠也……《诗》曰："言念君子，温其如玉"，故君子贵之也。[1]

《礼记》从多方面阐发"君子比德于玉"的说法，从温润的触感、清扬的乐音，到瑕瑜互见的质地，且文字上与石磬铭文有不少共通之处。吕氏族人很可能从《礼记》中汲取灵感，发明石磬作为家族子弟德行的具体象征之物。

　　除了石磬之外，吕氏族人还仿制石鼎与石敦，除了造型仿自古代，铭文有时也模仿西周金文。政和元年（1111）十一月，族人同时安葬吕景山与吕至山，吕景山的石磬、石敦为仿古新制，而吕至山墓中随葬的则是货真价实的古代铜器，包括自铭"敦"的战国至汉代铜鼎、铭"盘"的汉代铜盘、铭"匜"的唐代带流匜。两人墓中随葬的仿古石器与古铜器，铭文内容与书体均同，应为同时所作。以吕景山的石敦（图3-8）为例，篆书铭文内容为："隹政

1　阮元审定，卢宣旬校：《重刊宋本十三经注疏附校勘记》，据清嘉庆二十年（1815）南昌府学刊本影印（台北：艺文印书馆，1965），页1031。

图3-8　石敦附铭文，M4吕景山墓出土

　　和元年十一月壬申，孤子吕为修为考宣义郎作敦（今日释为'簋'），以内诸圹。"[1]铭文依序为作器时间、作器者、受器者、作器缘由，与西周金文格式相仿，不过字句中也不时穿插宋代用语如"孤子""宣义郎""以内诸圹"。

　　对钻研古礼的吕氏家族来说，随葬鼎、敦、盘、匜等古器或仿古器，经典的依据何在？　有何礼仪功能？《仪礼·士丧礼》提到丧礼中使用的器皿，有盆、槃、瓶、废敦、重鬲，[2]与墓地出土不甚相合。不过《仪礼·既夕礼》提到下葬前要准备的器具，可供参照：

> 　　陈明器于乘车之西……器西南上綏。茵。苞二。筲三：黍、稷、麦。瓮三：醯、醢、屑，幂用疏布。甒二：醴、酒，幂用功布。皆木桁，久之。用器：弓矢、耒耜、两敦、两杅、槃匜。匜实于槃中，南流。无祭器。有燕乐器可也。役器：甲，胄，干，笮。燕器：杖，笠，翣。[3]

　　陈列的下葬用器中包括敦、盘、匜，而且盘、匜为一组，与吕至山墓出土的古代铜器类型完全相符。这三件时代有别、毫无关联的古铜器，在加刻相同的铭文后，组合成为一套礼器，随吕至山入圹。[4]由此推测，墓地出土的

1　陕西省考古研究院等：《蓝田吕氏家族墓园》，页341。
2　贾公彦等：《仪礼注疏》，阮元刻本（台北：台湾中华书局，1968），卷35，页6a。
3　贾公彦等：《仪礼注疏》，卷38，页7a—8b。
4　参见本书第二章。

古制鼎、敦、盘、匜可能是既夕礼陈列的用器，而后随着灵柩入圹。

司马光《书仪》为便于民间施行，将《仪礼》简化，既夕之礼仅留下明器、下帐、苞、筲、醯醢、酒，其余用器、役器、燕器一概省略。世代学礼的吕氏家族不仅恢复用器，而且以古器或仿古器随葬，以合于《仪礼》所载。这类器物不见于同时期士大夫家族墓地，凸显出吕氏族人对古器与古礼的独到见解。

结　语

北宋中期司马光撰写《书仪》，尝试将《仪礼》中的仪节简化，并适度融入当时习俗，让礼不仅行于士大夫，也下于庶人。从蓝田吕氏家族墓地的例子可知，《书仪》的礼仪规范确实施行于华北士大夫之家，如垂直下挖的埏道与两侧放置明器的便房。"埏道""隧道"等词在先秦、汉代典籍中便已出现，但具体与考古墓葬如何对应，过去有不同看法。通过吕氏墓地与《书仪》的互校对读，可以确定北宋华北士大夫家族对"埏道""隧道""便房"的理解与运用。司马光家族茔园尚存，将来若进行发掘，应可与《书仪》作更直接的参照，印证或检核书中说法。[1]

不过蓝田吕氏对古礼的追求远超过《书仪》，作为关中知名的礼学世家，他们还仿古制作石磬、鼎、敦以奠祭死者，并随之入墓，甚至葬以真正的古器。商周古铜器的鉴藏从北宋中期开始蔚然成风，蓝田吕氏家居周、秦故都，古器入手容易，或许还有机会亲见古墓，他们的古礼器用知识不仅来自先秦经典，也随着金石考古之风而发展。

这个世代研究古礼——包括传世文献与出土古器——的吕氏家族，不只坐而言，并且起而行，在家族中实践他们理想中的古礼。M20 吕大忠继妻樊氏墓志铭中有言："吕氏世学礼，宾、祭、婚、丧，莫不仿古"[2]；M12 吕大圭墓志中也道："以勤于六艺，盖无不讲习，而礼学尤深，既考明其制度宜适，以庆以吊以节文，冠、昏、丧、祭，行之于家。"[3]在古礼的实践上，陕西蓝田吕氏墓地不仅有别于其他宋代士大夫家族，即使放到整个中国古代墓葬当中，都称得上是绝无仅有的特殊案例。

1　杨明珠：《司马光茔祠碑志：图录与校释》（北京：文物出版社，2004）。
2　陕西省考古研究院等：《蓝田吕氏家族墓园》，页 657。
3　陕西省考古研究院等：《蓝田吕氏家族墓园》，页 536。

第四章
宋徽宗的古铜收藏、礼器革新与宫廷新风格 [1]

以书画艺术创作闻名的宋徽宗（1082—1135，1100—1126 年在位），启发了可观的学术研究成果：从传为徽宗作品的真伪鉴定，[2] 到徽宗朝画院制度的重建，[3] 再到徽宗如何让艺术文化成为皇权的一部分，以进行统治，达到政治目的。[4] 伊沛霞（Patricia B. Ebrey）整体地研究徽宗的《宣和画谱》《宣和书谱》与《宣和博古图》，加深我们对其庞大收藏（megacollecting）的认识，书画收藏还被有技巧地运用于朝廷政治之中。[5] 其中徽宗的商周古铜礼器收藏，特别值得关注。过去，零星出现的上古青铜器被当作祥瑞的象征献到宫中；

1　本章译自 Ya-hwei Hsu, "Antiquities, Ritual Reform, and the Shaping of New Taste at Huizong's Court," *Artibus Asiae*, 73, no. 1（2013）: 137-180。

2　Benjamin Rowland Jr., "The Problem of Hui Tsung," *Archives of the Chinese Art Society of America*, 5（1951）: 5-22.

3　李慧淑：《宋代画风转变之契机——徽宗美术教育成功之实例（上）、（下）》，《故宫学术季刊》，第 1 卷第 4 期（1984 夏），页 71—92；第 2 卷第 1 期（1984 秋），页 9—36。

4　许多研究已论及徽宗如何将绘画运用在其统治上，见 Peter C. Sturman, "Cranes Above Kaifeng: The Auspicious Image at the Court of Huizong," *Ars Orientalis*, 20（1990）: 33-68；王正华：《〈听琴图〉的政治意涵：徽宗朝院画风格与意义网络》，《台湾大学美术史研究集刊》，第 5 期（1998），页 77—122；Maggie Bickford, "Emperor Huizong（1082-1135, r. 1100-1126）and the Aesthetic of Agency," *Archives of Asian Art*, 53（2002-2003）: 71-104. 关于徽宗朝艺术与政治的最新研究，见 Patricia B. Ebrey and Maggie Bickford, eds., *Emperor Huizong and Late Northern Song China: The Politics of Culture and the Culture of Politics*（Cambridge, Mass.: Harvard University Asia Center, 2006）。

5　Patricia B. Ebrey, *Accumulating Culture: The Collections of Emperor Huizong*（Seattle: University of Washington Press, 2008）.

徽宗朝大量古铜器从墓葬中被挖掘出来，献给皇帝，成为皇家收藏。[1] 收藏商周青铜器的风气始于稍早的士大夫，从欧阳修（1007—1072）、刘敞（1019—1068）到吕大临（1040—1093），这些文字学与金石学的先锋，以实证的眼光看待上古器物，视其为商周时期的具体遗存，体现了古代的政治与礼制系统。通过研究，他们希望更加理解经典，甚至重建古代圣人的理想，于是热切地展开古铜器的收藏与研究。[2]

　　徽宗接续士大夫的金石兴趣，并将此风潮推至高峰。他自登基以来搜集了数量空前的古铜器，这些器物没有因为藏于内府而不见天日，而是被用来作为宫中大规模礼器改革的范本。古铜器不仅是收藏品，还被赋予指导当代礼仪的任务。在皇帝的支持下，商周的古铜器造型与纹饰获得重生，使徽宗朝的宫廷礼器与装饰艺术有了新发展，并对往后中国的物质文化有着长久影响。

　　学者对徽宗朝艺术与政治的关系，一直有着浓厚兴趣。本章以铜器与陶瓷等新出土物质材料为研究对象，检视《宣和博古图》所录的徽宗铜器，如何运用于礼仪改革。[3] 在此之上，进一步探讨这股古铜器兴趣如何跨出礼仪范

1　对于古铜器的认识，见 Noel Barnard, "Records of Discoveries of Bronze Vessels in Literary Sources and Some Pertinent Remarks on Aspects of Chinese Historiography," *The Journal of the Institute of Chinese Studies of the Chinese University of Hong Kong*, 6, 2（December 1973）: 455-546; Francois Louis, "Cauldrons and Mirrors of Yore: Tang Perceptions of Archaic Bronzes," *Zurich Studies in the History of Art*, 13/14（2006-2007）: 206-239。

2　重新评估北宋金石学的第一篇当代著作由王国维所撰，他强调其中的现代性，并高度赞扬北宋金石作品，见王国维：《宋代之金石学》，《国学论丛》，第 1 卷第 3 期（1928），页 45—49。这篇研究为往后的学者奠定了基调，相关著作见容庚：《商周彝器通考》（北京：哈佛燕京学社，1941）；R.C. Rudolph, "Preliminary Notes on Sung Archaeology," *The Journal of Asian Studies*, 22, no. 2（1963）: 169-177; and Robert Poor, "Notes on the Sung Dynasty Archaeological Catalogs," *Archives of the Chinese Art Society of America*, 19（1965）: 33-44。近来学界又对宋代金石学产生兴趣，见陈芳妹：《宋古器物学的兴起与宋仿古铜器》，《台湾大学美术史研究集刊》，第 10 期（2001），页 37—160；Yun-Chiahn C. Sena, "Pursuing Antiquity: Chinese Antiquarianism from the Tenth to the Thirteenth Century"（PhD. diss., University of Chicago, 2007）; Ya-hwei Hsu, "Reshaping Chinese Material Culture: The Revival of Antiquity in the Era of Print, 960–1279"（PhD. diss., Yale University, 2010）; Jeffrey C. Moser, "Recasting Antiquity: Ancient Bronzes and Ritual Hermeneutics in the Song Dynasty"（PhD. diss., Harvard University, 2010）。

3　现存最早的《宣和博古图》，是元代（1271—1368）至大年间（1308—1311）的版本。这是质量最好的本子，拥有大开本页面与精美的线描图。这个版本很可能根据南宋宫廷版本所修补，从版心下缘的刻工姓名可知，此书可能是在杭州刊印。此篇研究主要使用台北"中研院"历史语言研究所收藏的版本。至大本的当代复印本，见王黼等撰：《至大重修宣和博古图录》（北京：北京图书馆出版社，2005）。关于《宣和博古图》不同版本的讨论，见容庚：《宋代金石书籍述评》，收入曾宪通选编：《容庚选集》（天津：天津人民出版社，1994），页 18—27；以及 Ebrey, *Accumulating Culture,* 356-370。关于至大本的研究，参见本书第八章。

畴，激发出新的审美趣味，对宫廷装饰艺术带来改变。此变化不仅止于形式的模仿，通过《宣和博古图》记载，也可以了解三代古器被赋予的意义。徽宗一朝从历史与道德劝诫等方面解读装饰艺术，也将仿古文物转化为具有文化意涵的象征物。

一、礼制改革与《宣和博古图》

皇帝敕编的《宣和博古图》收录超过 800 件器物，每件器物有线描图与拓片般的铭文，是徽宗古铜器最完整的记录。但是书的成书过程很模糊，无论是编纂时间还是作者，都有争论。12 世纪的书目记录载有《宣和博古图》，不过信息不一。[1] 官方的《籀史》将此书归为徽宗之作，[2] 此说有其根据，因为书中确实收录了几条皇帝的评论。其中一条徽宗提到该件罍最适合作为礼器范本，[3] 另一处则称扬一件镶嵌小鼎，原因不在它的年代久远，也不在它对礼仪的重要性，而在于它的制作精良与流传历史——它是在祖宗府库中流传数代的旧物。[4] 另一则私人记录提到，黄伯思（1079—1118）曾于 1107 年到 1110 年间编纂过一本题为《博古图说》的著作，记录 500 多件内府所藏青铜器，后来宫中修《博古图》时多所采用。[5] 还有另一条记录以《博古图》为王楚所作，[6] 王楚可能是王黼（1079—1126）之误。[7] 王黼的批注"王黼曰"三字，见于《宣和博古图》中一些条目的末尾，且较正文低一格，[8] 想必是在编纂后期，当王黼受命监督完成全书时所加。这解释了何以部分 12 世纪的书目记录，将此书视为王黼所作。

将这些互有出入的片段拼凑起来，学者推断《宣和博古图》一书应是 12 世纪初由徽宗敕编，编纂时大量采用黄伯思稍早的《博古图说》，王黼在

1 《四库全书》提要便提到这些记载不一之处，见王黼：《重修宣和博古图》，《景印文渊阁四库全书》（台北：台湾商务印书馆，1983—1986），册 840，页 371—372。
2 翟耆年：《籀史》，《百部丛书集成》（台北：艺文印书馆，1965—），页 1。
3 《至大重修宣和博古图录》，卷 7，页 39a–b。
4 《至大重修宣和博古图录》，卷 5，页 51b。
5 陈振孙著，徐小蛮、顾美华点校：《直斋书录解题》（上海：上海古籍出版社，1987），页 234。
6 晁公武撰，孙猛校证：《郡斋读书志校证》（上海：上海古籍出版社，1990），页 234。
7 见《重修宣和博古图》提要的讨论；《文渊阁四库全书》，册 840，页 371—372。
8 《至大重修宣和博古图录》，卷 6，页 28—29a；卷 10，页 14a；卷 17，页 9a；卷 26，页 20a。

1118 年黄伯思过世后便领导此计划，直至 12 世纪 20 年代竣工。题名中的"宣和"，指的是"宣和殿"，为皇帝珍藏古物之处，而非书籍完成的"宣和年间"（1119—1125）。[1] 前述大体重建成书过程，但仍有一些疑点：编纂《宣和博古图》的目的是什么？为何所有关于《宣和博古图》的记录年代都较晚？为何缺乏同时代的记录？著名金石收藏家赵明诚（1081—1129）的《金石录》，同样编纂于 1100 年至 1120 年间，且经常收录《宣和博古图》中也记载的事件，但赵明诚从未提到宫中编纂《宣和博古图》之事。[2] 这不得不令人生疑，《宣和博古图》卷帙浩繁，宫中应当投入庞大人力与资源，为何没有同时期的记录？为厘清《宣和博古图》的编纂脉络，我们必须先了解徽宗的礼制改革。

徽宗是第一位对古铜器展现出强烈兴趣的皇帝，此兴趣伴随着他对礼制改革的实际考虑而来。为绍述其父神宗（1068—1085 年在位）、其兄哲宗（1086—1100 年在位）的变法新政，[3] 徽宗采取了严厉的党禁措施，将反变法的元祐旧党士大夫逐出朝廷，同时将改革范围扩大至朝廷礼制。[4] 1103 年的诏书标志着礼制改革时代的开始：

> 王者政治之端，咸以礼乐为急。盖制五礼则示民以节，谐六乐则道民以和。夫隆礼作乐，实内治外修之先务，损益述作，其敢后乎？宜令讲议司官详求历代礼乐沿革，酌今之宜，修为典训，以诒永世。非徒考辞受登降之仪，金石陶匏之音而已也，在博究情文，渐熙和睦，致安上治民至德著，移风易俗美化成，乃称朕咨诹之意焉耳。[5]

徽宗改革礼乐制度的决心，在此诏书中展露无遗。徽宗试图通过礼乐成为一

1　见蔡絛：《铁围山丛谈》（北京：中华书局，1983），页 105。关于作者与编纂的当代讨论，见王国维：《书〈宣和博古图〉后》，《观堂集林》（北京：中华书局，1959），卷 18，页 917—919；容庚：《宋代金石书籍述评》，页 18—27；岑仲勉：《〈宣和博古图〉撰人》，《中央研究院历史语言研究所集刊》，第 12 本（1948），页 353—361；陈梦家：《博古图考述》，《湖南省博物馆文集》，第四辑，页 8—20。

2　如 1123 年在山东发现的一组齐侯钟，见赵明诚：《宋本金石录》（北京：中华书局，1991），页 308—309。

3　关于徽宗"绍述"政策的讨论，见 John Chaffee, "Huizong, Cai Jing, and the Politics of Reform," in Ebrey and Bickford, *Emperor Huizong and Late Northern Song China*, 31-77。

4　杨仲良：《续资治通鉴长编纪事本末》（北京：北京图书馆出版社，2003），卷 134，页 4194。

5　郑居中编：《政和五礼新仪》，《景印文渊阁四库全书》（台北：台湾商务印书馆，1983—1986），册 647，页 5。

位无所不在的统治者，并以风俗的移易将人民塑造成理想模样。[1]

往后数年，礼制改革如火如荼地推行。由九鼎的铸造揭开序幕，[2] 继之以编钟的制作，[3] 以及明堂的新建。[4] 这些都发生在 1104 年至 1105 年间元祐党禁的高峰期，编钟完成后，名之为"大晟"，以庆祝政治光明的新时代。

礼制改革的理想是通过具体可见的礼仪器用与仪式展演，恢复上古黄金时代。[5] 更有甚者，这些改革还创造出一套以皇帝为中心的政治神话：以传说中的黄帝为榜样，徽宗的手指长度被用作礼器制度的量度单位；效法大禹，九州之土被置于九鼎之中，以象征全能的天子；大晟新乐的演奏，甚至招来祥鹤，于空中飞舞。[6] 皇帝与大臣在制定礼制的同时，也挪用古代政治象征，以强化甚至神圣化皇帝的权力。

没多久大臣开始向皇帝提到上古青铜礼器，1108 年，议礼局薛昂上札子请求以出土古铜器为范本，重新制作当代礼器，他写道：

> 臣窃见有司所用礼器，如尊、爵、簠、簋之类，与大夫家所藏古器不同，盖古器多出于墟墓之间，无虑千数百年，其规制必有所受，非伪为也。传曰："礼失则求诸野。"今朝廷欲订正礼文，则苟可以备稽考者，宜博访而取资焉。臣愚欲乞下州县，委守令访同士大夫或民间有收藏古礼器者，遣人往诣所藏之家，图其形制，点检无差误，申送尚书省议礼局。其采绘物料，并从官给，不得令人供借

1　在徽宗各种"一道德、齐风俗"的尝试中，他把自己塑造为一位全知全能的圣人。关于徽宗朝的皇帝角色，见 Peter K. Bol, "Wither the Emperor? Emperor Huizong, the New Policies, and the Tang-Song Transition," *Journal of Sung-Yuan Studies*, 31（2001）: 103-134。

2　关于铸造九鼎，见杨仲良：《续资治通鉴长编纪事本末》，卷 128，页 3982—3990；卷 135，页 4225—4238；亦见黄以周《续资治通鉴长编拾补》（台北：世界书局，1961），卷 23，页 3—5。

3　关于大晟新钟的制造，见杨仲良：《续资治通鉴长编纪事本末》，卷 135，页 4225—4238。

4　杨仲良：《续资治通鉴长编纪事本末》，卷 125，页 3877—3888。

5　这些举措有浓厚的道教意涵，关于道教对徽宗朝廷之影响，见金中枢：《论北宋末年之崇尚道教（上）、（下）》，《新亚学报》，第 7 卷第 2 期（1965—1966），页 323—414；第 8 卷第 1 期（1967—1968），页 187—257。

6　关于大晟乐的政治性展演讨论，见 Joseph S. Lam, "Huizong's Dashengyue: A Musical Performance of Emperorship and Officialdom," in Ebrey and Bickford, *Emperor Huizong and Late Northern Song China*, 395-452. 此新乐在朝廷中的初次演奏，见杨仲良：《续资治通鉴长编纪事本末》，卷 135，页 4231、4235—4237。关于这个事件与相关绘画的研究，见 Sturman, "Cranes above Kaifeng"。

及有骚扰，如违，并以违制论。取进止。[1]

　　为了准备这场日后以"政和（1111—1118）五礼新仪"闻名的礼制改革，薛昂建议朝廷调查并绘制士大夫收藏的古铜器，以改正现行礼器的阙失。由于札子中提到供给"采绘物料"，可知这些图绘应该是彩色的，以更为详实地描绘出土品的样貌，其表面经常布满红绿锈斑。此札子可能标志着《宣和博古图》的开端，大量的古铜器图像被绘制下来，成为日后编纂《宣和博古图》的基础。

　　这则札子也显示，当朝廷在 12 世纪初发起礼仪改革时，徽宗可能尚未投入古铜器搜藏，所以必须仰赖士大夫的私家收藏。尽管薛昂没有提到这些士大夫的姓名，但不难想象应有不少人的收藏可见于稍早的《考古图》与《续考古图》。这两部北宋私家收藏的代表性著作，收录器物线描图及铭文图像。《考古图》收录 200 件以上的铜器与玉器，为 37 位收藏家所有；《续考古图》则记录了 29 位收藏家的铜器，连同其他金石录目[2]——无论有无图示——提供了便利的指引，有助于朝廷找出私人藏家及其藏品。

　　朝廷可能也趁此机会将私人收藏纳入宫中。一则轶事记载，著名的古物收藏家李公麟（约 1042—1106）过世后，有次徽宗临幸其宅第（也可能是由使者代行），询问一方他生前用来洗涤其珍藏玉器的石池子，由于上面刻有苏轼（1036—1101）所题"洗玉池"三字，而苏轼当时被禁，李公麟之子只好暗中将苏轼题字磨去后，献给皇帝。[3]这则故事的真实性已难以查考，不过它说明许多士大夫的收藏可能是在类似的情况下进宫。《宣和博古图》收录许多前代士大夫的收藏，有 30 多件见于《考古图》，20 多件见于《续考古图》，[4]显示出徽宗在 1100 年至 1120 年间陆续取得这些藏品。

　　薛昂札子提到的调查计划应延续了数年之久，一开始徽宗似乎没有特别投入，于是朝廷礼官于大观四年（1110）再次上呈札子，重申礼器革新的重

1　郑居中编：《政和五礼新仪》，页 10—11。
2　北宋金石收藏家经常为藏品编纂目录，有的带有插图，有时只有目录。对金石图录的讨论，见翟耆年：《籀史》。
3　这是一则 12 世纪的记录，后来被窜入《考古图》，见吕大临：《考古图》，《四库全书存目丛书》子部 77（台南：庄严文化，1995），页 716。
4　宋代金石图录所收录的铜器清单，见王国维著，罗福颐增补：《三代秦汉两宋金文著录表》（北京：北京图书馆出版社，2003）。

要性。当时乐器已经重造，但"礼器尚仍旧制"[1]。皇帝同意大臣所请，但未加任何评论。

　　政和三年（1113）七月，古铜器调查已累计超过 500 件图绘。[2] 大约同时，黄伯思完成了一部规模相当的图录，名为"宣和殿古器图"[3] 或"宣和殿博古图"[4]。在 12 世纪的书目记录中，此书的题名、内容与规模皆与《博古图说》相近，应该是同一本书。巧合的是，此时黄伯思在秘阁担任秘书郎，工作之一便是研究宫中收藏以供礼制改革之用。[5] 可以合理推测，此书之编纂应为黄伯思工作的一部分，而朝廷所进行的古铜器调查计划大概也成为黄伯思著作的基础。此书虽已不存，但黄伯思个人著作中仍有一些关于宫廷古铜器的评论，可能便撷取自《宣和殿古器图》。[6]

　　除了整理朝廷在 1108—1113 年间调查的成果，《宣和殿古器图》可能还点燃了徽宗对礼器革新的热情。看完这些绘图后，徽宗表达了他对现行礼器的不满："（出土古物）与今荐天地、飨宗庙之器无一有合！"[7] 于是他下诏在编类御笔所中设置礼制局。在皇帝的直接命令下，礼制局开始新成礼器的制作。同时徽宗也在其大臣面前，树立自己在古铜方面的权威。政和三年十月，他向朝臣展示宫中收藏的古铜器；[8] 次年，一件罕见的玉器进呈入宫，无人能识，只有皇帝识出此器乃奠酒所用的"灌尊"，为西周之器。[9]

　　政和四年（1114）春天，徽宗对古铜器的热情达到巅峰，此时一件簋被送进宫，被视为天降祥瑞，以肯定徽宗的统治，这个事件进一步加强了徽宗及大臣们施行礼器改革的决心。[10] 根据新成礼器上的铭文可知，这些礼器大多数制造于 1114—1116 年间。[11] 以仿自三代的礼器盛装供品进呈给祖先与神祇，徽宗

1　杨仲良：《续资治通鉴长编纪事本末》，卷 133，页 4165—4167。

2　杨仲良：《续资治通鉴长编纪事本末》，卷 134，页 4193—4194。

3　董逌：《广川书跋》，《石刻史料新编》第 3 辑，册 38，（台北：新文丰出版公司，1986），页 683。

4　蔡絛：《铁围山丛谈》，页 79—80。

5　黄伯思：《东观余论》，《石刻史料新编》，第 3 辑，册 40，页 659、661。

6　见黄伯思：《东观余论》。根据一则同时代的记录可知，此书大部被并入《宣和博古图》，见蔡絛：《铁围山丛谈》，页 79—80。

7　杨仲良：《续资治通鉴长编纪事本末》，卷 134，页 4193—4194。

8　杨仲良：《续资治通鉴长编纪事本末》，卷 134，页 4200。

9　翟耆年：《籀史》，页 1—3。

10　翟汝文：《忠惠集》，《景印文渊阁四库全书》，册 1129，页 296；翟耆年，《籀史》，页 4。

11　关于徽宗新成礼器的铭文集成，见容庚：《商周彝器通考》（北平：哈佛燕京学社，1941），页 183—188；亦见孙诒让：《宋政和礼器文字考》，收入《古籀拾遗　古籀余论》（北京：中华书局，1989），页 48—57。

与大臣们重新演示了上古圣王传说，也为徽宗建构出一个虔敬的圣王形象。

政和三年置礼制局后，便未再有记载提到任何古铜器调查计划，不过宫中最后拥有超过 6000 件的铜器收藏，这是一个远甚于过去的惊人数字。可以想象，大量古墓被破坏；时人笔记中甚至说，古代墓葬与遗迹被盗掘一空，再无所存。[1]

朝廷对古铜器的渴求，必须与 1110 年后密集展开的礼制改革并观，礼制局中的官员必定为此忙碌不已。表 4-1 中罗列最相关者：

表 4-1   1110 年后的礼制改革事件列表

年 / 月	事件
1113/04	编纂五礼[2]
1113/05	大晟乐颁行至州县[3]
1113/07	设礼制局以制作新礼器
1113/10	向大臣展示古铜器
1114/05	以新成礼器祀地[4]
1115/07	重启新建明堂[5]
1116/01	五礼颁行至州县[6]
1116/10	授予大臣新成礼器[7]
1117/03	新成礼器颁赠高丽[8]
1117/04	明堂成[9]

从表 4-1 可知，朝廷对于出土铜器的兴趣与需求，无疑来自礼制改革的迫切需要。对徽宗与大臣们来说，按照上古原型设计的仿古礼器，显然最适合同样源自三代的明堂。

1117 年后，徽宗逐渐失去对恢复古代礼仪及礼器的兴趣。1120 年，礼制

---

1 蔡絛：《铁围山丛谈》，页 79—80。
2 杨仲良：《续资治通鉴长编纪事本末》，卷 133，页 4190—4191。
3 杨仲良：《续资治通鉴长编纪事本末》，卷 135，页 4237。
4 翟耆年：《籀史》，页 4。
5 杨仲良：《续资治通鉴长编纪事本末》，卷 125，页 3883—3885。
6 杨仲良：《续资治通鉴长编纪事本末》，卷 133，页 4192。
7 杨仲良：《续资治通鉴长编纪事本末》，卷 134，页 4211。
8 脱脱等撰：《宋史》（台北：鼎文书局，1980），卷 21，页 397。
9 杨仲良：《续资治通鉴长编纪事本末》，卷 125，页 3887。

局被裁撤，宣告礼器改革时代的终结。[1]《宣和博古图》的编纂很可能发生在这个时期，之前的调查与研究，以及先前完成的《宣和殿古器图》，在礼制局被裁撤后，被纂辑成一部系统性的著作。具体的纂成时间应介于 1120 年至 1123 年间，因为 1123 年发现于山东的一组钟还被收入《宣和博古图》中，此提供了此书编纂的时间下限。[2] 这个推论解释了何以关于《宣和博古图》一书的最早记录来自南宋初期，因为在此之前，尽管礼制局中有丰富的记录与绘图，却只是零散的材料，要到北宋末年，才被编成一部有系统的著作。

　　由于《宣和博古图》成书于北宋王朝的末年，若说其曾于北宋刊印，不免令人怀疑。1125 年，金人入侵前夕，大晟府被裁撤。之后徽宗退位，钦宗（1101—1161，1126—1127 年在位）登基。最后在 1127 年，金人攻陷首都汴京，洗劫宫中珍宝，包括历代古器、新成礼器以及《宣和博古图》，并将徽、钦二帝及为数众多的朝臣与宗室带至北方。值此动荡之际，很难想象朝廷还有余裕支持像《宣和博古图》这般庞大的刊印计划。系统性地刊印《宣和博古图》应该要等到 12 世纪中叶，赵宋王朝重新在南方建立之后。

二、徽宗新成礼器之复古

　　徽宗与大臣们认为新成礼器承继自上古三代，比之前所制都还要"正确"，如当时负责礼器铭文的翟汝文之子翟耆年稍晚所记：

> 于是一洗汉唐诸儒臆说之陋，万世而下始识三代尊彝之制，使六经所载，不为空言，共惟徽宗皇帝圣明述作之盛，一时文物比隆三代，可谓韶尽美矣，又尽善也。[1]

这条记录书写于南宋早期，在宋朝失去了中原之后，徽宗的新成礼器仍受到时人的高度推崇，被视为万世以下所仅见。当赵宋王朝于南方重建，礼仪器

1　杨仲良：《续资治通鉴长编纪事本末》，卷 134，页 4224。
2　《宣和博古图》未记录发现的年代，但《金石录》有录。见《至大重修宣和博古图录》，卷 22，页 1—16；赵明诚：《宋本金石录》，页 308—309。
1　翟耆年：《籀史》，页 4。

用尽数丧失的情况下，南宋皇帝便致力于恢复这套礼器制度。[1]徽宗的新成礼器有何特质，得以比隆三代？它们如何赢得如此崇高的地位？

　　徽宗新成礼器的一大特征是对上古原型的忠实模仿。与之前按《三礼图》等传统礼图所制礼器不同，[2]新成礼器仿自出土铜器，因此可以"改正"早期礼器的缺失。徽宗新成礼器与传统礼器之区别，可从两组铜钟的比较得知：一为仁宗朝 1053 年所制的皇祐（1049—1054）钟，另一则是徽宗的大晟钟，成于 1105 年。伊沛霞曾指出，由于大量参考出土铜钟，徽宗朝大臣们得以忠实地再现古代典范。[3]不过参考出土铜器来设计礼器并非始于徽宗，仔细审视仁宗朝的铜钟，可知仁宗朝大臣们也参考出土古器，只是他们更加依赖传统礼学，对出土古器的参考相当有限。

　　1053 年铜钟的线图尚保留在《皇祐新乐图记》之中（图 4-1），书中提到皇祐新乐的缘起。[4]1050 年，朝廷发现宫中典礼使用的钟，与宫中所藏的出土铜钟有许多不相符之处，于是发起改革，制定新乐。[5]大臣参考了一组 11 世纪 30 年代发现的古钟，这组钟的线图后来收在《考古图》与《宣和博古图》中（图 4-2）。[6]

　　1053 年皇祐钟的器身拉长，边缘呈内凹弧形，十字带将器表分割为四，内部再分割成几道相间的几何纹及乳钉纹装饰带（图 4-2）。钟柄呈柱状，表面附着一环形饰牌。图记中明确标示器物尺寸与各部位名称，例如钟柄中

1　关于南宋金石学的发展，参见本书第五章。

2　关于聂崇义编纂《三礼图》之历史脉络的讨论，见 Francois Louis, "Representing Rulership in the Northern Song Era: Nie Chongyi's Sanli tu," paper presented at the conference "Representing Things: Visuality and Materiality in East Asia," Department of Art History, Yale University, April 2009。

3　Patricia Ebrey, "Replicating Zhou Bells at the Northern Song Court," in *Reinventing the Past: Archaism and Antiquarianism in Chinese Art and Visual Culture*, ed. Wu Hung (Chicago: Center for the Art of East Asia Symposia, University of Chicago, 2010) , 179-199.

4　阮逸、胡瑗：《皇祐新乐图记》，《景印文渊阁四库全书》，册 211，页 12。在韩国还保存着这种样式的钟，年代为朝鲜时期（1392—1910），见国立古宫博物馆：《国立古宫博物馆开馆图录》（首尔：国立古宫博物馆，2005），页 112，图 66。

5　现行之钟需改正之处包括：钟口应该是椭圆而非正圆；旧钟之顶无旋虫且状如犁形；"钲"应在钟体正中，见阮逸、胡瑗：《皇祐新乐图记》，页 3—4。

6　欧阳修曾于 1063 年的记录中提到这些钟是 11 世纪 30 年代所发现，之后藏于太常寺，以备使用。当欧阳修任太常礼官时，曾敲打这些钟以得其音高。他也曾将这些出土铜钟与之前王朴所铸的钟进行比较，并得出结论：王朴所造之钟其实有所根据。见欧阳修：《欧阳文忠公集》，《四部丛刊》（上海：上海书店，1984—1989），卷 126，页 19a-b；卷 134，页 8a。这些钟的图像，见吕大临、赵九成：《考古图　续考古图　考古图释文》（北京：中华书局，1987），页 130；《至大重修宣和博古图录》，卷 22，页 23a、24a、25a。

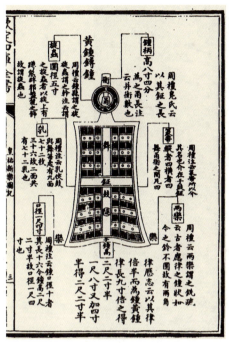

图4-1　1053年的皇祐新钟　　　　　　　图4-2　11世纪30年代发现的古代铜钟

段称为"甬"，器表的水平空白带称作"钲"，钟体下半部的小圆圈则是被称作"隧"的打击点。

　　比较1053年的皇祐钟与11世纪30年代出土的铜钟，的确可见出土铜器的影子。例如拉长的钟身与钟柄造型都与出土铜钟接近；器表相间的乳钉纹与几何纹样装饰带，也是古代铜钟常见的装饰方式。更让人惊讶的是，皇祐钟的几何纹样实际上是卷曲的夔龙纹，此装饰母题显然也来自古代铜器。从这些细节可知，皇祐钟的设计确实参考了出土之古钟，只是其整体所呈现出的风格仍有异于古代铜钟。

　　1053年的皇祐钟制于古铜器收藏风气兴起之前，徽宗的新成铜器则在此之后，能充分利用金石学的研究成果，而得以更加忠实于古代原型。1105年完成的大晟钟见证了此发展过程（图4-3），这是现存徽宗朝铜器中年代最早且数量最多的一批，今日尚存二十多件，分散于世界各地。[1]

　　大晟钟的铸造与徽宗即位之初的祥瑞事件有关。许多宋代文献均记载，

1　现存大晟钟的清单，参陈芳妹：《宋古器物学的兴起与宋仿古铜器》，页95—99。

图4-3
大晟钟，1105年，上部悬挂
饰件为18世纪清宫所加

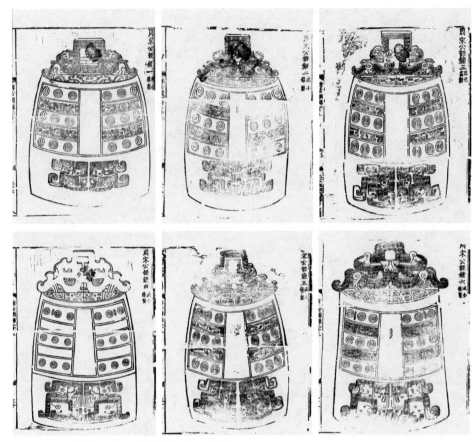

图4-4　宋公䩹钟，《至大重修宣和博古图录》

当时应天府发现了一组铜钟，此地为古代的宋国故地，从铭文可知该组钟为东周时期的宋公所有。在宋朝的起源地——应天府为赵匡胤黄袍加身之处——发现古宋国铜钟，上面又有宋公铭文，这般巧合被认为是天佑宋朝之祥瑞。[1]徽宗于是下令大晟府以宋公钟为楷模，设计新钟。[2]

宋公钟共六件，见于《宣和博古图》。[3]尽管铭文相同，但六件的造型与装饰皆有些微差异（图 4-4）。比较宋公钟与现存的大晟钟，可知两者仅造型相似，表面的装饰纹样与钟柄造型全然不同。由此可知，大晟钟的直接范本应该是宫中的另一件古钟，其造型应与现藏于北京的能原镈（图4-5）非

1　这组钟的发现被记录在许多宋代文献中，见黄伯思：《东观余论》，页 660—661；董逌：《广川书跋》，页 700—701。
2　《至大重修宣和博古图录》，卷 22，页 33b。
3　《至大重修宣和博古图录》，卷 22，页 27—33。

图4-5 能原镈，公元前 5 世纪，1890年江西出土

常近似，¹ 只是这件范本现已不存。

虽然在器形与装饰上忠于古代范本，大晟钟的小篆铭文却透露出其为宋代的仿古之作。铭文刻于钟的两面：一面是编钟名称"大晟"，另一面则是各钟的音律。周代金文有时又称大篆，在秦代（前 221—前 207）被小篆取代，之后一路使用至宋代。中国最具影响力的字书——东汉许慎的《说文解字》——便采用小篆书写文字。² 宋代学者进一步以汉唐碑刻上的文字为基础，编纂"古文"字典，最重要的是 10 世纪中叶郭忠恕（？—977）的《汗简》³，1044 年，经夏竦（985—1051）增补而成《古文四声韵》⁴。这些书中的古文是从各种汉代以后的传世材料中搜罗而来，并非出土的一手文字，因此许多字与商周金文明显不同。

11 世纪后半，金石研究大兴，来自出土文物的古代文字也被辑录成书。《考古图释文》将收录在《考古图》中的铜器铭文搜集起来，作者同样是吕大临，原来可能是《考古图》的附录。⁵ 不过想学习出土古文字，《考古图释文》这类书籍并不是唯一渠道，尚有铭文拓片可以参考。由于复制容易且便于流通，拓片提供了宋代学者另一条认识古代文字的途径。

大晟钟的造型与装饰来自出土铜钟，不过器表的镌刻铭文与出土文字有异，大多以小篆书写，与《说文解字》与《汗简》所录极为相似。试举数例如下（见表 4-2）。

表 4-2　大晟钟铭文、《说文解字》、《汗简》字形对比

大晟钟铭文	篆文	隶定
	（《说文》213）	大
	（《说文》139）	晟
	（《说文》213、《汗简》28b）	夹

1　关于其相似性的比较，见陈芳妹：《宋古器物学的兴起与宋仿古铜器》，页 73—74。
2　许慎：《说文解字》（北京：中华书局，1963）。
3　郭忠恕：《汗简》（北京：中华书局，1983）。
4　夏竦：《古文四声韵》（北京：中华书局，1983）。
5　吕大临、赵九成：《考古图 续考古图 考古图释文》，页 271—289。

续表

大晟钟铭文	篆文	隶定
	（《说文》297）	钟
	（《说文》22）	龑
	（《说文》130）	宾

　　大晟钟铭文与出土古器上的金文不符的问题，十年后被解决了。此时徽宗积极投入礼器革新，不仅置礼制局总负责其事，而且在其下设制造所，负责礼仪器用的设计与制造。礼制局在政和三年（1113）创设，宣和二年（1120）关闭，与新成礼器的铸造时间相符。在徽宗及礼官的严密监督下，新成礼器不论在外观还是铭文上都更为"正确"，均以真正的商周古铜器作为范本。

　　大批礼器在政和四年（1114）至政和五年（1115）间完成，此时重建明堂的计划，经过十年的中断后，重新启动。为这个重建的礼仪建筑，制作了鼎、簠、簋、豆、尊、罍、洗等礼器，以供礼仪之用。这些是朝廷大典的主要器类，也为往后的朝代所遵循。[1]

　　此时期为徽宗礼器改革的高峰，新成礼器的数量必定十分庞大，[2] 但存世的很少。其中有两件完全相同的铡鼎：一件在台北故宫博物院，[3] 另一件在中国国家博物馆。[4] 二者铭文显示，它们是政和六年（1116）徽宗赐给童贯（1054—1126）、供其家庙所用之祭器。统治者赐予贵族礼器的做法，同样可追溯至商周时期。[5] 此外，三件装饰有山纹的山尊也被保留下来：其一收藏在故宫博物院，[6] 其二为杭州出土，藏于浙江省博物馆，[7] 其三为四川出土，藏于彭州博

1　带有礼器图示的明清礼书，见徐一夔编：《明集礼》，《景印文渊阁四库全书》，册 649、650；允禄编：《皇朝礼器图式》，《景印文渊阁四库全书》，册 656。
2　根据文献证据所搜得的徽宗铜器清单，见容庚：《商周彝器通考》，页 183—188。
3　台北故宫博物院编：《千禧年宋代文物大展》（台北：台北故宫博物院，2000），页 100。
4　周铮：《贯铡鼎考》，《中国历史博物馆馆刊》，1995 年第 1 期，页 129—134。
5　杨仲良：《续资治通鉴长编纪事本末》，卷 134，页 4211。
6　周铮：《宣和山尊考》，《文物》，1983 年第 11 期，页 74—75、67。
7　何秋雨：《杭州出土的两批宋代青铜器》，《东方博物》，2010 年第 4 期，页 6。

图4-6　童贯铏鼎附铭文，1116年

物馆。[1]故宫博物院所藏者有铭文，制于宣和三年（1121），用于明堂祭祀方泽。法国巴黎的赛努奇亚洲博物馆（Musée Cernuschi）收藏有一件豆，为政和八年（1118）为道教长生大帝君所制。另一件造型相近的豆制于宣和七年（1125），赐予大臣家庙之用，现藏于上海博物馆。[2]这些铜器让我们检视徽宗的古铜器收藏与新成礼器之间的关系。

　　政和六年（1116）的童贯铏鼎，存世有两件，器表覆盖三组兽面（图4-6），相同的装饰见于《宣和博古图》中的商父乙鼎（图4-7）[3]和商父甲鼎（图4-8）。[4]乍看之下，童贯铏鼎与这两件商鼎极为相似，仔细检视后发现，徽宗制作的铏鼎违反了古代的装饰原则。在商周典型的三足平底圆鼎上，兽面一类的腹部装饰通常是三分，而且通常沿着三只鼎足分割装饰单元，如《宣和博古图》

1　成都文物考古研究所：《彭州宋代青铜器窖藏》，《成都考古发现2004》（北京：科学出版社，2006），页407，图14。

2　Michel Maucuer, *Bronzes de la Chine impériale des Song aux Qing*（Paris: Paris-Musées, les musées de la Ville de Paris, 2013），42-43；王牧：《中国南方地区宋元时期的仿古青铜器》，《南方文物》，2011年第3期，页144，图5。

3　《至大重修宣和博古图录》，卷1，页7a。

4　《至大重修宣和博古图录》，卷1，页42a。

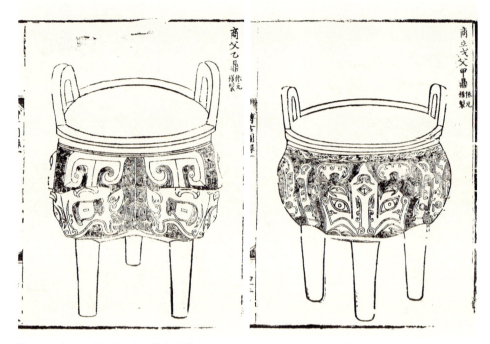

图4-7　商父乙鼎，《至大重修宣和博古图录》　　图4-8　商父甲鼎，《至大重修宣和博古图录》

中三足鼎所示（图 4-9）。[1] 在此装饰原则下，朝外凝视的兽面位于鼎耳与鼎足之间，兽面的正面效果得到强调。

　　另一类造型相近的三足鼎是鬲鼎，与平底圆鼎的主要差别在器底，鬲鼎为分裆底，而非平底。鬲鼎腹部的装饰单元多从两两鼎足之间分割，使得兽面的中心直接衔接鼎足，看起来像是从兽嘴口中吐出一般（图 4-7、图 4-8）。这两种不同的类型在童贯铏鼎中混合：造型为典型的三足平底圆鼎，鼎足却采用分裆鼎的装饰原则，使得兽嘴与鼎足之间产生一个难以填补的空白。

　　这个看似细微的改变，绝非疏忽所致。负责制作的徽宗的大臣们与工匠必定知道前述圆鼎与鬲鼎的装饰原则，因为要将三等分的装饰单元安排在三足与一对鼎耳之间，非常复杂且需不断实验。在上古中国，历经好几代工匠，才让三足、二耳的安排取得平衡。有些摄影角度，还能呈现出早商铜器耳、足之间的不均衡（图 4-10）。徽宗及大臣们必然知道这个古代原则，并加以改变。在他们的新设计中，铜器取得了一个相当不同的正面，兽面母题与器

1　《至大重修宣和博古图录》，卷 1，页 35a。

图4-9　商象形饕餮鼎,《至大重修宣和博古图录》

图4-10　二里岗鼎之耳、足对应，公元前16—前14世纪

体造型均得以清楚呈现，而不用隐藏一只鼎足，或只见半边的装饰纹样。

　　另一个说明徽宗君臣对古铜器进行调整的例证，是带有山纹的山尊（图4-11）。这件器与商祖戊尊（图4-12）颇为相似，[1] 从器形、三段式尊的结构、凸出的扉棱到装饰纹样，都可见两者之间的相似，但细节有显著差异。宋代山尊的兽面不再是一个完整正面，而是瓦解成几个组成部分，零散而曲折，圈足的纹样也是一样。兽面之上，蝉纹取代了鸟纹。敞口上的扉棱从蕉叶纹中央划过，形状有些不规则，如小犬牙一般。这些装饰在不同部位上的装饰纹样，借由线性的、曲折的特征，彼此相互呼应。从器身上半蕉叶纹内的钩形，到中段的兽面，再到足部的纹样，彼此构成一和谐的整体。山尊铸于1121年，即礼制局关闭后一年，是徽宗铜器中年代较晚者。与1110年左右铸造的铜器合观，它们呈现出一致的风格特点：外观大体忠实于古代范本，同时又能巧妙地融入当代元素。

　　三件山尊的造形与装饰都极为接近，但杭州出土的这件有一个值得注意

1　《至大重修宣和博古图录》，卷6，页7a。

 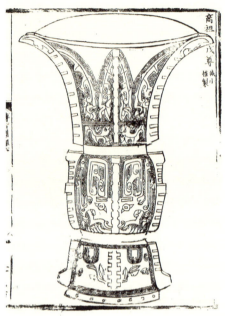

图4-11　宣和山尊，1121年 　　　　　　　　　图4-12　商祖戊尊，《至大重修宣和博古图
　　　　　　　　　　　　　　　　　　　　　　录》

的铸造细节，说明制造者曾仔细地观察过商周古代铜器。在器的上段与中段
交接之处，有一肉眼可见的小铜块，与其周围并未完全熔铸在一起，推测可
能是在铸造时另外置入（图4-13）。这类小铜块现在称为垫片，罕见于汉代
以后的铜器中，不过在早期铜器上经常可见。商周时期铸铜用块范法，做法
是预先做好内模与外范，再将两者拼合起来进行浇铸。为了维持内模与外范
之间的铜液浇铸空间，工匠会用小铜块片垫于其间，称为垫片。如果垫片与
周围的铜液熔融不够完全，肉眼很容易能辨识出来。有件商代铜器的垫片上
还带有装饰纹样，说明是回收铜器再利用。[1]在汉代铜器中，垫片的使用很普遍，
有时排列非常规整（图4-14），显示出工匠已经意识到垫片可能造成的视觉
效果，并留意其布排。

　　汉代以降的铜器改以失蜡法铸造，通常不用垫片。失蜡法铸造需以陶土
预先做好成品的模型，于其上覆盖一层蜡，厚度与器壁的厚薄相一致，并在

1　李济、万家保：《殷虚出土青铜鼎形器之研究》（台北：台北"中研院"历史语言研究所，1970），
图版14—15。

图4-13　有垫片痕迹的山尊，浙江杭州出土，约1121年

图4-14　酒尊表面有排列整齐的垫片，2—3世纪

图4-15　周凫尊，《至大重修宣和博古图录》

蜡上刻画装饰纹样，接着以陶土包覆整个物件，留下浇铸铜液的浇口，以及让融化的蜡流出的管道。[1] 在失蜡铸造过程中，内模与外范之间原先由蜡填满的空间，在浇注时会被铜液所取代。

　　随着青铜时代的结束，块范法的技术也失传了。宋代古物学家对其一无所知，徽宗的礼官与工匠也是如此。他们所熟悉的是失蜡法，如《宣和博古图》所记："此彝有五指痕，执之而不坠失，以示其谨于礼。今此指痕以蜡为模，以指按蜡所成也。"[2] 尽管徽宗的大臣与工匠对垫片毫无概念，不过古铜器上这些排列井然的小铜块，却没有逃过他们的法眼，他们忠实地将其描绘在《宣和博古图》中（图4-15）。[3] 更令人惊讶的是，他们还在新制铜器中模仿此特

1　关于晚期的失蜡铸造流程说明与图标，见宋应星：《天工开物》，《中国古代版画丛刊》（上海：上海古籍出版社，1988），册3，页839—861。
2　《至大重修宣和博古图录》，卷6，页33b。
3　《至大重修宣和博古图录》，卷7，页12a—b；卷13，页25a。

征，如杭州山尊及另一件疑为宋代的铜器所显示的。[1] 徽宗的工匠，不论是绘图者还是铸造者，能够仿造如此微小的细节，显示出皇室收藏必然向他们开放，以便他们观察研究。

　　童贯铡鼎和宣和山尊上的铭文也相当引人注目。其格式仿西周铭文：始于事件时间、铸器缘起、作器者与受器者，以"子子孙孙永宝用"之类的套语作结束。以童贯铡鼎为例，铭文写道："惟政和六年，十又一月甲午，帝命作铡鼎，易领枢密院事贯，以祀其先。"（图4-6）除了几个明显的宋代官名，如"帝"与"领枢密院事"外，其格式与用语皆和西周铭文极为相似。不少完成于1110年左右的铜器，铭文是由礼制局官员翟汝文（1076—1141）所撰写。[2] 有些读起来与古代金文如此相似，以至明清学者误以为它们是真正的商周古器。[3]

　　铭文格式仿效西周，铭文字体也和宋代金石学者所认为的出土文字相符，如《考古图释文》所示，两者文字比较见表4-3：

表 4-3　童贯铡鼎、《考古图释文》字体对比表

童贯铡鼎	《考古图释文》	隶定字
	页 276	年
	页 287	赐
	页 283	事
	页 282	鼎
	页 280	午

显然徽宗与大臣们已经发现，十年前大晟钟上的文字并不合古，因此放弃传

1　另一件稍晚的铜器外底也可见垫片，此器被定为宋代，不过此时代仍有讨论空间。见程长新等：《铜器辨伪浅说》（北京：文物出版社，1991），页5—6。
2　许多铭文被收入翟汝文的文集中，见翟汝文：《忠惠集》，页296—297。对于翟汝文之铜器铭文研究，见严一萍：《北宋古文字古器物学者翟汝文及其所作器》，《中国文字》，第8期（1962），页1—8。
3　关于宋代新成铜器被误以为上古之器，相关讨论见孙诒让：《宋政和礼器文字考》，页48—57。

世的小篆，改用出土文字。对于古代铭文的忠实模仿，反映出皇帝对古器的兴趣日增，促使朝臣更仔细地审视古铜器铭文。模仿、挪用出土古文字，使得徽宗新成礼器不仅在器物外观上与出土古铜器惟妙惟肖，连文字内容也十分相像。

青铜礼器的外观与铭文，个别观之，均与古代原型高度近似，因此在完成后不过数十年，有些便被当成商周时期的古物。[1] 若仔细审视，会发现两者其实有着时代上的不协调：新成礼器造型与装饰有的仿自商代，有的仿自周代，但铭文的格式与用语却总是模仿西周。

三、徽宗的宫廷瓷器新风格

古铜器的造型与装饰也扩及宫廷其他艺术领域。关于徽宗宫廷装饰艺术的信息虽不多，但晚近的考古新发现让我们得以重新检视徽宗宫廷的瓷器发展，特别是定窑白瓷的衰落与汝窑青瓷的崛起，这个改变乃是徽宗复兴商周古铜器风潮下的产物。

在中国陶瓷史的传统认知中，备受赞誉的定窑白瓷因"芒口"而让位于汝窑青瓷，汝器成为徽宗朝最受喜爱的瓷器品种。此说法最早出现在南宋陆游（1125—1210）的笔记中，他说"故都时定器不入禁中，惟用汝器"，他更进一步补充这是因"定器有芒也"。[2] 叶寘（活动于 1200 年左右）也记载了一个类似的故事，但细节更为丰富：

> 本朝以定州白磁器有芒，不堪用，遂命汝州造青窑器，故河北唐、邓、耀州悉有之，汝窑为魁。江南则处州龙泉县窑，质颇粗厚。政和间，京师自置窑烧造，名曰官窑。[3]

在五代（907—960）及北宋初，定窑是质地最精良的瓷器，主要供皇室

1　见孙诒让：《宋政和礼器文字考》，页 48—49；周铮：《贯铜鼎考》，页 129—134。
2　陆游：《老学庵笔记》（北京：中华书局，1997），页 23。
3　这则故事出现在较晚的笔记中，见陶宗仪：《辍耕录》，《百部丛书集成》，据《津逮秘书》影印（台北：艺文印书馆，1965—），卷 29，页 11a。

成员以及上层人士使用。[1] 许多定窑器底都刻有"官"字，显示出它们与官方的密切关系。[2] 定窑还经常与银器等奢侈品共同出土，见于墓葬或佛塔地宫。[3] 如此精美的瓷器却因"芒口"让位于汝窑，什么是"芒口"？这指的是未上釉的陶瓷口沿。以定窑来说，由于它是覆烧，口沿无法上釉，否则会粘在窑底。出窑之后接着在未上釉的口沿镶上金属边扣。芒口的争议在于，它是否因被视为一种缺陷，才以金银边扣掩饰？抑或是为了镶金银边扣，所以口沿故意不上釉？学者过去长期相信南宋史料的记载，随着考古提供越来越多的反证，其有效性开始受到质疑。

罗森（Jessica Rawson）主张，在芒口饰以金银扣在当时是一种风尚，芒口不太可能造成问题，因为无论如何，当时很自然地会在高级瓷器上镶上边扣。[4] 蔡玫芬继续申论这个论点，并罗列来自其他窑场的瓷器，它们是正烧，但口沿却刻意不上釉，留下涩口，以便镶上金属边扣。[5] 这个观察显示，北宋时期并未视芒口为一种缺陷，因为镶嵌金银边扣在当时是一种风尚，普遍流行于南北各地窑场。[6] 因此，芒口并无法解释北宋宫廷的喜好何以从定窑转移至汝窑。

定窑与汝窑外观的差异很明显。定窑的特色是纯净的白色胎土、极薄的器壁，以及表面清透的玻璃质釉层（图 4-16）；汝窑则以香灰色胎土、厚壁，以及乳浊的青釉著称（图 4-17）。此外，定窑表面经常有细致的装饰，刻画花或浅浮雕；相对地，汝窑所强调的是沉静高雅的绿釉色调，完全没有装饰，

1　河北省文化局文物工作队：《河北曲阳县涧磁村定窑遗址调查与试掘》，《考古》，1965 年第 8 期，页 394—412；Jessica Rawson, "Chinese Silver and Its Influence on Porcelain Development," in *Cross-Craft and Cross-Cultural Interactions in Ceramics*, ed. P. E. McGovern（Westerville, OH: The American Ceramic Society, Inc., 1989），282-287。

2　对于"官"字的不同解读，见冯永谦：《"官"和"新官"字款瓷器之研究》，《中国古代窑址调查发掘报告集》（北京：文物出版社，1984），页 393—407；谢明良：《有关"官"和"新官"款白瓷官字涵义的几个问题》，《故宫学术季刊》，第 5 卷第 2 期（1987 冬），页 1—38；王光尧：《中国古代官窑制度》（北京：紫禁城出版社，2004），页 28—72。

3　定县博物馆：《河北定县发现两座宋代塔基》，《文物》，1972 年第 8 期，页 39—51。

4　Jessica Rawson, "Chinese Silver and Its Influence on Porcelain Development," 297.

5　Mei-fen Ts'ai, "A Discussion of Ting Ware with Unglazed Rims and Related Twelfth-Century Official Porcelain," in *Art of the Sung and Yuan*, ed. Maxwell K. Hearn（New York: The Metropolitan Museum of Art, 1996），109-131。更完整的讨论，见蔡玫芬：《论"定州白瓷，有芒不堪用"句的真确性及十二世纪官方瓷器之诸问题》，《故宫学术季刊》，第 15 卷第 2 期（1997 冬），页 63—102。

6　谢明良：《金银扣陶瓷及其有关问题》，收入谢明良：《陶瓷手记——陶瓷史思索和操作的轨迹》（台北：石头出版股份有限公司，2008），页 161—176。

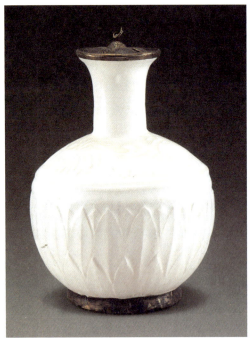 

图4-16　定窑镶银扣白瓷壶，995年　　　　图4-17　汝窑纸槌瓶，12世纪早期（金属
　　　　　　　　　　　　　　　　　　　　　　　　扣为后加）

仿佛纹样是一种视觉干扰。二者在器类上的差异也很明显：定窑主要生产碗、盘等日用器；汝窑除了生产日用器外，尚有瓶、盆、香炉等陈设器，且造型经常仿自古代铜器。由于这些新出现的陈设器不曾出现在一般的平民墓葬中，推测它们应是皇室及上层精英专用之物，不妨称之为"皇家样式"（imperial type）。

　　发生在12世纪初宫廷瓷器的变化，同样也见于河南宝丰清凉寺汝窑遗址出土的陶瓷中[1]。1986年在该地发现汝窑址，历经六季的发掘，考古学家总算找到烧造"皇家样式"瓷器的地点。[2] 然而，此窑场并非一开始便烧造"皇家

---

[1]　1986年汝窑窑址发现以前，许多人认为河北的临汝窑乃是汝窑窑址，但临汝窑并未找到能与传世汝窑相比拟的陶瓷破片。关于其考古报告，见汪庆正、范冬青、周丽丽：《汝窑的发现》（上海：上海人民美术出版社，1987）。

[2]　关于汝窑遗址的早期发掘，见河南省文物研究所：《宝丰清凉寺汝窑址的调查与试掘》，《文物》，1989年第11期，页1—14、59；河南省文物研究所：《宝丰清凉寺汝窑址第二、三次发掘简报》，《华夏考古》，1992年第3期，页140—153、113。在最近的一次发掘中，终于发现了"皇家样式"的陶瓷片，见河南省文物考古研究所：《宝丰清凉寺汝窑址2000年发掘简报》，《文物》，2001年第11期，页4—22；河南省文物考古研究所：《宝丰清凉寺汝窑》（郑州：大象出版社，2008）。

图4-18　汝窑刻画花瓷盘破片，11世纪　　　　图4-19　汝窑水仙盆，12世纪早期

样式"。地层的堆积显示，此窑场在早期主要生产诸如盘、碗等日用器，表面也如定窑般装饰着刻画花（图4-18）。后期才开始烧造不带装饰的"皇家样式"瓷器，如水仙盆（图4-19）、花瓶及仿古铜样式的瓷器。出土"皇家样式"瓷器的下方地层，出土了一枚"元丰通宝"（1078—1085）铜钱，可知"皇家样式"瓷器的烧造时间必定在此之后，或可定于哲宗和徽宗朝。[1]

　　汝窑的高质量令许多人认为汝窑就是文献中提到的"官窑"，[2] 不过也有一些人认为官窑位于首都汴京，遗址迄今尚未被发现。[3] 后一观点并非全然没有根据，因为各大博物馆收藏中，有一批质量极高但窑口不明的青瓷器，有些人认为这些才是北宋官窑所烧造。[4] 2000年至2004年河南汝州张公巷窑址的发现，让这个问题变得更为复杂。在张公巷窑址中，出土了一些非常近似汝窑窑址的青瓷器，它们的烧造方式与汝窑相似，但质量更加精良。[5] 有些学

1　关于此层位的信息，见河南省文物考古研究所：《宝丰清凉寺汝窑址2000年发掘简报》，页4—22；河南省文物考古研究所：《宝丰清凉寺汝窑》，页17—18。根据文献证据，陈万里认为北宋宫廷的汝窑是在1086年至1106年间烧造，但此年代难以证实。陈万里：《汝窑的我见》，《文物参考资料》，1951年2期，页46—53。

2　李辉柄：《宋代官窑瓷器》（北京：紫禁城出版社，1996）；谢明良：《北宋官窑研究现状的省思》，《故宫学术季刊》，第27卷第4期（2010），页1—44。

3　冯先铭：《冯先铭中国古陶瓷论文集》（香港：两木出版社，1987），页275—276；李明举：《宋官窑论稿》，《文物》，1994年第8期，页47—54。

4　陆明华：《两宋官窑有关问题研究》，收入杭州南宋官窑博物馆编：《南宋官窑文集》（北京：文物出版社，2004），页140—161。

5　孙新民：《汝窑张公巷窑的发现与认识》，《文物》，2006年第7期，页83—89；河南文物考古研究所编：《汝窑与张公巷窑出土瓷器》（北京：科学出版社，2009）。

者将张公巷遗址与北宋官窑联系起来，不过论证尚缺乏坚实的证据。[1]关于北宋官窑的争议虽然尚未落幕，但可确定的是，清凉寺与张公巷的产品具有相近的形式特征与技术特点，属于同一风格的瓷器群。

　　文献与考古证据皆显示，宫廷瓷器风格在北宋最后的几十年发生转变，这似乎意味皇室的趣味有了根本变化。如何定义这个转变？皇家对精致瓷器的追求是什么？如同许多学者所指出的，拥有锐利的轮廓线、轻薄的器壁和浅浮雕纹饰的定窑，意在模仿当时最贵重的奢侈品——金银器。[2]有趣的是，汝窑所追求的似乎截然相反：其轮廓圆润、器壁厚实、釉色乳浊，且朴素无纹。汝窑呈现出一种崭新的美学。有些学者发现汝窑采用了玻璃器的造型，从而指出其中的伊斯兰文化的影响；[3]不过从最新的窑址发现可知，商周古铜器在催生新风格上也发挥了关键作用。

　　不少皇家样式的汝窑造型来自古代铜器，包括壶、奁、三足盘等，可能是参考了宫中藏品，进行仿制。比较汝窑器与《宣和博古图》中的绘图，可以发现汝窑壶形花瓶（图4-20）必定仿自一件造型相近的汉代酒壶（图4-21），[4]汝窑长颈瓶（图4-22）则模仿自另一件汉代壶（图4-23）。[5]汝窑工匠甚至还努力仿制汉代酒钫（图4-24、图4-25），方形器的转角曲度对以轮制塑形的陶工来说，应该具有相当的挑战，不过汝窑陶工试着在每个方面仿造青铜原型，包括锐利的四周边角、宽平的口沿以及浓厚的黄绿釉色。若非亲眼观察铜器原件，很难想象工匠能够掌握如此程度的相似性。

　　除了器形之外，汝窑厚实的器胎和乳浊的釉色也透露出来自古代铜器的影响。相较定窑的薄胎与透明釉色成功地模仿了金银器的捶揲装饰，汝窑则以仿自铜器的厚实器壁，通过乳浊的釉层传达出古铜器那庄重威严的重器之感。这些新的审美趣味，使汝窑成为徽宗宫廷的新宠。

　　仿古风格的汝窑有一些特征。首先，其所仿制的器形主要选自东周与秦汉，

1　一些学者将张公巷的样本定年为金代，见唐俊杰：《汝窑、张公巷窑与南宋官窑》，收入《北宋汝窑青磁の谜にせまる》（大阪：大阪市立东洋陶磁美术馆，2010），页64—77。

2　Margaret Medley, *Metalwork and Chinese Ceramics* (London: Percival David Foundation of Chinese Art,1972), 9-10; Jessica Rawson, "Chinese Silver and Its Influence on Porcelain Development," 275-299.

3　Mei-fen Ts'ai, "A Discussion of Ting Ware with Unglazed Rims and Related Twelfth-Century Official Porcelain," 109-131; 谢明良：《院藏两件汝窑纸槌瓶及相关问题》，收入谢明良：《陶瓷手记——陶瓷史思索与操作的轨迹》，页3—15。

4　《至大重修宣和博古图录》，卷12，页34a；卷13，页31a、32a、33a。

5　《至大重修宣和博古图录》，卷13，页3a。

 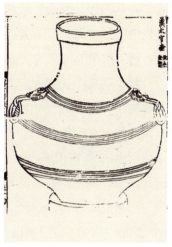

图4-20 汝窑壶,12世纪早期　图4-21 汉太官壶,《至大重修宣和博古图录》

图4-22 汝窑长颈瓶,12世纪早期　图4-23 汉山龙温壶,《至大重修宣和博古图录》

图4-24 汝窑方壶,12世纪早期　图4-25 钫,公元前46年

而非商与西周。其次，汝窑工匠对器形的兴趣似乎甚于装饰纹样，他们从来没有模仿过商周典型的具礼仪意涵的动物纹样。[1] 有别于装饰繁复的徽宗新成铜礼器，宫中的汝窑的表面经常未加装饰，或仅有简单的浮雕带纹或弦纹。

　　为何皇家样式的汝窑完全不使用装饰纹样？徽宗与大臣们是如何理解上古装饰纹样的意涵？如徽宗的大臣在好几部皇家图录中反复强调，纹饰的起源可追溯至古代圣人，他们通过观察自然，发明图样，并将其训诫寓于其中，以传后世。[2]《宣和博古图》记录禹铸九鼎之事，故事叙述大禹治平洪水、征服九州后，将各地有害的精怪形象铸在九鼎之上，让人们进入川泽山林时可辨识出它们。[3] 对徽宗及大臣们而言，装饰图样体现了圣人的用心，并承载着道德寓意。《宣和博古图》中随处可见对纹样的寓言式解释：被称作"饕餮"的动物纹样用意是戒贪食；[4] 山纹提醒观者要有"仁"心；[5] 钟上的乳钉象征礼乐的滋养；[6] 即便是作为背景的几何纹样——云纹与雷纹——也代表上天降下之甘霖。[7] 这些道德寓意式的解读，使朝廷对艺术创作的推动合理化，因为艺术不仅是个人天才的展现，也体现出圣人的智慧，以作为个人及社会的道德指导。

　　褪去繁复的装饰纹样，汉代的铜器素朴而简单，礼仪与道德意涵均大为降低，[8]《宣和博古图》说它们"窃近人情"，成为平易近人的日用器。[9] 如汉代铜器一般，朴素无纹的汝窑褪去了带有各种寓意的纹饰，得以从沉重的礼仪枷锁中解放出来，成为宫廷中的装饰点缀。皇家样式的汝窑在仿古铜的同时又加以转化，成为既带古意、道德寓意又不至于过度强烈的世俗装饰之物。

　　最终定窑也顺应时代，加入仿古的潮流，如造型特殊的白瓷壶形花瓶及

1　一些没上釉的陶瓷片有古代动物纹样，不过它们出土于金、元地层中。这些例子时代要晚得多，不在本章讨论之列。关于这些没上釉的陶瓷片，见河南省文物考古研究所：《宝丰清凉寺汝窑》，页130—133。

2　《宣和画谱》，《中国书画全书》（上海：上海书画出版社，1993），册2，页60；《至大重修宣和博古图录》，卷1，页3a。

3　《至大重修宣和博古图录》，卷4，页28b—29a。

4　《至大重修宣和博古图录》，卷8，页38a-b。

5　《至大重修宣和博古图录》，卷5，页13a；卷24，页25b。

6　《至大重修宣和博古图录》，卷24，页18b。

7　《至大重修宣和博古图录》，卷5，页10b—11b。

8　《至大重修宣和博古图录》，卷12，页4b—5a；卷13，页9a-b、10b、25b。

9　《至大重修宣和博古图录》，卷13，页10b。

图4-26　定窑白瓷簋，12世纪早期　　　　　　　　　图4-27　定窑白瓷盘，1199年

簋式香炉，两者均以古铜器为造型、纹饰范本（图 4-26）。[1]有些古代装饰纹样也出现在定窑瓷器上，最常见的便是雷纹。此纹样作为背景地纹，广泛见于商周古代铜器，汉唐时近乎绝迹，至此再次出现，成为带状装饰环绕在器的口缘（图 4-27）。

四、塑造新风格：徽宗与他的作坊

北宋宫廷内的工艺作坊有文思院和后苑造作所，[2]负责许多不同材质产品的生产，包括金、玉、珠、贝、犀角、琥珀、漆木竹等。[3]由于有些作别相重叠，有时需协调分配两机构之间的工作。[4]两者基本的区别在于：后苑造作所如其名称所示，坐落在禁中的后苑，掌管皇家内部所需，由宦官管理，性质近于皇帝的私人作坊。文思院则由朝廷指派的官员主管，主要生产朝廷大典所用的仪物，诸如车马、仪服与其他器用。其区别清楚体现在当时的组织制度上：

1　Wen C. Fong and James C.Y. Watt, eds., *Possessing the Past: Treasures from the Taipei Palace Museum*（New York: The Metropolitan Museum of Art, 1996）, 233.

2　脱脱等撰：《宋史》，卷 165，页 3918；卷 166，页 3940。

3　徐松辑：《宋会要辑稿》（北京：中华书局，1957），职官 29，页 2988a；职官 36，页 3107b—3109b。

4　徐松辑：《宋会要辑稿》，职官 29，页 2988a。

后苑造作所属于内诸司，文思院则属外诸司。[1]

徽宗登基后在南方建立了苏杭造作局，以利用南方的原料与工艺技术为朝廷生产服务。[2] 我们对此机构所知甚少，只知道造作局给地方带来沉重的赋役，以致发生方腊起义，迫使朝廷关闭此机构。[3] 另一个经常被忽略但在徽宗礼器改革中扮演重要角色的是礼制局的附属机构——制造所。有别于其他常态性的政府组织，礼制局和制造所为任务编组，因礼制改革而创设。令人奇怪的是，正史对于它们在政府组织中的位置记载非常模糊，仅提到创建于政和三年，隶属于编类御笔所。[4] 至于编类御笔所这个机构，是蔡京（1047—1126）在徽宗的同意下设立的。[5] 就组织来看，礼制局很可能是一个用来实践皇帝及其宰臣意志的机构，具有强烈的个人色彩。

成立之后，制造所便接收了许多原属文思院的工作，成为1110年至1120年及其后数年制作礼仪器用的主要作坊。一则记录记载礼仪改革后，太学生在学校典礼已改穿新的士服，郡县学生却仍穿着常服。为了更正此缺失，徽宗令礼制局制作成套的士服标准样式，以便各州依样制造。礼制局于是将此业务派给制造所，而不是文思院。[6] 此外，政和七年（1117）至政和八年（1118）的九鼎，也是由制造所负责。[7] 不用说，制造所也掌管徽宗新成礼器的铸造，[8] 这从铜器铭文中可得到证明，铭文中出现了刘昺与翟汝文这两位大臣的名字，[9] 他们是当时负责礼制局和制造所的官员。[10]

在常态性的文思院之外，徽宗另设一作坊的理由很清楚：他与大臣可以完全控制此作坊，从上游的设计到下游的生产。事实上，徽宗本人可能参与了新成礼器的设计，他在政和三年的诏书中说道："具画来上，朕将亲览，参酌其宜蔽。自朕志断之，必行革千古之陋，以成一代之典，庶几先王垂法

1 孟元老撰，伊永文笺注：《东京梦华录笺注》（北京：中华书局，2006），页60—64。

2 陈均：《皇朝编年纲目备要》（北京：中华书局，2006），卷2，页659。

3 脱脱等撰：《宋史》，卷179，页4361；不著撰人：《新刊大宋宣和遗事》（台北：世界书局，1958），元集，页34—35。

4 脱脱等撰：《宋史》，卷98，页2423。

5 杨仲良：《续资治通鉴长编纪事本末》，卷134，页4194—4199。

6 徐松辑：《宋会要辑稿》，舆服4，页1804b—1805a。

7 徐松辑：《宋会要辑稿》，礼51，页1553。

8 杨仲良：《续资治通鉴长编纪事本末》，卷134，页4207、4210—4211。

9 翟汝文：《忠惠集》，页296。

10 杨仲良：《续资治通鉴长编纪事本末》，卷134，页4199。

后世。"[1] 为呼应皇帝改革的决心与作为，徽宗大臣在撰写新成礼器铭文时，有时以"帝稽古作宋器"作为开头。[2]《宣和博古图》的记录，也显示出皇帝对礼器改革的高度投入：

> 此罍在诸器中特为精致高古，可以垂法后世，于是诏礼官其制
> 作为之楷式，以荐之天地宗庙，使三代之典，炳然还醇，见于今日，
> 亦稽古之效也。[3]

一位特征鲜明的金石学家式的皇帝形象，展现在我们眼前：徽宗检视他的古铜器收藏，亲自拣择出一些精致高古之器作为范准，命令大臣进行仿效。

徽宗个人积极投入书画的创作与铜礼器的革新，我们虽然无法知道他是否也介入宫中其他的装饰艺术，但皇帝所从事的活动，无疑刺激了其他宫廷成员，促使他们留心审视古物。在各种文化活动中，最令人瞩目的是政和三年十月的一次古物公开展示。徽宗公开累积多年的宫中铜器收藏，让整个朝廷观赏，正式揭开礼器革新的序幕。[4] 此事也激发了许多的讨论与对话，有些被载入董逌（活动于 12 世纪初）的笔记中。董逌是位资深且经验丰富的秘阁官员，长期以来经常和其他朝廷大臣讨论绘画、书法和古物，特别是那些供职于秘书省的同事。他们在礼制改革时，承担钻研古器的任务，并如火如荼地投入古铜器的研究中。[5]

徽宗朝廷中其他单位的成员也被卷入古铜器研究的风潮中，即使他们的业务和古物没有太直接的关联。例如在崇宁二年（1103）撰成《营造法式》的李诫（？—1110），任职将作监，曾经拿出他所收藏的一件牺尊，询问董逌的意见。[6] 除了古铜器外，李诫也收藏古代玉器。[7]

朝廷大臣不是唯一向董逌求助的人，宫中的工匠也向他咨询。在笔记中，董逌提到一名工官拿着一幅古鼎的图绘向他求教，希望知道鼎的功用，董逌

1 杨仲良：《续资治通鉴长编纪事本末》，卷 134，页 4193—4194。
2 翟汝文：《忠惠集》，页 297。
3 《至大重修宣和博古图录》，卷 7，页 39a-b。
4 杨仲良：《续资治通鉴长编纪事本末》，卷 134，页 4200。
5 黄伯思：《东观余论》，页 659、661。
6 董逌：《广川书跋》，页 687。
7 李诫收藏的一件玉器，见赵九成：《续考古图》，卷 5，页 13—14。

辨识出此为盛装牲牛的牛鼎。[1] 值得注意的是，这位不知名的工官是在宫中的一场古物展示中图绘下这件器物的图像，显示出这类展示活动不仅向大臣开放，连地位较低的工官也有机会一睹古物。上层的大臣可能参加皇帝所举办的宴会，得到皇帝赐予的礼物，就像宣和四年（1122）举办的一场展示会一般。[2] 宫中地位较低者则可能借此机会见到皇室珍藏，绘制图像作为事件记录或纪念。[3] 在皇帝的领导下，整个宫廷弥漫着好古的氛围。

即便徽宗无法以个人名义掌管朝廷的各种艺术与工艺创作，但皇帝的喜好通过大臣以及宫中的展示活动，得以渗透至每个角落。就连禁中的宫殿，据说也有不少以"古"字命名，如"稽古""邃古""尚古""鉴古""作古""访古""博古""秘古"等。[4] 徽宗的喜好进一步塑造了宫廷艺术的新风格，宫中瓷器从定窑转为汝窑是最显著的现象。其他还有一些零星的装饰艺术例证，如一通刻着徽宗手诏的宣和元年（1119）的石碑，四周便装饰着来自古代的纹样：以雷纹为地，上有卷曲龙纹（图4-28）。[5] 龙纹与雷纹从商周铜器中被撷取出来，首度移植到石碑之上，见证了徽宗宫廷强劲的古铜风潮。

结　语

徽宗利用艺术，将书画与工艺整合进他的统治中，以移风易俗、改善文化，并为国家规范秩序。[6] 有人认为，徽宗与其大臣们在艺术方面的作为，是为了转移治国无方这个事实，这个说法过于简单。事实上，艺术是徽宗统治中不可或缺的一部分。相较于11世纪的士大夫，他们主张恢复三代之理想，但大半仍停留在思想层面；徽宗将这个想法付诸实践，于宫中的礼仪器用与物质文化层掀起了一场激烈的变革。

徽宗宫廷的古铜风潮，为礼仪性的新成礼器注入了历史感，也为宫中陶瓷装饰艺术增添了思想性。新成铜器从器形、装饰母题、铭文等诸方面再现

1　董逌：《广川书跋》，页685。
2　1122年徽宗出收藏以示大臣，并赏赐其画作。见邓椿：《画继》，《中国书画全书》，册2，页704。
3　董逌：《广川书跋》，页684。
4　不著撰人：《新刊大宋宣和遗事》（台北：世界书局，1958），元集，页30。
5　李志纲编：《中国古代碑帖拓本》（香港：香港中文大学文物馆，2001），页128—129。
6　Bol, "Wither the Emperor," 103-134.

图4-28　宋徽宗神霄玉清
万寿宫诏碑，1119年

商周理想。当用于朝廷仪典时，它们唤起了人们对古圣王的记忆：数千年前，古代圣王也曾于类似的仪式中使用类似的器具。这让徽宗得以通过礼仪的重新演示，将古圣王形象投射至自己身上。

　　与此同时，装点宫廷内部的瓷器被赋予了思想性。汝窑固然典雅，但它不单只是因为外观而受到皇帝喜爱，其所蕴含的思想与文化深度，才是徽宗所追求的。有别于青铜礼器，汝窑的仿古器形不在于召唤古代圣王，而是在于传达其拥有者的古典文化修养。沉静的汝窑釉色令人留恋，而其仿古的外观又引起观者的文化内省。这个新的源于中国三代古铜的美学基本上是思想性的，唯有那些熟稔此文化传统且具备敏锐双眼、能辨识出其文化样貌与变貌者，方能充分领略其中之美。

第五章
南宋金石收藏与中兴情结

　　北宋的士大夫开创了"金石学"的传统，不但研究、著录他们收藏的古铜碑拓，还首次图其形体、拓其文字，创造了金石图录的新体例，奠定了后代金石学的基础。不仅明清的金石收藏家与研究者深受宋人影响，现代考古学的发展（虽是自西方引进）也与宋代以降的金石学传统有着或竞争或合作的密切关系。相较于北宋的开创性，南宋的金石著作尤其是金学作品，如薛尚功《历代钟鼎彝器款识法帖》，不但在体例上大体沿袭欧阳修的《集古录》与赵明诚的《金石录》等书，在收录的内容上也有一大部分与北宋其他图录如《考古图》《宣和博古图》相重叠，对器物文字的解释也多遵循前人，无太多新意，因此很少受到学术界的重视。从学术史的角度而言，北宋树立了金石学研究的"典范"，此成为后代之基础。然而，北宋金石研究的"典范"地位是在什么时候、什么情况之下成立？在北宋金石学光环的笼罩之下，南宋时期的新发展是什么？由于宋代的金石收藏家同时具有文人身份，有些人甚至是位居要津的士大夫，要回答以上问题，我们必须跳脱出金石学的学术史脉络，考察宋代金石收藏家所处的政治、文化氛围如何左右了他们研究、收藏的取向与成就。

　　左右南宋时期金石收藏的主要历史因素即女真人的入侵与"靖康之难"对北宋王朝毁灭性的破坏。这使得赵宋王朝不仅失去了淮河以北的半壁江山，孕育三代文明的陕西与河南地区顿时成为金人领土，同时也失去了自祖宗以来累积的珍宝，傲人的内府收藏在一夕之间消失殆尽。在战争中，世居北方的士大夫跟着高宗朝廷一路南逃，最后暂居"临安"，也就是杭州，等待机会恢复故土。此令南宋朝野蒙羞的历史事件与随之而来的文化失落感对南宋早期的政治、社会、经济、文化各方面有着深刻的影响。本章便以偏安在南宋行在临安一带的皇帝与士大夫收藏家为主要对象，探讨"靖康之耻"与随后的"中兴"情结如何左右了南宋时期古铜碑拓的收藏与研究，如何将北宋推向典范地位，又如何影响到南宋金石著录的新发展。

　　就材料与方法而言，过去关于南宋古铜碑拓收藏的研究多半集中在金石图录记载的文字内容，从学术发展的角度讨论它们的成书以及在文字考证、经学、史学等方面的贡献。个别收藏家的生平也受到注意，但是，对于相关社会脉络之讨论并不多。[1] 这些金石图录固然有其学术性，但它们是基于收藏品所建立起来的目录与研究，为收藏行为的具体呈现，除了记录当时流传在收藏家之间的文物之外，也提供了一手材料，让今日的研究者了解过去的收藏文化。因此，对于图录当中"图"的分析与收藏文化的剖析是本章的重点。除了金石图录之外，近年来，在浙江杭州及其附近，还有四川地区的南宋墓葬与遗址中都出土了为数不少的仿制古铜器，有些是朝野制造的礼器，有些是陈设器，有些可能是专为收藏而制作，它们提供了研究南宋时期古器物收藏的新资料。[2] 另外，东南地区各瓷窑遗址的调查与发掘也揭露了一些以往所不知的类型，包括仿古铜陶瓷。除了南宋金石图录外，本章另一关注焦点为杭州一带出土的仿古类型器物，希望能辅以文献记载，从一个不同的角度理解南宋早期、中期杭州地区的金石收藏文化的新发展。

一、靖康之难带来的文化浩劫

　　北宋一朝虽然在军事上积弱，却是中国历史上的文化盛世，尤其以宋徽宗（1101—1125 年在位）对艺术活动的积极提倡最为学界关注。徽宗不但扩大内府收藏，敕令编纂《宣和画谱》《宣和书谱》《宣和博古图》等内府藏

1　关于南宋金石学的主要研究，见容庚：《宋代吉金书籍述评》，收入曾宪通编选：《容庚选集》（天津：天津人民出版社，1994），页 3—73；容庚：《商周彝器通考》（北平：哈佛燕京学社，1941），页 183—190、230—234；叶国良：《宋代金石学研究》（台北：台湾大学中国文学研究所博士论文，1982）。

2　关于南宋时期仿古铜类型器物之整理与讨论，见陈芳妹：《追三代于鼎彝之间：从考古到玩古的转变》，《故宫学术季刊》，第 23 卷第 1 期（2005），页 267—332。

品的谱录，[1]他本身也擅长书画，留下了数十件带有"天下一人"画押与钤印的作品。[2]另外，在继任皇帝后，为了遂行其礼乐改革的目的，宋徽宗还投入三代古铜器的收集，古铜器一跃成为皇家收藏的重要品项。

自徽宗崇宁朝（1102—1106）以来，为了"绍述"其父（宋神宗）、兄（宋哲宗）之新政，礼乐改革成为宋徽宗与其朝臣致力的目标。大观二年（1108），由于议礼局官员薛昂的呼吁，徽宗朝廷开始致力于搜集商周古代铜器作为礼器制作的参考；[3]政和三年（1113）秘书郎黄伯思完成了《宣和殿古器图》百卷[4]（或称《宣和殿博古图》[5]《博古图说》[6]），书中收录了 500 余件内府收藏的商周青铜器。看到了黄伯思的图录，宋徽宗深感这些三代古铜器"与今荐天地飨宗庙之器无一有合，去古既远，失其传矣"。因而命令成立礼制局，并宣布将亲自参与新礼的制定："可于编类御笔所置礼制局，讨论古今沿革，具画来上，朕将亲览，参酌其宜，蔽自朕志，断之必行。革千古之陋，以成一代之典，庶几先王垂法后世。"[7]其中包括礼器的改订。由此可知，徽宗朝古铜器的收藏从一开始便带有明确的经世目的。在皇帝的主导之下，它们成为宋徽宗政和（1111—1117）一朝礼制改革的范本。就现存实物来看，例如"大晟钟"与宋徽宗赐童贯之铏鼎，其都明显以古代铜器为范本。[8]

到了女真人入侵前夕，赵宋祖宗以来的累积加上宋徽宗的大力收集，使

1　关于宋徽宗的内府收藏与收藏图录的讨论，见 Patricia B. Ebrey, *Accumulating Culture: The Collections of Emperor Huizong*（Seattle: University of Washington Press, 2008）。

2　关于这些花鸟画以及瘦金体书法的真伪，学界有不同的意见，但如 Maggie Bickford 所指出，与其将重点放在这些作品是否为徽宗的亲笔之作，不如将这些作品放到其特殊的创作脉络中来讨论，它们展现的是徽宗作为一个爱好文化艺术的皇帝如何利用书画作品为其皇权服务。Maggie Bickford, "Huizong's Paintings: Art and the Art of Emperorship," in *Emperor Huizong and Late Northern Song China: The Politics of Culture and the Culture of Politics*, ed. Patricia B. Ebrey and Maggie Bickford（Cambridge: Harvard University Asia Center, 2006）, 453-513.

3　郑居中：《政和五礼新仪》，《景印文渊阁四库全书》（台北：台湾商务印书馆，1983—1986），册 647，页 10—11。

4　董逌：《广川书跋》，《石刻史料新编（三）》册 38，（台北：新文丰出版公司，1986），页 683。

5　蔡絛：《铁围山丛谈》（北京：中华书局，1997），页 79—80。

6　陈振孙著，徐小蛮、顾美华点校：《直斋书录解题》（上海：上海古籍出版社，1987），页 234。

7　此两段文字均来自政和三年七月诏，见杨仲良：《续资治通鉴长编纪事本末》（北京：北京图书馆出版社，2003），卷 134，页 4193—4194。

8　关于徽宗朝的礼制改革与青铜礼器，见陈芳妹：《宋古器物学的兴起与宋仿古铜器》，《台湾大学美术史研究集刊》，第 10 期（2001），页 37—160。不过大晟钟与九鼎的制作也带有明显的道教因素，关于道教在徽宗朝发展的研究，见金中枢：《论北宋末年之崇尚道教（上、下）》，《新亚学报》，第 7 卷第 2 期（1965—1966），页 323—414；第 8 卷第 1 期（1967—1968），页 187—257。

北宋内府已积累了数量相当庞大的收藏。虽然宋徽宗所敕编的《宣和博古图》只收录 800 多件藏于宣和殿中的古铜器，但根据徽宗宰相蔡京（1046—1126）之子蔡绦的记录，政和之时，尚方所藏铜器已多达 6000 余件，为了满足皇帝的爱好，天下冢墓于是被挖掘殆尽。[1]

北宋皇室自立国以来的积累收藏，在徽宗朝创下高峰，也在徽宗禅位、金人攻陷首都汴梁之时流散，根据《宋史》的记载，当金人陷汴之时：

> 夏四月庚申朔，大风吹石折木。金人以帝及皇后、皇太子北归。凡法驾、卤簿，皇后以下车辂、卤簿、冠服、礼器、法物，大乐、教坊乐器，祭器、八宝、九鼎、圭璧，浑天仪、铜人、刻漏，古器、景灵宫供器，太清楼秘阁三馆书、天下州府图及官吏、内人、内侍、技艺、工匠、倡优，府库蓄积，为之一空。[2]

无论是作为战利品还是人质，内府的财宝与收藏，包括法驾、卤簿、礼仪器物、三馆图籍乃至工匠、倡优等都被掠夺一空，就连徽宗、钦宗及为数众多的宗室与大臣也被掳掠到北方。

《靖康稗史》中对于金人的掳掠有更详细的记录，以下仅选录与本章相关者：靖康元年十二月二十五日"虏索国子监书出城"、二十八日"虏索秘书省所藏古器出城"，靖康二年正月十八日"虏索景灵宫供具"、二十五日"虏索玉册、车辂、冠冕、一应宫廷仪物及女童六百人、教坊乐工数百人"、二十九日"虏索大礼仪仗、大晟乐器、后妃冠服、御马装具出城"、二月初二日"虏索天台浑仪、三馆太清楼文籍图书、国子监书板、又丝绵数万斤出城"。在一连串的要索之后，金人最后干脆直接入内廷搜刮，二月二十日"虏入内廷搜取珍宝器皿出城"、三月十二日"虏掠景灵宫陈设神御服物"、十三日"虏掠宗庙什物"、十四日"虏掠内藏库"。最后终在三月二十七日将宋徽宗掳去，四月一日将宋钦宗带走。[3]

但由于内府收藏的数量庞大，非金人所能全数带走，许多无法带走的，

1　蔡绦：《铁围山丛谈》，页 79—80。
2　脱脱等撰：《宋史》（台北：鼎文书局，1980），卷 23，页 436。
3　耐庵辑，崔文印笺证：《靖康稗史笺证》（北京：中华书局，1988），页 77—88。

据说被投入了宫内的池中。邵博的《邵氏闻见后录》（成书于 1157 年）有记："宣和殿聚殷周鼎、钟、尊、爵等数千百种，国破，虏尽取禁中物，其下不禁劳苦，半投之南壁池中，后世三代彝器，当出于大梁之墟云。"[1] 由这些记录可以想见女真人对汴京城之劫掠。靖康之难后，汴京城中四处是散落的珍宝，周辉（1127—1198 年以后）的《清波杂志》（成书于 1193 年）便记载，在靖康乱后，汴京城内的漕运水道汴河中经常有各样珍宝出现，有人甚至打捞到黄金燎炉，不过由于这些器物原为朝廷所有，一般百姓也不敢留用，最后又缴回官府。[2]

在金人攻陷汴京之后，唯一没有被俘虏的皇子康王赵构在南京即皇帝位，带着他的朝廷一路向南逃亡。在这过程中，在战乱中从汴京搬取出来的宫廷法物仪仗遭受到另一波的损失，尤其在建炎三年（1129）的扬州之役。此时已继位为皇帝的宋高宗赵构退到扬州，没想到金兵一路追来，迫使高宗只好在夜半渡过扬子江，仓皇之中将许多从北方携来的物品遗弃在江中。许多百姓不及渡江，在女真军队到达之后，被迫坠江而死，或是在江畔被乱兵杀死。在这场战役之后，据说扬子江畔到处是金银、珍珠、玉帛，也有珍贵的宫廷之物在江畔被发现。[3]

扬州一役后，宋高宗继续从苏州逃到杭州，最后从明州（今浙江宁波）逃到海上，在明州和温州之间浮海四十余日。宋高宗虽得以保住一命，但竟连宋太祖的木主都丢失了，[4] 更别说其他的朝廷仪物。根据记载，在渡江之后，宋徽宗根据商周铜器所铸造的新成礼器竟然只剩下五件。[5] 在逃亡期间，别说临时首都一再迁移，赵宋王朝能否延续都是未知数。最后虽然在杭州背海立国，[6] 但所有的卤簿仪仗、礼祭器、内府古文物与收藏都在战乱中丢失了，高宗在即位之初的惊险与窘境可想而知。

在两宋之际的战乱当中，不仅北宋皇室的收藏毁于一旦，北方士大夫家

1 邵博：《邵氏闻见后录》（北京：中华书局，1983），卷 27，页 211。
2 周辉著，刘永翔校注：《清波杂志校注》（北京：中华书局，1994），页 285。
3 见刘永翔的校注，周辉著，刘永翔校注：《清波杂志校注》，页 285—286；李心传：《建炎以来系年要录》（北京：中华书局，1988），卷 20，页 392。
4 李心传：《建炎以来系年要录》，卷 20，页 392。脱脱等撰：《宋史》，卷 25，页 460。
5 徐松辑：《中兴礼书》，《续修四库全书》（上海：上海古籍出版社，1995），册 822，页 207。
6 见刘子健：《背海立国与半壁山河的长期稳定》，收入刘子健：《两宋史研究汇编》（台北：联经出版社，1987），页 21—40。

藏的文物珍宝也在逃难过程中大多散失，如《邵氏闻见后录》的一则记录："楚氏洛阳旧族元辅者，为予言：'家藏一黑水晶枕，中有半开繁杏一枝，希代之宝也。初，避虏入颍阳，凡先世奇玩悉弃之，独负枕以行，虏势逼，亦弃于山谷中。'"[1]

　　这个充满戏剧性的转折，在南宋时期的文人笔记中多有记载，最动人心弦的要属赵明诚（1081—1129）的遗孀李清照（1084—？）在《金石录》后序中的回忆。赵明诚是北宋晚期重要的金石收藏家，与他的前辈欧阳修一样，收藏有大量金石拓片。在北宋末、南宋初的战乱中，临别之际，赵明诚交代李清照："从众，必不得已，先去辎重，次衣被，次书册卷轴，次古器，独所谓宗器者，可自负抱，与身俱存亡，勿忘也。"[2]在此国家存亡之际，人命尚且堪虑，历年来所累积的图书、古器也只好置之度外，只有"宗器"——祖宗牌位与祭器——是不能丢失的，必须随身携带、与之共存亡。后来赵明诚不幸染病身亡，李清照则随着高宗的朝廷一路逃到温州、越州，珍藏的文物图籍也一路丢弃。到绍兴二年（1132）暂居会稽之时，原来所装载的十五车书籍仅存一二残缺不成部帙的书册、几种平平书帖，只能慨叹"何得之艰而失之易也"[3]，这应该是当时不少北方士大夫共同的心声吧。与宋高宗一样，世居北方的士大夫被迫放弃家产与经年收藏，逃亡到南方重新开始。

　　绍兴十一年底（1142），宋、金二次达成和议，确立了宋、金南北对峙的局面，高宗也得以将生母韦太后以及宋徽宗的棺木（已于绍兴五年 [1135] 死于北方）接到南方。此时宋高宗除了在军事、财政、政治方面力求稳定之外，也积极地在杭州重建赵宋皇朝。[4]在皇朝重建的各项措施中，尤以礼乐建筑制度的恢复最为重要：绍兴十二年（1142）、绍兴十三年（1143）时陆续增修太学，[5]

1　见邵博：《邵氏闻见后录》，卷 26，页 210。

2　李清照：《金石录后序》，见赵明诚著，金文明校证：《金石录校证》（桂林：广西师范大学出版社，2005），页 531—535。

3　李清照：《金石录后序》，页 535。

4　关于南宋早期中兴的局面及其何以达到长期稳定的发展，见刘子健：《背海立国与半壁山河的长期稳定》，页 21—40；又见刘子健：《包容政治的特点》，收入刘子健：《两宋史研究汇编》，页 41—77。关于建炎、绍兴初不同政治团体间的政治斗争，乃至绍兴十二年体制的确立，寺地遵有细致的分析与讨论，参见寺地遵：《南宋初期政治史研究》（广岛：溪水社，1988），页 25—286。

5　"（绍兴十二）夏四月…甲申，增修临安府学为太学""（绍兴十三）春正月……癸卯，增建国子监太学。乙巳，复兼试进士经义、诗赋。"见脱脱等撰：《宋史》，卷 30，页 556、558。

兴建圜坛、[1]景灵宫、[2]社稷坛等，[3]同时也添制郊庙祭器、[4]常行仪仗玉辂、[5]郊庙社稷祭器、[6]卤簿仪仗、[7]浑天仪。[8]在建筑、器用逐渐齐备的情况下，宋高宗亲飨太庙、祀天地"（绍兴十三）春正月……己亥，亲飨太庙"[9]"（绍兴十三）十一月庚申，日南至，合祀天地于圜丘，太祖、太宗并配，大赦"[10]。绍兴十四年（1144）起其至可以进一步讲究礼、祭器的合古制度与否："（绍兴十四）七月八日，上谕宰执曰：'国有大礼，器用宜称，如郊坛须用陶器，宗庙之器亦当用古制度等。卿可访求通晓礼器之人，令董其事。'"[11]

　　除了礼仪法度的恢复之外，宫廷书画、图书、古物等收藏的重建也是高宗朝的要务。在图书方面，和议之后，绍兴十三年立即下诏访求遗书，[12]绍兴十五年（1145）时大臣上言"天下廓廓无事，然芸省书籍未富"，因此请求下诏往闽中、吴地收集士大夫家藏图书，因为此地区未经战火，"士大夫藏书之家宛如平时"[13]；绍兴十六年（1146）又"立秘书省献书赏格"[14]。最后到了宋孝宗淳熙五年（1178）时由秘书监陈骙主持编撰了《中兴馆阁书目》一书，共七十卷，叙录一卷，著录图书44486卷，超过北宋的《崇文总目》，不过该书已不存，现存者为民国时赵士炜从诸书中辑录。[15]在古物方面，绍兴十五年时，宋高宗以毕良史知盱眙军，[16]目的大概是要毕在盱眙榷场中搜求古

1　"（绍兴十二）诏建圜坛于临安府行宫东城之外。"见脱脱等撰：《宋史》，卷99，页2445。
2　"（绍兴十三）二月……乙酉，建景灵宫，奉安累朝神御""（绍兴十三）八月丙戌，遣吏部侍郎江邈逢迎累朝神御于温州""（绍兴十三年冬十月）乙未，奉安累朝帝后神御于景灵宫。"见脱脱等撰：《宋史》，卷30，页558、559。
3　"（绍兴十三）乙巳，建社稷坛。丙午，筑圜丘。"见脱脱等撰：《宋史》，卷30，页558。
4　"（绍兴十二年七月）戊申……上曰：将来郊庙玉器，当先制。朕观今所用祭器皆别，山樽自有山樽之制，牺樽自有牺樽之制，如玉罍玉爵之类，今皆未备，岂可不先制也。"见熊克：《中兴小记》，《百部丛书集成》（台北：艺文印书馆，1965—），卷30，页6b。
5　"（绍兴十二）秋七月……己酉，始制常行仪仗及造玉辂。"见脱脱等撰：《宋史》，卷30，页556。
6　"（绍兴十三）二月……甲子，制郊庙社稷祭器。"见脱脱等撰：《宋史》，卷30，页558。
7　"（绍兴十三）三月己亥，造卤簿仪仗。"见脱脱等撰：《宋史》，卷30，页558。
8　"（绍兴十三）冬十月……庚寅，制浑天仪。"见脱脱等撰：《宋史》，卷30，页559。
9　脱脱等撰：《宋史》，卷30，页558。
10　脱脱等撰：《宋史》，卷30，页559。
11　徐松辑：《中兴礼书》，页37。
12　"秋七月甲子，诏求遗书。"见脱脱等撰：《宋史》，卷30，页559。
13　李心传：《建炎以来系年要录》，卷153，页2465。
14　脱脱等撰：《宋史》，卷30，页565。
15　陈骙、张攀编，赵士炜辑考：《中兴馆阁书目辑考》，《中国历代书目丛刊》（北京：现代出版社，1987），页361—470。
16　李心传：《建炎以来系年要录》，卷154，页2483。

器。[1]高宗时内府的确又搜集了不少三代古器，部分收录在张抡的《绍兴内府古器评》一书当中。明显地，收集具有文化价值的古物图籍也成为高宗一朝"中兴"的重要举措。

二、古铜器与宋室中兴

"中兴"一词在南宋人的著作中经常出现，如《建炎以来系年要录》所录，建炎、绍兴初年朝臣不时以历史上的"中兴"事件论时局，也为高宗寻找历史典范。[2]绍兴十二年和议后大臣更以"陛下决策定计，成此中兴"称宋、金关系之新局面。[3]南宋中期以后也有不少以"中兴"为题名之书籍或篇章，显然在绍兴中期以后，无论有无恢复北方故土，高宗得以在南方兴亡续绝已被视为"中兴"。在视觉艺术表现上，"中兴之主"也正是高宗所欲营造的个人形象，这从高宗宫廷流行以中兴为主题的绘画可见端倪，如 Julia K. Murray 所论之《晋文公复国图》《中兴瑞应图》等。[4]

为什么古铜器收藏在宋高宗的中兴事业中也占有一席之地？这必须追溯到北宋晚期的新发展。北宋的内府收藏主要有几大宗：图书、绘画、法书，此三类至少从汉代以来就是宫廷收藏的主要项目；在改朝换代之时，新王朝接收前朝收藏，象征统治权力之移转。[5]到了徽宗时又积极投入三代青铜器的收藏，并敕令编纂《宣和博古图》，将青铜器纳入内府收藏。实际上，商周青铜器在宋代之前便时有出土，但一直被赋予神秘色彩，被视为上天降下的

1　王国维：《观堂集林》（北京：中华书局，1959），册 3，页 919。

2　李心传：《建炎以来系年要录》，卷 4，页 107；卷 60，页 1035—1036；卷 113，页 1825。

3　李心传：《建炎以来系年要录》，卷 151，页 2436。

4　Julia K. Murray, "Sung Kao-Tsung as Artist and Patron: the Theme of Dynastic Revival," in Chu-tsing Li ed., *Artists and Patrons: Some Social and Economic Aspects of Chinese Painting*（Seattle: University of Washington Press, 1989），27-35.

5　Lothar Ledderose, "Some Observations on the Imperial Collection in China," *Transactions of the Oriental Ceramic Society*, no. 43（1978-1979）: 33-46; 张彦远：《历代名画记》，《丛书集成新编》（台北：新文丰出版公司，1985），册 53，页 105—106。

祥瑞、具有神异功能，没有受到知识分子的重视；[1] 一直到北宋中期，在欧阳修、刘敞等人的提倡之下，商周青铜器才成为士大夫收藏与研究的对象，这个转变与欧、刘排佛崇儒的复古理想有密切关系。

　　面对五代以来的王纲败坏、军事上的积弱不振，北宋中期有一些士大夫认为强国之道在于振兴华夏文化，以三代圣王的修明政治与礼义之教来改善当代社会，进而抵御外来影响与威胁（如佛教）。其中最具代表性的言论就是欧阳修在庆历二年（1042）的《本论》中所言：

　　　　佛为夷狄，去中国最远，而有佛固已久矣。尧舜三代之际，王
　　　　政修明，礼义之教充于天下，于此之时，虽有佛，无由而入。及三
　　　　代衰、王政阙、礼义废，后二百余年，而佛至乎中国。[2]

　　欧阳修认为，三代之时，中国由于王政修明、文化兴盛，因此夷狄与佛教的影响无由而入。后来由于王道衰、礼义废，所以夷狄之佛得以传入，危害中国。要匡正这个弊端，就必须要修本，要恢复中国的三代价值，同时将这些价值推广于民间。类似的言论也见于欧阳修集录古文之《集古录》，如跋长安二年 "唐司刑寺大脚弥勒"，文中欧阳修对佛、老造成的文化破坏痛心疾首，他认为只有无佛的三代，充满诗、书、雅颂的熏陶，才是人民之福：

　　　　佛为中国大患非止中人以下，聪明之智一有惑焉，有不能解者矣。
　　　　方武氏之时，毒被天下而刑狱惨烈，不可胜言。而彼佛者遂见光迹
　　　　于其间，果为何哉？自古君臣事佛未有如武氏之时盛也，视朝隐等

1　这个传统可以上溯到西汉，相关讨论见 Noel Barnard, "Records of Discoveries of Bronze Vessels in Literary Sources and Some Pertinent Remarks on Aspects of Chinese Historiography," *The Journal of the Institute of Chinese Studies of the Chinese University of Hong Kong*, 6, no. 3（December 1973）: 455-546; François Louis, "Cauldrons and Mirrors of Yore: Tang Perceptions of Archaic Bronzes," *Georges-Bloch-Jahrbuch der Universität Zürich*, no. 13（2008）: 203-235。不过，对青铜器的神异解读并没有因为金石学的兴起而结束，封建帝王仍旧将青铜器视作祥瑞，如在宋徽宗时，不少新发现的铜器都被当作祥瑞上呈内府。其中，"宋公成钟" 的发现被视为极大的祥瑞，还因此铸造了 "大晟钟"。见宋徽宗敕编：《宣和博古图》，至大重修本，卷22，页33b。小说笔记中也经常可见铜器神异功能的记载，如赵希鹄：《洞天清禄集》，《丛书集成新编》（台北：新文丰出版公司，1985），册50，页183。
2　欧阳修：《本论》，《欧阳文忠公集》，《四部丛刊初编》（台北：台湾商务印书馆，1965），卷17，页149—151。

碑铭可见矣。然祸及生民，毒流王室，亦未有若斯之甚也。碑铭文辞不足录，录之者所以有警也。俾览者知无佛之世，诗书雅颂之声，斯民蒙福者如彼。有佛之盛，其金石文章与其人之被祸者如此，可以少思焉。嘉祐八年重阳后一日书。[1]

因此，欧阳修在文学上继承韩愈，提倡古文，以匡正时文之弊；[2] 同时，欧阳修投入古铜碑拓的收藏，成为金石学的开创者之一。值得注意的是，《集古录》中也收录有不少佛教碑刻，关于这点，欧阳修特别强调其着眼点在碑文的历史、[3] 书法、[4] 文字价值，[5] 并且要以碑文劝诫奉行佛老者，如"后汉公昉碑"的说明：

嗚呼！自圣人殁而异端起，战国秦汉以来奇辞怪说纷然争出，不可胜数，久而佛之徒来自西夷，老之徒起于中国，而二患交攻，为吾儒者往往牵而从之，其卓然不惑者，仅能自守而已，欲排其说而黜之，常患乎力不足也。如公昉之事以语愚人竖子者，皆知其妄矣，不待有力而后能破其惑也……治平元年四月二十三日以旱开宫寺祈雨五日，中一日休务假书。[6]

欧阳修生怕会被后来的读者误会，曾在《集古录》中一再声明收录佛教碑刻的动机，如跋"唐徐浩玄隐塔铭"：

1　欧阳修：《欧阳文忠公集》，卷139，页1101。
2　古文的提倡者将文学提升到道德层面，认为时文的写作与佛教一样危害社会人心、有碍于道，因此必须加以匡正。关于欧阳修与石介等人对佛教、道教、时文的批评与对古文的提倡，见 Ronald Egan, *Literary Works of Ou-yang Xiu (1007-1072)* (Cambridge: Cambridge University Press, 1984)，15-18.
3　根据《集古录》中的记录，欧阳修辑录古代文字的目的除了供个人畅游其间之外，还有其他目的，如作为学书的典范、增补订正史书的记录。关于欧阳修辑录古文碑拓不同的考虑，见欧阳修：《集古录·序》，《欧阳文忠公集》，卷134，页1036—1037。
4　如跋"梁智藏法师碑""隋太平寺碑"，见欧阳修：《欧阳文忠公集》，卷137，页1083；卷138，页1090。
5　如跋"齐镇国大铭像碑"："铭像文辞固无足取，所以录之者，欲知愚民当夷狄乱华之际，事佛尤笃尔。其字画颇异，虽为讹谬，亦其传习时有与今不同者，其录之亦以此也。"见欧阳修：《欧阳文忠公集》，卷137，页1083；又见跋"魏九级塔像铭""永乐十六角题"，137，页1086；卷137，页1087。
6　欧阳修：《欧阳文忠公集》，卷135，页1056；又见"唐华阳颂"，卷139，页1102。

　　呜呼，物有幸不幸者，视其所托与其所遭如何尔。诗书遭秦，不免煨烬，而浮图老子，以托于字画之善，遂见珍藏。余于集录屡志此言，盖虑后世以余为惑于邪说者也。比见当世知名士，方少壮时，力排异说，及老病畏死，则归心释老，反恨得之晚者，往往如此也，可胜叹哉。[1]

　　对欧阳修等以三代为理想的士大夫而言，除了《诗》《书》《春秋》等儒家经典之外，青铜器见证了圣人之所出的三代，是古代具体且可及的遗存。此外，青铜器的铭文提供了第一手的历史材料，可据以订正传世文献的错误；加上青铜器本身为古代礼器，提供了三代礼仪制度的具体参考，可供研究以改良当代制度。因此，北宋朝野对商周铜器的重视除了本于收藏的兴趣、对学术的渴求之外，还带有强烈的政治色彩与经世目的。商周青铜器除了是值得收藏的古代文物，更象征三代理想，被视为华夏文化核心之所在。三代青铜礼器在宋代被赋予此等重要性，因此宋徽宗继位后，便积极收藏古铜器，并据以改革朝廷礼器。而在宋高宗的中兴事业中，恢复徽宗之新成礼器制度以及内府古铜器收藏也成为当务之急——前者重建王朝的政治秩序，后者强化高宗的正统地位。

　　首先，需要重建的是礼仪制度，它规范了君臣、上下、尊卑的政治秩序，也向天下昭告宋高宗的天子地位。因此宋高宗在建炎二年（1128）就于临时行在扬州举行了郊祀大礼，当时还保有一些从东都汴京搬取来的礼、祭器，包括徽宗的新成礼器，但这些器物在建炎三年（1129）的扬州之役后几乎散失殆尽。绍兴元年（1131）南宋朝廷在明堂祭祀天地时，[2]所有徽宗朝制造的新成礼器都散失了，也没有详载古铜礼器的《宣和博古图》《考古图》等可供参考，太常寺只好根据《三礼图》重新画样制造，制造的祭器主要是竹、木、陶等材质，见绍兴四年（1134）四月二十七日的记录：

1　欧阳修：《欧阳文忠公集》，卷 140，页 1110。
2　"高宗绍兴元年，礼部尚书秦桧等言：'国朝冬祀大礼，神位六百九十，行事官六百七十余员，今卤簿、仪仗、祭器、法物散失殆尽，不可悉行。宗庙行礼，又不可及天地。明堂之礼，可举而行，乞诏有司讨论以闻。'礼部、御史、太常寺言：'仁宗明堂以大庆殿为之，今乞于常御殿设位行礼。'"前引脱脱等撰：《宋史》，卷 101，页 2477；又见徐松辑：《中兴礼书》，页 199。

礼部侍郎陈与义等言，太常寺申，勘会昨建炎二年，郊祀大礼
其所用祭 [器]，并系于东京般取到新成礼器，绍兴元年明堂大礼所
用祭器，为新成礼器渡江尽皆散失，申明系依《三礼图》竹木及陶
器样制造，应副了当。今来明堂大礼所用祭器，系令太常寺画样，
令临安府下诸县制造。本寺契勘新成礼器，昨除兵火后常州缴纳到
簠并壶尊、山、牺罍各一外，其余尊、罍、笾、豆、爵坫、并簠之类，
并无样制、亦无考古图册照据。今来未敢便依绍兴元年明堂大礼例，
画竹木祭器样制。诏依绍兴元年明堂大礼所用《三礼图》样制造。[1]

　　由于卤簿、仪仗、礼器、法物的散失，绍兴初期并没有另外举行郊天之礼，
而是沿用北宋仁宗以来的传统在明堂祭天。[2]一直到绍兴十一年底（1142）宋
金达成和议之后，情况才有所改变。绍兴和议是主和派的胜利，主战的大将
岳飞被处死，暂时平息了宋金之间的战争，使得南宋得以进入长期稳定的发展。
随着和议达成，情势稳定，臣僚即提出举行郊祀之礼的建言，在绍兴十二年
十二月（1144）："言者谓南巡以来，三岁之祀独于明堂，而冬至郊天旷岁未举，
今既治安，愿于来岁用郊祀之仪，庶应祖宗故事。诏礼部太常寺讨论申省。"[3]
高宗于是 "诏建圜坛于临安府行宫东城之外"。之后终南宋一朝，共在圜坛
举行了六次郊祀。[4]

　　为了举行盛大的郊天典礼，必须制作一批数量庞大的礼器以应所需，因
此在朝廷掀起了一场关于礼器制度的讨论。根据《中兴礼书》的记录，这场
讨论是南宋对于郊祀与明堂大礼讨论得最激烈的一次，此时也是礼器制作规
模最庞大的时候。根据大臣们的讨论可知，高宗朝礼器制作的范本是宋徽宗

1　徐松辑：《中兴礼书》，页 243。
2　刘子健认为这是宋仁宗提高皇权的动作，将明堂祭祖与郊祀祭天两者糅合，暗示天也成为宋代皇
帝的祖先之一，强调宋代皇帝的"天子"地位。见刘子健：《封禅文化与宋代明堂祭天》，收入刘子
健：《两宋史研究汇编》，页 3—9。但这个做法后来又有改变，在徽宗建中靖国之时，曾经举行过盛大
的郊祀，为一时盛事，也留下了不少记录。在郊祀前两天，还因大风雪，引起大臣对于是否得以诣郊
大加讨论，后来因为当时的宰相曾布坚持不可在大庆殿（仁宗以大庆殿为明堂）望祭，且"若更大雪，
亦须出郊。必不可升坛，则须于端诚殿望祭，此不易之理"。最后，郊祀如期进行。高宗与大臣对于
郊祀的郑重其事，应与徽宗之时又赋予郊祀独立之地位有关。以上关于徽宗诣郊的记录，伊永文笺注
引之甚详，见孟元老撰，伊永文笺注：《东京梦华录笺注》（北京：中华书局，2006），页 917—919。
3　熊克：《中兴小记》，《百部丛书集成》（台北：艺文印书馆，1965—），卷 30，页 12b。
4　脱脱等撰：《宋史》，卷 99，页 2445。

政和、宣和年间改制的新成礼器，而新成礼器的范本来自《宣和博古图》。然而《宣和博古图》在战乱中已经遗失了，一直到绍兴十三年左右才又自北方取得："博古图起于宣和间，汉晋时无有也。由历代以来掘得古器于宣和间始为图载之，以示后世……至金人侵轶后，皆无此本，及吴少董使北见之，遂市以归，尚有十数面不全。"[1]

由于《宣和博古图》的重新获得，南宋朝廷得以重新添制战乱时遗失的礼器，并改正先时按照《三礼图》所制器物的错误。如礼部在绍兴十三年二月（笔者按：应为三月）所上之文：

> 二十七日，礼部言……仰惟徽考稽古制度，裒集三代遗物，取其法象，肇新礼器，荐之郊庙。又著《宣和博古图》，以贻天下，后世乃知旧图所载，出于臆度，不可为据。千载讹谬，一朝顿革，岂不伟哉。主上受命，郊见天地，实用新成礼器，渡江之后，仅有存者。绍兴元年，有司始造明堂祭器，止依旧图之说。四年亲祀，议者以新成礼器为合于古，请复用其礼度，事下礼官，谓无《博古图》本，遂不果行。十年亲祀，前期内出古制爵坫，以易雀背负醆之陋，然而笾、豆、尊、罍、簠、簋、彝、鼎诸器，至今依《三礼图》，如簠、簋为桶立龟盖上之类，既知其非，犹且循袭，况与爵坫制度不[合?]，于理未安。窃闻朝廷已求得《宣和博古图》本，欲乞颁之太常，俾礼官讨论改造。将来大礼祭器，悉从古制，以称主上昭事神祇祖考之意。后批送礼部看详，申尚书省，寻下太常寺看详，乞请降《宣和博古图》，下寺看详施行。秘书省供到状，契勘（木）[本]省见管《宣和博古图》三部，每部三十册。诏依，令秘书省给降一部。[2]

这条资料出自《中兴礼书》，原书已不存，与《宋会要》一样，现存版本是徐松自《永乐大典》中抄出，其中有缺文、错字。不过，从本条记载可知，

1　林希逸：《考工记解》，《通志堂经解》，册29，据清康熙十九年（1680）刻本影印（台北：大通书局，1969），页16535。
2　徐松辑：《中兴礼书》，页36。

在重新获得《宣和博古图》之后，朝廷礼官总算可以改正先前依《三礼图》制器的缺陋，以恢复徽宗"稽古制度"所创制的新成礼器。

为了恢复新成礼器的规制，除了按照《宣和博古图》的图样添置、改制礼器之外，朝廷还有一连串的措施。首先，仿造徽宗的礼制局，高宗也在绍兴十四年、绍兴十五年时设立了礼器局以讨论、制造新礼器。[1] 其次，在战乱之后，有些徽宗时期所制的新成礼器流落民间，礼部太常寺于是征集，甚至在街市上收购这些新成礼器，令其重回内府。[2] 另外，由于徽宗的新成礼器当中有一部分赏赐给群臣以供家庙祭祀之用，如藏于台北故宫博物院与中国国家博物馆的政和六年（1116）赐童贯之铡鼎，这些器物有些还存在于大臣家中，高宗于是批准了礼部的提议，降令向徽宗朝遗臣借用这些礼器作为参考，用毕归还。[3] 在徽宗的遗臣中，最值得注意的就是翟汝文，他主持、参订徽宗朝新成礼器制度，在绍兴间知越州时，也仿古制漏、鼎、壶、盘、权、钲等，各有铭文，且命其子耆年作篆。[4] 在翟汝文的文集《忠惠集》中还收录有一卷他为徽宗新成礼器所撰写的铭文。[5] 他的儿子翟耆年不仅整理其关于有宋一代金石的收藏与研究成《籀史》一书，家中也保存有不少新成礼器相关的文字与图样，这些资料也成为高宗礼器局的参考。[6]

在种种举措之下，徽宗《宣和博古图》之新成礼器制度得以在高宗绍兴年间迅速恢复，除了用于郊祀、明堂典礼等朝廷大典之外，高宗更进一步将新制度推行到地方。绍兴十五年十二月十七日，高宗诏令礼器局将数十件礼器的样制、图说印造，颁布至州县，令其遵行，这就是《绍兴制造礼器图》。[7] 该书虽已不存，但《中兴礼书》中录有其文字图说；[8] 而该书当中适合于州县祭祀孔子的部分后来也在朱熹（1130—1200）的陈请之下，于宋光宗绍熙年

1　礼器局在绍兴十五年已经存在，其成立时间也许与绍兴十四年宋高宗的这则上谕有关："十四年七月八日，上谕宰执曰：'国有大礼，器用宜称，如郊坛须用陶器，宗庙之器亦当用古制度等。卿可访求通晓礼之人，令董其事。'"下方小字标示"寻以命给事中段拂、户部侍郎王鈇（原作王铁）、内侍王晋锡"，此三人即掌管礼器局者。见徐松辑：《中兴礼书》，页37。

2　徐松辑：《中兴礼书》，页38、243。

3　绍兴十五年十月十四日条，徐松辑：《中兴礼书》，页37。

4　陆友：《研北杂志》，《百部丛书集成》（台北：艺文印书馆，1965—），卷下，页30。

5　翟汝文：《忠惠集》，《景印文渊阁四库全书》（台北：台湾商务印书馆，1983—1986），册1129，页296—297。

6　绍兴十五年十一月十一日条，徐松辑：《中兴礼书》，页38。

7　绍兴十五年十二月十七日条，徐松辑：《中兴礼书》，页38、40。

8　徐松辑：《中兴礼书》，页40—44。

图5-1　牺尊，南宋，浙江湖州出土，湖州市博物馆藏

间（1190—1194）另外颁布，成为《绍熙州县释奠仪图》，作为春、秋祭祀至圣文宣王孔子之用。因此，若比较《绍熙州县释奠仪图》与《中兴礼书》所录《绍兴制造礼器图》会发现，虽然前书的图说有时较为简略，但两者内容大体相同。由此推测，前书礼器的图像应该也来自后书。因此，虽然《绍兴制造礼器图》书已经不存，仍可由《绍熙州县释奠仪图》推想其原貌。[1]

借着《绍兴制造礼器图》的刻印与流传，高宗将徽宗的新成礼器制度从中央推向地方，不过实际成效也许不如预期，否则朱熹不需要在孝宗淳熙六年（1179）知南康军（治所在今江西省庐山市）时屡向朝廷请求颁布合于地方施行的仪节。但这个举措也不是毫无成效，从考古出土的案例来看，新成礼器制度与《绍兴制造礼器图》至少在首都杭州附近有一定的影响力。最明显的例子是在距离杭州不远的湖州发现的一对牺尊，器物的腹底刻有"皇宋州（湖？）学宝尊"（图5-1），[2] 该器物的时代必为南宋，因为北宋一朝地方州县还没有条件制造出此类仿商周青铜器的礼器，它的造型就是来自如《绍兴制造礼器图》《绍熙州县释奠仪图》一类礼书中的牺尊，而礼书中的最终源头则为《宣和博古图》（图5-2）。

《绍兴制造礼器图》的具体施行成效也许因地而异，但该书经过印刷、流传之后，还出现在批注经书一类的书籍当中，对准备科举考试的士子产生

1　关于《绍熙州县释奠仪图》与《绍兴制造礼器图》二书间的关系，参见本书第七章。
2　湖州市博物馆编：《湖州市博物馆藏品集》（杭州：西泠印社出版社，1999），页87。

图5-2　牺尊，《至大重修宣和博古图录》

影响。不少南宋时期的书籍当中便绘制有礼器图样，以为解经之用，如《纂图互注毛诗》[1]《纂图互注周礼》[2]等，后者甚至还在图样上明白标示"礼局样"（图5-3），可知根据的就是绍兴年间礼器局颁发到地方的样式，它与今日所见《绍熙州县释奠仪图》属于同一图绘系统，只是绘制更为草率，细节更加模糊；也因混入不少传统《三礼图》对礼器的解释，而呈现出不同程度的扭曲与变形。[3]

由于北宋礼器在战争中已大部遗失，因此高宗时为了郊祀大礼所制作的礼器数量十分庞大，根据绍兴十三年的统计，需改制的铜器高达9200余件，此外还有竹木器1000余件与数量可能也相当可观的陶器。[4]由于数量过于庞大，非宫廷作坊如工部辖下的文思院所能担当，因此礼部便遵循南宋建国以来的成例，将工作委托给各府执行，如绍兴十三年礼部太常寺所奏："陶器下平江府烧变，铜爵坫令建康府铸镐，其竹木祭器令临安府制造，所有其余从祀

1　《纂图互注毛诗》（台北：台北故宫博物院，1995），页19a-b。
2　《纂图互注周礼》（北京：北京图书馆出版社，2003），页9b、11b、12a-b、13a-b。
3　相关讨论见 Ya-hwei Hsu, "Reshaping Chinese Material Culture: Revival of Antiquity in the Era of Print, 960-1279"（PhD Diss., Yale University, 2010），179-196。
4　绍兴十三年四月二十九日条，徐松辑：《中兴礼书》，页36。

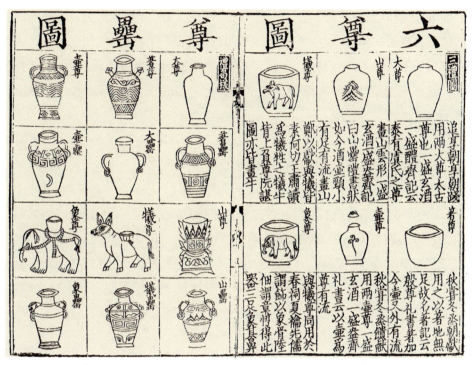

图5-3　礼图，《纂图互注周礼》

合用祭器，候过大礼，渐次讨论，申请改造施行。诏依。"[1] 到了绍兴十四年、绍兴十五年时虽成立制造礼器局承担制造礼器的任务，但有些器物仍需下令地方制造。

　　虽然文献所载当时制造的礼器数量庞大，但留存到今日的实物并不多。就铜器而言，仅存铸于绍兴十六年（1146）赏赐给秦桧的铜豆[2]、铜鼎[3]，以及绍兴二十三年（1153）为明堂大典所铸之洗，后者中的铭文还明白表示该件器物是隶属于建康府下的句容县所铸造，[4] 印证了前引《中兴礼书》的记载。

　　南宋宫廷将礼器需求"外包"也对东南地区的相关产业有促进作用。获选的地方作坊本身就以技术精良闻名，而朝廷大量、特殊的需求，又回过头

1　绍兴十三年四月二十九日条，徐松辑：《中兴礼书》，页36。
2　台北故宫博物院编：《千禧年宋代文物大展》（台北：台北故宫博物院，2000），页101。
3　容庚：《商周彝器通考》（北平：哈佛燕京学社，1941），页189。
4　"绍兴癸酉，皇帝命绥山裔，镇留都治奉清口，帝德宣布。中秋几弦，时鸟降神，为宋之翰，列城胥县句容，令作宝洗，以介眉寿，祈百福，子孙其昌，与我国家，无穷无强。"见容庚：《商周彝器通考》，页189；图版见下册，图7。

来促进这些作坊的发展。同时，朝廷颁发器物之"样"、要求地方"依样制造"的结果，[1] 也进一步将《宣和博古图》中古铜器的图样引介到当代器物的设计中，使得古铜器的器形与纹样在东南一带的瓷器与铜器上大量出现，蔚为一时潮流，这是宋室南渡对于东南地区之物质文化产生的一个间接效应，关于这点将另为文讨论。

三、战火之后的士大夫金石收藏文化

除了恢复北宋典章制度与礼仪之外，南宋朝野在历经战乱、迁徙流离之后，也力图恢复昔日繁盛的文物收藏，在杭州重现汴京风华。此时，南宋已失去了三代文物之所出的陕西、河南等地区，无论是夏都殷墟还是汉唐首都均为金人占领，要想一见都充满困难。这种文化上的失落感呈现在南宋文人的文字当中，如邵博在《邵氏闻见后录》当中对于陕西凤翔开元寺的追忆：

> 凤翔府开元寺大殿九间，后壁吴道玄画：自佛始生、修行、说法至灭度；山林、宫室、人物、禽兽，数千万种，极古今天下之妙。如佛灭度，比丘众躃踊哭泣，皆若不自胜者，虽飞鸟走兽之属，亦作号顿之状，独菩萨淡然在旁如平时，略无哀戚之容。岂以其能尽死生之致者欤？曰 "画圣" 宜矣。其识开元三十年云。今凤翔为敌所擅，前之邑屋皆丘墟矣。予故表出之。[2]

不论宋人是否真的爱护古迹、金人是否一定破坏古迹，在南宋文人眼中，这些不久之前还历历在目的古文物与遗迹，在异族的占领之下，只有被忽视与破坏的命运，不仅失去了昔日光彩，还加速其败亡。

在南北阻绝的情况之下，南宋朝野对于见证华夏文明的古文物更加渴求。在绍兴九年，金人一度将三京地归还南宋，大量的秦汉碑刻于是被携带至南方，

1　除了发样到工部辖下的文思院与礼部属下的制造礼器局（绍兴十五年后），《中兴礼书》中有不少礼部发样到地方的记录，如绍兴四年，明堂祭器中"其竹木祭器令太常寺画样，依例临安府支破官钱，分下诸县依样制造"；绍兴七年，令福州守臣"收买白石，依样制造爵盏共一十五只，权宜充代供应"。徐松辑：《中兴礼书》，页243、244。
2　邵博：《邵氏闻见后录》（北京：中华书局，1983），卷28，页217。

以满足士大夫的需求。如周煇在《清波杂志》中所记："绍兴九年（1139），虏归我河南地。商贾往来，携长安秦汉间碑刻，求售于士大夫，多得善价。"[1] 但金人很快便背盟，陕西、河南的历代古都又再度成为金人领土。

在绍兴和议之后，成立了榷场作为宋、金交易的地点，许多北方古物于是被带到榷场。毕良史（？—1150）可能是替宋高宗在榷场中收购古物的人。毕良史，字少董，蔡州（治所在今河南汝南）人，一作代州（治所在今山西代县）人。年少时曾游京师开封，以买卖古器、书画出入贵族之门，当时称之为"毕偿卖"。[2] 当时高宗方搜求古玩器物，恨没有可辨其真伪者，毕良史因此得到高宗的青睐。绍兴九年，金人将陕西、河南部分地区归还给南宋，毕良史于是权知东明县，并搜求了不少战后遗留下来的古器书画；后金人败盟，重启战争，毕良史只好滞留北方。直到绍兴和议达成，毕良史才在绍兴十二年被放还南宋，南归时还不忘将收藏的古董带到杭州，高宗大喜，毕也因此得到了"毕骨董"的封号。[3] 绍兴十五年（1145）毕良史奉命知盱眙军，[4] 在盱眙榷场获得了不少三代铜器，[5] 王国维认为高宗要毕良史知盱眙军的真正目的就是要毕良史替他搜求古器、书画。[6] 高宗内府收藏的三代铜器，有部分收录在张抡的《绍兴内府古铜器评》中。

除了高宗与手下大臣努力充实、恢复内府收藏之外，文人士大夫也同样在榷场中搜求文物，如家居浙江湖州的刘炎便在榷场得到了一件刘敞收藏过的夶仲簠，[7] 这件器物不但收录在欧阳修的《集古录》中，吕大临和赵明诚也都为文讨论过，可说是当时的一件名器。

不过，多数南宋文人士大夫收藏的是器物拓片，并非器物本身，就像北宋的大收藏家欧阳修一样。我们知道，欧阳修的《集古录》原来是附在他所收藏的金石拓片后方的跋尾，拓片有1000卷，其中400余篇有跋尾，只是在战乱之后，附在跋尾前方的拓片大半遗失了。周必大（1126—1204）在1196年将《集古录》跋尾刻板印刷之时，还见到不少欧阳修亲笔书写的题识真迹：

1　周煇著，刘永翔校注：《清波杂志校注》，卷7，页297。
2　偿卖或常卖即古董买卖者，关于"常卖"的考证，见叶国良：《宋代金石学研究》，页31—35。
3　关于毕良史的事迹，见徐梦莘：《三朝北盟会编》（台北：文海出版社，1962），册4，页105—106。
4　李心传：《建炎以来系年要录》，卷154，页2483。
5　王厚之：《钟鼎款识》（北京：中华书局，1985），页52—63。
6　王国维：《观堂集林》，册3，页919。
7　王厚之：《钟鼎款识》，页40。

"集古碑千卷，每卷碑在前、跋在后，衔幅用公名印，其外襭以缃纸，束以缥带，题其懺曰每碑卷第几，皆公亲迹，至今犹有存者。"[1] 时至今日，流传下来的跋尾真迹仅余台北故宫博物院的《集古录跋尾》四则。[2] 同样地，赵明诚在《金石录》中关于金石铭文的评论文字，也是附在拓片后方的跋尾，之后结集成书，这些跋尾经常以"右"开始，如："右古钟铭，藏宗室仲爰家，以其书奇古故列于诸器铭之首。"[3] 证明该段文字原来是附在钟铭拓片之后的题跋。

《集古录》《金石录》等图录不仅仅是北宋收藏的记录，它们更象征了汴京文物之盛，具体罗列流传在北宋士大夫之间的古代器物与铭文拓片。历经战乱，这些文物大多流散，甚至在异族的统治下被刻意污蔑破坏，只余图录以为见证：

> 侧闻都邑方倾覆时，所谓先王之制作，古人之风烈，悉入金营。夫以孔父、子产之景行，召公、散季之文辞，牛鼎、象樽之规模，龙甌、雁灯之典雅，皆以食戎马，供炽烹，腥鳞湮灭，散落不存。文武之道，中国之耻，莫甚乎此，言之可为于邑。至于图录规模，则班班尚在，期流传以不朽云尔。[4]

对南宋人而言，稍可告慰的是，无论这些三代彝器本身是如何被践踏、被污蔑，图录中的记录与图像仍保存了家国重器的风采，不受现实情势所影响。

事实上，饱览历代王朝之兴替，北宋的士大夫在收藏金石、遗物、拓片时，似乎已经预见他们的收藏有一天将灰飞烟灭。[5] 最著名者如赵明诚在《金石录·序》中所说："呜呼，自三代以来圣贤遗迹，著于金石者多矣，盖其风雨侵蚀与夫樵夫牧童毁伤沦弃之余，幸而存者止此尔。是金石之固犹不足恃，然则所谓二千卷者，终归于摩灭，而余之是书有时而或传也。"[6] 明知自

1　欧阳修：《欧阳文忠公集》，卷143，页1150。

2　台北故宫博物院编：《千禧年宋代文物大展》，页90。

3　赵明诚：《宋本金石录》（北京：中华书局，1991），页279。

4　蔡絛：《铁围山丛谈》（北京：中华书局，1997），页80。

5　欧阳修在《集古录·序》中则说："或讥予曰，物多则其势难聚，聚久而无不散，何必区区于是哉。予对曰，足吾所好玩而老焉，可也，象犀金玉之聚，其能果不散乎，予固未能以此而易彼也。"虽明白物终必散，仍不减收集之兴趣。见欧阳修：《欧阳文忠公集》，卷134，页1037。

6　赵明诚：《宋本金石录》，页3。

己的收藏终将散去，赵明诚仍努力收罗，并辑录成书，希望自己的收藏能借图书传之长久。历经战乱到了南宋，洪适（1117—1184）对于书籍之可长可久就说得更明白了："夫物莫寿于金石，而大书显刻光沈迹绝者，不可胜计，独传之竹帛犹可久，此君子所以取乎编类之书也。"[1]

宋代士大夫收藏家认为收藏易散、金石不可恃，只有文字可以传之久远，因而致力于收藏图录的编写。他们不仅描述金石古物、辑录其铭文，也编纂如《考古图》一类包含古铜器铭文拓片及器物图像的真正"图录"。因此，我们可以这么说：宋代图录所记录的三代器物，不仅是对器物忠实、客观的描绘，也是士大夫心目中三代鼎彝之典型，象征三代理想。在原器物消失之后，收藏图录中的文字叙述与古器物图像便成为"替身"，代替原器物成为三代鼎彝的典范。

历经战火，欧阳修、赵明诚等人的金石著录成为南宋收藏家的基础，南宋收藏家以欧、赵为本，企图重新辑录并超越前人收藏，如洪适在乾道三年（1167）《隶释》的序中所言：

> 本朝欧阳公、赵明诚好藏金石刻，汉隶之著录者，欧阳氏七十五卷，赵氏多欧阳九十三卷，而阙其六。自中原厄于兵，南北壤断，遗刻耗矣。予三十年访求，尚阙赵录四之一，而近岁新出者，亦三十余，赵盖未见也。既法其字为之韵，复辨其文为之释，使学隶者借书以读碑，则历历在目，而咀味精华，亦翰墨之一助……[2]

但是在战乱之后，器物流散或遭到破坏。相较于器物独一无二的不可替代性，拓片可以复制流传，流通较广，因此成为南宋金石收藏家的主要收藏对象。这说明了为何南宋古铜器图录均为铭文集录，不再有如《考古图》《宣和博古图》般详载古器物形象的图录。值得注意的是，有的图录中的铭文并非本于拓片，而是从拓片上所描下来的摹本，如薛尚功的《历代钟鼎彝器款识法帖》与王俅的《啸堂集古录》（图5-4），从二书白底黑字的铭文图像可以判断其底稿之铭文应为手摹。

1　洪适：《隶释　隶续》（北京：中华书局，1986），页210。
2　洪适：《隶释　隶续》，页1。

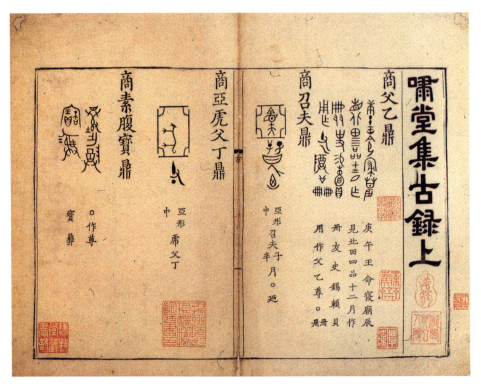

图5-4　王俅：《啸堂集古录》，宋刻本

　　《钟鼎款识》是目前所存最能体现南宋金石收藏文化的一本书，它原来大概是一本册页集，收录南宋王厚之（1131—1204）所收藏的铜器拓片，共计有三十页、五十九器铭文，其中十五则铭文拓片上原贴有青笺，是毕良史得于盱眙榷场、进献给秦桧之子秦熺（？—1161）的拓片。[1] 其余器物有的是其他收藏家所收，备注于铭文拓片之旁，如商鹿钟"舒州太湖县取土得之，归王崧寿"、商子父癸鼎"孝宗皇帝赐洪迈"、周正考父鼎"岳甫家"、周四年虢姜敦"此一款识得之于礼部郎官朱敦儒所藏者"等；[2] 有的大概原器下落不明，但尚经著录，如商母乙鬲标示"博古十九　法帖五"，[3] 当为《宣和博古图》卷十九以及《历代钟鼎彝器款识法帖》卷五所著录；有的连著录都找不着，也就一片空白了。

1　王厚之：《钟鼎款识》，页 52。
2　分别见王厚之：《钟鼎款识》，页 8、10、18、39。
3　王厚之：《钟鼎款识》，页 14。

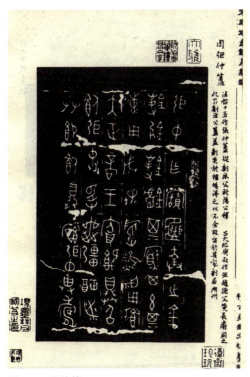

图5-5　弡仲簠

这本册页流传有绪，曾经赵孟頫、项元汴、曹溶、朱彝尊、阮元等人收藏，由于没有印刷刊行，自然也没有流传。直至嘉庆七年（1802）阮元方将此册页刻印付梓，可惜原册页在道光二十三年（1843）毁于火灾，今日所见多为嘉庆印本的重刻本。[1]

原来收录在《钟鼎款识》当中的拓片相当精致，从今日的印本仍可推想原拓片之精良。它们大部分可能是直接拓印自原器，不然也是相当忠实的翻拓本，这可从几个例子中得到证实：周弡仲簠铭文拓片的行、列之间有隐约的栏线，此类栏线在西周中期以后的长铭器中相当常见，是安排铭文行款的辅助网格线。如果不是拓印自原器，应该不会有这样的线条（图5-5）。[2]另外，从周楚公钟斑驳的铭文可以推想钟体表面的锈蚀与裂痕。[3]

通过拓片的记录，那些毁于战乱的青铜器得以延续其生命（即使经由拓片所留存下来的多半只有铭文），在原物毁于战乱或难以取得的情况下，移居到南方的士大夫收藏家只好以器物的"替身""替代品"为主要收藏对象，这是南宋收藏家所必须面对的现实，也形塑了南宋收藏文化的基调。

四、拓片技术的新发展

战乱之后，在原物难得的情况下，拓片成为士大夫主要的收藏对象，此促进了拓片技术的进一步发展。关于拓印技术的起源与早期发展，由于缺乏实物佐证（目前留存下来最早的墨拓作品是发现于敦煌、被伯希和携至法国之唐代"唐太宗温泉铭"碑文拓片，原碑立于648年，卷尾墨书年款为653年，

1　关于流传的概要讨论，见容庚：《钟鼎款识述详》，附于王厚之：《钟鼎款识》，页1—2。
2　王厚之：《钟鼎款识》，页40。
3　王厚之：《钟鼎款识》，页26、67。

可知此拓本拓于 648—653 年之间），[1] 学者一直
有不同的看法，有汉代说、南北朝说、隋朝说、
唐朝说。[2] 无论如何，到了唐代，拓片的使用已
经十分普遍。时人不但用来拓印碑石与石经，[3]
也用以拓印书法传统中的"法帖"。[4] 宋代的记
录中经常可见"石本"一词，除了指从原碑石所
拓下的拓片之外，还包括将原拓片重新翻刻上石
成为"碑"、经由拓印此碑所得到的二手拓片；
有时候也刻在木头上，如同印板一般，当时称为
"木本"。 它的好处是可以在翻刻上石（木）
的过程中改变原来铭文的行款，加上今文隶定或
个人评论，同时可以随时翻拓，方便与其他收藏
家分享；但缺点是石本经常无法保存原拓片所见
到的原物风采，包括字体及碑、器上的物理现象，
如裂痕等。

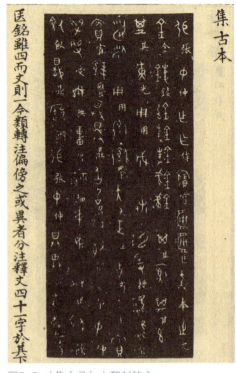

图5-6 《集古录》之翻刻铭文

　　石本在北宋收藏家之间已经相当流行，欧阳
修所收藏的拓片有些大概就是这样的翻刻本，如《考古图》所收叴仲簠的铭
文之一前首标示"集古本"，可知该铭文图像来自《集古录》，从铭文与释
文列可知这个图像明显是个翻刻本（图 5-6），而非原拓。[5] 刘敞的收藏图
录《先秦古器图碑》则是他自己精心设计的"石本"，在他为该书所写的记中，

1　罗振玉：《墨林星凤》，《石刻史料新编》第 2 辑（台北：新文丰出版公司，1979），册 16，页 12035—
12109。
2　关于拓印技术起源的不同看法的总整理，见 Kenneth Starr, *Black Tigers: A Grammar of Chinese Rubbings*
（Seattle and London: University of Washington Press, 2008），3-18。
3　石经首见于东汉灵帝（168—189）时立于太学之熹平石经，后来在魏有正始石经、唐有开成石经、
后蜀有广政石经、宋有嘉祐石经、清有乾隆石经。历代刻石经的动机不一，但历代石经皆提供了正字
版经书，以供学者使用。在汉、魏之时，大概还没有传拓之法，学者必须徒手抄录石经经文；到了唐
代，传拓之法已较为普遍，学者改以拓印的方式复制石经内容。这个转变反映在石经的格式上：汉、
魏石经的行文方式是一行直下，如寻常刻碑之式；而唐代以后则将每碑分为若干列、每列若干行，以
便于拓印后装裱成册。关于石经与其格式的讨论首见罗振玉：《墨林星凤》，页 12038。详见马衡：《凡
将斋金石丛稿》（北京：中华书局，1996），页 211—219。
4　关于拓片在书法中的应用，参见 Lothar Ledderrose, "Rubbings in Art History," in *Catalogue of Chinese
Rubbings from Field Museum*, edited by Hartmut Walravens（Chicago: Field Museum of Natural History,
1981），28-36。
5　吕大临：《考古图 续考古图 考古图释文》（北京：中华书局，1987），页 61。

刘敞明白地说："使工模其文，刻于石，又并图其象，以俟好古博雅君子焉。"[1]
赵明诚更是将他家藏古器物铭三百余刻于石，并将这些石本古器物铭也收录
在《金石录》中，并且以拥有的石本数量之多为傲：

> 右石本古器物铭，余既集录公私所藏三代秦汉诸器款识略尽，
> 乃除去重复，取其刻画完好者，得三百余铭，皆模刻于石，又取墨
> 本联为四大轴，附入录中。近世士大夫间有以古器铭入石者，然往
> 往十得一二，不若余所有之富也。[2]

因为翻刻的石本同样受到收藏家的珍视，到了南宋时，由于原器难得或
损毁，很多拓片大概是从留存下来的拓片再次翻刻的石本或木本。在翻刻时
有时连原拓也不可得，只好用描摹的铭文去刻石，例如，薛尚功的《历代钟
鼎彝器款识法帖》，该书描摹大量古铜器铭文，成书后不久，便在绍兴十四
年（1144）被翻刻成碑，以为石本流传；[3] 该书的翻刻工作，在南宋大概还有
一些，其中有些石本残页还流传到今日，分别藏于台北"中研院"、中国社
会科学院考古研究所、上海图书馆等地。[4] 但也由于一再翻刻，有些拓片已经
面目全非、不忍卒读，受到当时收藏家的批评。[5]

拓片的风行也促使拓印技术进一步应用在器物的造型与装饰上。以往学
者注意到清代以墨拓印青铜器全形之"全形拓"，到了晚清甚至与绘画结合，

1　刘敞：《先秦古器记》，《公是集》，《丛书集选》（台北：新文丰出版公司，1984），册489，卷36，
页437。
2　赵明诚：《宋本金石录》，页312—313。
3　"绍兴十四年甲子六月，郡守林师说为镂置公库，石以片计者二十有四。"见曾宏父：《石刻铺叙》，
《百部丛书集成》（台北：艺文印书馆，1965—），卷上，页6。
4　薛尚功：《历代钟鼎彝器款识法帖残本》（台北：台北"中研院"，1999）。近人研究见徐中舒：《宋
拓石本历代钟鼎彝器款识法帖残叶跋》，《中央研究院历史语言研究所集刊》，第2卷第2分（1930），
页161—170；容庚：《宋代吉金书籍述评》，页30—31；王世民：《记所见薛氏钟鼎款识原石宋拓残
本》，收入《庆祝苏秉琦考古五十五年论文集》（北京：文物出版社，1989），页416—424；李玉奇：《历
代钟鼎彝器款识薛尚功手写本及其刊本考》，《南开学报》，2000年第3期，页60—66；陈芳妹：《金学、
石刻与法帖传统的交会》，《台湾大学美术史研究集刊》，第24期（2008），页67—146。
5　如李邴（1085—1146）序："近年好事者亦刊鼎文于石，从而辩识，字既失真，而立说疏略，殊可
怪笑"。见王俅：《啸堂集古录》（北京：中华书局，1985），页4。

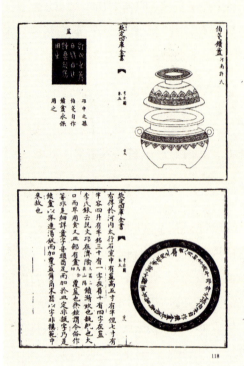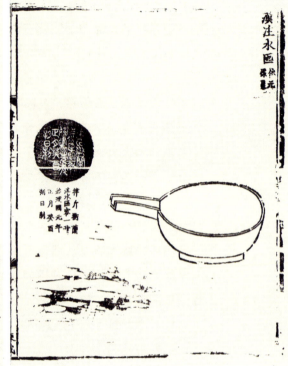

图5-7　伯戋馈盨　　　　　　　　　　　　图5-8　汉注水匜，《至大重修宣和博古图录》

成为特殊的一门艺术。[1] 实际上，清代发展成熟的、具有三维空间立体效果的"全形拓"可上溯到南宋。如前所述，北宋时期，除了以拓片记录平面的碑文之外，士大夫也以拓片记录铜器上的铭文，如《考古图》《宣和博古图》中的铭文图像大概是本于拓片的，　因此铭文图像还保留其所在位置的器物特征，例如有些鼎、鬲的铭文原来应是环绕着口沿或腹部，因此铭文图像也成为弯曲的弧形；[2] 有的甚至为环形，可知该铭文原来应该是在口沿之上（图 5-7）；[3] 有的铭文为圆形，应该在器物的外底或内底（图 5-8）。[4]

　　作为文字的载体，石碑专供书写之用，虽为立体物件却带有强烈的二维

1　Thomas Lawton, "Rubbings of Chinese Bronzes." *Bulletin of the Museum of Far Eastern Antiquities*, no. 67（1995）: 7-48; Bai Qianshen, "From Composite Rubbing to Pictures of Antiques and Flowers（Bogu huahui）: The Case of Wu Yun," *Orientations* 38, no. 3（April 2007）: 52-60.

2　宋徽宗敕编：《宣和博古图》，至大重修本，卷 5，页 22；卷 19，页 11a；卷 19，页 38—39。

3　吕大临、赵九成：《考古图　续考古图　考古图释文》，页 118。

4　宋徽宗敕编：《宣和博古图》，至大重修本，卷 20，页 12a。

空间性，拓片多呈规则方形；青铜器则是为礼制而铸造的三维空间立体器物，文字附加于器物之上，随着所在位置不同，拓片形状也不一致。这些"有形状"的拓片搭起了铭文与器物之间的桥梁，提醒观者铭文所载之器物，赋予铭文实体感（physicality）与真实感。载录在《宣和博古图》中的器物铭文之仿真效果令南宋读者印象深刻，如李邴（1085—1146）《啸堂集古录》序："晚见宣和博古图，然后爱玩不能释手，盖其款识悉自鼎器移为墨本，无毫发差，然流传人间者，才一二见而已。"[1] 我们可以推测，这些"有形状"的铭文应该增强了读者心中这些拓片是来自原器的印象。

北宋在拓印铜器铭文时，偶因铭文所在位置特殊，也"顺便"拓印了铭文所在部位的器形特点。到了南宋，拓片技术则有意地被用来传达器物的器形与纹饰，首度出现了器物全形的拓片，可说是后来"全形拓"的始祖。最能体现这个新发展的是《钟鼎款识》一书中起首的两件钟，一为阮元所称的"董武钟"，另一为"商鹿钟"。阮元所称的董武钟在钲部有鸟虫书铭文六字，另外在铣部也有铭文。值得注意的是，该拓片除了拓印出铭文之外，还包括铭文一侧的完整钟形，清楚地传达出钟体形状、铭文分布的位置、钟面纹饰等形体特征（图 5-9），已具备了全形拓的基本要素。至于商鹿钟则更进一步，除了完整呈现一侧的钟形与纹饰之外，还将拓印范围延伸至钟体上方的舞部与甬部（钟柄）（图 5-10）。由于钟体、舞部、甬部彼此在不同的平面之上，各部位之间的空白暗示了彼此间不连续的空间关系，也传达出了立体的效果。同样的空白在一颗颗钟枚的周围也可看到，这显然是因为钟枚凸出于钟体表面，两者交接处为拓墨所不及。虽然南宋时期的拓片的立体透视的效果远不及清代的全形拓，但已具备了全形拓的基本要素。

实际上，在商鹿钟上被视为款识的大概只有铣部右侧、窃曲纹旁、阮元释之为"鹿"的图像文字，这个符号，今日的青铜器研究者视之为鸟纹。要记录这个"款识"，只需拓印此文字局部即可，不须大费周章地拓印出整器。由此可知，商鹿钟的全形拓片应是刻意而为，它不仅仅复制出局部铭文，也记录了器物整体的造型与纹饰、铭文位置，更传达出器物的三维空间感，可说是"全形拓"的始祖。这个新发展将拓片技术的使用从记录文字，扩大到器物的整体图像，包括器形与花纹。同时由于拓片是直接从器物上拓印下

1　见王俅：《啸堂集古录》，页 4。

图5-9　董武钟

图5-10　商鹿钟

图5-11 樊敏碑

来的，没有经过任何人为的描摹加工，可说是器物最真确的记录，也是原件最佳的"替身""替代品"。[1]

在南宋时期，以拓片来存物之形的概念也被应用在石碑的著录与研究之中，最具代表性的例子是洪适的《隶续》，该书当中首次出现了"碑图"以记录碑刻的实体特征。在此之前，关于石碑的书籍毫无例外地均以集录碑文为主，对于碑石的形体特征完全没有着墨，如欧阳修的《集古录》与赵明诚的《金石录》中从未描述碑刻的造型、装饰等特点，也未曾以任何方式绘出碑石之形或画像之内容（虽然赵明诚收藏有武梁祠的画像拓片）。洪适之《隶释》与《隶续》大致遵循欧、赵两人以碑文集录为主的体例，但在《隶续》当中有三卷碑图：卷五"碑图上"描绘了碑的整体形状，包括碑首、碑侧的装饰（如图5-11）；卷六"碑图下"描绘了武梁祠画像，包括历代帝王、孝子、历史故事；卷八"碑图中"原来也是对汉代画像的描绘，但图像已不存。[2]这些图像之母本大概是拓片，但原拓尺寸太大，不可能据以刻木付梓，必须先描摹缩小，再根据描摹本刻板印刷。值得注意的是，"碑图"所据的二手描摹本并非线描图，而保留黑底白字的拓片效果，乍看之下令人误以为是拓片。这般的拓片效果多少加强了这些二手图像的真实性与权威感，令读者翻阅碑图时不免联想到原石。在难以实际访碑的情况下，这些图像成为原碑的"替身""替代品"，令南宋的士大夫可遥想原碑的样貌与风采。

《钟鼎款识》的作者王厚之与《隶续》的作者洪适都是活跃在南宋行在

1 巫鸿甚至说拓片比被拓的文物还要真实（authentic），因为拓片所保存的是拓印完成的那一刻的文物样貌，从那一刻起，器物即开始老化（deteriorate），因此拓片永远要比我们此刻所见的文物要早且更接近器物的原始样貌，见 Wu Hung, "On Rubbings: Their Materiality and Historicity," in *Writing and Materiality in China: Essays in Honor of Patrick Hanan*, edited by Judith T. Zeitlin and Lydia H. Liu with Ellen Widmer（Cambridge, Mass.: Harvard University Asia Center, 2003）, 29-72。
2 洪适：《隶释 隶续》，页315—368、369—382、389—390。

杭州一带的名士，推测以拓印传达器物形体的兴趣至少见于东南地区的士大夫收藏家。洪适为忠臣之后，与其弟洪遵（1120—1174）、洪迈（1123—1202）不仅在朝为官，为时人所重，[1]且均对文物收藏有兴趣：洪适收藏石碑拓片，撰有《隶释》《隶续》；洪遵收藏古钱，撰有《泉志》；洪迈则在《容斋五笔》中对古文物多有评论。王厚之则是当时有名的收藏家，除了收藏有不少碑文拓片之外，也收藏有李公麟的"古器图"，该图原为毕良史所有，后归秦桧子秦熺，终为王厚之所得；[2]他还收有赵明诚《金石录》原本，以及不少北宋前贤的墨迹法书，在洪迈与朱熹（1130—1200）的书中均有记载。[3]从洪迈书中不时提到王厚之可知，洪家兄弟与王厚之活动的圈子有重叠，加上二人均活跃于杭州附近，他们的著作应可代表此一地区文人士大夫的收藏取向，显示出杭州一带的收藏家在收藏碑拓时，也同时关注石碑与青铜器之形体特征，这可能与战火后原件稀罕难得有关。[4]

五、高品质之仿制古铜器

为恢复北宋的盛世文化，除了以拓片复制文物（无论是拓印自原器的原拓本还是重新上石的翻刻本）之外，南宋时期民间也出现了大量的仿制古铜器。这些器物与宫廷制造的礼器有别，它们不属于礼器类型，品质的差异也很大，有粗劣低下的仿品，但也不乏一些制作精良、品质可与宫廷礼器相匹敌者。后者经常几可乱真，无论造型、纹饰还是铭文都十分接近古代铜器，例子之一是现藏于英国伦敦维多利亚与艾尔伯特博物馆（V&A Museum）乾道九年（1173）款的铜瓶（图5-12）。这件铜瓶的下腹部有点状针刻铭文："早念字号，乾道肆年三月初十日，镇江府都税务主事讫寄了。"Rose Kerr 解释这个铭文的意思大概是说该瓶编号二十，在乾道四年时向镇江府主管税务的单位登记注册，她认为这是因为当时铜量供给不足，政府禁止民间用铜，这件

1　有关洪适三兄弟的生平，见脱脱等撰：《宋史》，卷373，页11557—11574。

2　王明清：《挥麈录》（北京：中华书局，1961），页319。

3　见洪迈：《容斋随笔》（上海：上海古籍出版社，1996），页605、667—668。又"题乐毅论 新安朱熹观王顺伯所藏《乐毅论》《黄庭经》《东方赞》，皆昔所未见，抚叹久之"，见朱熹著，陈俊民校编：《朱子文集》（台北：德富文教基金会，2000），页4040。

4　洪适在"王稚子阙画像"一条曾说"蜀帅范至能尽图其八面相赠"，可见当时在四川的收藏家也以图写碑之形，见洪适：《隶释 隶续》，页414。

图5-12 铜瓶，南宋乾道九年（1173），图5-13 铜瓶局部
英国伦敦维多利亚与艾尔伯特博物馆藏

器物因属于庙宇所有而得以存在，但仍须向官方注册纳税。[1]Rose Kerr 也仔细讨论了该器物的纹饰，特别指出腹部的波涛纹与当时流行纹饰的关系；但对于下腹部那一圈带有凤鸟、猴子等像是吉祥动物的纹饰，她认为可能与道教有关（图 5-13）。[2]实际上，这一圈纹饰来自《宣和博古图》"汉山龙温壶"（图5-14），[3]两者同样都以细密的水波纹为地，以大波纹将装饰带分割成几个局部，其间穿插着凤鸟、猴子及其他不知名的动物。无论构图还是纹饰都明显仿自《宣和博古图》。

　　由于下腹部的纹饰来自《宣和博古图》，我们可以推论其他部位的纹饰大概也是拷贝自《宣和博古图》。例如，颈部的交龙纹大概来自《宣和博古图》中的"螭首虬纹盉"（图 5-15），它的腹部便是以交龙纹作为主体花纹。[4]而交龙纹下方的兽面纹也许来自《宣和博古图》中"周荇叶钟"一类的兽面（图

1　Rose Kerr, "Metalwork and Song Design: A Bronze Vase Inscribed in 1171," *Oriental Art* 32, no. 2（1986）: 161-176; Rose Kerr, *Later Chinese Bronzes*（London: V&A Far Eastern Series, 1990），43-44.

2　Rose Kerr, "Metalwork and Song Design," 168.

3　宋徽宗敕编：《宣和博古图》，至大重修本，卷 13，页 3a。

4　宋徽宗敕编：《宣和博古图》，至大重修本，卷 19，页 58a。

图5-14　汉山龙温壶，《至大重修宣和博古图录》　　图5-15　螭首虬纹盉，《至大重修宣和博古图录》

5-16），[1]只是古代庄严的单体兽面在此成为上下交替的连续构图。

　　目前所见仿自《宣和博古图》的最佳出土例证来自距杭州不远的湖州，是在窖藏中发现的一件铜鼎，出土时已经残缺不全，[2]从残存的部分仍可判断它仿的是商晚期典型的鬲鼎，主体纹饰则为兽面纹（图5-17）。令人惊讶的是，该器腹部的铭文内容、行款、字体与《宣和博古图》中的 "商父乙鼎"完全相同（图5-18、图5-19），[3]两者文字的雷同程度令人怀疑工匠在制造该器物时，根本就以图录为本，直接描摹铭文。再仔细一看，这件器物的造型和纹饰也与父乙鼎一模一样，就连雷纹地也模仿得惟妙惟肖。

　　毫无疑问，湖州的这件铜鼎是以《宣和博古图》为范本而制作的，而且，制作者也许还看过真正的古代铜器，所以也能大体掌握商周铜器的精神，达

1　宋徽宗敕编：《宣和博古图》，至大重修本，卷25，页14a。
2　这件器物尚未正式发表，感谢湖州市博物馆的闽泉馆长，不仅让笔者上手目验铜器，而且还提供器物的线描图与基本资料。也要感谢浙江省博物馆的黎毓馨先生，热心地帮忙联络、安排参观事宜。
3　宋徽宗敕编：《宣和博古图》，至大重修本，卷1，页7a–b。

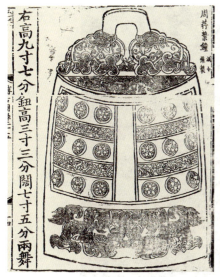

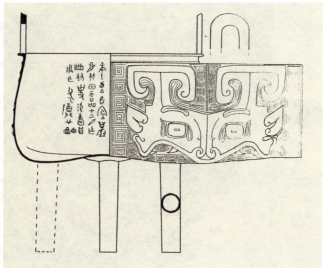

图5-16　周荇叶钟，《至大重修宣和博古图录》

图5-17　铜鼎，南宋

图5-18　铜鼎内壁铭文（笔者摄）

图5-19　商父乙鼎及铭文，《至大重修宣和博古图录》

到乱真的效果。不过，湖州工匠也不是没有败笔，如果我们将器物翻转过来，可以看到鼎足的芯土外露，周围为一圈薄铜所包围（图5-20）。这与商周铜鼎不同，它们足部的芯土总是为铜液完全包覆，只有在现代的 X 光照射之下才能显现。现代研究者在观察过数量庞大的商周铜器之后，得以察觉到湖州铜鼎这个细微的败笔，不过，南宋时人不一定察觉到这一问题。

除了湖州铜鼎之外，最近发表的资料中还有一件浙江东阳出土的簋形铜

图5-20　铜鼎鼎足（笔者摄）

器，器底带有铭文"齐侯乍樊姬宝盘，其万年子子孙孙永保用"（图 5–21），[1]
该铭与《宣和博古图》卷二一著录的 "周楚姬匜盘"相同，不过器物造型、
纹饰并不相同（图 5–22）。[2]同一铭文的图像也见于南宋绍兴年间成书的《历
代钟鼎彝器款识法帖》（作 "齐侯盘"）与《啸堂集古录》（作 "周楚姬匜
盘"），[3]因此这件器的铭文也可能来自后者。随着南宋临安城考古日渐受到
重视，日后在浙江地区可能会有更多的这类例证出土。

　　湖州窖藏还出土了好几件品质相当精良的仿制古铜器，虽然不是直接抄
袭自《宣和博古图》，但也可见《宣和博古图》的影响。例如一件铜卣（图 5–23），
它的造型与纹饰都与《宣和博古图》中的"商父辛卣"相似（图 5–24），同
样是以兽面作为主体纹饰，上下满布鸟纹、夔纹等带状花纹。宋人虽然不了
解足孔的用途，但也在这件器物上复制了商代铜器中常见的十字足孔。此外，
器盖内与外底还有铭文二字（图 5–25），第一字释为"父"无疑；至于第二字，

1　卢淑珍：《东阳郭宅塘头窖藏出土青铜器》，《东方博物》第 37 辑（2010 年第 4 期），页 14—16。
2　宋徽宗敕编：《宣和博古图》，至大重修本，卷 21，页 15—16。
3　薛尚功：《历代钟鼎彝器款识法帖》（北京：中华书局，1986），页 83；王俅：《啸堂集古录》（北京：
　　中华书局，1985），页 152。

图5-21　簋形铜器，南宋

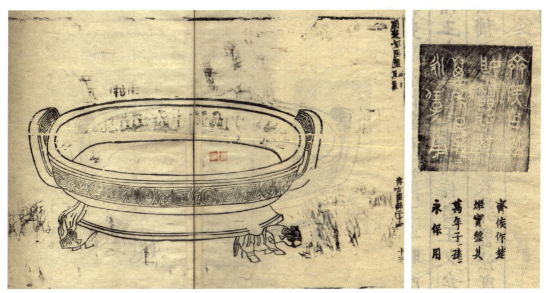

图5-22　周楚姬匜盘，《至大重修宣和博古图录》

图5-23　铜卣，南宋，浙江湖州出土

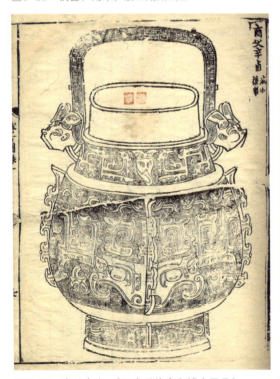

图5-24　商父辛卣，《至大重修宣和博古图录》

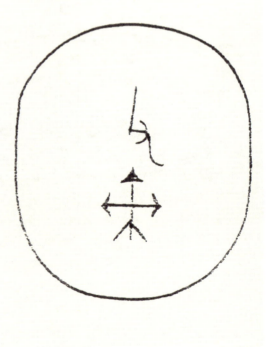

图5-25　铜卣盖内铭文线图

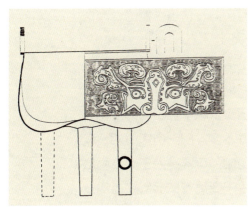

图5-26　铜鼎线图，南宋

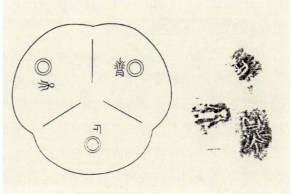

图5-27　铜鼎外底铭文及线图

现代学者视其为族徽符号，但宋代人经常将这个字与癸字混淆，释其为"癸"。[1]所以这个宋人视之为"父癸"的铭文不会出现在商周古器上，对现代的研究者而言也读不通，只有对宋人是有意义的。

同一窖藏还出另一件带有"宋式"铭文的仿古鬲鼎，这件器物也以兽面纹作为器壁的主要装饰（图5-26）。值得注意的是，在器物外底上刻有三个字，后二字为"作鼎"无疑（图5-27）。至于第一个字，现在的古文字学家释作"天"，铭文读作"天作鼎"，似乎不太通。不过如果按照宋代金石图录读作"孙"，[2]那就读得通了，成为"孙作鼎"，是有意义的铭文。

从以上例证来看，这些制造精良的仿古铜器针对的应该是层次较高的收藏者，他们不仅对于铜器造型、花纹有研究，也具备青铜器铭文的基本知识，所以铭文内容必须能通读。当然，设计、制造这些仿古铜器的人本身也必然具备相当的涵养。

从目前的资料来看，这些品质精良的仿古器主要出现在杭州及其附近，而且多以《宣和博古图》作为直接范本，可能与该书自北方复归杭州且于杭州付梓开印有关。[3]在绍兴十三年左右失而复得的《宣和博古图》不仅由国子监刻板、印刷、流传，而且再度成为制造器物的参考，产生了前面所述《绍

1　如吕大临、赵九成：《考古图　续考古图　考古图释文》，页7；宋徽宗敕编：《宣和博古图》，至大重修本，卷1，页13a。

2　如吕大临、赵九成：《考古图　续考古图　考古图释文》，页23、54、82。

3　参见本书第八章。

兴制造礼器图》与《绍熙州县释奠仪图》，也成为民间设计仿古铜器、陶瓷的灵感来源，尤其是在杭州一带。

仿古铜器的出现并不稀奇，北宋中叶以后，当古铜器成为士大夫争相收藏的对象后，伪作必然会应市场需求而出现，近来在浙江、江西、福建、四川都出土了一些，品质参差不齐。不过大多数仿古器仅大略掌握器物的形体、纹饰，完全仿自《宣和博古图》的高品质复制品并不多。回到南宋时期，我们可以推测这些以《宣和博古图》为范本的高级仿制品可能是为了满足高层次文人、士大夫对于古代文物的需求而出现的。由于商周青铜器所来自的三代都城已不再属于赵宋王朝，加上战争的摧残，三代古物不再唾手可得。但是在欧阳修等士大夫的提倡、宋徽宗的亲身实践下，古铜器已成为一个值得收藏的品类，它们的文化价值超过传统的法书、绘画。因为这些器物曾经见证了圣贤之所出的三代，有些铭文甚至直指商周历史中的人物 。三代，再也没有比这些器物更具体的了，正如吕大临所说：“观其器，颂其言，形容仿佛以追三代之遗风，如见其人矣。以意逆志，或探其制作之原，以补经传之阙亡，正诸儒之谬误，天下后世之君子有意于古者，亦将有考焉。”[1]历经战乱，商周古器物稀罕难得，其“替代品”应运而生，以满足南宋士大夫的需要。这些以《宣和博古图》为范本所制造的器物应当比其他仿制品更具吸引力，它们制造了曾经徽宗内府收藏、著录的假象，满足了南宋士大夫收藏家恢复汴京文化盛世的企图，甚至让收藏者想象他们的收藏还逃过了战火的摧残而重现人间。拓片的风行、高品质仿古铜器的兴起虽有市场利益，但也有士大夫面对历史的矛盾情结，我们无法简单地将现代的真伪之辨套用到南宋。

在南宋朝野意图重现汴京文化盛世的思维之下，原来作为宫廷收藏记录、礼器制作范本的《宣和博古图》亦被赋予了前所未有的文化角色——它既抽象地象征北宋文物之盛，又具体地罗列出那些沦落在异族之手、需要恢复的古文物清单（毕竟恢复失物比恢复失土可行）。在南宋早期，许多曾经《宣和博古图》著录的器物又重新进入南宋内府，在张抡《绍兴内府古器评》记录的 200 件器物当中，至少有 59 件也著录于徽宗的《宣和博古图》，可能是

1　如吕大临、赵九成：《考古图 续考古图 考古图释文》，页 2。

徽宗旧藏。[1] 不过，光凭文字记录，我们无法判断这些南宋宫廷重新获得的古代器物是否就是《宣和博古图》所著录的器物，或者是如湖州鼎一般精致的仿制品。

我们有足够的理由怀疑绍兴内府藏品中有一些可能是当时高品质的仿制品，这除了归因于当时特殊的收藏背景之外，战争的摧残、古物的丧失也造成两宋在鉴别上的落差。许多北宋宫廷所铸造的铜器，南宋时人已经无法辨别，因而将其定为古代，孙诒让在《宋政和礼器文字考》一文中已经辨识出不少，如牛鼎在绍兴年间被发现时被视为南朝宋孝武帝所铸，而在绍兴二十七年（1157）年重见天日的钦崇豆也被认为是商器。[2] 另外，现藏于中国国家博物馆、铸于政和六年（1116）的鼎在南宋时期大概也被当成古代器物而被收藏，在口沿还留下了收藏者的刻铭："乾道五年三月十五日刘丹 □□□□□。"[3] 更别说北宋仁宗皇祐年间（1049—1054）高若讷（997—1055）所铸造的一把尺，这把尺的全形与铭文拓片均收录在王厚之的《钟鼎款识》当中，[4] 不过王厚之将它定为晋代，之后的金石收藏家沿袭了这个错误，直到王国维辨其非。[5]

连北宋的制品都无法分辨，其他制作精良的仿制品很可能也被南宋收藏家当作真品而收藏；如果该器物又曾经出现在《宣和博古图》中，在"中兴"的心理需求之下，无论是南宋朝廷还是文人士大夫大概都很难抗拒视其为真品的观点。值得一提的是，台北故宫博物院收藏有几件制作精美的仿古铜器，如言卣、小子师簋，[6] 它们在清乾隆三十四年（1769）时被乾隆皇帝当作周代铜器赏赐给国子监。[7] 如同湖州鼎一般，它们忠实地模仿了《宣和博古图》中所记录的器物。由于缺乏比对的例证，以往只能将它们的时代笼统定在南宋到明；也许这些器物也是在南宋所制，以满足朝野恢复北宋文化的心理需求。

1　此数字统计自王国维著，罗福颐增补：《三代秦汉两宋金文著录表》（北京：北京图书馆出版社，2003）。

2　孙诒让：《古籀拾遗 古籀余论》（北京：中华书局，1989），页48—57。

3　周铮：《贯铏鼎考》，《中国历史博物馆馆刊》，1995年第1期，页129—134。

4　王厚之：《钟鼎款识》，页50。

5　王国维：《王复斋钟鼎款识中晋前尺跋》，收入王国维：《观堂集林》（北京：中华书局，1959），册4，页931—933。

6　李玉珉编：《古色——十六至十八世纪艺术的仿古风》（台北：台北故宫博物院，2003），页93、94。

7　梁国治奉敕纂：《钦定国子监志》，《景印文渊阁四库全书》册600（台北：台湾商务印书馆，1983—1986），页513、516。

结　语

在"靖康之难"后，与金朝之间的战和论争一直困扰着南宋朝廷，恢复失土也是许多人的期望。在四川发现的一方"樊敏碑"的碑阴有一则绍兴二十九年（1159）县令程勤的题记：

> 皇上励精更化，以扬祖宗之大烈。属当西京父老流涕太息，思欲复见汉官威仪之时，而仆士于芦山天最远处，乃得建安十年巴郡太守樊君故碑于荒山榛莽间。亟作大屋覆其上，表而出之，目其颜曰复见。是为圣天子恢复中原之兆，观者宜有取焉。[1]

此方碑刻为四川境内的汉末遗物，既非三代古物，也非出自三代古都，但它的出土，竟也被视为是"恢复中原"的好兆头，透露出南宋早期朝野对重见（或重建）"汉官威仪"之期望。宋高宗对于徽宗朝礼乐制度积极恢复与北宋遗物的收集、收藏（包括拓片与仿制品）必须放在这个背景中去理解。虽然"靖康之难"与之后的"中兴"情结不必然影响到南宋早、中期所有的收藏家，却是讨论南宋宫廷以及活跃在杭州一带的士大夫收藏文化时所不能忽略的。

与前述南宋早期对于北宋典章制度、文物收藏之恢复相关的，就是南宋艺术、文学当中对北宋的缅怀，其中最具代表性的就是孟元老在《东京梦华录》（成书于1147年）中对于开封风物的详细记载。在南宋早期、中期，收藏北宋遗物或观览这些图录多少满足了文人对旧都故土繁华的追忆与想象，在洪适的《隶释》与《隶续》中就对北方碑刻之难得再三叹息："此碑则自来好古之士未之见，今东州久沦异域，石刻少有存者，淮汉以南，聚碑之家无几，《隶释》所有仅七种，除武梁之外，余碑他无别本，数十年后，纸敝墨渝，耽古之士，抚卷太息，亦犹今日之阅《水经》也。"[2] 稍晚的陈振孙（1179—约1261）在观览这些记载中原旧物的图录时也屡发慨叹，他在题《隶释》《隶续》二书时说："凡汉刻之存于世者，以今文写之，而为之释。又为之世代谱写

1　高文编：《四川历代碑刻》（成都：四川大学出版社，1990），页70—72。

2　洪适：《隶释 隶续》，页436。

物象图碑，形式悉具之。魏初近古者亦附焉。年来北方旧刻不可复得，览此犹可慨想。"[1] 在题北宋田概的《京兆金石录》时也说："元丰五年王钦臣为序。皆记京兆府古碑所在，览之使人慨然。"[2]

　　与其他时期一样，收藏古文物在南宋当然也是一种风雅的行为，用以凸显收藏家个人的文化涵养与社会地位。但经历"靖康之难"的耻辱与对文化之破坏，杭州一带的收藏家，包括以宫廷官僚为首的一些士大夫，在收藏古代文物时又多了另一层的考虑。对他们而言，北宋的金石图录不仅是对古文物的著录，也象征着汴京文物之盛，更具体罗列出了需要恢复的文物清单。在恢复北宋文化盛世的情结之下，除了图录的印刷流传外，高品质的复制文物出现，拓片技术得到进一步的应用，翻刻石（木）本与仿古类型器物也都日益发达。虽然材质、技术不同，表现也有差别，但无论图录、拓片、翻刻的二手拓片还是仿制的古铜器，都成为古物的"替身"，代替已经不存或是无法取得的古物。

　　这些代替原件而存在的"替身"（substitute），因制作方式、材质特性的不同，而以不同方式辐射了原物的光华：图录中的图像是画家观察原始器物所作的一手描绘，传达了亲眼所见的视觉真实感。拓片是将拓纸直接贴附器物表面，拓印下器物纹样，是一种通过直接接触的真实感。至于仿古文物与二手拓片则是基于前述的图录与一手拓片而来，继续复制一手"替身"中的真实感。无论图录、拓片有多真，它们始终为二维空间的平面存在，是一种概念式的"替身"；仿古文物则将视觉、触觉之真实感具体化，成为原物的复件、实体的"替身"。值得注意的是，在南宋，这些复制"替身"并没有稀释原件的风华，如本雅明（Walter Benjamin）在讨论 20 世纪早期摄影、电影时所提到的，艺术品原来的 aura 因大众文化与机械化的大量复制而被稀释；[3] 相反地，在多数原件已消失不存的情况下，南宋的复制品（大概也还称不上机械化复制）反而为文人士大夫提供了缅怀过去之凭依，强化了原件的地位。

　　宫廷与士大夫的艺术收藏不是单纯的文化活动，金石收藏也非纯风雅或学术的行为，而与当时的历史、政治背景有密切关系。孟久丽（Julia K.

1　陈振孙著，徐小蛮、顾美华点校：《直斋书录解题》（上海：上海古籍出版社，1987），页 236。

2　陈振孙著，徐小蛮、顾美华点校：《直斋书录解题》（上海：上海古籍出版社，1987），页 231。

3　Walter Benjamin, "The Work of Art in the Age of Mechanical Reproduction," in *Illuminations*, trans. Harry Zohn（New York: Harcout Brace Jovanovich, Inc, 1978）, 217-251.

Murray）过去曾注意到南宋宫廷中兴题材绘画与当时政局的关系，[1] 本章扩大讨论了"中兴"的时代背景对于南宋宫廷与士大夫金石收藏文化的影响。在这特殊的文化氛围当中，北宋的金石图录被推向典范地位。相对地，南宋的金石收藏与研究并非没有新的发展，这些新突破特别展现在对文物的复制上——无论是以拓片（或如拓片般的图像）存物之形还是以铜器、陶瓷仿制记录在图录中的古铜器——这些复制的古物延续了原物的生命，也让北宋汴京的文化盛世得以在临安重现。如此说来，有些南宋仿古铜类型的器物看似仿自商周古铜器，它们的典型实为宋徽宗的新成礼器与《宣和博古图》，与复三代之古的关系不大，而是意图复兴北宋文化的结果。

1　在宋高宗一朝的绘画艺术中，高宗对于二王书风、"中兴"题材的绘画以及"孝经"的提倡，均带有强烈的政治目的，为其统治的合法性做宣传，见孟久丽（ Julia K. Murray ）的一系列文章。Julia K. Murray, "The Role of Art in the Southern Sung Dynastic Revival," *Bulletin of Sung Yüan Studies*, no. 18（ 1986 ）: 41-59; Julia K. Murray, "Sung Kao-Tsung as Artist and Patron: the Theme of Dynastic Revival," in *Artists and Patrons: Some Social and Economic Aspects of Chinese Painting*, ed. by Chu-tsing Li（ Seattle: University of Washington Press, 1989 ）, 27-35; Julia K. Murray, "The Hangzhou Portraits of Confucius and Seventy-Two Disciples（ Sheng xian tu ）: Art in the Service of Politics," *Art Bulletin* 74, no. 1（ March, 1992 ）: 7-18.

第六章

宋、元《三礼图》的版面形式与使用
——兼论新旧礼器变革

20 世纪以来，新兴的媒体与科技对知识产业造成了巨大冲击，知识生产与传播的方式发生巨变。电子书与传统书籍竞争，网络书城冲击实体书店，电脑与平板上的阅读逐渐成为常态。学术领域也不例外，大量的资料库使得搜寻与使用材料更加便利，各大机构典藏的数字化，也令人开始担忧那些未经数字化的资料未来可能更难以使用。这一连串技术变革对人类知识所造成的影响，身处其中的我们，尚难以客观评估。

人类历史上有几个知识技术的重大变革期。在西方，古典晚期（late antiquity）经历书籍形式的转变：从卷本（roll）向开本（codex）发展[1]；15世纪中叶，古腾堡（Johannes Gutenberg, 1398—1468）采用活字印刷，更对西欧社会造成广泛而长远的影响。[2] 在东方，三国两晋时期，纸张取代竹木简成为书写的媒材；唐、宋时期，见证了印刷术出现与普及。7 世纪、8 世纪出现的雕版印刷，经过两三百年的发展，至宋代广泛地用来印制佛经、道书、医书、诗文集与儒家经典，成为书籍复制的主要方式之一，书籍的形式因此从"书卷"

---

[1] Roger Chartier, "Representations of the Written Word," in Forms and Meanings: *Texts, Performances, and Audiences from Codex to Computer*, ed. Roger Chartier（Philadelphia: University of Pennsylvania Press, 1995）, 6-24.

[2] 法国年鉴学派的 Lucien Febvre 与 Henri-Jean Martin 首度将印刷技术与 16 世纪欧洲各国重大的社会变革相联系，包括宗教改革、国家语言的形成、拉丁文的衰落等，其法文原书于 1958 年在巴黎出版，英译本见 Lucien Febvre and Henri-Jean Martin, *The Coming of the Book: The Impact of Printing 1450-1800*, trans. David Gerard（London and New York: Verso, 1976）.

演变为"书册"。[1]北宋中叶，毕昇发明活字印刷，这项技术后来在西方造成"革命"，但在中国影响不大，直至清末，雕版印刷一直是主流。

宋代作为中国印刷发展的第一个高峰，宋版书向来为版本、目录学者所珍重，相关研究成果十分丰富。在雕版印刷渐趋普及的时代，唐代以来渐次形成的印刷中心——成都、杭州、建阳——继续发展，北宋后期建阳甚至成为专门生产考试用书的中心。印本书的普及对于士人读者造成了广泛影响，由此也发展出丰富多元的研究课题，包括士人家族的藏书与刻书、[2]印本对文本流传的影响、[3]在科举考试中的应用[4]以及印刷出版与文学、道学发展的关系等。[5]此时商业印刷已经兴起，但印本是否就此取代传统的手抄本，仍有不同意见。[6]

以上多元而丰富的研究，大致可放在罗伯·丹顿（Robert Darnton）的"沟通回圈（Communications Circuit）"当中。罗伯·丹顿在 1982 年提出这个回圈架构，涵盖书籍从产出到消费，包括作者、出版者、运输、销售等各环节中的参与者，分析政治、经济、文化等社会因素的作用，试图将犹如"热带

1　关于中国印刷术的发展，参见张秀民：《中国印刷史》（杭州：浙江古籍出版社，2006）；钱存训著，郑如斯编订：《中国纸和印刷文化史》（桂林：广西师范大学出版社，2004）；关于唐、五代、北宋的雕版印刷，参见宿白：《唐五代时期雕版印刷手工业的发展》，收入宿白：《唐宋时期的雕版印刷》（北京：文物出版社，1999），页 1—71。

2　Joseph P. McDermott, "Book Collecting in Jiangxi during the Song Dynasty," in *Knowledge and Text Production in an Age of Print*, ed. Lucille Chia and Hilde De Weerdt（Leiden; Boston: Brill, 2011）, 63-101; 黄宽重：《串建历史记忆、形塑家族传承——以楼钥及其族人的书画文物搜藏与书籍刊刻为例》，《故宫学术季刊》，第 28 卷第 3 期（2011），页 1—22。

3　Susan Cherniack, "Book Culture and Textual Transmission in Sung China," *Harvard Journal of Asiatic Studies* 54, no. 1（1994）: 5-125.

4　刘祥光：《印刷与考试：宋代考试用参考书初探》，《宋史研究集》，第 31 辑（2002），页 151—200；刘祥光：《宋代的时文刊本与考试文化》，《台大文史哲学报》，第 75 期（2011），页 35—86；许媛婷：《南宋时期的出版市场与流通空间——从科举用书及医药方书的出版谈起》，《故宫学术季刊》，第 28 卷第 3 期（2011），页 109—146。

5　朱迎平：《宋代刻书产业与文学》（上海：上海古籍出版社，2008）；苏勇强：《北宋书籍刊刻与古文运动》（杭州：浙江大学出版社，2010）；Hilde De Weerdt, "The Encyclopedia as Textbook: Selling Private Chinese Encyclopedias in the Twelfth and Thirteenth Centuries," *Extrême-orient, Extrême-occident*（2007）: 77-102; 亦可见 Hilde De Weerdt, "Aspects of Song Intellectual Life: A Preliminary Inquiry into Some Southern Song Encyclopedias," *Papers on Chinese History,* no. 3（spring 1994）: 1-27.

6　有学者认为宋代仍以抄本为主，见 Joseph P. McDermott, "The Ascendance of the Imprint in China," in *Printing and Book Culture in Late Imperial China*, ed. Cynthia Brokaw and Kai-wing Chow（Berkeley and Los Angeles: University of California Press, 2005）, 55-106。

雨林"般大量而庞杂的研究理出头绪。[1]

相对于罗伯·丹顿对外在社会因素的重视，英国书目学者蓝诺·麦肯锡（Ronald F. McKenzie）在一篇讨论书籍学（bibliography）的文章中，强调书籍形式（form），包括尺寸、字体、标注符号等排版特点（typography）的重要性。他认为这些形式特点具有象征意义，影响书籍的使用与读者的认知。借由单一文本不同版本的形式分析，可探讨不同时空环境下的读者，对该文本的不同解读（或误读），他将这样的研究取向称为文本的社会学研究（sociology of texts）。[2] 无独有偶，特别重视书籍使用的法国学者侯瑞·夏提叶（Roger Chartier）也强调，书籍不单只有文本内容，也是具有实体存在的物件（object），它的形式特征引导读者如何使用该书。虽然如此，他仍强调阅读是一种创造性的行为，作者或出版者均无法限定读者如何阅读一本书，唯有通过个案研究，在特定的政治、宗教、文化背景中研究一个作品，才能理解这两个看似矛盾的关系。[3]

罗伯·丹顿与蓝诺·麦肯锡的方法代表书籍文化研究的两种取向：作为书籍的外部研究，罗伯·丹顿的"沟通回圈"是通过档案、书信、文献，讨论书籍在不同阶段的社会生命史；相对地，蓝诺·麦肯锡针对特定版本进行内部研究，分析排版特点，探讨读者端的信息接收（reception）。这两种取径大体涵盖书籍史研究的不同方法。

整体来看，宋代书籍研究偏重外部的社会文化。对于书籍本身的形式，从装帧样式到版面设计，及其可能具有的意义，我们了解尚不多。从蓝诺·麦肯锡与侯瑞·夏提叶所注重的视觉性（visuality）与物质性（materiality）出发，可为中国书籍文化的研究带来何种新的视野？本章以北宋聂崇义纂集的《三礼图》作为个案，比较南宋、元两个版本的页面特点，结合传统文献与出土文物，分析在此一百多年间《三礼图》的性质与使用可能发生了什么变化。[4]

1　Robert Darnton, "What Is the History of Books?" *Daedalus*, 111, no. 3（1982）: 65-83.

2　Donald F. McKenzie, "The Book as an Expressive Form," in *Bibliography and the Sociology of Texts*（Cambridge: Cambridge University Press, 1999）, 9-30.

3　Roger Chartier, ed., *The Culture of Print: Power and the Uses of Print in Early Modern Europe*, trans. Lydia G. Cochrane（Cambridge: Polity Press, 1989）, pp.1–10; Roger Chartier, "Text, Printing, Readings," in *The New Cultural History: Essays*, ed. Lynn Hunt（Berkeley: University of California Press, 1989）, 154-175.

4　此二本均曾影印出版，见聂崇义：《新定三礼图》,《中华再造善本》（北京：北京图书馆出版社，2006）；聂崇义：《重校三礼图》,《四部丛刊三编》（上海：上海书店，1985）。

之所以选择《三礼图》原因有三：第一，《三礼图》虽为经学家图解《周礼》《仪礼》《礼记》之作，在唐、宋时期还具有实用性，是礼家制作礼仪器用之参考图样，带有手册的性质，是讨论书籍"使用"的佳例。第二，聂氏《三礼图》目前存世有两本：一为南宋镇江府学本《新定三礼图》，一为元代郑氏家塾本《重校三礼图》。二者内容相同，但版面安排截然不同，而且此差异可完全排除成本方面的考虑。时代较早的《新定三礼图》全书仅 135 页，改版后的《重校三礼图》达 222 页，版木、纸张、印墨、人工都增加不少。既然排除出版端的成本考虑，那么可从读者端进行考察，分析该书的"使用"是否发生变化。第三，考古出土一些宋、元时期的礼器与祭器，其样式特点可供我们具体评估《三礼图》之使用，进一步观察《三礼图》与其他新兴礼书、礼器图的竞争与消长。

过去《三礼图》属于经学研究的范畴，[1]也有学者专论当中簠簋知识与经典解释、金石学的关系。[2]近来，《三礼图》也受到美术史研究者的重视，他们将其与出土文物对应，以认识古制礼器的类别与使用情况。[3]本章比较宋、元二本《三礼图》的版面差异，并结合考古出土文物，从书籍使用的角度，特别是士人对古制礼器的认识与实践角度对版面改变的原因提出解释。《三礼图》的版面变迁提供了一扇窗口，让我们一窥宋、元之间礼器与礼学的发展。

从今日的眼光来看，《三礼图》或许错误百出，不值一晒。但《三礼图》曾是唐代宫廷制作礼器时的参考，宋初聂崇义纂集考订之本更是成为权威，从中央到地方学校都图绘着《三礼图》。从权威到失落，宋、元之间发生了什么转折？本章用意不在考证《三礼图》器物的"正确"与否，也不在辩证其内容的经学价值。作为《三礼图》的文化史分析，本章希望了解在不同的

1　金中枢：《宋代的经学当代化初探：聂崇义的三礼图学》，《成功大学历史学报》，第 10 期（1983），页 77—104。

2　木岛史雄：《簠簋をめぐる礼の诸相：考古学／经书解释礼学／金石学／考证学》，收入小南一郎编：《中国の礼制と礼学》（京都：朋友书店，2001），页 307—369；Jeffrey C. Moser, "Recasting Antiquity: Ancient Bronzes and Ritual Hermeneutics in the Song Dynasty"（PhD diss., Harvard University, 2010），12-89。

3　谢明良：《北方部分地区元墓出土陶器的区域性观察——从漳县汪世显家族墓出土陶器谈起》，《故宫学术季刊》，第 19 卷第 4 期（2002），页 143—168；谢明良：《记唐恭陵哀皇后墓出土的陶器》，收入谢明良：《中国陶瓷史论集》（台北：允晨文化出版公司，2007），页 172—189；Ya-hwei Hsu, "Reshaping Chinese Material Culture: The Revival of Antiquity in the Era of Print"（PhD diss., Yale University, 2010），25-36；François Louis, *Designed by the Book: Chinese Ritual Objects and the Sanli tu*（New York: Bard Graduate Center, 2017）。

时空脉络中，人们如何看待此书，以给予该书一个适当的历史定位。在进入宋、元时期之前，有必要对《三礼图》一书的传统渊源稍作梳理。

一、从汉至唐：实用的礼器图样

《三礼图》为图解先秦礼仪经典《周礼》《仪礼》《礼记》之书，它的来源可能很早，东汉便出现题名为《三礼图》之书，传为郑玄、阮谌所作，今尚存残本。[1] 东汉之后续有修纂，聂崇义编纂《三礼图》时便曾参考，四库馆臣考证此六本作者为：汉代的郑玄（避康熙讳，清代版本作"郑元"）与阮谌、隋代的夏侯伏朗、隋开皇敕撰本、唐代的张镒、五代的梁正。[2] 其中隋开皇敕撰本与隋夏侯伏朗本应为同一本，根据唐代的《历代名画记》，隋开皇敕撰本为夏侯朗所绘，应即夏侯伏朗。[3] 除了《三礼图》，《历代名画记》中还罗列《韩诗图》《周礼图》《春秋图》等，应同属儒家解经之插图。[4]

敦煌发现的一本唐代写本《丧礼服制度》（P.2967），或许能让我们想象汉唐时的《三礼图》（图6-1）。[5] 该书首尾残缺，存12页，项目、内容与《三礼图》卷十六"丧服图"相近（参见图6-18）。[6] 从书籍前方的序文可知，这本《丧礼服制度》实际上是杜佑（735—812）《新制唐礼图》中的一卷，残册中还提到不少早期的礼书，起自汉代郑玄至唐代《开元礼》都有。[7]

值得一提的是，《丧礼服制度》的装帧与版面特点透露出该书册的实用性。整体说来，敦煌出土的写本以"书卷"为大宗，从佛经到儒家经典皆然。[8] 由首尾完整的写本可知，中世纪的书籍装帧样式如下：将纸张粘成一长卷，

1　郑玄、阮谌：《三礼图》，《玉函山房辑佚书》（济南：黄华馆书局，1871）。

2　永瑢、纪昀等编：《钦定四库全书总目》（台北：台湾商务印书馆，1983），册1，卷22，页450—451。

3　张彦远：《历代名画记》，《丛书集成新编》（台北：新文丰出版公司，1985），页121。

4　张彦远：《历代名画记》，页120—121。

5　图像见国际敦煌项目（International Dunhuang Project），网站：http://idp.bl.uk（2012年8月30日检索）。

6　残册内容包含苴绖（苴麻首绖、牡麻首绖、大切首绖）、中殇七月绖、斩衰冠、总、冠、齐衰冠、大切冠、小切冠、斩衰衣、负出于适一寸、适博四寸、衰、衣带、衽二尺五寸、袂属幅、裳。

7　包括《开元礼》、郑玄注《仪礼·丧服》、葛洪《丧服变除》《三礼义宗》、崔凯《丧服变除》等书。

8　敦煌出土的抄本儒家经典例证如下：《书经》（S.799），《诗经》（S.10），《周易正义》（AS.188071），《左传》（S.1943），《论语》（S.782、S.3011、S.11910），《孝经》（S.707、6177、9213A、9956），《大学》（S.575），《孔子家语》（S.1891）。国际敦煌项目（International Dunhuang Project），网站：http://idp.bl.uk（2012年8月30日检索）。

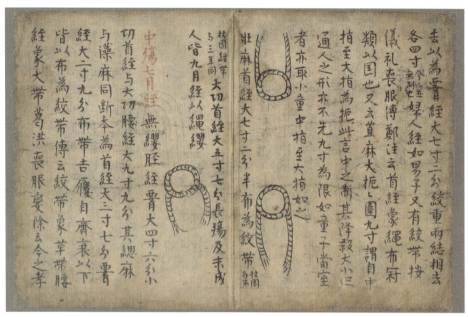

图6-1 《丧礼服制度》（文书编号P. 2967），唐代，敦煌出土

由上而下、由右而左单面书写，在书卷末尾安装木轴，卷起后以缥带固定，在卷首外侧写上题名。虽然"书卷"是经典的主流形式，但实用的书籍经常装订成"册"，亦即在页面正、反两面书写后，居中对折，对折处穿线固定。这类书籍包括仪轨、经咒、书仪、本草、历书等。[1] 此本《丧礼服制度》便采用"书册"形式，前图后文，丧服样式在前、说明在后，以红色朱书凸显标题。便于翻阅的"书册"不仅利于读者查考，而且尺寸较小，每页高约18.9厘米、宽约14.4厘米，易于携带。配合醒目的朱书标题，使用起来较 "书卷"更为便利。

聂崇义之《三礼图》为汇编前代之作，是现存内容最丰富、最完整者。他在后周世宗（955—960年在位）时受命参订郊庙祭器礼仪，因取各家之《三礼图》考正，其间历经政权更迭，至宋太祖建隆二年（961）完成，次年表上于朝。[2] 经大学士尹拙驳正、聂崇义引经释之、窦仪（914—966）裁定后，颁

1　如历书（S.95）、《书仪》（S.2200）、《书仪？》（S.5472）、《食疗本草》（S.76）、《仪礼祭词，佛说安宅神咒经》（Ch3009）、《孔子顷托相问书一卷》（S.5529）等。其中《孔子顷托相问书》也有卷本（S.5674），然尺寸5厘米×165厘米，异于一般书卷。

2　关于聂崇义《三礼图》与五代、宋初政治的关系及其礼器特点，参François Louis, *Designed by the Book*, 13-38。

赐学官。[1] 聂氏《三礼图》并非只是考证之作，也是制作礼、祭器的实用参考。该书卷十一"祭玉图"总说便道：

> 自周显德三年（956）冬十月奉堂帖，令依故实模画郊庙祭器、
> <u>祭玉</u>，至四年（957）春以图样进呈，寻降敕命指挥。昨聂崇义检
> 讨礼书、礼图，模画到祭器、祭玉数拾件，仍令国子监、太常礼院
> 集礼官博士同共考详……[2] 敕下诸官考详后，<u>便下少府监依式样制造</u>，
> 其祭器则六尊、六彝……共四十三。其玉器则苍璧、黄琮、青圭……
> 至六年（959）并依定式样修讫，已于郊庙行用。[3]

这段文字清楚地指出《祭玉图》一卷可追溯至后周世宗，当时聂崇义受命摹画祭器、祭玉的样式，经过相关官员考详后，少府监按此图样制作郊庙祭祀之礼器。由此可知，《祭玉图》应是当时聂崇义所绘之图样，后来其奉宋太祖之命集录礼图时，又把此卷收入《三礼图》之中。

《三礼图》既曾用于朝廷祭祀，当时所制作的礼器、祭器是否有留存至今日者？学者曾经指出，有些考古出土的唐代礼器，应该是参考了《三礼图》。最明显的是在河南偃师发现的唐代哀皇后墓，哀皇后是唐高宗太子李弘（652—675）之妻，卒于高宗上元三年（676）。[4] 墓中除了当时流行的陶俑与三彩容器之外，还陪葬有许多样式特殊的陶器，包括背上负杯的鸟（图6-2），明显是《三礼图》中的爵（图6-3），腹部描绘山纹的陶罐应为"山尊"，画牛的矮陶罐应是"牺尊"，而带有龟形盖子的陶罐则为"簠"或"簋"。[5]

哀皇后墓之外，唐代太子墓也随葬有《三礼图》类型的玉礼器。陕西富平的节愍太子李重俊（卒于707年）墓，于唐睿宗景龙元年（710）陪葬中宗定陵，墓中除了玉璧，还出土尖首的玉圭与半圭形的玉璋（图6-4），均见

1　关于聂崇义纂集《三礼图》始末，参李至：《三礼图记》，收入聂崇义：《重校三礼图》，图记1—2；脱脱等撰：《宋史》（北京：中华书局，1977），卷431，页12797。

2　以下小字注。

3　聂崇义：《新定三礼图》，卷11，页1。

4　郭洪涛：《唐恭陵哀皇后墓部分出土文物》，《考古与文物》，2002年第4期，页9—18。

5　谢明良：《记唐恭陵哀皇后墓出土的陶器》，收入谢明良：《中国陶瓷史论集》，页172—189。

图6-2　陶爵，唐哀皇后（？—676）墓出土　　　　图6-3　爵，《新定三礼图》，镇江府学本

图6-4　玉圭、玉璋，唐节愍太子墓出土

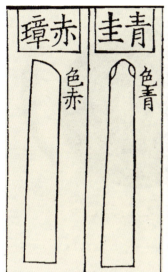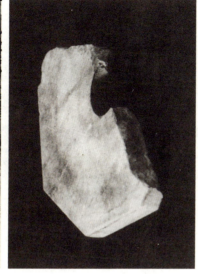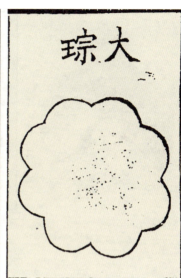

图6-5 青圭、赤璋,《新定三　图6-6 玉琮,唐惠昭太子墓出土　图6-7 大琮,《新定三礼图》,镇江
礼图》,镇江府学本　　　　　　　　　　　　　　　　　　　　　　府学本

于《三礼图》(图6-5)。[1]陕西临潼的惠昭太子李宁(793—811)墓出土的
玉圭及半残的八边形玉器(图6-6),明显也是玉礼器。[2]八边形玉器在《三
礼图》中找不到完全对应的图示,但与南宋洪适(1117—1184)《隶续·碑图》
所录汉碑"六玉图"之琮接近,[3]郑玄、梁正等礼家也说黄琮八方以象地,[4]这
类多角形玉器应该是琮。[5]其造型与《三礼图》中大琮作八瓣花形(图6-7)
不同,推测是未被聂崇义采用的礼玉样式。除了唐代高级贵族墓葬,长安城
大明宫遗址也曾发现圭、璧合一的造型(图6-8),即为《三礼图》中的圭
璧(图6-9),可能与建筑的奠基仪式有关。[6]

1 陕西省考古研究所:《唐节愍太子墓发掘报告》(北京:科学出版社,2004),页141—142,图
119.2—4,图版16.10、16.12、16.13。相关讨论见 Ya-hwei Hsu, "Reshaping Chinese Material Culture," 30;
François Louis, *Designed by the Book*, 39-48。
2 陕西省考古研究所:《唐惠昭太子陵发掘报告》(西安:三秦出版社,1992),页6,图五。
3 洪适:《隶释 隶续》(北京:中华书局,1986),页320、322、323、325。
4 见聂崇义:《新定三礼图》,卷11,页2a。宋徽宗政和四年(1114)论礼时也引此说,见徐松辑,
陈援庵等编:《宋会要辑稿》(台北:世界书局,1964),礼26,册2,页1006下。
5 讨论见马衡:《凡将斋金石丛稿》(北京:中华书局,1977),页111—112;谢明良:《琮瓶再识》,
《故宫文物月刊》,第333期(2010年12月),页48—60。
6 刘庆柱:《唐代玉器的考古发现与研究》,收入邓聪编:《东亚玉器》(香港:香港中文大学中国考古
艺术研究中心,1998),第2册,页166。

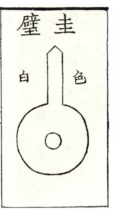

图6-8　玉圭璧，唐代，陕西西安长安城大明宫遗址出土　　图6-9　圭璧，《新定三礼图》，镇江府学本　　图6-10　玉圭、璧组，秦（或西汉）

《三礼图》的图样功能可追溯至何时？山东出土的两批玉礼器提供了线索。一是烟台芝罘岛出土的两组玉器，每组包括一璧、一圭、二觽，圭放在璧孔中央，二觽在璧的两侧（图6-10）；[1]另一则是胶东半岛成山所发现的圭、璧，二圭放在璧的左右，从出土位置判断是祭祀太阳的礼器。[2]这些秦汉之时的玉礼器，应与统治者祭祀天地山川有关，可对应到聂氏《三礼图》中的"圭璧"（图6-9）。只是山东出土的圭、璧是分开的两件玉器，《三礼图》中描绘的则是合为一体，与唐代大明宫遗址出土者相同。

值得注意的是，《三礼图》一方面指导礼器制作，在成书与修订的漫长过程中，有时也融入各时代器物的特点，器物与图绘之间有着动态的交互影响。如卷二"后服图"收录有"墨车"，车舆开口向后，前方有一斜面，中树伞盖（图6-11），造型与甘肃武威出土的明器车相近（图6-12），该墓年代介于汉末、魏晋之时。[3]一般认为，汉代开始流行的明器模型是仿照日用器物所制，作为

1　烟台市博物馆：《烟台市芝罘岛发现一批文物》，《文物》，1976年第8期，页93—94。讨论见李零：《铄古铸今：考古发现和复古艺术》（香港：香港中文大学出版社，2005），页14；Ya-hwei Hsu, "Reshaping Chinese Material Culture," 28-29。
2　王永波：《成山玉器与日主祭——兼论太阳崇拜的有关问题》，《文物》，1993年第1期，页62—68。关于汉代玉礼器的讨论，参见邓淑苹：《试论新石器时代至汉代古玉的发展与演变》，收入邓淑苹：《群玉别藏续集》（台北：台北故宫博物院，1999），页40—51。
3　中国青铜器全集编辑委员会：《中国青铜器全集》（北京：文物出版社，1998），第12册，页152，图149。孙机订此种形式的车为"辒车"，是一种四面敞露，坐乘、立乘皆可的车。见孙机：《汉代物质文化资料图说》（北京：文物出版社，1991），页90—93。甘肃武威磨嘴子48号墓另出土一造型相近的木车模型，见甘肃省博物馆：《武威磨嘴子三座汉墓发掘简报》，《文物》，1972年第12期，页9—23，特别是页13，图7。

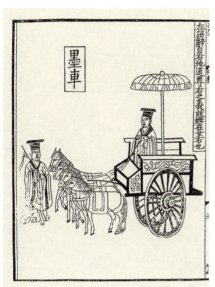

图6-11　墨车，《新定三礼图》，镇江府　图6-12　轺车，东汉晚期至西晋
学本

地下世界的替代品。以此推测，东汉礼家在绘制三礼的车驾之图时，可能曾
参考当时的马车样式。汉魏之后，车舆造型改变，但此早期车制却保留下来，
最后被聂崇义收入《三礼图》中。

　　从前述礼器、祭器遗存可知，《三礼图》在汉、唐之间作为一本实用礼书，
指导礼仪器用的制作，而且主要施行于上层阶级。从汉代山东的祭日玉器、
唐代长安城大明宫的圭璧到唐哀皇后墓出土的陶器以及太子墓出土的玉器，
均与皇室有直接关联。推测中古时期《三礼图》所载的礼器知识主要为朝廷
所掌握，使用于皇室相关礼仪中。北宋邵伯温（1056—1134）曾记录一则资料：

　　　　太祖初即位，朝太庙，见其所陈筵豆簠簋，则曰："此何等物也？"
　　侍臣以礼器为对。帝曰："我之祖宗宁曾识此！"命彻去。亟令进常膳，
　　亲享毕，顾近臣曰："却令设向来礼器，俾儒士辈行事。"[1]

　　此条记录也见于《宋会要辑稿补编》，系于开宝元年（968）。[2]宋太祖（960—

1　邵伯温撰，李剑雄、刘德权点校：《邵氏闻见录》（北京：中华书局，1983），卷1，页5。
2　徐松辑，陈智超整理：《宋会要辑稿补编》（北京：全国图书馆文献缩微复制中心，1988），页857。

976 年在位）于后周任殿前都点检，即位数年之后进入太庙，仍不认得庙中陈设的笾、豆、簠、簋等古制礼器，惊呼：我的祖先怎么识得这些器呢！可见这类来自经典的礼器并不普及，可能只有朝中掌事的儒士礼官认得，一般人家大概是以日用碗盘盛装祭品。进入宋代，朝廷垄断《三礼图》礼器知识的情况改变，从现存的宋、元二本《三礼图》与出土实物，可以勾勒出这个历史转折。

二、版本与考订

北宋初版聂崇义《三礼图》今已不存，现存最早版本为《新定三礼图》与《重校三礼图》，卷次、内容大体相同，中国国家图书馆同时收藏有此二本。其中《新定三礼图》流传有绪，曾经俞贞木（1331—1401）、钱曾（1629—1701）、季振宜（1630—1674）、徐乾学（1631—1694）等收藏；[1]《重校三礼图》曾经毛晋（1599—1659）收藏，书后收录李至撰于宋太宗至道二年（996）的"三礼图记"，《四部丛刊》影印本附有张元济（1867—1959）跋，考证此书版本与源流。

《新定三礼图》印于回收公文纸上，纸张背面有淳熙五年（1178）镇江府学教授徐端卿、镇江知府司马伋衔名，书籍后方有陈伯广刊记：

> 《三礼图》，始熊君子复得蜀本，欲以刻于学而予至，因属予刻之。予观其图度，未必尽如古昔，苟得而考之，不犹愈于求诸野乎？淳熙乙未（1175）闰月三日永嘉陈伯广书。

书籍原为熊子复所有，熊子复即熊克，福建建宁建阳人，绍兴二十七年（1157）进士，[2]撰有《中兴小历》，李心传（1167—1244）《建炎以来系年要录》多所征引。由此刊记可知，此书为淳熙二年镇江府学刻版，[3]原任府学教授的

1　李致忠曾考证此书之版本、流传，见李致忠：《宋版书叙录》（北京：书目文献出版社，1994），页153—159。

2　脱脱等撰：《宋史》，卷445，页13143。

3　《中国版刻图录》作者引《嘉定镇江志》，考证宋时镇江府学教授有熊克、陈伯广、徐端卿等，淳熙五年知府有司马伋，当即司马伋，与公文纸之衔名相合，认为此书应为淳熙二年镇江府学刻版。北京图书馆编：《中国版刻图录》（北京：文物出版社，1961），册1，页27；详见李致忠：《宋版书叙录》，页153—159。

熊克得到蜀本《三礼图》后，欲付之梓而陈伯广到任，陈于是接手刻印事宜。根据纸背年款可知印刷时间稍晚于淳熙五年，是南宋前期的刊印本。

《新定三礼图》的刊记简短，除了刊印的人、时、地之外，没有太多信息。《重校三礼图》则有王履所撰写的后序，记载了一则信守诺言的动人故事：

> 《三礼图》余袭藏久矣，尝欲刊之梓与同志共之，家贫未之能也。中间辽东唐括师皋为置书版矣，工费犹无从出也。丙午夏，余以涪翁易文定公《春秋》传授诸生于葛卢，时潞城王贡文举暨濮阳聂君天佐来过，听讲毕，偶及是图，文举曰：无它求，郑侯归，当为先生成之……故特书是图后，使二人姓名与是图相为不朽云。次年季春朔旦，长南阳山昌元王履书于楚梓堂。[1]

由此可知，《三礼图》原书为南阳书院山长王履所有，在辽东唐括的赞助下，已刻成书版，但苦缺印资。丙午年夏，王文举得知此事，承诺请大将军郑侯帮忙，却不幸染疾，死前仍惦记此事，留下遗言转知郑侯，因而促成《三礼图》之再刊。上方引义中间略去的长篇文字，便在讲述其中之情节。次年春天，在书籍正式付梓之前，王履写下这篇后序。由于是郑侯出资印造，因此在各卷卷首冠以"析城郑氏家塾重校三礼图"。

序文中关键的"丙午"是哪一年？宋元之际的丙午年有两个：一是蒙古定宗元年（南宋理宗淳祐六年，1246），二是元成宗大德十年（1306）。张元济跋引王国维（1877—1927）说，认为此书是金朝灭亡后、元朝建立之前的蒙古刊本，之后的研究者一直承袭此说。[2] 今重加考证，发现此说有误，书籍应刊印于元成宗大德十一年（1307），较原定时间晚一甲子。

后序中提到的关键人物——大将军郑侯，何许人也？张元济谓"未知何人"，近年有学者考证为蒙古时期战功彪炳的郑鼎（1215—1277），均非是。[3]大将军郑侯实为郑昂霄（1270—1329），字显卿，泽州阳城（今山西晋城）人。

---

1 见聂崇义：《重校三礼图》，王履后序。
2 张元济跋收入聂崇义：《重校三礼图》。历来《三礼图》之著录资料均以此为准，如北京图书馆编：《中国版刻图录》，册1，页51—52；聂崇义纂辑，丁鼎点校解说：《新定三礼图》（北京：清华大学出版社，2006），校释说明。
3 华喆、李鸣飞：《〈析城郑氏家塾重校三礼图〉与郑鼎关系略考》，《文献》，2015年第1期，页7—14。

祖父郑皋是山西当地冠儒，伯父郑鼎于元世祖至元十四年（1277）镇守鄂州，
不久战死，子郑制宜（1260—1306）袭父职，仍戍鄂州。[1] 郑昂霄袭郑鼎、郑
制宜万户之职，官至湖广行省参知政事。辖下军队戍守广西海北，曾修武昌
江堤，抚鄂、岳间的江北流民。[2] 除了驰骋沙场，郑昂霄也曾建孔子庙于学宫，
并因门客王演，即王履后序提到的王文举之建言，捐俸刻蜀士王履家藏《三
礼图》于家塾。事载于《泽州府志·郑昂霄传》："蜀士王履家藏《三礼图》，
患传布不广，因门客王演言，刻之家塾。"[3] 同卷的《王演传》中亦云："王
演，乡贡，湖广通城县教谕，为郑参政昂霄门客，蜀士王履有家藏《三礼图》，
患传布不广，劝郑捐俸刻之家塾。"[4]

　　郑侯既可确定是郑昂霄，《重校三礼图》后序中的"丙午"绝非蒙古定
宗元年，只可能是元成宗大德十年，郑昂霄时年37岁。次年春天王履写定后序，
书籍付梓。至于冠于书名前方的"析城"，张元济认为是河南淅川，实际上
应为郑昂霄故乡山西晋城南方的析城山。版本虽作"析城郑氏家塾重校三礼
图"，实际印刷地点应该是南阳书院，因为印版早已完成，郑昂霄只是捐俸印刷。
经过考证，版本资讯应为"元大德十一年析城郑氏家塾刊本"；至于置书版者"辽
东唐括师皋"，已无可考。

　　关于书籍的持有人王履，目前所知不多。王履为蜀人，来自昌元（今四
川荣昌），大德十一年（1307）在楚梓堂中写下《重校三礼图》后序时，担
任南阳书院山长。元代的"南阳书院"不止一个，建有楚梓堂的南阳书院位
于鄂北武昌，为南宋末年大将军孟珙（1195—1246）于淳祐五年（1245）所
创。[5] 当时南宋与金、蒙古连年征战，受战火波及的襄、蜀之士，辗转流离于
荆鄂之间，时任京湖安抚制置使兼知江陵府的孟珙于是创立公安、南阳二书院，

1　郑鼎与子郑制宜在《元史》有传，见宋濂等撰：《元史》（北京：中华书局，1977），卷154，页
3634—3638。

2　郑昂霄的墓志铭与神道碑铭分别见刘岳申：《申斋刘先生文集》（台北："央图"，1970），页391—
396；许有壬：《至正集》，收入《元人文集珍本丛刊》第7册（台北：新文丰出版公司，1985），页
247。郑昂霄资料又参王德毅等编：《元人传记资料索引》第3册（台北：新文丰出版公司，1979—
1982），页1939。

3　朱樟：《泽州府志》，清雍正十三年（1735）刻本（台北：台湾学生书局，1968），卷36，页1462—
1463。

4　朱樟：《泽州府志》，页1464。

5　据黄宽重：《孟珙年谱》，《史原》，第4期（1973），页79—135，特别是页124—129。

分别安顿蜀、襄之士。[1] 此书院历经战争，至 14 世纪初已经颓圮不堪，大德五年（1301）冬经过乡人齐心整修，重现光华，此次整修负责的山长名为史时敏。[2] 大德十一年，王履写《重校三礼图》后序时已担任山长，至元仁宗延祐三年（1316）仍被称为王山长。[3]

根据以上考订，现将存世宋、元二本《三礼图》的题名、时代、尺寸等信息罗列如下：

《新定三礼图》，南宋孝宗淳熙二年（1175）镇江府学刻公文纸印本。版框高 21.7 厘米，宽 16.5 厘米，半叶 16 行，每行 26—43 字。

《重校三礼图》，元成宗大德十一年（1307）析城郑氏家塾刊本。版框高 21.2 厘米，宽 15.5 厘米，半叶 13 行，每行 21 字。

值得注意的是，二书均与四川有渊源，《新定三礼图》的祖本为蜀本，《重校三礼图》为蜀人王履所有，不知是否也是蜀地印本。此二本内容完全相同，有没有可能祖于同一本？由于资料不足，只能存疑。

三、版面特征：从视觉性到阅读性

从南宋的《新定三礼图》至元代的《重校三礼图》，历经 132 年，全书文字内容不变，但版面发生了巨大变化，图文配置、标注手法到整体页面均截然不同，以下就这些方面进行比较。

必须先说明的是，宋版书在明清时期多半重新装裱，改变了原本的样式，在进行比较之前，必须先还原它们在宋、元时期的样貌。宋代书籍多为"蝴蝶装"，也就是将印刷好的页面正面朝上，从中央版心处往内折，再将背脊

---

1 刘克庄：《神道碑——孟少保》，《后村先生大全集》，《四部丛刊初编》（台北：台湾商务印书馆，1965— ），卷 143，页 1252—1258；高斯得：《公安南阳二书院记》，《耻堂存稿》，《百部丛书集成》（台北：艺文印书馆，1965— ），卷 4，页 5—7；程钜夫：《重修南阳书院记》，《程雪楼文集》（台北："央图"，1970），卷 11，页 452—454。

2 程钜夫：《重修南阳书院记》，卷 11，页 454；卷 23，页 890—892。

3 李修生主编：《全元文》（南京：凤凰出版社，2004），第 37 册，页 141；王申子撰：《大易缉说》，收入纳兰成德辑：《通志堂经解》，据清康熙十九年（1680）刻本影印，（台北：大通书局，1969），册 5，页 2428—2431。

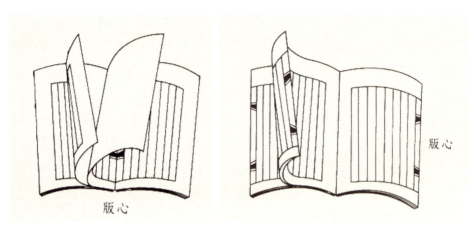

图6-13　蝴蝶装（左）与包背装、线装（右）书籍，版心位置不同（笔者绘）

粘黏起来，包上书皮。明代书籍改以"包背装"或"线装"，也就是将页面自中央版心处反折，书页叠起后包上书皮成为"包背装"，或是上下加上书皮穿线固定成为"线装"。蝴蝶装与包背装、线装最大的差别在版心位置：蝴蝶装的书籍版心居中，读者翻开书页时，看到的是一面完整的印版页面；包背装、线装的版心在书籍外侧书口，读者翻开书籍所见为前、后印版之半页（图6-13）。《中华再造善本》影印《新定三礼图》时已进行复原，还原其宋代样貌；《四部丛刊》则是直接影印改装后的《重校三礼图》，研究之前必须先将前后页拼合还原。

　　就图文配置而言，一般带插图的中国古籍，多半为"上图下文"或"右图左文"，此两种样式在敦煌文书中已经成形。[1]综览《新定三礼图》发现，除"冕服"与"后服"二卷因人物描绘的面积大、尺寸一致，统一为右图左文（图6-14），其他章节多是上图下文，也有右图左文；甚至混合二者，将文字排在图的下方与左方，类似今日文字处理软件中的"文绕图"方式（图6-15）。整体来看，《新定三礼图》的图、文配置并未统一，混合了上图下文与右图左文两种样式，相当随意。

　　每页的图文配置虽不同，但版面大体左右对称，以达到均衡的效果，也弥补了版面分割零碎的缺点。以卷三的冠式为例（图6-16），以版心为中轴

1　敦煌出土带图像的书籍，参见 Jean-Pierre Drège, ed., *Images de Dunhuang: Dessins et peintures sur papier des fonds Pelliot et Stein*（Paris: École Française d'Extrême-Orient, 1991）.

图6-14　冕服图，《新定三礼图》，镇江府学本

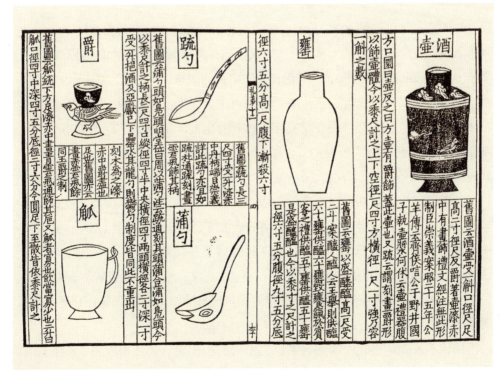

图6-15　匏爵图，《新定三礼图》，镇江府学本

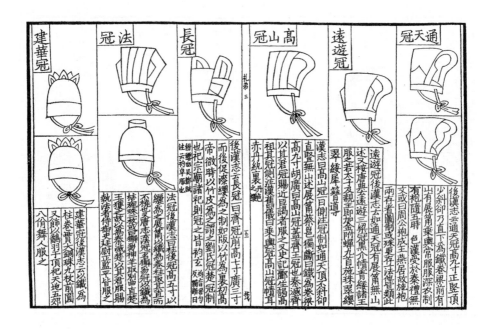

图6-16　冠冕图，《新定三礼图》，镇江府学本

线，各种冠式向左右呈阶梯状展开，彼此对称。插图的大小、位置确定之后，再排入说明文字。文字的字体大小与字距疏密都相当有弹性，如"通天冠"文字侵入了"远游冠"的空间，"远游冠"字大而疏松，"法冠"字小而紧密。

　　以上特点显示，《新定三礼图》是图为主、文为次的设计。排版时先确定图的大小、位置之后，再安排文字，因此文字时大时小，字距疏密不一，难以归纳出一套标准的页面范式。版本学者著录此书作每半叶16行，每行26—43字，每行字数差异很大。

　　《重校三礼图》则出现规范化的版式，每页行数、每行字数均相同：每半叶13行，每行21字。每页的行宽固定，文字的大小、间距也相同；须安排插图时，则合并数行为一大栏。插图栏中经常并列数则器用，说明文字则统整于后。同样以卷三的冠式为例，图在右、文在左，图、文空间清楚分离（图6-17）。图、文各自按照一定样式，重复编排至章节结束。这个做法不需（也无法）讲求版面对称，让版面安排变得较为简单。

　　相较于《新定三礼图》图为主、文为次的版面设计，《重校三礼图》以文字为主，插图成为从属，重要性降低。图、文孰轻孰重，从二者所占比例

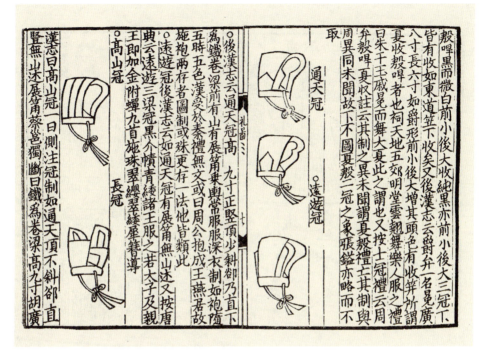

图6-17　冠冕图，《重校三礼图》，郑氏家塾本

也可见一斑。《新定三礼图》十分精简，全书共 135 页；《重校三礼图》暴增至 222 页，整整多了 87 页。[1] 页数大增的原因是内文字体加大、字距加宽，使得文字所占空间大幅增加。

　　除了图、文的主从关系不同，两本的标注手法也有差异。《新定三礼图》的插图标题犹如石刻、壁画的"榜题"一般，字级明显大于内文，且走向不固定，有直书，有横书，有时还围以醒目的方框，有些则加上小字批注。小字注的位置并不固定，有在标题下方、一侧，也有的排列在两侧，如同门联一般（图6-16、图 6-18）。元代之后普遍用来标志版心的鱼尾，在书中的位置也尚未固定，除了放在版心之外，偶尔也出现在卷首或标题上方（图6-19）。整体而言，《新定三礼图》标题与标注的方式相当自由、变化多样。

　　《重校三礼图》则统一将标题放置在插图前方，多半独立一行，字体大小与内文相近，有时在标题上方加上小圆圈，以作为提示。小字注也一律以

1　本章所使用的中国国家图书馆藏本《重校三礼图》卷 1、卷 2 非原本，为毛晋抄配，共 28 页，因所占比例有限，仍以此进行计算。

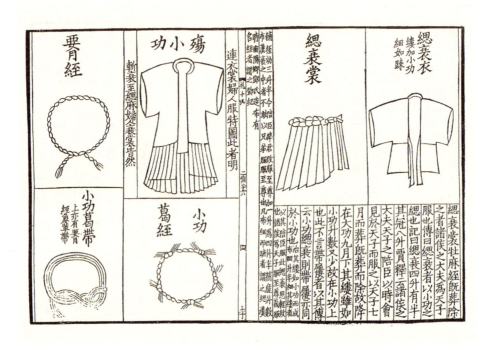

图6-18　丧服图下，《新定三礼图》，镇江府学本

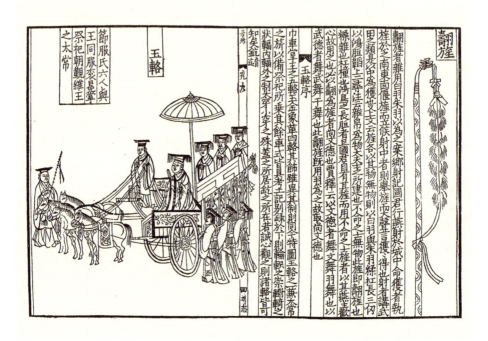

图6-19　玉辂，《新定三礼图》，镇江府学本

小字双行编排，书于题名或标题之下（图6-17），这也是儒家典籍正文夹注的通行做法。

归纳以上版面特点，《新定三礼图》以单一页（版）面为设计单元，排版时以图为主，文字次之，版面相当自由，各页的差异很大，几乎没有范式。由于将彼此关联之项目安排于同一页面，加上醒目的标题，凸显出各页主题，形成"主题页面"的特点，方便读者掌握全貌。至于《重校三礼图》，出现贯穿全书的版面格式，以此规范页面的图文安排，排版的自由度降低，但页面的一致性增强。虽然版面变得整齐，但由于数则插图并列，图说统整于后，图、文关系变得疏离。

这两本《三礼图》迥异的版面编排，透露出什么样的阅读信息？《新定三礼图》以图为主，文字为次，是视觉性较强的设计。其"主题页面"的特性，使读者可一眼综观全页，注意到醒目的标题与插图，接着再由右而左，或由上而下展开阅读。由于说明文字紧邻插图，便于图、文相互参照；加上每页的项目内容并没有严格的顺序，因此读者的视线相对跳跃，阅读方向较不固定。

《重校三礼图》的视觉性降低，阅读性加强。其连续不断的内容编排，引导读者自上而下、由右而左循序阅读，方向性明确。图、文分离的设计虽然方便文本阅读，但插图与文字经常在不同页面，读者必须前后翻阅图片，不如《新定三礼图》便利。相较之下，《重校三礼图》版面设计着重文本的阅读性，视觉性的插图退居其次。

为何两者有此差别，是出版者利用页面编排来引导读者如何阅读这两本书，还是出版者配合读者的使用需求来编排？无论是哪种原因，作为一本实用礼仪的参考书，《三礼图》在宋、元时页面历经大幅改版，让我们思考该书之使用发生了什么变化，使用者与使用方式是否不同。由于《三礼图》兼具以图解经与礼器图样的双重性质，以下分别从礼书传统与礼器制作两方面进行讨论。

四、礼书权威：从《三礼图》到《礼象》《礼书》

两宋时，礼器的讨论大盛，宋人对此似乎颇为自豪。章如愚（庆元二年[1196]进士）在南宋后期回顾本朝礼器发展，曾有此评论：

自空虚浮诞之说胜，而儒生无考古之实学，礼器之不明于后世也久矣。惟我太祖皇帝，肇造区夏之初，未遑他务，首命儒臣讨论尊爵笾豆之用、簠簋鼎俎之制，而聂崇义实膺是选，于是采唐六家之传以定三礼之制作，为画图以成一代之缛典，猗欤盛哉。皇祐中，王洙又尝作《周礼礼器图》而上之，凡品物纤悉皆有考订，意义明达皆有据援，可谓详而备矣。其后陆佃又为《礼象》，陈祥道又为《礼书》，皆能考古以求意，非但记名数之末而已。是以议礼之学至我宋而大盛，此岂非儒者务实之功乎。[1]

章如愚扼要地归纳了宋初以来的发展，他先是批评过去儒者好为空言，至宋代考古实学发展，儒臣开始考订礼器名物制度，推陈出新，迭有佳作，代表作有《三礼图》《周礼礼器图》《礼象》《礼书》。为何两宋礼器之学能如此兴盛？要回答这个问题，必须追溯到太祖、太宗（976—997）二朝。

聂崇义的《三礼图》编纂完成后，除了镂板印行，太祖还下令将其内容画于国子监宣圣殿后之北轩，以教士子。数十年后，壁画岁久暗落，太宗又在至道二年（996）下令改作于国子监论堂之上。[2] 当时判国子监的李至（947—1001）为此写了一篇记，提道：

即于论堂之上，以版代壁，成之不日，丹青烂然。至若圆丘方泽之规，明堂璧雍之制，车服旗常之象，笾豆簠簋之数，管磬笙竽之器，琮璜珪璋之质，随其义类，咸以批注……新图既成，孰不改观，与夫画洛神之赋，事或冯虚，尚列女之屏，诚非好德，岂同年而语哉。[3]

在国子监最醒目之处，丹青彩绘著《三礼图》的礼器图样与文字批注，兼具装饰与教育双重作用，比起之前的洛神赋、列女传等人物画，更加合宜。

---

1 章如愚：《群书考索》，据明正德戊辰年（三年，1508）慎独斋校刻本影印（京都：中文出版社，1982），卷39，页281—282。
2 关于聂崇义纂集《三礼图》始末，参李至：《三礼图记》，收入聂崇义：《重校三礼图》，图记1—2；王应麟：《玉海》，元后至元三年（1337）庆元路儒学刊本（台北：华文书局，1964），册2，卷56，页1111—1112；脱脱等撰：《宋史》，卷431，页12797。
3 李至：《三礼图记》，图记1—2。

仁宗天圣二年（1024）幸国子监时，还特别参观了《三礼图》图绘。[1]

太宗朝彩绘《三礼图》于国子监论堂之举，也引起地方郡学、县学的仿效。真宗咸平五年（1002）泉州人段全绘《三礼图》画像，[2] 北宋中期胡瑗（993—1059）也曾将《三礼图》画于吴兴郡学讲堂。[3] 后来宋室南渡，高宗于绍兴十三年（1143）收岳飞宅第为国子监时，还循此"至道故事"，绘《三礼图》于讲堂之壁。[4]

太祖、太宗二位皇帝对《三礼图》的重视，加上州县学校的仿效，使得《三礼图》向地方传播。当北宋中期士大夫开始收集地下出土的商周古铜器时，很快便注意到礼家描绘的三礼器物与出土的古器之不同。学者们最常征引的就是欧阳修（1007—1072）于英宗治平元年（1064）的批评：

> 原父在长安，得此簠于扶风，原甫曰：簠容四升，其形外方内圆，而小堕之，似龟有首、有尾、有足、有甲、有腹。今礼家作簠，亦外方内圆，而其形如桶，但于其盖刻为龟形，与原甫所得真古簠不同。君谟以谓礼家传其说，不见其形制，故名存实亡。[5]

宋人所称之"簠"，实为今日之"簋"，形状长方而椭四角。[6] 欧阳修笔下，当时礼家所作的簠，形状如桶，盖上有龟形，正与《三礼图》之描绘相同（图6-20）。必须指出的是，欧阳修说簠形"外方内圆"，应是笔误，应为"内方外圆"才对，簠才是外方内圆。

稍晚的沈括（1029—1093）也屡次批评礼图中的描绘，如讨论蒲璧与穀璧两种祭祀用玉时，他说："礼图悉作草稼之象，今世人发古冢，得蒲璧，

1　李焘撰：《续资治通鉴长编》（北京：中华书局，2004），卷102，页2366。

2　参郝玉麟等监修，谢道承等编纂：《福建通志》，《景印文渊阁四库全书》（台北：台湾商务印书馆，1983—1986），册528，卷30，页473。

3　刘一止：《吴兴郡学重绘三礼图记》，《苕溪集》，《宋集珍本丛刊》（北京：线装书局，2004），第34册，卷22，页231—232；陈振孙著，徐小蛮、顾美华点校：《直斋书录解题》（上海：上海古籍出版社，1987），页50。

4　潜说友：《咸淳临安志》，《中华再造善本》（北京：北京图书馆出版社，2006），据咸淳临安府刊本影印，卷8，页1a。

5　欧阳修：《欧阳文忠公集》，《四部丛刊初编》（上海：上海书店，1984—1989），卷134，页9a-b。

6　清人钱坫（1744—1806）指出，宋人释为"敦"的，应更正为"簠"；严可均（1762—1843）则指出宋人释为"簠"的，应该是"簋"，这些看法为后来的古文字研究者所承袭。相关讨论整理见容庚：《商周彝器通考》上（台北：大通书局，1973年重印），页320—321。

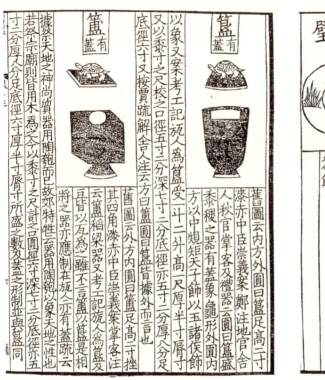

图6-20　簠、簋，《新定三礼图》，镇江府学本　　　　　图6-21　谷璧、蒲璧，《新定三礼图》，镇江府学本

乃刻文蓬蓬如蒲花敷时，榖璧如粟粒耳，则礼图亦未可为据。"[1] 他所批评的正是《三礼图》，书中的蒲璧与榖璧就是在玉璧上画出草稼形象（图6-21）。无疑，随着北宋早期《三礼图》的镂版印行，加上各地学校的壁画，《三礼图》的礼器知识也从朝廷礼官扩大至受教育的士人。

　　随着金石收藏与考证的兴盛，士大夫对《三礼图》的质疑有增无减。哲宗元祐（1086—1094）年间，士大夫更主动撰写礼仪书籍，表上于朝，直接挑战《三礼图》的权威，包括陆佃（1042—1102）的《礼象》（序于元祐六年[1091]或元祐七年[1092]）[2]与陈祥道（1042—1093）的《礼书》。范祖禹（1041—

1　沈括著，胡道静校注：《新校正梦溪笔谈》（北京：中华书局，1957），卷19，页190—191。
2　《礼象》的成书时间，南宋时有不同记载，章如愚载元祐六年，王应麟谓元祐七年。见章如愚：《群书考索》前集，卷23，页174；王应麟：《玉海》，册2，卷56，页1112。

1098）上哲宗的札子中，赞美陈祥道"专意礼学二十余年，近世儒者未见其比"，并推崇其编撰的《礼书》"详究先儒义说，比之聂崇义图，尤为精审该洽"，请求哲宗下令让《礼书》与《三礼图》二书参用并行，以补正朝廷礼仪器用之制作，《三礼图》的权威地位受到挑战。[1]

徽宗一朝，臣僚对《三礼图》的批评达到极点。慕容彦逢（1067—1117）批评《三礼图》不仅与元丰颁行的经义有所出入，而且"自国子监建三礼堂，暨州县学校率绘其图，以示学者，乃至有司所掌名物，犹杂用其制"，由于礼器的制度混杂，慕容彦逢希望徽宗下诏改正。[2]当时最猛烈的批评大概来自负责制礼作乐的翟汝文（1076—1141），他说"聂崇义集腐儒之说，著《三礼图》以误后学"，希望徽宗以出土的"商周礼器、科斗文字"考礼正字。[3]

宋初集礼文之大成的《三礼图》，至徽宗朝被视为贻误后学的根源；政和五年（1115），国子监的《三礼图》壁画受诏毁去，州学、县学的图绘也必须改正。[4]这些尖锐的批评必须与徽宗一朝的礼乐改革合观，无论是崇宁年间铸造的大晟编钟还是政和年间制作的祭祀礼器，除了器形、纹饰仿自地下出土之古铜器，就连铭文也是以西周铜器为范本，徽宗朝仿古制作的新成礼器有些留存至今日，包括大晟钟、铡鼎、山尊等。[5]

宋室南渡之后，朝廷仪物流散，徽宗的新成礼器也大多散失，一度回到《三礼图》旧传统，[6]高宗甚至还循"至道故事"，将《三礼图》绘于讲堂之壁。[7]绍兴十三年，自北方取得《宣和博古图》这本徽宗敕编的古铜器图录，朝廷于是成立礼器局，以徽宗的新成礼器为范式，再次进行大规模的礼器制

1　范祖禹：《乞看陈祥道礼书札子》，《范太史集》，《景印文渊阁四库全书》（台北：台湾商务印书馆，1983—1986），册1100，页249—250。
2　慕容彦逢：《摛文堂集》，《景印丛书集成三编》（台北：艺文印书馆，1971），卷10，页3。
3　《孙繁重刊翟氏公巽埋铭》，见翟汝文：《忠惠集》，《景印文渊阁四库全书》（台北：台湾商务印书馆，1983—1986），册1129，附录，页314。
4　王应麟：《玉海》，册2，卷56，页1112。
5　关于徽宗朝新制礼乐器的讨论，已累积了不少研究，参陈梦家著，王世民整理：《博古图考述》，收入船山学刊杂志社编：《湖南省博物馆文集》（长沙：船山学刊杂志社，1998），第四辑，页8—20；陈芳妹：《宋古器物学的兴起与宋仿古铜器》，《台湾大学美术史研究集刊》，第10期（2001），页37—160；Patricia Ebrey, "Replicating Zhou Bells at the Northern Song Court," in *Reinventing the Past: Archaism and Antiquarianism in Chinese Art and Visual Culture*, ed. Wu Hung（Chicago: Center for the Art of East Asia Symposia, University of Chicago, 2010）, 179-199; 参见本书第四章。
6　"聂崇义《三礼图》所具礼器不能合古，然久用于世，虽兵火之后，遗迹尚存。"徐松辑：《中兴礼书》，《续修四库全书》（上海：上海古籍出版社，1995），册822，卷47，页207。
7　潜说友：《咸淳临安志》，卷8，页1a。

作。绍兴十五年（1145），高宗进一步下令将新制礼器的样式、图说编成《绍
兴制造礼器图》，颁布地方。[1]这本礼器图中有些新制礼器不见于《宣和博古图》，
因此必须参考《三礼图》，但《绍兴制造礼器图》并不直接援引，而是在材质、
尺寸上加以修改，[2]企图摆脱《三礼图》旧制。

　　《宣和博古图》被重新取得，可能还在杭州镂版印刷，使朝廷得以恢复
徽宗的新成礼器。士大夫则有机会一睹此书，这再次引发出土古器与《三礼图》
的对立。典型例证如南宋后期林希逸（1235 年进士）在《考工记解》中引林
光朝（号艾轩，1114—1178）所言：

> 艾轩曰：《博古图》起于宣和间，汉晋时无有也。由历代以来
> 掘得古器，于宣和间始为图载之，以示后世，汉晋诸儒不曾见此，
> 无怪乎其不知也。是以聂崇义所作《三礼图》全无来历，谷璧即画谷、
> 蒲璧即画蒲，皆以意为之也，不知谷璧只如今腰带夸上粟文，观《博
> 古图》可见。[3]

批评的基调与北宋相去不大，均是援引地下出土古铜器——此处以《宣和博
古图》作为代表——以证明《三礼图》之臆说不可信。

　　南宋中后期，《三礼图》再次成为被攻击的对象，而哲宗元祐年间完成的《礼
象》与《礼书》则成为士人讨论礼器的参考。二书都力图改正聂崇义的缺失，
陆佃《礼象》宣称是根据公、私收藏的出土古铜器，但根据残存的内容，可能
并不尽然；[4]而陈祥道《礼书》一百五十卷，考证详博，被认为是"于礼学最详"
之作。[5]朱熹（1130—1200）曾评论这两本书的优缺点："陆解多杜撰，亦煞
有好处，但简略难看。陈祥道礼书，考得亦稳。"[6]大概可视为朱子一派的看法。

1　徐松辑：《中兴礼书》，卷 10，页 40—44。关于高宗恢复新成礼器之讨论，参见本书第五章。

2　徐松辑：《中兴礼书》，卷 10，页 43。

3　林希逸：《考工记解》，收入纳兰成德辑：《通志堂经解》，册 29，页 16435。

4　陈振孙著，徐小蛮、顾美华点校：《直斋书录解题》，页 50 ；François Louis, *Designed by the Book*,
69-71。

5　陈骙：《中兴馆阁书目》，《中国历代书目丛刊》（北京：现代出版社，1987），页 403。陈振孙也
有此看法："礼书一百五十卷：太常博士长乐陈祥道用之撰。论辩详博，间以绘画。于唐代诸儒之论，
近世聂崇义之图，或正其失，或补其阙，元祐中表上之。"见陈振孙著，徐小蛮、顾美华点校：《直斋
书录解题》，页 50。

6　收录于南宋度宗咸淳六年（1270）纂集完成的《朱子语类》，见黎靖德编，王星贤点校：《朱子语类》
（北京：中华书局，1994），册 6，卷 85，页 2197。

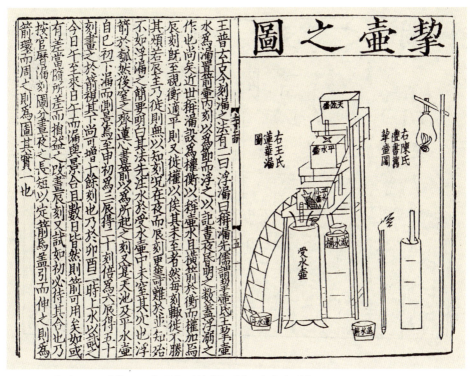

图6-22　挈壶之图，《纂图互注毛诗·毛诗举要图》，南宋建刊本

　　《三礼图》《礼象》与《礼书》三书在南宋士人圈的影响力，可从南宋中后期福建刊行的纂图互注书籍略作探讨。[1] 这类六经书籍是士子准备科考的参考书，书名均作《纂图互注〇〇》，有固定的形式，于经典正文前方，皆附上一卷插图。纂图与正文分离，且有独立的题名，如"新雕尚书纂图""毛诗举要图""周礼经图""礼记举要图"，卷次页码也独立编排，与经文不相连续。纂图之卷多为上图下文，大幅图绘则为右图左文，上方有横书标题（图6-22）。[2]

　　这些六经参考书汇集、整理各家论点，不时引用相关书籍中的描图与讨论，其中以《礼书》的被引用频率最高，其次为《礼象》，绍兴年间（1131—

1　根据避讳字，李致忠曾讨论《监本纂图重言重意互注点校毛诗》与《纂图互注礼记》的年代，一为孝宗、一为光宗，见李致忠：《宋版书叙录》，页77—84、139—146。

2　不著撰人：《景印宋本纂图互注毛诗》（台北：台北故宫博物院，1995）；不著撰人：《纂图互注周礼》，《中华再造善本》（北京：北京图书馆出版社，2003）；不著撰人：《纂图互注礼记》（台北："央图"藏南宋建刊本）；不著撰人：《尚书图》，收入北京图书馆编：《中国版刻图录》，图版651。

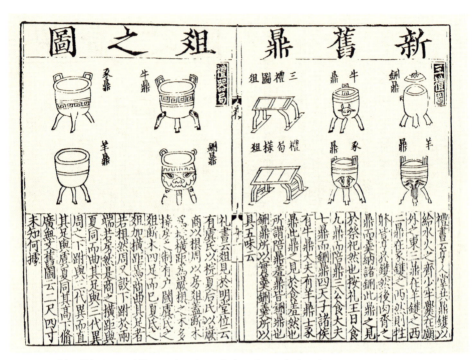

图6-23　新旧鼎俎之图，《纂图互注周礼·周礼经图》，南宋建刊本

1162）上书论明堂礼仪的王普也曾被引用。[1] 这些参考书中有时提到《礼图》，但无法与《三礼图》内容对应，应为他本。[2] 直接提到《三礼图》的频率并不高，《毛诗举要图》与《礼记举要图》中完全不见《三礼图》的内容。至于《周礼经图》不但数次引用《三礼图》，有时还以黑底白字标示出"三礼图"字样，并与绍兴十五年朝廷颁布的"礼器局"或"礼局样"对照（图6-23）。[3] 其中鼎、俎图上方还有斗大标题"新旧鼎俎之图"，只有在此新、旧制度对举的情况下，才见《三礼图》直接被征引。这或许说明当时《三礼图》与礼局样两种系统参照并行，不过新旧并陈也提醒了读者长期以来有关《三礼图》之争议。

　　建刊本纂图书籍由士人所编纂，针对的是准备科考的士子，让我们对南宋一般士人的礼器知识有所认识。在这一系列书籍中，《礼象》与《礼书》取代了《三礼图》，成为士人古制礼器知识的来源。类似的发展也见于同时

1　不著撰人：《景印宋本纂图互注毛诗》，诗图，页 5a-b；不著撰人：《纂图互注周礼》，礼图，页 2b；不著撰人：《纂图互注礼记》，记图，页 16a。

2　不著撰人：《景印宋本纂图互注毛诗》，诗图，页 15a。

3　不著撰人：《纂图互注周礼》，礼图，页 9a、11a、12a。

期陈振孙的记录，他提到家乡吴兴郡学的论堂上原来绘有《三礼图》，是北宋时模仿京师国子监所绘制。南宋戴溪（?—1215）执教郡学时，又在一旁作了《礼象》阁，将《礼象》图绘上壁，与论堂《三礼图》分庭抗礼。[1]《三礼图》虽未被完全抹杀，但新的礼书已逐渐取得权威地位。

五、礼器图与礼器制作：从《三礼图》经学系统到《释奠仪图》金石学系统

礼的讨论与实践为一体两面，《三礼图》在士人礼器的讨论中失去权威，在礼器的制作方面亦然。从汉至唐，《三礼图》实际指导朝廷礼器之制作；进入北宋，当《三礼图》知识通过学校由朝廷向地方传布时，这套古制礼器或许也在地方施行，不过目前尚未见到北宋的实物例证。陕西洛川曾发现一座墓葬，出土有带龟盖的高桶"异形器"两件，明显是《三礼图》中的陶簠与陶簋。考古报告根据钱币定其为北宋中期，但从墓葬随葬品之排比来看，应定为金、元为宜。[2]

徽宗朝开始以出土古铜器为范本，制作新成礼器，试图取代《三礼图》旧制。南宋高宗颁布《绍兴制造礼器图》，希望将新成礼器制度推行至地方，但似乎成效不彰。朱熹于孝宗淳熙六年（1179）知南康军时，曾上书请求颁降新礼书，朝廷起初降下的竟还是《三礼图》样式。赵彦卫在《云麓漫钞》（序于1206年）中也抱怨中央郊庙的制度虽已改从新制，但地方学校仍多沿袭《三礼图》旧制。[3]

经过朱熹的努力，太常寺终于在光宗绍熙五年（1194）将《绍兴制造礼器图》与《政和五礼新仪》适合州县施行者行下地方，成为《绍熙州县释奠仪图》（以下简称《释奠仪图》）。[4]这本书虽归于朱熹名下，但实为政文，而非专著。[5]当中之礼器图实来自《绍兴制造礼器图》，而《绍兴制造礼器图》又可追溯

1　陈振孙著，徐小蛮、顾美华点校：《直斋书录解题》，页50。

2　相关研究参许雅惠著，原信太郎アレシャンドレ译：《图籍の间接の流通再论——元代〈三礼图〉を例として一》，收入近藤一成等编：《中国伝统社会への视角》，宋代史研究会研究报告第十集（东京：汲古书院，2015），页267—301。考古报告见洛川县博物馆：《陕西洛川县潘窑科村宋墓清理简报》，《考古与文物》，2004年第4期，页26—28。

3　赵彦卫著，傅根清校注：《云麓漫钞》（北京：中华书局，1996），卷4，页57—58。

4　朱熹：《绍熙州县释奠仪图》，《百部丛书集成》影印指海本（台北：艺文印书馆，1965—）。

5　陈荣捷：《绍熙州县释奠仪图》，收入陈荣捷：《朱子新探索》（台北：台湾学生书局，1988），页680—683。

图6-24　铜牺尊（出土有1对），南宋　　　　　图6-25　牺尊，《绍熙州县释奠仪
　　　　　　　　　　　　　　　　　　　　　　　　图》，指海本

至徽宗敕编的《宣和博古图》。[1]

　　《释奠仪图》颁布后，源于出土古器的金石学礼器制度才开始向地方学校普及。古制礼器的两个系统也正式确立：一是本于经书解释的《三礼图》经学系统，一是以出土古器为依归的金石学系统，此两大系统彼此竞争礼器的权威。[2]要特别说明的是，此处之"经学"或"金石学"只是一般字面意义的使用："经学"指的是经典解释，"金石学"是出土古器研究，不是今日经学家或金石学家严格的学科定义。

　　《释奠仪图》为实用手册，行礼说明在前，礼器图在后。礼器图重在图标器物的样式、材质与尺寸容量，没有礼家的解释与考证，与《礼象》《礼书》等书不同。由于内容简明，规范明确，《释奠仪图》较《三礼图》更加方便施行。今日所见的南宋器物当中，便可见参考《释奠仪图》者，如采集自浙江湖州的一对牺尊带有铭文"皇宋湖学宝尊"，为地方学校祭器，整体作动物造型（图6-24、图6-25）。[3]现存的礼器碑、文献记录也显示，南宋后期来自《释奠仪图》

1　《宣和博古图》《绍兴制造礼器图》《释奠仪图》三书前后相承之关系，参见本书第七章。
2　以往有些学者也指出《三礼图》和《宣和博古图》两大礼器系统之分，如木岛史雄曾以类书与礼图中的簠、簋为中心，探讨各学科方法对礼器图样的影响，参木岛史雄：《簠簋をめぐる礼の诸相：考古学／经书解释礼学／金石学／考证学》，页307—369。
3　湖州市博物馆编：《湖州市博物馆藏品集》（杭州：西泠印社出版社，1999），页87。

的笾、豆、簠、簋等礼器已进入地方学校，用于祭祀孔子的释奠礼。[1] 近来浙江发现不少南宋仿古铜器，不过用途能确定为释奠礼器者十分有限。[2] 有学者认为，浙江平阳福州州学教授黄石（1110—1175）墓出土者为儒学祭器，[3] 不过鼎、方壶与钟并不属于释奠祭器之器类，一鼎二方壶可能组合为一炉二瓶使用，作为案上的常供之器，也不排除是书斋清玩。

1234 年蒙古灭金，进入中原；1279 年，南宋灭亡。元世祖忽必烈（1215—1294）留心文治，开始于各地兴建或重修儒学。根据统计，世祖中统（1260—1264）、至元（1264—1294）年间，共兴建庙学 77 所，重修 263 所（次）；成宗（1294—1307 年在位）时兴庙学 39 所，[4] 包括皇室成员鲁国大长公主所兴建的全宁路儒学。[5] 武宗（1307—1311 年在位）即位后，更封孔子为"大成至圣文宣王"，可见元代时孔庙祀典的扩张。[6]

元代兴学时，将学宫与祭祀孔子的文庙合而为一，成为前庙后学或左庙右学的平面布局。[7] 文庙中用来祭祀孔子的释奠礼器以何为本？元代儒学教授的记录与出土器物提供了具体证据。[8] 李淦《平江路学祭器记》（写于 1295 年）中清楚提到，他从至元二十九年（1292）开始，参考朱熹的"释奠菜礼"，全面改制平江路学大成殿祭器：

> 平江路学大成殿祭器者，教授李淦、方文豹所造也。金属大尊

1　参陈芳妹：《"与三代同风"：朱熹对东亚文化意象的形塑初探》，《台湾大学美术史研究集刊》，第 31 期（2011），页 61—150。

2　仿古铜器集中出土于浙江与四川，讨论参 Ya-hwei Hsu, "Reshaping Chinese Material Culture," 197-233。

3　郑嘉励：《从黄石墓铜器看南宋州县儒学铜礼器》，《浙江省文物考古研究所学刊》（北京：科学出版社，2009），第 9 辑，页 350—359。

4　以上统计见胡务：《元代庙学发展的阶段性》，收入胡务：《元代庙学——无法割舍的儒家教育链》（成都：巴蜀书社，2005），页 40—76。

5　罗福颐编：《满洲金石志》，《地方金石志汇编》（北京：国家图书馆出版社，2011），册 16，页 360—366。

6　宋濂等撰：《元史》，卷 76，页 1892。关于孔庙祀典历代之扩张，参黄进兴：《象征的扩张：孔庙祀典与帝国礼制》，《"中研院"历史语言研究所集刊》，第 86 本第 3 分（2015），页 471—511。

7　关于庙学制度从唐、宋到元的发展，以及元代庙学的空间结构，参胡务：《元代庙学的结构和祭祀》，收入胡务：《元代庙学——无法割舍的儒家教育链》，页 1—39。

8　以下试举大德年间数例，郑陶孙：《舍奠礼器记》，见苏天爵编：《国朝文类》，《四部丛刊初编》，据元至正二年（1342）西湖书院刊本影印（台北：台湾商务印书馆，1965），卷 27，页 279—281；冯福京修，郭荐纂：《大德昌国州图志》，收入《宋元方志丛刊》（北京：中华书局，1990），第 6 册，卷 2，页 6070。又参陈芳妹：《"与三代同风"：朱熹对东亚文化意象的形塑初探》，页 61—150。

  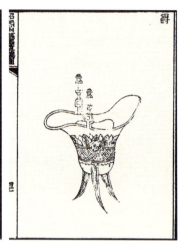

图6-26　至元癸巳铭吴郡学铜爵及铭文，1293年　　　　图6-27　爵，《绍熙州县释奠仪图》，指海本

二、山尊二、壶尊十有二、牺尊八、象尊如壶尊之数、罍四、洗四、勺二十、爵百七十有二、坫二百有二、豆三百四十有四、簠百三十有六、簋如簠之数、炉一、缶二、槃二十有四。竹属篚十有一、箧三百二十有九。木属俎五十有五、余仍旧贯。初至元二十有九年十有二月望，淦祗事，顾兹器非度，明年考朱文公释奠菜礼，改为之，十有一月，方君来，明年皆方君为之。元贞元年十月竣事，首尾凡三年。[1]

李淦所谓朱文公"释奠菜礼"可能便是《释奠仪图》一书，文中提到的释奠祭器，除炉、缶、槃三者为案上的常设供器，其余均见于《释奠仪图》。李淦改制的祭器尚有一爵流传至今，长18.5厘米，高23厘米，尾部有铭文"至元癸巳李淦铭吴郡学祭器"（图6-26），癸巳为至元三十年（1293）。[2]此爵造型带流、尾、立柱，表面装饰变形的兽面纹，明显属于《释奠仪图》之金石学系统（图6-27）。

元代的释奠祭器尚有一些留存至今，这些古制礼器多半带有铭文，可知

1　李淦：《平江路学祭器记》，见苏天爵编：《国朝文类》，卷27，页277—278。
2　Michel Maucuer, *Bronzes de la Chine impériale des Song aux Qing*（Paris: Paris-Musées, les musées de la Ville de Paris, 2013），32-33.

为儒学祭器无疑，器类包括簠、簋、豆、鼎、爵、坫等，与《释奠仪图》记载相合，纪年器整理如表 6-1 所示。其中最大的一批来自北宋理学家杨时（1053—1135）所创立的文靖书院，包括作于元大德九年（1305）的簠、簋、豆、爵、坫以及年代不详的牺尊、象尊。此外，还有一件鼎形香炉与一对花瓶，制于泰定三年（1326），根据铭文，应是陈设于杨时的画像或牌位前的常供之器，严格说来不属于释奠祭器。最后，各地还有一些儒学铜钟留存至今，由于也非释奠祭器，并未列入表 6-1 中。

表 6-1　元代古制礼器：释奠祭器（按时代先后排列）

器类	时代	发现或收藏地	铭文	资料出处
爵	至元三十年（1293）	塞努奇亚洲艺术博物馆（Musée Cernuschi）	"至元癸巳李淦铭吴郡学祭器"	Michel Maucuer, *Bronzes de la Chine impériale des Song aux Qing*, 32-33
簋	大德八年（1304）	？	"建德路儒学祭器，大德八年良月吉日造。郡侯赵友，学掾文本仁志""三"	李遇孙：《金石索》，《续修四库全书》，册 894，页 102
豆2坫2簠4簋4	大德九年（1305）	衡阳市博物馆	"大元大德乙巳四月贰日丙子，潭州路浏阳州文靖书院乍宝口供祀吏铣山修司，其永保用"	陈建明主编：《复兴的铜器艺术：湖南晚期铜器展》，页 173—179
簋4缺盖	大德九年	衡阳市博物馆	"大元大德乙巳四月贰日丙子，潭州路浏阳州文靖书院乍宝口供祀吏铣山修司，其永保用"	陈建明主编：《复兴的铜器艺术：湖南晚期铜器展》，页 178
爵	大德九年	衡阳市博物馆	"大德乙巳文靖书院"	陈建明主编：《复兴的铜器艺术：湖南晚期铜器展》，页 182
爵	皇庆元年（1312）	衡阳市博物馆	"皇庆壬子冬，文靖书院造"	陈建明主编：《复兴的铜器艺术：湖南晚期铜器展》，页 183
簋	延祐元年（1314）	上海博物馆	"延祐元年岁在甲寅，提调学校官镇江路总管殷庭珪，儒学教授郭景星谨识"	笔者资料[1]
爵	泰定二年（1325）[2]	内蒙古自治区赤峰市翁牛特旗征集	"皇姊大长公主施财铸造祭器，永充全宁路文庙内用"	高延青主编：《内蒙古珍宝·青铜器》，页 170

[1]　感谢上海博物馆周亚先生提供此器的尺寸、铭文与照片。
[2]　此年代根据《全宁路新建儒学记》，参李俊义等：《元代〈全宁路新建儒学记〉考释》，《北方文物》，2008 年第 1 期，页 75—82。

续表

器类	时代	发现或收藏地	铭文	资料出处
瓶 2	泰定三年（1326）	衡阳市博物馆	"文靖书院龟山先生前公用置""□书广业同吏任宗□□□□□长梁可绍""泰定丙寅四月置，提调司使林□□"	陈建明主编：《复兴的铜器艺术：湖南晚期铜器展》，页180—181
鼎形炉	泰定三年	衡阳市博物馆	"文靖书院置，龟山先生前公用"	陈建明主编：《复兴的铜器艺术：湖南晚期铜器展》，页184—185
簠	天历三年（1330）	?	"惟天历庚午二月，龙兴路医学教授刘则行"	李遇孙：《金石索》，《续修四库全书》，册894，页102
坫	至元四年（1339）	湖南博物院	"祁阳县儒学祭器，达鲁花赤亦怜只班进义，提调官□□王承直，主簿崔将仕，史史焦友谅，教谕陈时升。至元后四年戊寅秋志。"	陈建明主编：《复兴的铜器艺术：湖南晚期铜器展》，页145
簋	至元四年	湖南博物院	"天临赵府""李景深造""钦州路灵山县儒学祭器，至元己卯岁仲夏吉日置"	陈建明主编：《复兴的铜器艺术：湖南晚期铜器展》，页146
爵	至正十年（1350）	湖南博物院	"监郡忽里台，太守洪柱海弥实，教授李遵宪，学正王崇德，学录张思敏。至正庚寅岁，淮安县儒学"[1]	陈建明主编：《复兴的铜器艺术：湖南晚期铜器展》，页136
簠簋豆	至正二十二年（1362）	?	"至正壬寅春，通州儒学置"	笔者资料
铜鼎[2]	至正二十六年（1366）	台北故宫博物院	"泳泽书院铜祭器，至正廿六年造"	许雅惠：《古器新诠——院藏"泳泽书院雷文簋"的再认识》，页54
簠	不明	湖南博物院	"沈丘儒学祭器"	陈芳妹：《"与三代同风"：朱熹对东亚文化意象的形塑初探》，页140，图23

注：表6-1仅整理有图像之器，仅存铭文者不予收录

　　从已发表的器物照片来看，元代制作的释奠祭器均根据金石学系统，但品质高低不一。有的造型、纹饰掌握较佳，如前述湖南文靖书院祭器（图6-28），从其较为精准的表现来看，制作者除了参考《释奠仪图》一类的礼书，可能还看过真正的古铜器或制作精良的仿古器。至于外形走样、纹饰变形者，如

1　此件铜爵铭文与著录之淮安路儒学元代祭器全同，当时一共铸造29件爵，此当为其中一件，见丁晏编：《淮安府学元铸祭器录》，见《淮安北门城楼金天德年大钟款识一卷附淮安学元铸祭器城南宋古砖记》，《丛书集成续编》（台北：新文丰出版公司，1989），第94册，页659—660。

2　这件器原为三足鼎，三足残缺后，配上西周的车马器"軝"成为簋，参许雅惠：《古器新诠——院藏"泳泽书院雷文簋"的再认识》，《故宫文物月刊》，第225期（2001年9月），页54—69。

图6-28　铜簋、铜爵，元大德九年（1305）文靖书院祭器

　　前述皇姊大长公主于泰定二年（1325）前后铸造的文庙祭器（图6-29），可能参考品质稍差的图录或器物。这类祭器在地方博物馆、文物管理所应该还有保存一些，但长期以来不受重视，正式发表者并不多。

　　除了文庙释奠，古制礼器也用于其他祭祀，同样遵循《释奠仪图》金石学系统，与《三礼图》经学系统截然有别，整理如表6-2（用途不明的也放于此）所示。簠、簋、笾、豆还用于哪些祭祀？表6-2中的皇姊大长公主铜簋上清楚写道："永充全宁路三皇庙内用"（图6-30），而至正十年（1350）铜豆则用于"汝南忠武王庙"。"三皇庙"是祭祀伏羲、神农与黄帝的庙宇；[1]"汝南忠武王庙"祭祀元朝开国功臣张柔（1190—1268），他死后追封为汝南王，谥忠武。[2]

1　柳贯撰，柳遵杰点校：《全宁路新建三皇庙记》，《柳贯诗文集》（杭州：浙江古籍出版社，2004），页283。

2　张柔生平，见宋濂等撰：《元史》，卷147，页3471—3476。虞集（1272—1348）为张柔子张弘范（1238—1280）所书神道碑中也曾提到，亳州有祭祀汝南忠武王之庙，见虞集：《淮阳献武王庙堂之碑》，《道园学古录》，《四部丛刊初编》（台北：台湾商务印书馆，1967），据上海涵芬楼景印明景泰翻元小字本重印，卷14，页136。

图6-29 铜爵及铭文，皇姊大长公主造全宁路文庙祭器（可能为泰定二年[1325]）

图6-30 铜簋及铭文，皇姊大长公主造全宁路三皇庙祭器（可能为延祐四年[1317]）

表6-2 元代古制礼器：释奠之外的其他祭祀（按时代先后排列）

器类	时代	发现或收藏地	铭文	资料出处
簋	大德九年（1305）	湖南省慈利县出土	"大德乙巳靖州达鲁花赤脱欢等、知州许武略、判官田进义、吏目郭中等谨识云"	刘廉银：《慈利县出土的元代铜簋》，页81
簋	至大元年（1308）	故宫博物院	内有铭文4行28字，多模糊不清。作器时间为"至大戊申"	故宫博物院编：《故宫青铜器》，页273，图234
簋	延祐二年（1315）	内蒙古自治区林西县文物管理所	"汀州路提调官总管吴亚中延祐二年三月日铸"	王刚：《介绍一件元代铜簋》，页90

续表

器类	时代	发现或收藏地	铭文	资料出处
簋	延祐四年（1317）	内蒙古自治区赤峰市出土	"皇姊大长公主施财铸造祭器，永充全宁路三皇庙内用"	内蒙古自治区文物工作队编：《内蒙古出土文物选集》，页118，图159
豆	至正十年（1350）	故宫博物院	"汝南忠武王庙，至正十年岁在庚寅□月日，玄孙监察御史御旭堇志"	故宫博物院编：《故宫青铜器》，页274，图235
爵	至正二十五年（1365）	？	"岁至正乙巳，甫里□□□"	刘体智：《善斋吉金录》，卷13，页104b

注：表6-2仅整理有图像之器，仅存铭文者不予收录

　　为何古制礼器会用于祭祀三皇与功臣？《元史·祭祀志》记载，成宗元贞元年（1295）中央下令郡县："通祀三皇，如宣圣释奠礼。"[1] 不仅如此，周公庙也采用释奠礼，祭祀武成王和功臣也采用簠、簋、笾、豆等礼器。[2] 元代以前，古制礼器主要用于郊祀、太庙、文庙，元代增加了三皇庙、周公庙、武成王庙、功臣祠，较前代扩大不少。《元史》的编纂者也注意到过去祭祀功臣不用上述礼器，而今日则采用之，因此在功臣祠下评述道："自古帝王而下，祭器不用笾、豆、簠、簋，仪非酌奠者，有司便服行礼，三上香奠酒而已。"[3] 实际上，古制礼器之使用范围可能还不限于此，柳贯（1270—1342）便提到吴城的天妃庙也有尊、斝、笾、豆等祭器，至于样式是经书系统的《三礼图》还是金石学系统的《释奠仪图》，则不得而知。[4] 可见元朝是簠、簋、笾、豆等古制礼器在地方扩大使用的时期，范围远超出孔庙释奠。

　　归纳已发表的实物例证，元代各祠庙中使用的铜质古制礼器均为金石学系统，以《释奠仪图》为本。推测元代前期大规模兴建庙学时，《释奠仪图》已取得士人的重视，成为礼祭器制作的范本，并随着释奠仪的扩大施行而传播。除了地上祠庙，元代官员的地下墓葬中，偶尔也能看到按照《释奠仪图》制作的成套礼器，但材质改易为陶质，最具代表性的是河南洛阳的赛因赤答忽（1317—1365）之墓。[5]

1　宋濂等撰：《元史》，卷77，"三皇庙祭祀礼乐"，页1915。
2　宋濂等撰：《元史》，卷76，页1903—1904。
3　宋濂等撰：《元史》，卷76，页1904—1905。
4　柳贯撰，柳遵杰点校：《敕赐天妃庙新祭器记》，《柳贯诗文集》，页282—283。
5　参见本书第七章。考古报告参洛阳市铁路北站编组站联合考古发掘队：《元赛因赤答忽墓的发掘》，《文物》，1996年第2期，页22—33。

  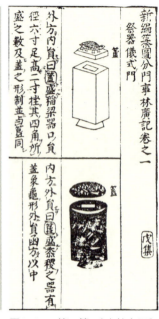

图6-31　陶簋、陶簠，元张弘毅（1274—1339）夫妇墓出土

图6-32　簠、簋，《事林广记》，日本元禄十二年（1699）覆刻元泰定二年（1325）本

　　在元代墓葬中，除了《释奠仪图》系统，《三礼图》礼器也曾短暂出现。不过出土地集中于陕西关中地区，类型仅限陶簠与陶簋，明显为地区性的丧葬习俗。[1] 进一步分析关中元墓出土的陶簋与陶簠，造型均呈高筒形，盖上负龟（图6-31），与《新定三礼图》或《重校三礼图》中的碗盒形有异（图6-20）。此高筒造型的簠、簋，仅见于日本元禄十二年（1699）覆刻元泰定二年（1325）本《事林广记》，列于祭器仪式门（图6-32），其他各本《事林广记》中均未见。[2] 由此可知，陕西元墓的陶器不是直接参考《三礼图》，而是通过《事林广记》一类书籍进行模仿，为《三礼图》间接流传的结果。[3] 实际上，《三

1　考古报告见卢桂兰、师晓群：《西安北郊红庙坡元墓出土一批文物》，《文博》，1986年第3期，页92—94；刘宝爱、张德文：《陕西宝鸡元墓》，《文物》，1992年第2期，页28—33、43；洛川县博物馆：《陕西洛川县潘窑科村宋墓清理简报》，《考古与文物》，2004年第4期，页26—28；杨正兴：《陕西兴平县西郊清理宋墓一座》，《文物》，1959年第2期，页39—40、46；西安市文物保护考古研究院：《西安曲江元代张达夫及其夫人墓发掘简报》，《文物》，2013年第8期，页27—48。

2　陈元靓：《事林广记》（北京：中华书局，1999），日本元禄十二年（1699）覆刻元泰定二年（1325）本，页365。

3　许雅惠著，原信太郎アレシャンドレ译：《图籍的间接的流通再论》，页267—301。

图6-33 陶簠、陶簋，汪懋昌
（？—1329）墓出土

礼图》系统的礼器直到清代都可见到，但多半与聂氏《三礼图》
描图的差距极大，应该是通过其他图籍的转介，限于篇幅，
本章无法深论。

值得一提的是，《事林广记》的流播范围远达韩、日。朝
鲜王朝《世宗实录》"祭器图说"中，明列《事林广记》作
为牺尊、象尊的图样来源。[1] 江户幕府于18世纪后期重制的汤
岛圣堂大成殿的漆簠、漆簋，也是《事林广记》中的高筒造型。[2]
由此推测，元代后期，已经失去权威的《三礼图》古制礼器，
借由流行类书《事林广记》重新包装，成为时兴知识，再度影响礼、祭器制作。

今日所见的元代实物中，直接参考《三礼图》者，只有甘肃漳县元代汪
世显（1195—1243）家族墓地出土的陶器。墓地共27座墓葬，除了随葬仿自
商周古铜器的铜爵、铜贯耳壶，还出土仿自《三礼图》的陶礼器，金石学与
经学两种系统并见。《三礼图》类型除了常见的簠、簋，还包括罕见的敦、豆、
登、蜃尊等。[3] 陶簠、陶簋均作碗盒形（图6-33），与《三礼图》中的描绘近
似（图6-20）；仅见的蜃尊更仿《三礼图》，于腹部绘出层叠的水波。[4] 这些
陶器的类别、样式与纹饰，均显示出刻意为之的"复古"倾向。可惜完整的
考古报告迟未出版，无法按年代梳理古制礼器的随葬状况。目前看来，汪氏
墓地出土的《三礼图》古制礼器是孤例，之前无此传统，往后也未见发展。
如何解释这个例证？

查考汪氏家族的历史，发迹的汪世显出身军旅，协助忽必烈进攻四川，
是元初重要的开国功臣。[5] 汪氏家族后来成为陇西的文化精英，致力于斯文
之提倡。据说汪世显领军入蜀时"独搜典籍，捆载以归"；子德臣（1222—
1259）继续搜罗书籍，欲创设书院，却因戎事倥偬，未能如愿。德臣子惟正
（1242—1285）藏书两万卷，元世祖至元四年（1267），门人为其藏书阁"万
卷楼"作记曰："我公之于书，非惟藏之，而实宝之；非惟宝之，而又详读之，

1 参见本书第十一章。
2 财团法人斯文会：《汤岛圣堂と江户时代》（东京：斯文会，1990），图14、图16。
3 甘肃省博物馆、漳县文化馆：《甘肃漳县元代汪世显家族墓葬》，《文物》，1982年第2期，页1—21。
4 谢明良指出考古报告中的陶簋应该是《三礼图》蜃尊，见谢明良：《北方部分地区元墓出土陶器的
区域性观察——从漳县汪世显家族墓出土陶器谈起》，《故宫学术季刊》，第19卷第4期（2002），页
143—168。
5 汪氏一门生平，见宋濂等撰：《元史》，卷155，页3649—3657。

明辨之，克之于行己、治政，非直为美观而已。"[1] 刻意凸显汪惟正的文化精英形象。值得注意的是，汪氏墓地出土的日用瓷碟中，有的底部刻有"复古殿"字样，[2] 应该是使用地点。以"复古殿"为名，又多随葬古制铜、陶礼器，说明战功彪炳的汪氏家族后人不仅留意文事，更于"古"多有措意。汪氏墓地所见之刻意"复古"，尤其是复《三礼图》之古，必须放到汪氏家族史的特殊脉络中理解。

结　语

从历史的长期发展来看，礼书、礼器图至宋代发生巨变，新的礼器制度取代汉唐以来的旧权威，往下成为明清时期的基础。从《新定三礼图》至《重校三礼图》，可见此时代巨变的轨迹。

《新定三礼图》刊刻于南宋淳熙二年（1175），此时《三礼图》权威已受到挑战，但《绍兴制造礼器图》并不普及，《释奠仪图》则要至绍熙五年（1194）才颁布。在此情况下，即使知道《三礼图》有问题，仍不得不使用，如陈伯广在刊记中所说："予观其图度，未必尽如古昔，苟得而考之，不犹愈于求诸野乎？"因此，《三礼图》的图样还有参考价值，表现在《新定三礼图》的版面上，图样大、视觉性强，图、文紧密配合，便于使用者掌握礼器样式。值得一提的是，此本的版面样式十分奇特，标志手法简单、不固定，或许还保留一些宋初刻本或壁画的痕迹。

南宋绍熙五年《释奠仪图》颁布时，中央郊庙的礼器已改为新制，但地方学校仍用《三礼图》旧制，中央与地方不同调。进入 13 世纪，《释奠仪图》随着朱子之学而传播至各地学校，逐渐取代《三礼图》经学系统的礼器，而《礼象》与《礼书》则成为士人讨论礼器的主要依据，如建刊本纂图互注类书籍所示。

此发展并未受到战火影响，进入元代，金石学系统的礼器益加普及，并扩大使用范围，用于三皇庙与功臣祠等的祭祀。《三礼图》类型的礼器未完全消失，但主要通过如《事林广记》等图籍转介，礼器制作者鲜少直接参阅《三

1　汪氏三代之藏书，见冉南翔撰：《万卷楼记》，收入汪钺等辑：《巩昌汪氏族谱》（出版地不详，2006），页 432—433。
2　甘肃省博物馆、漳县文化馆：《甘肃漳县元代汪世显家族墓葬》，页 15。

礼图》。丧失图样功能的《三礼图》，成为纯粹的解经之书，在经学与礼学的领域中吸引着读者。元代韩信同（1252—1332）的《韩氏三礼图说》明显参考《三礼图》；[1] 清初纳兰成德（1655—1685）汇编经学典籍时，也将《新定三礼图》收入其《通志堂经解》之中。

当南阳书院山长王履于元成宗大德十年（1306）至大德十一年（1307）间刻印《重校三礼图》时，仅谓"欲刊之梓，与同志共之"，似乎已遗忘《三礼图》的图样功能。反映在《重校三礼图》的页面上，编者重新编排图、文内容，合数幅插图为一栏，并数则说明为一段。文字的方向性变得更为清晰，阅读也更加流畅。但图、文分离，两者对照不易，描图的重要性退居次要地位。从《新定三礼图》至《重校三礼图》之大幅改版，正与该书的使用变迁互为表里。

有关书籍形式、文本类型与使用之间的关系，夏提叶曾引 18 世纪英国贵族的一段话：

> 厚实的对开本是谈生意的人，我和他们在上午对话。四开本是容易相处的伴侣，我和他们在午后对坐；至于我的晚间则是与八开本及十二开本，在轻松、无甚要紧的闲谈下度过。[2]

这位读者将书籍拟人化，生动地指出不同类型的文本，有各自合适的样式（开本大小）与合宜的使用。除了开本大小，书籍版面的安排也与其性质、用途有关，特别是实用性的手册，必须考虑使用的便利性，如南宋建刊本在页面中特别标出"重言""重意"，提示重点，便于准备考试的士子阅读。就这个角度而言，《三礼图》作为一本实用礼图，南宋与元代两版本之差异应反映该书性质与使用的变化。北宋中期开始，一波波礼器名物制度的讨论，推翻了过往的知识与权威，造成了礼器样式的巨变，长久施行的《三礼图》经学系统逐渐为《释奠仪图》金石学系统所取代。《三礼图》之改版，正可见该书从兼具图样功能到褪去实用性、成为纯粹典籍的过程。

宋元书籍之研究已经累积不少成果，本章讨论书籍之形式与使用之间的

1　韩信同：《韩氏三礼图说》，《丛书集成三编》（台北：艺文印书馆，1971），据嘉庆十八年（1813）福鼎王氏麟后山房刊本影印。

2　Roger Chartier, ed., *The Culture of Print*, 2.

关系，在研究方法上做一尝试。本章也试图跨越学科的界限，涵盖书籍文化与物质文化两范畴，对书籍页面与出土器物作形式分析。在此基础上，结合士人对古制礼器的讨论与实践，解释书籍版面变化的原因，勾勒《三礼图》一书长时段的生命史。近来由于数字科技发展，使得如实仿真、大规模地复制珍本图书成为可能。宋代处于雕版印刷初兴之时，传统的书籍复制方式——无论手抄还是墨拓——仍旧普及，文本类型、复制技术与书籍形式之间的多角关系仍待未来持续探索。

第七章
《宣和博古图》的"间接"流传
——以元代赛因赤答忽墓出土的陶器与《绍熙州县释奠仪图》为例

元代墓葬中出土了一些形制特殊的陶器，与宋元时期流行的日用陶瓷类型迥异，近来逐渐为学界所注意。从这些器物的造型、装饰特点来看，其应属于祭器的范畴，其中陕西兴平元初墓葬[1]、陕西宝鸡元墓[2]、陕西西安北郊红庙坡元墓[3]、甘肃漳县汪世显家族墓葬[4]等出土的陶质祭器，如报告定名为陶罐、陶仓或陶盒的器物，经与《三礼图》对比后，应可确定即为《三礼图》所描绘的簠、簋、敦等器物，作为祭祀用器应无疑问。[5]这一类器物形制特殊，有方形、圆形两种，器腹下通常带有圈足，带盖，盖钮作卧龟形。

另有一类陶祭器造型仿自三代铜礼器，如河南洛阳赛因赤答忽墓[6]、河南洛阳王述墓[7]所出土的鼎、敦、豆、爵、尊等。由于数量不少，且鼎、敦等造型特点与三代器物较为接近，引起报告撰写者的注意，认为随葬仿铜礼器是

1 陕西省文物管理委员会：《陕西兴平县西郊清理宋墓一座》，《文物》，1959 年第 2 期，页 40。

2 刘宝爱、张德文：《陕西宝鸡元墓》，《文物》，1992 年第 2 期，页 28—43。

3 卢桂兰、师晓群：《西安北郊红庙坡元墓出土一批文物》，《文博》，1986 年第 3 期，页 92—94。

4 甘肃省博物馆等：《甘肃漳县元代汪世显家族墓葬》，《文物》，1982 年第 2 期，页 1—21。

5 谢明良：《北方部分地区元墓出土陶器的区域性观察——从漳县汪世显家族出土陶器谈起》，《故宫学术季刊》，第 19 卷第 4 期（2002），页 143—168。

6 洛阳市铁路北站编组站联合考古发掘队：《元赛因赤答忽墓的发掘》，《文物》，1996 年第 2 期，页 22—33。

7 洛阳市博物馆：《洛阳元王述墓清理》，《考古》，1979 年第 6 期，页 569—570。

元代墓葬中较为盛行的；也有人认为这批器物应是参酌了《宣和博古图》[1]（以下简称《博古图》），与北宋以来金石学的发展与复古的风尚有关。

关于上述两类陶礼祭器的表现，前一类器物明显与聂崇义《三礼图》相同，代表聂崇义《三礼图》旧礼的传统。[2] 这个传统可以上溯到汉代，是汉代以来治经者对于三代经典的臆说与想象。

至于后一类器物则代表北宋徽宗礼制改革后的新表现。徽宗朝的礼制改革，以《政和五礼新仪》（政和三年修订议注，1113）为礼仪规范；并总结内府收藏为《宣和重修博古图》一书，代表徽宗朝古器物研究的成就。虽然宋代朝廷的礼器样式相当程度参酌了内府古器加以改定，[3] 然而诚如书名所示，《博古图》《考古图》（元祐七年成书，1092）之类的书籍是为了考订古器物，而非作为礼器图之用。因此礼书中的器名与《博古图》并无法完全对应，如《博古图》中就找不到名列六尊之一的"山尊"，因此徽宗朝在铸造山尊时只好以"商祖戊尊"为范本，[4] 中央朝廷尚且如此，很难想象地方州县祭器是直接依照篇帙庞大的《博古图》所铸造的。

虽然学者公认元墓出土的仿铜陶礼器的造型、纹饰来自《博古图》，但它们之间实际上仍存在明显落差，这些差距是来自铜、陶材质模仿的落差还是另有原因，这类仿铜陶礼器与《博古图》的关系为何，本章将对这些问题作一探讨。

1　关于《宣和博古图》一书的书名考订、撰成年代、作者的相关讨论，参见王国维：《书宣和博古图后》，收入王国维：《观堂集林》（北京：中华书局，1959），卷 18，页 917—919。容庚：《宋代吉金书籍述评》，收入国立中央研究院历史语言研究所编：《庆祝蔡元培先生六十五岁论文集》（北平：中央研究院历史语言研究所，1935），页 665—668。陈梦家著，王世民整理：《博古图考述》，《湖南省博物馆文集》（长沙：船山学刊杂志社，1998），第四辑，页 8—20。叶国良：《博古图修撰始末及其相关问题》，《宋代金石学研究》（台北：台湾大学中国文学研究所博士论文，1982），页 86—95。Robert Poor, "Notes on the Sung Dynasty Archaeological Catalogs," *Archives of the Chinese Art Society of America*, no. 19（1965）：33-44.

2　谢明良：《北方部分地区元墓出土陶器的区域性观察——从漳县汪世显家族墓出土陶器谈起》，《故宫学术季刊》，第 19 卷第 4 期（2002），页 143—168。此外，蔡玫芬从元墓出土《三礼图》与《博古图》等不同类型的祭器出发，讨论元代的礼学家或儒官对于复古礼器的辩论，可知宋代礼制改革以后，元代儒官们仍继续辩论祭器的样式，但儒官们的辩论如何联系目前所见器物，似仍未有具体的解决。见蔡玫芬：《转型与启发——浅论陶瓷所呈现的元朝文化》，收入石守谦、葛婉章编：《大汗的世纪——蒙元时代的多元文化与艺术》（台北：台北故宫博物院，2001），页 230—233。

3　如大晟编钟、政和鼎，参陈芳妹：《宋古器物学的兴起与宋仿古铜器》，《台湾大学美术史研究集刊》，第 10 期（2001），页 37—160。又见王世民：《北宋时期的制礼作乐与古器研究》，《揖芬集：张政烺先生九十华诞纪念文集》（北京：社会科学文献出版社，2002），页 135—138。

4　见周铮：《宣和山尊考》，《文物》，1983 年第 11 期，页 74—75、67。

一、赛因赤答忽墓出土的陶器与《绍熙州县释奠仪图》

目前的宋元墓葬中，河南洛阳赛因赤答忽墓（以下简称赛墓）因出土大量磨光黑陶器引起学界的重视。根据报告，赛墓出土的陶器包括下列器类：鼎2、豆20、敦4、簠5、壶6、罐4、大口罐1、尊1、爵1、盆1、案8、砚1、盒1、炉1、熏炉1、象尊2、驹尊1，是宋元时期随葬陶礼器数量最多、种类最丰富、形制纹饰也最富特色者。根据墓志，墓主赛因赤答忽系出蒙古伯也台氏，卒于至正二十五年（1365），可知该墓属于元代晚期的蒙古族墓葬。

其中报告定为鼎、豆、敦、簠、爵、尊的器物，无论造型还是纹饰均刻意追求三代古意。其造型明显来自商周铜器；表面压印的雷纹、云纹、山形纹等，也是南宋以来追求古意时常使用的纹饰，在仿古铜器上经常可见，如藏于台北故宫博物院的至正二十六年（1366）泳泽书院祭器[1]、内蒙古自治区乌兰察布市元墓出土的铜壶[2]、新安海底沉船中的青铜鼎形香炉[3]等。

宋元器物的仿古、复古作风，是随着北宋古器物学的兴起而兴盛；而北宋古器物学的成就——《考古图》《博古图》诸书，也就成为仿古、复古器物最直接的参考。这也是学者往往将仿古器物与《考古图》《博古图》互相比对的原因。

然而，当我们仔细对比赛墓出土的仿铜陶器与《博古图》《考古图》器物之后，发现赛墓陶器与图录之间存在一定的差距。以陶簠为例，在造型上，盖钮呈充满规律的连弧形（图7-1），与《博古图》《考古图》的簠盖相比（图7-2），具有规则且简化；簠的造型为圆形，而非《博古图》中的椭方形。若进一步比较两者的纹饰就会发现：赛墓陶器全器以雷纹、半圆形云纹等几何文样为饰，与《博古图》的兽面、夔龙等动物纹饰完全不同。类似的几何纹饰也出现于赛墓的其他陶礼器上，取代了商周的动物纹饰，元代工匠好像对于纹饰完全无法掌握，这种特点似乎不是模仿的落差所能解释。成书于南宋、题为

1　石守谦、葛婉章编：《大汗的世纪——蒙元时代的多元文化与艺术》，页120。许雅惠：《古器新诠——院藏"泳泽书院雷文簠"的再认识》，《故宫文物月刊》，第225期（2001年9月），页54—69。

2　内蒙古自治区文物工作队编：《内蒙古出土文物选集》（北京：文物出版社，1963），图163。

3　文化公报部编：《新安海底遗物》（东京：同和出版社，1983），图154。

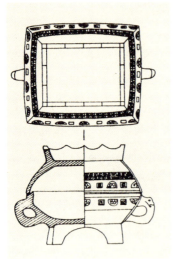

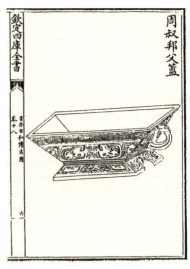

图7-1　陶簠线描图，元代，河
南省洛阳市赛因赤答忽墓出土

图7-2-1　弶中簠，《考古图》，《文
津阁四库全书》本

图7-2-2　周叔邦父簠，《重修宣和
博古图》，《文渊阁四库全书》本

朱熹所作的《绍熙州县释奠仪图》（以下简称《释奠仪图》）一书，[1] 填补了
赛墓陶礼器到《博古图》[2] 铜器之间的缺环。

　　《释奠仪图》一书是南宋绍熙时由中央颁布、作为州县祭祀释奠的礼仪
规范，全书内容包含两部分，第一部分为"州县释奠至圣文宣王仪"，详细
记载了祭祀礼仪的操作步骤；第二部分为"礼器图"，记录了各种祭器的尺
寸与规制，包括笾、豆、俎、簠、簋、牺尊、象尊、大尊、山尊、著尊、壶尊、

1　本书目前所见较早的版本为四库全书本，该本为两淮盐政采进本。朱熹：《绍熙州县释奠仪图》，
《景印文渊阁四库全书》（台北：台湾商务印书馆，1983—1986），册648，史部406，政书类，总页1—
26。另有较晚的清道光钱熙祚校刊指海本，见《百部丛书集成》（台北：艺文印书馆，1965— ）。然而，
指海本所据为何，却无记录。比较此二版本，指海本在最后加列了礼器尺，余器相同。在纹饰的描绘
上，指海本又较四库本合理，但由于书内并未书明所据版本，因此，难以查考其来源。
2　《博古图》一书，目前所见有几种不同的版本。笔者曾经仔细比较过台北故宫博物院所收藏的元至
大版《至大重修宣和博古图录》、明万历遂州郑朴校刊本《博古图录考正》、清乾隆壬申亦政堂板《重
修宣和博古图录》，发现这三本与四库全书本所载目次、分卷基本相同（除了个别传抄错误的字之外），
图像线条的笔力差异较大。元至大版造型较精确、纹饰清晰，明清版本则器物造型略有变形，纹饰描
绘生硬或省略变形。Robert Poor 也曾比较过《博古图》的各个版本，探讨图绘风格从忠实趋于规格
化（stereotyped）的过程，见 Robert Poor, "Notes on the Sung Dynasty Archaeological Catalogs," *Archives
of the Chinese Art Society of America*, no. 19（1965）: 33-44。从元至大本到明清版本的确有规格化的风
格转变，但并没有失去对器物造型或纹饰的掌握，从清代的四库全书本依旧不难想象器物的形象。由
于《释奠仪图》目前所见以四库全书本最早，为求一致，笔者也采用了文渊阁四库全书本的《博古图》
作为比较。

图7-3 簠,《绍熙州县释奠仪图》,《文渊阁四库全书》本

洗罍、洗、爵、坫、龙勺、筐等。祭器种类大致是以三礼中的簋、簠、笾、豆以及《周礼·司尊彝》中的六尊（牺尊、象尊、大尊、山尊、著尊、壶尊）为主。[1]

将赛墓出土的陶礼器与《释奠仪图》礼器相对照，除了鼎、敦、簠、爵等明显仿自《释奠仪图》之外，连报告中被称为罐、大口罐、壶的陶器也都可以与《释奠仪图》中的礼器相对应。[2] 两者在器物的种类、组合、造型上，都有相当高的相似性。

1. 簠

赛墓的陶簠造型虽与《博古图》铜簠相似，但盖上的连弧状钮相当形象化，《释奠仪图》的簠也具有同样的造型特点（图7-3）。进一步观察《博古图》与《释奠仪图》两者的纹饰，后者描绘相当草率，细节交代不清，兽纹也难以辨识，只能辨识出雷纹、云纹、波曲形纹等，这说明赛墓陶簠不以动物纹为装饰，而代之以抽象的几何文样作为器物装饰。

2. 簋

在《释奠仪图》中，方体的"簠"相对于圆体的"簋"（图7-4），两者不仅以方、圆的造型互相呼应，表面纹饰也相近。对应到赛墓出土的陶器，报告中称为"陶敦"的四件器物应该就是宋元所谓的"簋"（图7-5）。[3] 表面也以抽象纹饰取代动物纹饰。

3. 笾、豆

赛墓中几种不同造型的"豆"，对应了《释奠仪图》中的"笾"与"豆"（图7-6）。根据《尔雅·释器》"木豆谓之豆，竹豆谓之笾，瓦豆谓之登"，[4] 历来皆以豆、

---

1 《周礼郑注》（台北：台湾中华书局，1965），四部备要本，卷20，页1—3。

2 蔡玫芬已注意到赛墓中的罐可能为尊之类祭器，见蔡玫芬：《转型与启发——浅论陶瓷所呈现的蒙元文化》，收入石守谦、葛婉章编：《大汗的世纪——蒙元时代的多元文化与艺术》，页230—233。

3 在宋人的金石著录中，误将簠释为敦，直到清人钱坫才正其误。见钱坫：《十六长乐堂古器款识考》，卷2，页6—7。

4 《尔雅郭注》（台北：台湾中华书局，1965），四部备要本，卷4，页8—9。

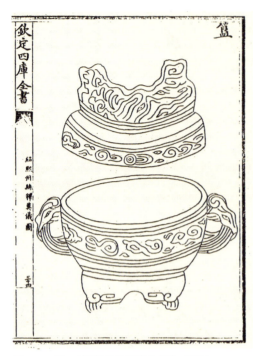

图7-4 簠，《绍熙州县释奠仪图》，页34

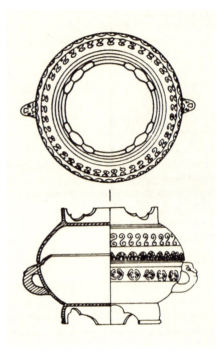

图7-5 陶簠线描图，元代，河南省洛阳市赛因赤答忽墓出土

图7-6-1 豆，《绍熙州县释奠仪图》

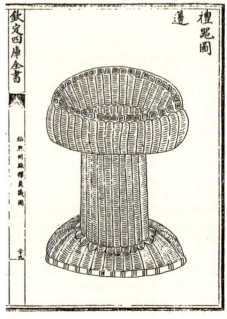

图7-6-2 笾，《绍熙州县释奠仪图》

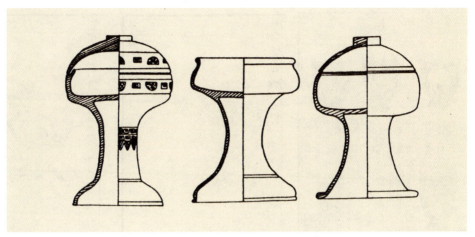

图7-7 陶笾、陶豆线描图，元代，河南省洛阳市赛因赤答忽墓出土

笾、登为器形相同、材质不同的器物。赛墓中的豆多有盖，不可能是登，应该是以陶制为豆、笾等盛食器（图7-7）。笾、豆、登同形的观念在后代器物、礼图中一直存在，如《三礼图》[1]《考古图》[2]中均见相关描述。

4. 牺尊、象尊

值得注意的是，《释奠仪图》中的六尊与赛墓中出土的驹尊、象尊、罐、壶等器物的关系。"六尊"一词出现于《周礼·司尊彝》：

> 司尊彝 掌六尊六彝之位。诏其酌，辨其用与其实。春祠、夏禴，裸用鸡彝、鸟彝，皆有舟。其朝践用两献尊，其再献用两象尊，皆有罍，诸臣之所昨也。秋尝、冬蒸，裸用斝彝、黄彝，皆有舟。其朝献用两著尊，其馈献用两壶尊，皆有罍，诸臣之所昨也。凡四时之间祀，追享朝享，裸用虎彝、蜼彝，皆有舟。其朝践用两大尊，其再献用两山尊，皆有罍，诸臣之所昨也。[3]

1 聂崇义：《重校三礼图》，《四部丛刊三编》（台北：台湾商务印书馆，1966），经部17，卷13，页11。
2 在"镫"一条，吕大临也引用了《尔雅·释器》中这段话。见吕大临：《考古图》，《景印文渊阁四库全书》（台北：台湾商务印书馆，1983—1986），册840，子部146，卷5，页22。
3 《周礼郑注》，卷20，页1—2。

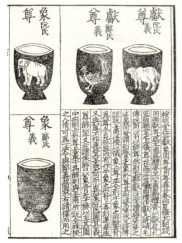

图7-8　牺尊、象尊，《新定三礼　　图7-9-1　牺尊，《重修宣和博古　　图7-9-2　象尊，《重修宣和博古图》
图》，镇江府学本　　　　　　　　图》

　　六尊当中"牺尊""象尊"的造型历来颇多争议，聂崇义《三礼图》作尊形，牺尊表面绘牛或凤凰、象尊绘以象或象骨（图7-8）；[1] 聂文中提到 "今见祭器内有作牛象之形，背上各刻莲华座，又与尊各不相连……"的这类形象，可能比较接近《博古图》中的造型（图7-9）。[2] 然而，元代儒官对于上述两类牺尊仍有争论，认为应作牺象背上负尊之形较为恰当。[3]

　　《释奠仪图》中的牺象尊描绘与《博古图》相同，分别作牺、象之形，背上开孔以纳酒（图7-10），赛墓中被定为陶驹尊、陶象尊者，也与《释奠仪图》中礼器的造型相同，连象尊背部装饰的三道璎珞均相同，应即为六尊中的牺尊与象尊（图7-11）。

1　聂崇义：《重校三礼图》，卷14，页5—6。
2　这种动物造型的酒尊如王肃所云："大和中，鲁郡于地中得齐大夫子尾送女器，有牺尊，以牺牛为尊。然则象尊，尊为象形也。"，见阮元审定、卢宣旬校：《毛诗注疏·閟宫》（台北：艺文印书馆，1965），重刊宋本十三经注疏，卷22，页780a。王黼：《重修宣和博古图》，《景印文渊阁四库全书》（台北：台湾商务印书馆，1983），册840，卷7，页5、7。
3　如元代郑陶孙便曾经议论过牺尊的造型，见郑陶孙的《舍奠礼器记》，收入苏天爵编：《元文类》，《景印文渊阁四库全书》，册1367，页331—332。郑陶孙所论之牺、象尊造型即为《考古图》"象尊"所载："按司尊彝春祠夏禴，再献用两象尊，郑众谓象尊以象凤凰，或曰以象骨饰之；阮谌谓礼图曰，画象形于尊腹；王肃以为牺象尊为牛象之形，背上负尊；魏太和中青州掘得齐大夫送女器，为牛形背上负尊，先儒之说既不同，乃为立象之形于盖上，又与先儒之解不同。"见吕大临：《考古图》，卷4，页59。

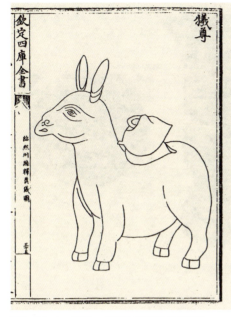

图7-10-1 牺尊,《绍熙州县释奠仪图》　　　图7-10-2 象尊,《绍熙州县释奠仪图》

图7-11-1 陶牺尊线描图,元代,河
南省洛阳市赛因赤答忽墓出土

图7-11-2 陶象尊线描图,元代,河南省洛阳市赛
因赤答忽墓出土

5. 山尊

关于六尊中的"山尊"也有不同的解释,《三礼图》以为:"山尊,受五斗,
周礼司尊彝云:追享朝享其再献用两山尊……注云山尊,山罍也,《明堂位》曰:
山罍,夏后氏之尊,亦刻而画之为山云之形。"[1]因此,《三礼图》中的山尊
作腹部刻画山云之形(图7-12)。《博古图》中并无山尊,但故宫博物院有

---

1 聂崇义:《重校三礼图》,卷14,页7—8。

图7-12　山尊，《新定三礼　　图7-13　宣和山尊，故宫博物院藏
图》

一件宋代铜器自名为山尊："唯宣和三年正月辛丑，皇帝考古作山尊，斝于方泽，
其万年永保用。"[1]（图 7-13）该器物为直筒尊造型，但仍可清楚分出圈足、
腹部、胫部三节，器表四面有棱脊，在外敞的胫部装饰着三角形蕉叶纹，当
即为"山形"的表现。《释奠仪图》中的"山尊"（图 7-14）与宣和山尊造
型相似，纹饰简化，在四面有突起棱脊，圈足与腹部装饰云雷纹，颈部则装
饰三角山形纹；赛墓出土的尊也具有类似的器形与简化的云雷纹、三角纹装饰，
应即为"山尊"（图 7-15）。

6. 著尊

六尊中的"著尊"最大的特点便是无足，器底直接着地。《礼记·明堂位》
记："泰，有虞氏之尊也；山罍，夏后氏之尊也；著，殷尊也；牺象，周尊也。"
注曰："著，著地无足。"[2] 东晋墓葬曾经出土一件自名为"著杯"的器物即
有此特点。[3]《博古图》中著录有"周著尊"作短颈、宽腹、无足、肩部两小
兽耳的造型，表面装饰夔龙纹、波曲纹、三角垂纹等（图 7-16）。[4]《释奠仪图》

1　周铮：《宣和山尊考》，页 74—75、67。
2　《礼记郑注》（台北：台湾中华书局，1965），四库备要本，卷 9，页 21。
3　王珍仁、孙慧珍：《晋代青瓷酒具——著杯》，《文物》，1999 年第 2 期，页 93。
4　王黼：《重修宣和博古图》，卷 7，页 16。

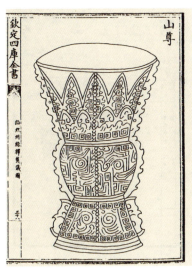
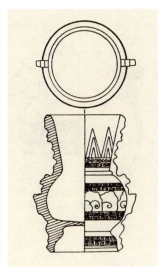
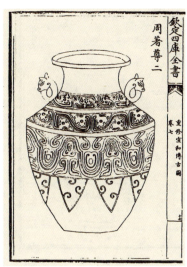

图7-14 山尊,《绍熙州县释奠仪图》　图7-15 陶山尊线描图,元　图7-16 著尊,《重修宣和博古图》
代,河南省洛阳市赛因赤答
忽墓出土

中的"著尊",造型与《博古图》相似(图7-17),也是平底无足,但器表纹饰描绘十分简化且模糊,为波曲纹、云雷纹、三角垂纹,肩部两兽耳几乎无法辨识。赛墓所出土的众多的陶容器中,包含四件平底无足陶罐,也是墓中唯一不带圈足的器类,在这四件平底罐的肩部有两兽耳,下腹装饰着云雷纹、三角纹,该器可与《释奠仪图》中"著尊"相对应,应即为"著尊"(图7-18)。

7. 壶尊

"壶尊","以壶为尊"[1]。《博古图》中有题为壶尊者,为短颈、宽腹、底有圈足、肩部有双环耳的造型,器表则装饰兽面纹(图7-19)。[2]《释奠仪图》中的"壶尊"造型与纹饰特点明显仿自《博古图》,同样在肩部有环形耳,但是表面的花纹粗略到无法辨识,只能勉强以云纹称之(图7-20)。《博古图》《释奠仪图》中的壶尊可对应赛墓出土的六件双环耳壶,当为"壶尊"(图7-21)。

1 《周礼郑注》,卷20,页2。
2 王黼:《重修宣和博古图》,卷7,页18。

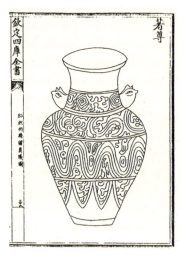

图7-17　著尊，《绍熙州县释奠仪图》

图7-18　陶著尊线描图，元代，河南省洛阳市赛因赤答忽墓出土

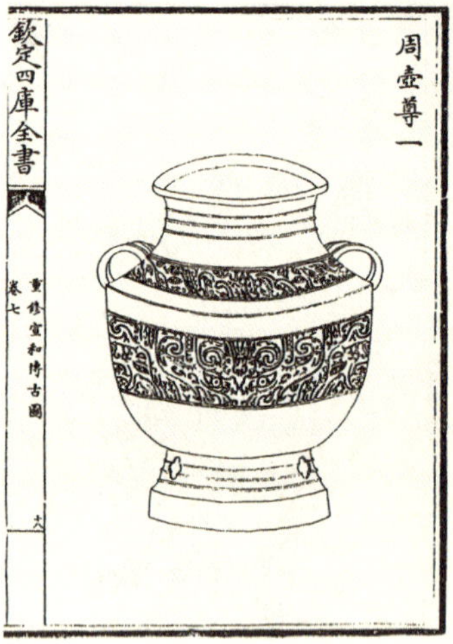

图7-19　壶尊，《重修宣和博古图》

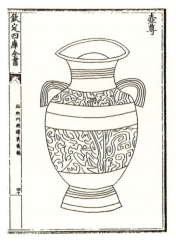

图7-20　壶尊，《绍熙州县释奠仪图》

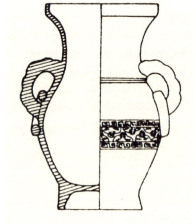

图7-21　陶壶尊线描图，元代，河南省洛阳市赛因赤答忽墓出土

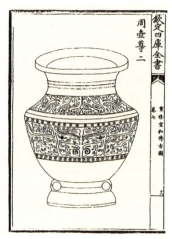

图7-22　壶尊，《重修宣和博古图》

8. 洗罍

《释奠仪图》中的"洗罍"作商代瓿形，造型与《博古图》中的"壶尊"（图7-22）相似，为侈口、短颈、广腹且带有圈足，腹部则装饰云雷纹与波曲文（图7-23），似可对应赛墓出土的大口陶罐（图7-24），两者同为短颈、广腹的造型，表面则装饰以云雷纹、三角纹等几何纹样。

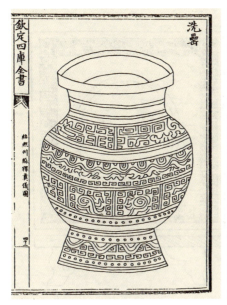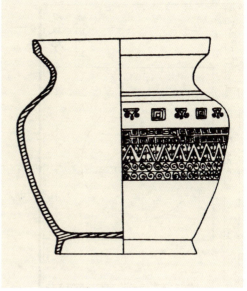

图7-23 洗罍，《绍熙州县释奠仪图》　　图7-24 陶洗罍线描图，元代，河南省洛阳市赛因赤答忽墓出土

9. 坫

墓中另出上八件方形陶案，无法与《博古图》相对应，但对照《释奠仪图》，应即为"坫"（图7-25）。《三礼图》中对"坫"有以下描述："坫以致爵，亦以承尊……"[1] 作为放置爵、尊之用，《释奠仪图》中的"坫"应来自《三礼图》的传统。赛墓中出土的"坫"在表面边缘还模印一周雷纹（图7-26）。

10. 其他

赛墓中另外还有一些器物无法与《释奠仪图》相比对，但从纹饰特点看，应同属祭器。被定为陶砚的器物便是一例，该件陶砚形制十分特别，为束腰圈形，从腰部伸出两云纹形耳，表面边缘也装饰着一周云纹（图7-27）。该器物无论造型还是纹饰均无法与宋元礼图相对应，却与明太祖时撰成的《明集礼》（洪武三年成书，1370；嘉靖九年诠补，1530）中的云坫相同（图7-28）；书载"云坫用以置尊，形如丰坫而两耳作云形"[2]，可知该器物最大的特色便

1　聂崇义：《重校三礼图》，卷14，页9。

2　徐一夔等：《明集礼》，《景印文渊阁四库全书》，册649，史部407，卷7，页13。

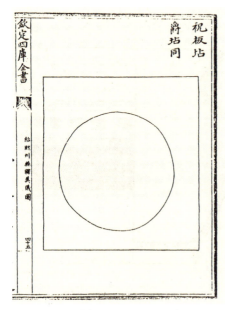

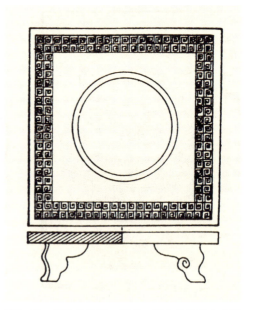

图7-25 坫，《绍熙州县释奠仪图》，页45　图7-26 陶坫线描图，元代，河南省洛阳市赛因赤答忽墓出土

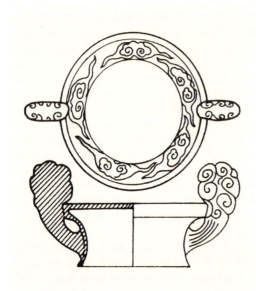

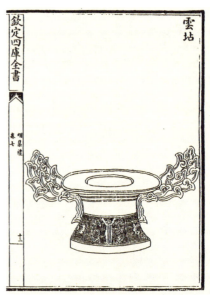

图7-27 陶砚（应为云坫）线描图，元代，河南省洛阳市赛因赤答忽墓出土　图7-28 云坫，徐一夔等：《明集礼》，《文渊阁四库全书》本

图7-29　双錾杯，西周

是有两云形耳，作为放置尊之用。云坫一器仅见于明初的《明集礼》，未见
于其他礼图，考古遗物中也相当罕见，目前所见仅元末赛墓出土一例。推测
云坫或为元末发展出来的祭器造型，其造型与出土于陕西长安张家坡窖藏的
西周双錾杯（图 7-29）[1]、陕西宝鸡出土的鸟耳铜壶[2]等相似，或许受到了这
类出土古器的影响。云坫至少沿用到明代初期，至清代的《皇朝礼器图式》（乾
隆三十一年，1766）中已不见此造型器物。

　　另有长方形方炉一件，腹部装饰山形纹与雷纹带，四足为云头形足（图
7-30）。方炉一器不见于礼图，但与现藏于故宫博物院、著录于《善斋吉金录》
的"宋姜娘子至德坛炉"造型相同（图 7-31），该器器底带有款识"绍兴二年，
大宁厂臣苏汉臣监督姜氏铸至德坛用"[3]。该器为绍兴二年（1132）铸器，作
为道观祭器使用，该器款识虽然不无疑问，但确是宋、元时期的民间祭祀用器，

1　中国青铜器全集编辑委员会：《中国青铜器全集》（北京：文物出版社，1996），第 5 册，图 127。

2　卢连成、胡智生：《宝鸡𢎥国墓地》（北京：文物出版社，1988），页 376，图 258：1。

3　刘体智：《善斋吉金录》（上海：上海图书馆，1998），册 28，任器录，页 74—75。

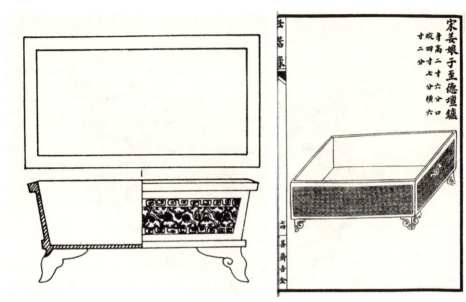

图7-30　陶方炉线描图，元代，河南省洛阳市赛因赤　　图7-31　方炉，《善斋吉金录》
答忽墓出土

洛阳王述墓中也曾出土。[1]

　　经过一番梳理，重新整理赛墓出土的陶祭器种类与数量如下：鼎2、爵1、
簋5、簠4、笾豆合计20、牺尊1、象尊2、山尊1、著尊4、壶尊6、洗罍1、
洗1、坫8等。对应赛墓出土的陶礼器与《释奠仪图》的礼器组合如表7-1
所示：

表7-1　赛因赤答忽墓出土器物与《释奠仪图》对照表

可相对应者	无法对应者
笾、豆、簋、簠、牺尊、象尊、山尊、著尊、壶尊、洗罍、洗、爵、坫	鼎、熏炉、方炉、云坫（赛因赤答忽墓）
	俎、大尊、龙勺、篚、笾巾、画布巾（《绍熙州县释奠仪图》）

　　由上表可见，赛墓出土的陶礼器组合大体与《释奠仪图》相合，与《博古图》
差异甚大，说明了赛墓祭器的组合与制造极有可能参酌了《释奠仪图》一类
的礼书。

1　洛阳市博物馆：《洛阳元王述墓清理》，《考古》，1979年第6期，页569，图1：8。

二、《宣和重修博古图》与《绍熙州县释奠仪图》

对比元代赛墓出土陶礼器与《绍熙州县释奠仪图》中描绘的礼器,虽然器表纹饰差异较大,[1] 但两者的器物造型与祭器的类型组合对应性相当高,可见赛墓中出土的陶礼器应参考了《释奠仪图》一类的礼图。

至于《释奠仪图》中描绘的礼器又与《博古图》存在一定程度的关系,如《释奠仪图》的牺尊、象尊、著尊、壶尊、洗罍等之造型明显都承袭自《博古图》中的相关器物,然而《释奠仪图》的器物局部形制明显变形,如《博古图》中的著尊肩部明显为兽形耳(图 7-16),但在《释奠仪图》中却成为似兽首又似鸟首的怪异形状(图 7-17);《博古图》中壶尊肩部的双环形耳(图 7-19),在《释奠仪图》中却成为与器不相连的缺环形(图 7-20)。象尊也是一个明显的例子,《博古图》中的象尊结构相当清晰(图 7-9),为一象形背上开口,口沿安置着一圆环形提梁,提梁上附着一个盖;到了《释奠仪图》(图 7-10)中,大体仍保留《博古图》中的象尊造型,但大象口部的象牙不见了,使得象的嘴形变得十分怪异,背上的开口、提梁、盖的关系十分含糊,无法分辨彼此的扣合关系。

若进一步比较《博古图》与《释奠仪图》中纹饰细节的描绘,则《释奠仪图》中纹饰的走样就更明显了。以洗罍为例,《释奠仪图》中的"洗罍"(图 7-23)明显来自《博古图》中的"周壶尊二"(图 7-22)的造型,纹饰的构成也可见从《博古图》演化而来的痕迹。"洗罍"腹部被分割成数个块状的雷纹装饰,这个分割虽与"周壶尊"相同,然而"洗罍"完全无法掌握"周壶尊"中的兽面纹,转而将兽面纹变形为漩涡状的云纹,仅存边缘的连珠纹带较为直接地说明其与"周壶尊"的关系。

又如《释奠仪图》中的"洗"为内部饰有龟、鱼的高圈足碗形(图 7-32),器物形象明显模仿自《博古图》中的"周负龟洗"(图 7-33)。[2] 但"周负龟洗"不仅内壁龟、鱼形象分明,圈足外壁也是清晰的对称兽面,中心鼻梁部位呈倒三角形;同样的形象在《释奠仪图》中,"洗"却大为走样,内壁的龟、

1　在宋元仿古祭器中,器形的特征较容易掌握,但纹饰描绘往往变形严重,有时工匠虽然看着已编成的礼图,仍然自作忖度,使得所制之器与图完全不合,这也说明了今日所见宋元仿古铜陶器的纹饰严重变形的原因,参蔡玫芬:《转型与启发——浅论陶瓷所呈现的蒙元文化》,页 230—233。

2　见书中的"周负龟洗"。王黼:《重修宣和博古图》,卷 21,总页 837。

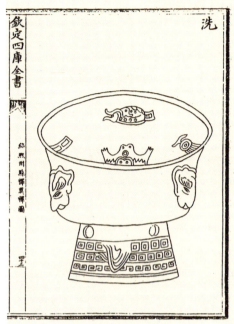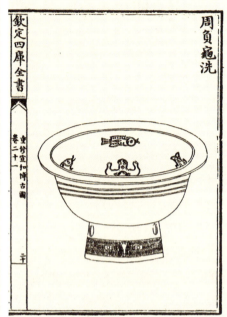

图7-32　洗，《绍熙州县释奠仪图》　　　　图7-33　洗，《重修宣和博古图》

鱼还勉可辨认，但圈足外壁完全不知所云。

　　《释奠仪图》描绘的种种特征都显示出其与《博古图》有相当程度的关系，一方面承袭自《博古图》中的古器物形象，另一方面对于《博古图》中的图像细节又无法掌握，因此其造型、纹饰细部均呈现粗率且简化的现象，有时甚至无法理解。为什么会有这样的现象，两者的关系为何？可以从《释奠仪图》的成书谈起。

　　《绍熙州县释奠仪图》的作者题为朱熹，全书包含两部分，一为"州县释奠至圣文宣王仪"，包括时日、斋戒、陈设、省馔、行事及神位等；另一为"礼器图"，图绘各种祭器图像及尺寸。

　　《四库全书提要》检核朱子年谱对本书进行了考订。《释奠仪图》初稿是朱熹在绍兴二十五年（1155）官同安主簿，有感于县学释奠旧例仅止于人吏行事，于是采《周礼》、《仪礼》、唐《开元礼》等相互参考，画礼仪图而成的。淳熙六年（1179）差知南康军时，请颁降礼书未果。绍熙元年（1190）[1]

1　《四库全书提要》中将"绍熙"误作"绍兴"。

改知漳州，又上释奠礼仪数事，此为释奠礼之再修。绍熙五年（1194），除知漳州后又取往年所上之礼仪，修订为四条，即为《释奠仪图》一书之定稿。但书中所列从祀牌位有吕祖谦、张栻、朱熹等南宋人士，又有咸淳三年改订位次之事，因此《四库全书提要》编者认为"盖后人随时附益，又非其原本矣"。

张心澄虽在《伪书通考》中曾论及本书，但在检索《宋史·艺文志·仪注类》也录有朱熹《释奠仪式》一卷之后，并没有怀疑该书的真实性，只认为有后人附益部分，意见与《四库全书提要》相同。[1]

《释奠仪图》一书的作者是不是朱熹？可靠性如何？应将该书放到礼器图的发展脉络中稍作梳理。历来礼家有编绘礼器图以帮助解经的传统，朝廷也编订礼书，绘制礼图，令国家的社稷礼仪、州县的春秋祭祀有所遵循。相关的礼图目前所见以北宋聂崇义的《三礼图》为最早，根据聂崇义序中"国朝创制……于是博采三礼旧图，凡得六本，大同小异，其犹面焉"[2]可知，聂崇义《三礼图》并非无中生有，而是博采六图以成此书，[3]这六本礼图涵盖了东汉以降的数百年，而且六本大同小异。换句话说，聂崇义的《三礼图》整理了东汉以后，历经六朝、隋、唐至宋初的礼图，[4]虽然于古无据，但沿用了千年之久，即使是宋代金石学重要的学者欧阳修在宋英宗治平二年（1065）作《太常因革礼》时，仍以《三礼图》作为祭器的主要规式。[5]到了宋徽宗诏订新仪，聂崇义的《三礼图》被指为皆诸儒臆说，于经无据，[6]并毁去原先图绘在国子监讲堂上的图像。徽宗朝的礼制改革，一方面完成《政和五礼新仪》，另一方面在政和年间集内府收藏编成《宣和殿博古图》一书，该书在宣和年

---

1 该条内容如下："绍熙州县释奠仪图一卷。有附益。宋朱熹撰。《宋史·艺文志》'仪注类'有朱熹《释奠仪式》一卷。《四库提要》曰：所列两庑从祀位次有吕祖谦、张栻，则其事在理宗以后，又有咸淳三年改定位次之文。检勘《宋史·礼志》载咸淳诏书，其先儒名数及东西序次与此书一一吻合，与朱子益不相及。盖后人随时附益，又非其原本矣。"见张心澄：《伪书通考》上（上海：商务印书馆，1957 年修订本），页 715。

2 聂崇义：《重校三礼图》序，页 1。

3 《四库全书提要》考订此六本为阮氏、郑元、夏侯伏朗、开皇图、张镒、梁正等之图。见聂崇义：《三礼图集注》提要，《景印文渊阁四库全书》，册 129，经部 123，页 2。

4 林巳奈夫在对比了《三礼图》中的礼器样式与汉代器物之后，认为《三礼图》所图绘的礼器样式应该是汉儒根据当时器物的造型、纹饰在脑中所想象的三代礼器。同时《周礼·司尊彝》所记录的三代礼器与考古器物有相当大的出入，制作者似乎已经不懂商周礼器的使用了，因此该部分内容可能完成于秦灭六国之后，因为六国被灭、宗庙祭祀断绝，原有的礼器系统丧失，因此完全无法与三代器物相对应。参见林巳奈夫：《周礼的六尊六彝与考古学遗物》，《东方学报》，第 52 册（1980），页 1—62。

5 欧阳修等奉敕编：《太常因革礼》，《丛书集成简编》，卷 15，页 81—88。

6 王应麟：《玉海》，《景印文渊阁四库全书》，册 944，子部 250，卷 56，页 16—17。

间又经修订，是为《宣和重修博古图》。[1] 综合徽宗朝的礼制改革，以《政和五礼新仪》为朝廷礼仪规范，对于三代古铜器的收藏考订则汇编为《宣和博古图》一书。[2]

北宋徽宗朝虽致力于礼制改革，但对于地方州县的影响相当有限，南宋地方祭器仍然以聂崇义旧图为宗。在《释奠仪图》前所附淳熙六年（1179）知南康军的朱熹在所上"申请所降指挥"中有清楚陈述：

> 照对《政和五礼新仪》，州郡元有给降印本，兵火以来，往往散失。……欲乞特赐申明，检会《政和五礼新仪》内州县臣民合行礼制，镂版行下诸路州军，其坛壝、器服、制度亦乞彩画图本，详著大小高低广狭深浅尺寸，行下以凭遵守……[3]

由于地方祭祀无所遵循，朱熹于是上书中央乞请颁布《政和五礼新仪》中合于地方施行的礼仪，太常寺覆：

> 本寺今开具《政和五礼新仪》州县释奠文宣王，及祭社稷并祀风雨师雷神仪注并坛壝器服制度……今折连符前去，须至符下南康军主者，候到仰收管遵用施行，仍详太常寺所申事理照会，符到奉行，淳熙六年八月日下。

太常寺于是开具了《政和五礼新仪》中的"州县释奠文宣王仪"并连同仪服制度等，类成一书，在淳熙六年颁布了"淳熙编类祭祀仪式"，以为地方州官参考。[4]

1　参见陈梦家著，王世民整理：《博古图考述》，《湖南省博物馆文集》，第四辑，页8—20。叶国良：《博古图修撰始末及其相关问题》，页86—95。

2　关于北宋一朝朝廷礼制改革与宋代古器物学兴起的关系，见陈芳妹：《宋古器物学的兴起与宋仿古铜器》，《台湾大学美术史研究集刊》，第10期（2001），页37—160。

3　朱熹：《绍熙州县释奠仪图》，《景印文渊阁四库全书》，册648，史部406，总页3。也见于朱熹之"乞颁降礼书状"，收入《朱文公全集》，《四部丛刊初编》（台北：台湾商务印书馆，1965），卷20，页317。

4　同样的内容在《宋会要辑稿》中也有记录，然文字略有出入："今来颁降州县制度乞从大中祥符制度图本，又诸路州县释奠祀祭，合置坛壝冕服及行礼仪注参考，类成一书。委临安府镂版印造，从礼部颁降，以'淳熙编类祀祭仪式'为名……"见徐松辑，陈援庵等编：《宋会要辑稿》（台北：世界书局，1964），礼14之101，页637。

　　《释奠仪图》的第一部分"州县释奠至圣文宣王仪"应即淳熙年间颁降的"淳熙编类祭祀仪式",将其与《政和五礼新仪》中的第126卷"吉礼:州县释奠文宣王仪"[1]一卷相对照,两者文字大体相同,可知《释奠仪图》中的州县释奠礼仪应即来自《政和五礼新仪》中的"州县释奠文宣王仪"。但《释奠仪图》中礼仪行礼的细节更为明确,释奠的时日、神位顺序两者也不尽相同,为何会有这样的差异?从"文公潭州牒州学备准指挥"一节可得到解答。

　　"文公潭州牒州学备准指挥"记录了朱熹在绍熙五年(1194)除漳州知时,将其对于州县礼仪之增修汇整移之学官,[2]朱熹此次上书指出了淳熙六年所颁布的"淳熙编类祭祀仪式"(即《政和五礼新仪》"州县释奠文宣王仪")中的部分疏漏、矛盾,请求修订内容(主要是关于祭祀神位、从祀顺序与释奠时日等问题),这些在目前所见的《释奠仪图》中都已获得改正,正说明了《释奠仪图》中"释奠至圣文宣王仪"与《政和五礼新仪》中部分记录不同的原因,也说明了随着时代、礼制的变化,礼书内容也随时修订。至于在《释奠仪图》中的从祀者中加入了郕国公、沂国公,并且在下方注以"今咸淳三年(1267)升配郕国公、沂国公,位在衮国公之下",这些事件的发生时间在朱熹之后,与朱熹毫无关系,是各时代所作的修订。

　　前述"文公潭州牒州学备准指挥",除了申请太常寺修正"州县释奠文宣王仪"部分内容外,同时也申请所司重新绘制一套礼图,颁布州县,以代替聂崇义《三礼图》:

　　　　祭器淳熙颁降仪式并依聂崇义《三礼图》样式。伏见政和年中议礼局铸造祭器,皆考三代器物遗法,制度精密,气象淳古,足见一时文物之盛,可以为后世法。故绍兴十五年,曾有圣旨以其样制开说印造,须付州县遵用,今州县既无此本,而所颁降仪式印本,尚仍聂氏旧图之陋,恐未为得,欲乞行下所属,别行图画镂板颁行,

---

1　郑居中等奉敕撰:《政和五礼新仪》,《景印文渊阁四库全书》,册647,史部405,总页630—633。
2　朱熹:《绍熙州县释奠仪图》,《景印文渊阁四库全书》,册648,史部406,总页4—11。朱熹之"乞增修礼书状"(淳熙七)与"释奠申礼部检状"(年谱系于绍熙元)中均有类似的记录,但文字与《释奠仪图》并不相同,应是朱熹知漳州任内不断地有增修礼书之建议,最后之定稿,是朱熹在绍熙五年除漳州知之后才钩校确定。相关内容见朱熹"乞增修礼书状""释奠申礼部检状""书释奠申明指挥后",分别收入《朱文公全集》,文集,卷20,页317—318;别集,卷8,页1936—1937。

令州县依准制造。其用铜者，许以铅锡杂铸，收还旧本，悉行毁弃，更不行用。

从上文可知，虽然在绍兴十五年曾按政和新制开印礼书，可是州县并无此书，至于淳熙六年颁布之"淳熙编类祭祀仪式"中的礼图仍因袭聂崇义《三礼图》旧式，因此，朱熹乞以政和新制礼器代之。太常寺覆以"本寺勘会欲依本官所申，将本寺礼器图印造，同祭祀仪式行下，随州县事力，如欲改造，即照应依式制造施行"。覆文时间为绍熙五年（1194）八月，同意将太常寺所藏"礼器图"行下州县，州县如欲改制礼器，便依新制样式施行。

总结绍熙五年太常寺对于"文公潭州滁州学备准指挥"的覆文，"日下从本寺将州县释奠文宣王位次序仪式改正，及备坐今来申明指挥行下临安府镂板，同《绍兴制造礼器图》印造，装背作册，颁降施行……遍牒诸州，颁下诸县，照应施行"。可知太常寺从朱熹之建议将"州县释奠文宣王仪"的牌位次序改正，这指的是《释奠仪图》中第一部分"州县释奠至圣文宣王仪"；另外太常寺同意将《绍兴制造礼器图》付印，应即为《释奠仪图》中的第二部分——"礼器图"。在朱熹屡次上书之后，太常寺终于将修正后的"州县释奠文宣王仪"与《绍兴制造礼器图》两者印造，并装褙作册，颁布州县施行，即为《绍熙州县释奠仪图》一书。换句话说，《释奠仪图》中的礼器图应即来自《绍兴制造礼器图》。

《绍兴制造礼器图》之来源为何？南宋绍兴年间虽屡有按政和新礼铸造礼器的提议，但要到绍兴十三年（1143）以后朝廷才有具体响应。绍兴十三年，臣僚请颁《宣和博古图》于太常寺，以为改造宗庙礼器的参考；[1] 绍兴十五年（1145）宋高宗下旨以政和礼器为准，开印礼器图，颁布州县，以为遵用；[2] 绍兴十六年（1146），新制礼器完成，[3] 并以之赐予朝廷大臣，秦桧家庙豆即

1　"绍兴十三年二月二十七日臣僚请颁宣和博古图于太常，俾礼官讨论厘正，改造祭器，从之……"见王应麟：《玉海》，《景印文渊阁四库全书》，册944，子部250，卷56，页33（总页501）。相关内容又见徐松辑，陈援庵等编：《宋会要辑稿》，礼14之80，页627。

2　见前述"文公潭州滁州学备准指挥"。又见徐松辑，陈援庵等编：《宋会要辑稿》，礼14之81，页627："（绍兴）十五年十二月十七日，上谕宰执曰：将来礼器造成，宜以制度颁示州县，俾之遵用，庶革舛误。"

3　"十六年十月二日，上御射殿，宰执进呈礼器，宰臣秦桧曰：考古制度极为精致。上曰：所用皆足备，今次祀上帝、飨太庙典礼一新，诚可喜也。"见徐松辑，陈援庵等编：《宋会要辑稿》，礼14之81，页627。

为一例。[1]可见南宋绍兴年间曾力图恢复政和新礼，相关礼仪制度也一度引起讨论，《绍兴制造礼器图》可能即当时所编印的礼器图录，或即绍兴十五年宋高宗下令开版印刷、交付州县实施之本。

《绍兴制造礼器图》今虽不存，但可以合理地推测它应较《释奠仪图》更为接近《博古图》，三者之间有着相互承袭的关系：以《博古图》为母本，而产生了《绍兴制造礼器图》；以《绍兴制造礼器图》为母本，而产生了《释奠仪图》。由于《绍兴制造礼器图》已不存，因此从《释奠仪图》直接上视《博古图》时会有虽同而有异的落差，这样的落差应即反复抄摹的结果。

三、《宣和重修博古图》的 "间接" 传播

总结上述讨论，可以复原《释奠仪图》的成书过程以及与《博古图》曲折的关系：随着徽宗政和年间的礼制改革，汇整了内府古器为《宣和重修博古图》一书，该书成为政和新礼以后新制礼器的规范；然而，经过一番战火，北宋铸器多已不存，到南宋绍兴年间，以政和新礼样式重新铸造礼器，同时编印《绍兴制造礼器图》一书；而南宋中期的《绍熙州县释奠仪图》则进一步将绍兴以来的新礼器制推向地方州县。这一层层的抄摹——从《博古图》到《绍兴制造礼器图》，再到《释奠仪图》——正解释了《释奠仪图》与《博古图》器物描绘上的差异。

目前虽无法肯定《博古图》在宋元时期的印刷与流传，[2]但从目前宋元时期考古文物出土的情况来看，《释奠仪图》一类具有实用价值的礼书对于地方州县祭器有着一定的影响。如内蒙古自治区赤峰市出土的 "皇姊大长公主施财铸造祭器，永充全宁路三皇庙内用" 铜簋（图7-34）[3]；湖南省慈利县大德九年（1305）铜簠（图7-35），铭文为 "大德乙巳靖州达鲁花赤脱欢等、

1　台北故宫博物院编：《千禧年宋代文物大展》（台北：台北故宫博物院，2000），图Ⅰ—25。

2　张临生认为《宣和重修博古图》一书篇幅浩繁，要在宋元时期镂版印刷，在技术上有一定的困难，因此流通传布十分有限。见张临生：《文王方鼎与仲驹父簋》，《故宫学术季刊》，第15卷第1期（1997），页21—23。

3　虽然这件器物是皇姊大长公主施财供奉，但由于是供全宁路寺庙使用，因此应属于地方祭器的系统。至于器物的时间，推测可能在延祐六年（1319）前后，因为大长公主曾于该年作佛事，并释全宁府重囚二十七人，见宋濂等撰：《元史》（台北：台湾中华书局，1965），四部备要本，卷26，页9。该器见内蒙古文物工作队：《内蒙古出土文物选集》（北京：文物出版社，1963），页118，图159。

图7-34   全宁路铜簋，元代，内蒙古自治区赤峰市出土

知州许武略、判官田进义、吏目郭中等谨
识云”[1]；内蒙古自治区林西县元仁宗延祐
二年（1315）铜簋，铭文为 “汀州路提调
官总管吴亚中延祐二年三月日铸”[2]等。祭
器的造型、纹饰均有所变形或简化，与《释
奠仪图》之类的礼图表现较为接近，应是
通过《释奠仪图》一类的州县礼书所制造
的仿古祭器。

图7-35   靖州铜簠，元大德九年（1305），湖南省慈利
县出土

　　另外，元代的儒者在铸造地方官学祭器时，也屡屡征引朱文公的礼图，
可能即《释奠仪图》一书。如李淦在《平江路学祭器记》中提到至元三十年
（1293）以朱文公释奠菜礼重订礼器之事：“平江路学大成殿祭器者，教授
李淦方文豹所造也。金属大尊二、山尊二、壶尊十有二、牺尊八、象尊如壶

---

1   常德地区文物工作队：《慈利县出土的元代铜簠》，《文物》，1984 年第 5 期，页 81。
2   此件器物按照今日的命名应为铜簠，但在宋人的金石著录中，均将这类器物称作簋，因此，当时
制作的该类祭器均应名之为簋。王刚：《介绍一件元代铜簋》，《草原文物》，1998 年第 2 期，页 90。

尊之数、罍四、洗四、勺二十、爵百七十有二、坫二百有二、豆三百四十有四、
簠百三十有六、簋如簠之数、炉一、缶二、罃二十有四；竹属筐十有一、篚
三百二十有九；木属俎五十有五，余仍旧。贯初至元二十有九年十有二月望，
淹祇事，顾兹器非度，明年考朱文公释奠菜礼，改为之……"[1]郑陶孙在《舍
奠礼器记》（1306）中也曾提道："议从旁郡致工将补之，有舍奠礼器图一编，
来者乃故宋景定间赵公汝梅守宣城日，所在而锓诸梓者也，其图则本朱文公
所已考及以博古所收参订亦勤矣……大德十年岁在丙午八月朔浙水东郑陶孙
记。"上述文字所提到的"朱文公释奠菜礼"或"朱文公所考之图"应即《绍
熙州县释奠仪图》，也从文献记载证明了该书对于元代地方州县的祭器制造
与讨论有一定影响力。[2]

《释奠仪图》之类的礼书颁布之后，对于地方州县有一定的影响，但《三
礼图》的传统并未完全消失。事实上，《三礼图》传统一直到明清都没有完
全断绝，《明集礼》中的六彝仍为汉儒臆说的《三礼图》样式。元代的类书《事
林广记》中的祭器仍为《三礼图》样式，[3]明代的《三才图会》（1607）也保留《三
礼图》祭器样式。[4]即使是遵行《博古图》的《释奠仪图》，也有几件器物在《博
古图》中无法找到相应图式，包括笾、笾巾、俎、幂尊疏布巾、龙勺、篚等，
仍回到《三礼图》旧式。由此可知，鼎、爵、簠、簋、豆等《博古图》中可考者，
以《博古图》作为图式来源；至于《博古图》中所不载者，仍依三礼旧图。

《中兴礼书》（淳熙八年成书，1181）卷九"郊祀祭器"也有类似的记载：

（绍兴）十五年……诏令段拂王铁一就讨论，同王晋锡制造。一、
圆坛正配位，尊罍并豆并系陶器，牺尊、象尊、壶尊各二十四，豆
一百二十并盖，簠簋各二十四副，已以《博古图》该载制度，于绍
兴十三年已行烧造外，内有未应《博古图》样制，今讨论合行改造。
太尊六十四，大罍二十四，以上《博古图》该载，见依《三礼图》
烧造，今讨论欲依见今员坛正配位新礼器改造。……概尊四十八，

1 李淰：《平江路学祭器记》，收入元苏天爵编：《元文类》，《景印文渊阁四库全书》，册1367，页329。
2 郑陶孙：《舍奠礼器记》，页331—332。
3 陈元靓：《事林广记》，《和刻本类书集成》（上海：上海古籍出版社，1990），卷5，页5—7。
4 王圻：《三才图会》（台北：成文出版社，1970），据万历三十五年刊本影印，册3，器用1—2，页3—16。

蚌尊一十，散尊四十八，黄彝一十四，斝彝一十三，鸡彝一十三，
鸟彝一十四，各有舟罍洗三十五副，已上祭器《博古图》各不该载，
见依《三礼图》，用漆木器制造，今来秘书省见管古器内有尊彝等，
可以照应讨论……所有太庙俎案二百一十，今讨论欲依《三礼图》
改造。[1]

绍兴十五年改造祭器时，尊、罍等《博古图》有式者，依《博古图》；
至于俎案等《博古图》无式者，则依《三礼图》；但还有一些如散尊、六彝
之类的祭器，因不载于《博古图》，因此究竟要依《三礼图》或在《博古图》
中取可用者，便须太常寺礼官们再讨论。上述记录也说明了元代墓葬出土的
随葬品（包括铜器与陶器），常见《三礼图》《博古图》两种样式并存的情况，
反映出新旧礼制混杂的情形。至于新旧礼制的施行是否有地域性，从目前所
见资料，还无法做出结论。

除了"间接"传播之外，宋元时期也不乏制作较为精准，造型、纹饰与
《博古图》较为接近的作品，其中部分为王室作器，如政和鼎[2]、绍兴洗[3]、蕤
宾钟[4]、夷则钟[5]等，是直接取材自内府的三代铜器收藏。另外，还包括宋元墓
葬出土品，如浙江省平阳县南宋淳熙五年（1178）黄石墓出土的铜钟（图7-36）、
铜壶（图7-37）、铜鼎[6]，江西省峡江县景定元年（1260）王应白墓葬出土铜
鼎[7]，与泰定元年（1324）"内府官物"漆盘同出的铜鬲（图7-38）[8]等，这
些器物可能与《博古图》《考古图》有较直接的关系。它们或为内府藏品，
或为文人士大夫墓葬出土品，可能与北宋以来金石学的发展有较密切关系，
反映出持有者对于三代古器物的喜好。

因此，当讨论《宣和重修博古图》的流传与影响时，除了该书"直接"

1　宋礼部太常寺纂修，（清）徐松辑：《中兴礼书》，《续修四库全书》（上海：上海古籍出版社，1997），
　　卷9，页5—7。
2　台北故宫博物院编：《千禧年宋代文物大展》，图1-24。
3　现藏于Fogg Museum，参见容庚：《商周彝器通考》（北平：哈佛燕京学社，1941），下册，页5，
　　图7。
4　台北故宫博物院编：《千禧年宋代文物大展》，图1-27。
5　台北故宫博物院编：《千禧年宋代文物大展》，图1-26。
6　叶红：《浙江平阳县宋墓》，《考古》，1983年第1期，页80—81。
7　赵国祥、毛晓云：《峡江清理两座古墓》，《江西历史文物》，1986年第2期，页34，图2、图5。
8　高桂云：《元代仿古龙纹三足索耳鬲炉》，《文物》，1985年第12期，页87。

图7-36　铜钟，南宋，浙江省平阳县出土　　图7-37　铜壶，南宋，浙江省平阳县出土

图7-38　铜鬲，元代，北京延庆窖藏

镂版印刷之外，《释奠仪图》之类的礼书"间接"流传也是宋元时期相当重要的渠道，尤其是对于祭器的制造，更产生了一定的影响。从《释奠仪图》成书后历有增修，到元末墓葬出土的礼器，"间接"流传的方式对于宋元礼祭器的制造提供了一个重要且富于实用性的参考。

第八章

《至大重修宣和博古图录》的版印特点与流传
——从傅斯年图书馆藏品谈起

　　《宣和博古图》是中国历史上第一部由皇帝敕编的古器物图录，也是宋代金石学的代表作之一，其篇幅之庞大、对于古铜器描绘之详实，在 20 世纪科学考古出现之前，无出其右者。这本书虽然成书于 12 世纪早期，但是目前所见最早的版本却是刊于元至大（1308—1311）年间，这个至大版本同时也是描绘最为精细的本子。[1] 本章将傅斯年图书馆（以下简称"傅图"）所收藏的几个本子提出、形式上的交叉比较，以厘清它们的年代，并了解一个带有图像的文本在流传过程中可能产生的扭曲，只有如此，我们才可能用后来的本子去讨论宋代考古的发展。在研究过程中，笔者偶然发现其中的一本《至大重修宣和博古图录》是以明代的回收公文纸印刷，上面带有明确的时间与地点，成为推断该本印刷年代的有力证据，也成为判断他本年代的标尺。更重要的是，根据这个发现，我们可以进一步推测，从南宋到明中叶《宣和博古图》的印刷大体上均不出官家系统。

---

1 《宣和博古图》主要的版本有元至大刊本（1308—1311）；明代蒋旸覆元刻本（1528）、泊如斋刊本（1588）、郑朴校刊本（1596）、宝古堂刊本（1603）；清代亦政堂刊本（1753）、四库全书本（1773—1784）。其中明泊如斋刊本、清亦政堂刊本与四库全书本有影印本，泊如斋刊本不全，见《中国古代青铜器识鉴》（太原：山西人民出版社，1993）。亦政堂本见《宣和博古图》（台北：新兴书局，1968）；四库全书本见《景印文渊阁四库全书》（台北：台湾商务印书馆，1983—1986），册 840。

一、《宣和博古图》其书

《宣和博古图》始编于宋徽宗大观（1107—1110）年间，成于宣和（1119—1125）年间，是中国历史上第一本由皇帝主持编纂的古物图录。它收录了超过 800 件的青铜器，多数为商周礼器，但也包括汉至唐铜镜三卷。关于《宣和博古图》的修纂缘起，南宋初的翟耆年在《籀史》的一开头"徽宗圣文仁德显孝皇帝宣和博古图三十卷"中说得很明白：

> 帝文武生知，圣神天纵，酷好三代钟鼎书，集群臣家所蓄旧器，
> 萃之天府，选通籀学之士，策名礼局，追迹古文，亲御翰墨，讨论
> 训释以成此书，使后世之士识鼎彝牺象之制，瑚琏尊罍之美，发明
> 礼器之所以为用，与六经相表里以敷遗后学，可谓丕显文王之谟也。[1]

由于翟耆年是翟汝文的儿子，而翟汝文在徽宗朝曾亲自参与复古礼器的订定与制作，他的文集《忠惠集》中便收录了他为复古礼器所撰写的铭文。[2]因此，翟耆年在《籀史》中的这段记录应该相当可靠，它说明了宋徽宗不但搜集群臣家藏古代青铜器，并且亲自参与《宣和博古图》的编撰。由于书目记录的分歧，过去关于这本书的修纂时间与作者，学者们曾经有过热烈的讨论，[3]不过现在一般认为王黼只是挂名，此书实际上是徽宗与他的大臣们集体合作的成果。

二、历史语言研究所《至大重修宣和博古图录》的形式特征

《宣和博古图》纂成之后不久，北宋朝廷便遭逢靖康之难，淮河以北的半壁山河尽入金人之手。从目前的资料我们无法判断《宣和博古图》在北宋

1　翟耆年：《籀史》，《百部丛书集成》（台北：艺文印书馆，1965— ），据守山阁丛书影印，页 1。
2　翟汝文：《忠惠集》，《景印文渊阁四库全书》，册 1129，页 296—297。
3　王国维：《书宣和博古图后》，《观堂集林》（上海：上海书店，1922），卷 18，页 917—919；容庚：《宋代金石书籍述评》，《容庚选集》（天津：天津人民出版社，1994），页 18—27；陈梦家著，王世民整理：《博古图考述》，收入船山学刊杂志社编辑：《湖南省博物馆文集》（长沙：船山学刊杂志社，1998），第四辑，页 8—20。

是否曾开板印刷。[1] 南宋的林希逸在《考工记解》中曾说："至金人侵轶后皆无此本，及吴少董使北见之，遂市以归，尚有十数面不全"[2]，可见此书在历经北宋末年的兵火之后，曾一度散失而后复得。同时在南宋的公私著录书目中，包括《中兴馆阁书目》[3]、《郡斋读书志》[4]、《遂初堂书目》[5]、《直斋书录解题》[6]，均曾著录《宣和博古图》一书（有时称《博古图》），可知《博古图》在南宋曾经梓行，可惜这些宋代的版本目前已经无法看到。

目前所见最早的版本是《至大重修宣和博古图录》，[7] 许多图书馆均藏有此本，例如台北故宫博物院、"央图"以及日本东京静嘉堂文库、中国国家图书馆、上海博物馆，还有台北"中研院"历史语言研究所的傅斯年图书馆。本章以傅斯年图书馆（以下简称"傅图"）所藏的《至大重修宣和博古图录》为中心，讨论几种至大本彼此之间的关系，讨论中涉及台北故宫博物院与"央图"的藏品，但其余未经目验的本子则不在本章的讨论范围中。

傅图所藏的《至大重修宣和博古图录》有几个本子，为了方便讨论，笔者将这些不同的本子以 A 本、B 本、C 本、D 本相称。个别的登录号与馆藏著录如下：

1　从《玉海》的一条资料来看，《博古图》在北宋可能没有刊刻："绍兴十三年二月二十七日，臣僚请颁宣和博古图于太常，俾礼官讨论厘正改造祭器，从之。"若是有刊刻流传，臣僚也不须在南宋初一再请求颁降该书了。王应麟：《玉海》，《景印文渊阁四库全书》，册 944，卷 56，页 501。

2　林希逸：《考工记解》，《通志堂经解》（台北：大通书局，1969），册 29，页 16535。

3　民国赵士炜根据《玉海》所辑，作"博古图二十卷：宣和殿所藏彝鼎古器，图其形、辨其款识、推原制器之意而订正同异"。见南宋陈骙编撰，赵士炜辑：《中兴馆阁书目辑考》，收入《中国历代书目丛刊》（北京：现代出版社，1987），册 1，页 382。

4　收入小学类，作"博古图二十卷：右皇朝王楚集三代秦汉彝器，绘其形范，辨其款识，增多吕氏考古十倍矣"。见晁公武撰，王先谦校：《衢本郡斋读书志》，收入《中国历代书目丛刊》，册 2，页 585。

5　仅存书目，作《宣和博古图》。见尤袤：《遂初堂书目》，收入《中国历代书目丛刊》，册 2，页 1147。

6　作"宣和博古图三十卷：宣和殿所藏古器物，图其形制而记其名物，录其款识，品有总说以举其凡，而物物考订，则其目详焉，然亦不无牵合也"。陈振孙：《直斋书录解题》，收入《中国历代书目丛刊》，册 2，页 1288。

7　在元代的杭州西湖书院，也就是当时储藏南宋国子监旧书与旧书板的地方，也收有《博古图》一书书板，详见泰定元年（1324）的《西湖书院重整书目记》，阮元辑：《两浙金石志》，《石刻史料丛书甲编》（台北：艺文印书馆，1966），卷 15，页 46—47。王国维在《两浙古刊本考》一文，疑书目中的《博古图》为"大德重刊本"，不知所据为何，因为在现存资料中，尚未见到大德重刊本资料。见王国维：《两浙古刊本考》，《海宁王静安先生遗书》（上海：商务印书馆，1941），册 34，页 42。

A 本：80098-110（桧木柜 81-4），13 册，卷五封面有手题"元刊"字样。著录作"此部与本馆所藏另二部明嘉靖覆刻本相校非同出一板，又此部有裂损而无墨等，当是元刊本，本馆旧簿著为'明嘉靖间阔板本'，非是"。

B 本：76183-4（桧木柜 81-4），2 册，馆藏第 9—10 卷，明翻元至大本。

C 本：126738-47（8-8-3），10 册，明嘉靖七年（1528）乐安蒋旸覆元刊本。著录有"旧封面粘有明万历二年题高山人手题记"。

D 本：51547-76（8-8-4），30 册，明嘉靖七年（1528）乐安蒋旸覆元刊本。

以上四本当中，只有 D 本是前后完整的三十卷本，C 本虽也为完本，但实为二本配补而成（详见下文分析）。至于 A 本、B 本两本则为残本，A 本缺卷一至卷四，B 本仅存卷九、卷十。

从上述简单扼要的著录中，我们初步得知傅图收藏的《至大重修宣和博古图录》有三个版本：A 本是元刊本；B 本为明代的覆刻本，但刻者不明；C 本、D 本则为同一本，均为嘉靖七年蒋旸覆刻本。这些书目资料虽然简单明了，却不够精确，同时也没有注明定名的标准。翻检原书发现，各书的板式虽然大致相同，但是印刷细节差异颇多，这些差异有的是来自版本的分歧，有的可归因于时代与板木状况的不同。通过仔细的比较，本章希望能够说明上述各本的关系，尤其是原刻与覆刻本之间的关系。

以上几本称为"至大本"，是因为每卷卷首与卷尾的标题都作"至大重修宣和博古图录"；同时，它们的版面格式均具有下列特点：板框高约 30 厘米，宽约 23 厘米；[1] 每页八行，每行约十七字；左右双边；板心白口，双鱼尾（图 8-1）。在每件器物的名目下方有双行小字"依元样制""减小样制"，这是至大本与其覆刻本所特有，明代万历以后重新雕刻的版本，如泊如斋、宝古堂、亦政堂等刻本，这些文字均已被略去，失去原貌。这些小字标注，正如陆心

1　每页实际的板框尺寸有所出入，如同 Sören Edgren 所述，因为每一页是由一个单独板木刻印而成，板框尺寸会受到各种因素影响，如雕刻时的出入或板木本身的伸缩等。Sören Edgren, *Introduction in Chinese Rare Books in American* Collections（New York: China Institute in America,1984）,10-15。

图8-1　《至大重修宣和博古图录》版式

源在《皕宋楼藏书志》中所说，可能是元代在重修时所注。[1]

但不同本子的版面也有个别的形式特征，归纳如下：

A 本：下方版口刻有刻工姓名，上方版口处刻有数字标示每版大小字数，两者均为雕工所刻的记号，以供查核责任并作为计算工资的标准。[2]

B 本：与 A 本同，下方版口处有刻工名，上方版口处有每版大小字数。

C 本：此本显为二本合一，就版式而言，前二册（卷一至卷六）与 D 本同，后八册（卷七至卷三十）与 A 本、B 本同。就纸质与墨色而言，前二册（以下简称 C1）与后八册（以下简称 C2）也有明显差异，前二册纸质粗而偏白，墨色浅淡，而后八册纸质薄而细，色泽偏黄，墨色也较为焦重。

D 本：下方版口处刻工姓名多已省略，仅在少数几页仍可见，上方版口处的数字全然略去。

上述版面格式的分歧主要在版心上方、下方的处理上，据此，傅图所藏的这四本（实际上应该是五本，因为 C 本是合二本为一），可划分为两组：一为 A、B、C2，另一为 C1、D。前一种本子不仅在下方版口处多有刻工姓名，以厘清工作责任，在上方则有每版大小字数，以便计算工资。而后一种本子不仅大大省略了刻工名字，版口上方的版面大小字数也全部省略。

再进一步比较它们的字体，也展现出同样的结论。A、B、C2 字体相同，为同一人所书，特征是字体的结体较紧，转折处多呈圆转运笔；而 C1、D 为

1　"案此宋刊而元人修补者，故至大重修，每页十六行，每行十七字，每图皆注明减小样制、照原样制……"见陆心源：《皕宋楼藏书志》（北京：中华书局，1987），页589。

2　李致忠：《古书版本鉴定》（北京：北京图书馆出版社，2007），页137—141。

另一书写者所为，字体舒张、多锐利的转折与收笔（参见图 8-4、图 8-5）。画面的安排亦然，呈现出 A、B、C2 与 D 各为一组的情况。以商言卣（卷 9 页 10，缩写为 9.10，以下皆然）为例，前三本的提梁正好顶在上版框，而后本则压在版框之上（图 8-2）。

归纳上述版式、画面与字体特征，上述五本可分为两种本子：A、B、C2 与 C1、D 两组，但它们是否印刷自同一刻板？由于板木已不存，要回答这个问题，最直接的方法便是从印刷页面出发，观察它们是否显现出相同的印板特征。什么是印版特征呢？中国的雕版印刷使用的材料是木板，印板会随着时间而磨损、龟裂甚至断裂，直到不能使用。印板的这些物理特征，一般而言读者是无法得知的，不过那些出现在版木刷印面的裂痕与残损，会随着墨印转印到印刷页面上，已经消失的印板通过这种间接的方式而显现，为今日的研究者提供了一探究竟的线索。

那么应当如何判断版木的裂痕与破损呢？由于木头裂损的部位会在表面形成深沟或窟窿，使得印墨无法到达，因此，在印刷完成的页面上会形成一道或一片空白。这个空白与偶然的印刷疏漏不同，它们的边缘通常相当齐整，显然是木头顺着自身纹而断裂。这些裂痕会随着时间而加剧，因此愈晚的本子木头破损愈厉害，在页面上所造成的空白处也愈大。根据这个简单的原理，不仅可以观察各印本是否来自同一印版，同时还可以判断其先后关系。这个原理虽然简单，但如果没有将实物并列排比，也很难做出结论。

根据上述原则进行实物排比显示，A、B、C2 三本确实是来自同一组印版，三本在同样的页面、同样的位置，均出现同样的裂缝与缺损。举例来说，三者在"商翼父辛卣"（10.26）说明文中央均有一道空白，显示此处有一道裂痕；但三者的裂痕大小不甚一致，趋势是从 B、C2 至 A 本逐渐加大；甚至到了 A 本，板木似乎已分离成上下两块，因而造成文字的位移错动（图 8-3）。这个形式特征说明，三者的时间先后顺序分别为 B、C2、A。

其他例子也显示出 B 本最早、C2 次之、A 本最晚，例如"商夔龙卣三"（10.31-2），B 本的说明文字完整、裂缝也不甚明显，C2 裂缝明显可见；到了 A 本，版木从裂缝处断开，造成页面的上方三分之一完全不见（图 8-4）。类似的现象还见于"商兄癸卣"（9.33）及其铭文，显示破损部位逐步加大；"商持干父癸卣"的王黼按语（10.14），B 本、C2 在上方三分之一处有裂痕，A 本的上方则从裂痕处断开佚失。

图8-2-1 商言卣（9.10），A本

图8-2-2 商言卣（9.10），B本

图8-2-3 商言卣（9.10），C2

图8-2-4 商言卣（9.10），D本

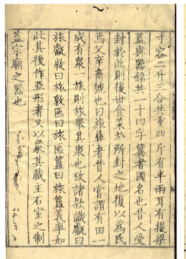

寸容二升三合共重四斤有半兩耳有提梁
蓋與器銘共一十四字冀者國名也昔人受
封於此則後世食菜於所封之地復以爲氏
馬父辛商號也曰旅彝者昔人嘗謂有田一
成有衆一旅則旅舉其衆也攷諸款識甗曰
旅甗敦曰旅敦匜曰旅匜簋曰旅簋義率如
此其後作亞形者又以象其藏主石室之制
蓋宗廟之器也

图8-3-1　商冀父辛卣（10.26），B本

寸容二升三合共重四斤有半兩耳有提梁
蓋與器銘共一十四字冀者國名也昔人受
封於此則後世食菜於所封之地復以爲氏
馬父辛商號也曰旅彝者昔人嘗謂有田一
成有衆一旅則旅舉其衆也攷諸款識甗曰
旅甗敦曰旅敦匜曰旅匜簋曰旅簋義率如
此其後作亞形者又以象其藏主石室之制
蓋宗廟之器也

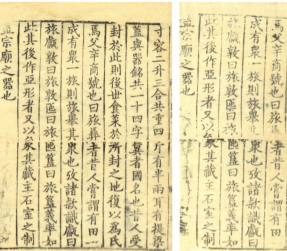

图8-3-2　商冀父辛卣（10.26），C2本

寸容二升三合共重四斤有半兩耳有提梁
蓋與器銘共一十四字冀者國名也昔人受
封於此則後世食菜於所封之地復以爲氏
馬父辛商號也曰旅彝者昔人嘗謂有田一
成有衆一旅則旅舉其衆也攷諸款識甗曰
旅甗敦曰旅敦匜曰旅匜簋曰旅簋義率如
此其後作亞形者又以象其藏主石室之制
蓋宗廟之器也

图8-3-3　商冀父辛卣（10.26），A本

前一器通蓋高七寸六分深五寸一分口徑
長三寸四分闊二寸七分腹徑長五寸五分
闊三寸九分容三升六合共重四斤九兩兩
耳有提梁無銘
次一器通蓋高一尺二分深六寸六分口徑
長四寸五分闊三寸七分腹徑長六寸五分
闊四寸九分容五升一合共重九斤十有五
兩兩耳有提梁無銘

图8-4-1　商夔龙卣三（10.31），B本

前一器通蓋高七寸六分深五寸一分口徑
長三寸四分闊二寸七分腹徑長五寸五分
闊三寸九分容三升六合共重四斤九兩兩
耳有提梁無銘
次一器通蓋高一尺二分深六寸六分口徑
長四寸五分闊三寸七分腹徑長六寸五分
闊四寸九分容五升一合共重九斤十有五
兩兩耳有提梁無銘

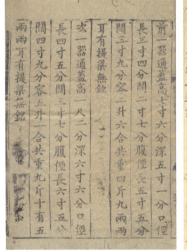

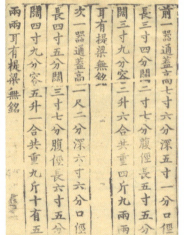

图8-4-2　商夔龙卣三（10.31），C2本

高七寸六分深五寸一分口徑
二寸七分腹徑長五寸五分
三升六合共重四斤九兩兩
一尺二分深六寸六分口徑
三十七分腹徑長六寸五分
五升一合共重九斤十有五
無銘

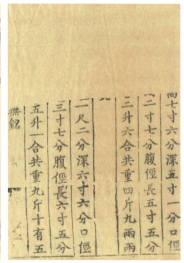

图8-4-3　商夔龙卣三（10.31），A本

另一组的C1与D本是否也是同一版本？经观察，两者版木裂痕及缺字处均相同，如“商父乙鼎”（1.8）（图8-5），可见也是印自同一印版。但两者的时间可能相距不久，因为两者所显示出的印版特征，如裂痕形状、大小，均相去不远。

值得注意的是，在第二组当中，缺损部位均为黑色墨块，与第一组的留

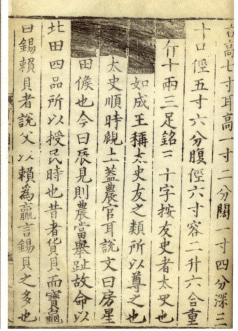

图8-5-1　商父乙鼎（1.8），C1　　　　　　图8-5-2　商父乙鼎（1.8），D本

白不同，显示出不同时期、不同版本对于不确定处的不同做法。第一组的空白是由于原来的版木佚失所产生，而第二组的墨块应该是由于重刻。推测第二组的刻工在重新刻版时，由于所根据的底本有些部位已经残损，内容不明，因而选择将这些部位留下不刻，形成印刷之后的墨块。从这个角度来说，第一组来自初刻版本，早于第二组的重刻本（参见图8-4、图8-5）。

器物细节与纹饰的描绘也显示出第一组的时代早于第二组。如周斜方云雷鼎（5.10）（图8-6），前者的云雷纹十分细致，纹饰细节清楚；而后者乍看之下似乎相当精细，但仔细一看，雷纹中心处的细节全失，化为不知所云的线条，全然失去了第一组几何纹饰的韵律与光彩。由此推测，第一组为较早之本，而第二组则是后来的翻刻本，它虽然企图保留原本的面貌，但对于细节，尤其是细致的花纹，经常无法完全掌握，因而产生不同程度的变形。

从上述讨论可知，旧著录定为最早的元刊本A本，实际上在第一组中印刷时代最晚；而定为明翻元至大本的B本，实际上与A本属于同一版本，而且由于它的印刷图像最为清晰且完整，时代应该是最早的；至于C本的后半C2在时间上则介于B本、A本之间。第二组的C1与D本则为覆刻本，开雕

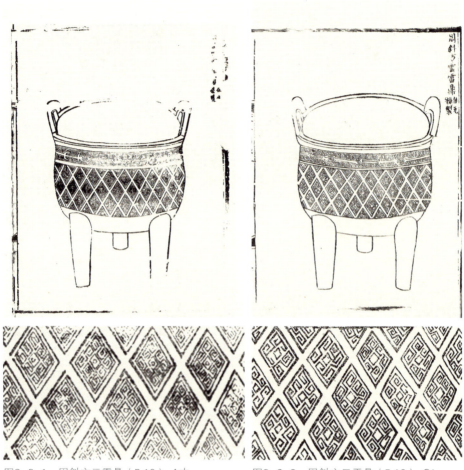

图8-6-1　周斜方云雷鼎（5.10），A本　　　　图8-6-2　周斜方云雷鼎（5.10），C1

时代明显较晚，著录均作嘉靖蒋旸覆元刻本。然而，翻查原书，却找不到前序后跋，究竟旧著录是根据什么将之定为蒋旸刊本？这些本子的开雕与刷印时间为何？以下对这些问题作一讨论。

三、新标尺：元刊明公文纸印本《至大重修宣和博古图录》

印刷图籍的定年一向是根据版本，也就是书籍刻板的时代，而非印刷的时代。这个方法虽然简单、容易操作，但也有其模糊之处。因为板木的寿命有时很长，如果木质坚细、保养得当，在开雕数百年后还可使用。例如藏在南京的南宋国子监旧版，在明代还印刷过，[1] 如果不是嘉庆年间的一把火，也许今日还能见到。因此，同属于一个版本的不同印本，印刷时间可能相距数百年。在此情况之下，虽然它们用的是同一套板木、呈现出相同面貌，但每个印本的开印背景却不尽相同。因为雕版上只有刻书序、跋、刻工等版刻信息，印刷信息经常阙如，因此要判断一件作品的印刷时间，有其困难，使得晚期重印本的重要性往往被忽视，最理想的当然是分别寻绎出开雕时代与印刷时代。

以上五本均名为"至大重修宣和博古图录"，并且具有相同的版式，可知它们祖于一本，即初刊于至大年间的重修版本。第一组版口下方的刻工姓名证实了这个推论，在四十多名刻工中，生平可考者如下：

文玉：元大德间刻字工人，刻过《碛砂藏·中论》与补版《汉书》。[2]

李伯英：见于中国国家图书馆藏元至大元年（1308）浙省儒司刊之《注唐诗鼓吹》刻工名。[3]

邵宗彦（或柳宗彦）：元大德间刻字工人，刻过《唐诗鼓吹》。[4]

沈贵：元初杭州地区刻字工人，又刻过补版《经典释文》《宋书》《魏书》《新唐书》《国语解》。[5]

陈晟：元至大间刻字工人，还刻过《注唐诗鼓吹》（儒司本）。[6]

陈宁：元至大间刻板工人，刻过《碛砂藏》扉画，还刻过补版《说文解字》《宋书》《国语解》。[7]

陈昇：或署陈升，南宋、元间刻字工人，参与刻过《临安志》、元大德间刻《碛砂藏》，又工版画，画过《碛砂藏》扉页。[8]

这些人都是活跃在元代大德（1297—1307）、至大（1308—1311）时期的刻字工人，他们所参与的版刻计划互有重叠，且许多人参加了规模庞大的

---

1 黄佐：《南雍志》（江苏省立国学图书馆，1931），卷 18，《经籍考下篇·梓刻本末》，页 1—2。
2 瞿冕良：《中国古籍版刻辞典》（济南：齐鲁书社，1999），页 72。
3 "央图"馆藏查询系统书目资料：https://aleweb.ncl.edu.tw/F。
4 瞿冕良：《中国古籍版刻辞典》，页 343。
5 瞿冕良：《中国古籍版刻辞典》，页 280。
6 瞿冕良：《中国古籍版刻辞典》，页 335。
7 瞿冕良：《中国古籍版刻辞典》，页 325。
8 瞿冕良：《中国古籍版刻辞典》，页 331。

大藏经刊印工程《碛砂藏》的刻版工作，[1] 可见他们隶属于同一个刻工网络，主要活动在南方的杭州、苏州一带。其中刻工陈宁还是一位雕刻佛画的能手，他刻过许多精美的佛经扉页，除了前述《碛砂藏》扉页外，[2] 根据近年学者的考证，1929 年西北科学考察团在吐鲁番发现的回鹘文《佛说天地八阳神咒经》与 1982 年云南省博物馆发现的元代官刻大藏经之《菩提场庄严陀罗尼经》扉页也出自陈宁之手。[3] 学者们还考证出，他的活动地点也在杭州一带，因此至大版的《宣和博古图》应该是在杭州一带出版。[4]

　　由于第一组《博古图》的版心上下记录相当完整，多数均刻有刻工名字与每版字数，而第二组则省略了上方的每版字数与大多数的刻工姓名，再一次说明第一组可能是印刷自至大原版。但从页面所显示出的版木破损的状况来看，印刷之时，版木的状况并不好，裂痕随处可见，估计距离最初开版时间应有一段时间。至于具体的印刷时间为何时，这较难回答，除非该件器物或图籍本身带有明确的标示，否则很难断言。傅图所藏的 B 本便是这样一个例子，该件书籍本身便具有可供断代的线索。

　　原来傅图所藏 B 本是用回收的公文纸印刷的，在每一页的背面，均有以蝇头小楷、工整书写的公文书，并且钤有朱色官印，如卷十页十四背面书有："为额设事今将本县额设事件，合行开坐，具呈施行，须至呈者，计开……（以下为名册）。"（图 8-7）这些公文书多半带有具体的时间与地点，是我们判断印刷年代的有力线索。背面的公文书目前已扫描完成，根据图像文件，我们得知这些公文书的时间大多为明英宗天顺年间，也见明宪宗成化年号："天顺捌年肆月"（卷 9 页 11，缩写为 9.11，以下皆然）、"天顺捌年陆月"（9.8）、"成化元年"（9.35）；地点则包括南直隶诸府："直隶滁州全椒县"（9.6）、"直隶凤阳府怀远县"（9.11）、"直隶苏州府"（10.9）。可知道这些公文书来自明天顺（1457—1464）、成化（1465—1487）初直隶于南京的府级行政单位。

1　由平江府（今江苏苏州）碛砂延圣院主持的《碛砂藏》（大藏经）是南宋末到元初规模庞大的印刷工程，始于南宋嘉定九年（1216），直到元至治二年（1322）才告成。元代中期之后，位于杭州众安桥的杨家经坊曾经长期刻印过《碛砂藏》。李际宁：《大藏经札记二则》，《文津流觞》，第 10 期（2003），页 207—211。

2　郑振铎：《中国版画史图录》（北平：荣宝斋，1934），册 1。

3　张新鹰：《陈宁其人及回鹘文〈八阳经〉版刻地》，《世界宗教研究》1988：1，页 127—131。

4　周芜《中国古代版画百图》一书收录一页中国国家图书馆所藏的《至大重修宣和博古图录》，他称该本为杭州路刊本，但并没有说明所据为何，因为中国国家图书馆的书目资料中并未标示刊地，但这是相当有可能的。周芜：《中国古代版画百图》（北京：人民美术出版社，1982），图 16。

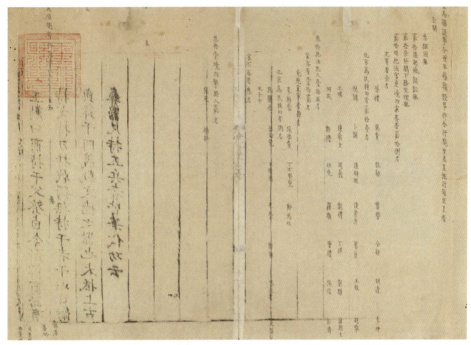

图8-7　傅斯年图书馆所藏B本背面之明代公文（10.14）

　　这些明代的文字与钤印由于是在背面，在翻阅书籍时并不易察觉，但有一页误以公文书正面印刷，即"商持刀父己卣"（10.22）的铭文与内文。只见印刷文字与工整的蝇头小楷交叠，布满整纸，而公文的内容罗列了县内的祭祀场所与祭器的种类、数量。由于公文署有年款，年号部分"元年"上方成为"宣和"，且宣和二字字体明显不同，显系后加，而下方知县名字"张恒"之下也被加上"刻版"二字，成为刻工，显然是后人企图以此制造宋版书的错觉（图8-8，箭头所指处）。

　　使用回收公文纸印刷，也使这本书的纸张特点有别于他本。整体而言，它的纸质较硬，表面充满褶皱，随处可见纸张黏接痕迹，显然是将回收纸拼接后使用。特别的是，几乎每页都有深深的折痕，每道折痕大约相距 11.8—12.5 厘米，应该是其原先作为公文折子所残留的痕迹。

　　为了节约物料，将纸回收再利用的情况在中国可以追溯到很早，如新疆吐鲁番东晋至唐的墓葬中便出土了许多的纸制陪葬品，如纸鞋、纸衣衾、纸棺等，都是用回收的公文纸剪裁制成，如果读者翻阅《吐鲁番出土文书》一书，便会发现许多文书都被裁成不同形状，其中有许多呈长椭圆形，上、下都被

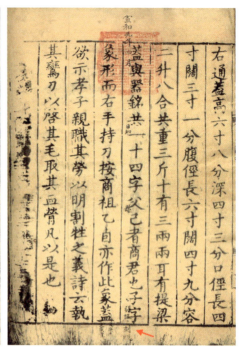

图8-8-1　商持刀父己卣（10.22）　　　　图8-8-2　商持刀父己卣（10.22）页面上之明
　　　　　　　　　　　　　　　　　　　　　代公文

裁切，因为它们后来都被剪成鞋底再利用去了。[1] 王国维所称许的 20 世纪四
大发现之一——敦煌遗卷——也有许多经文是抄在回收公文纸上的。[2] 而使用
回收纸印刷，在南宋也时有所见，如收藏于中国国家图书馆、刊于淳熙年间
（1174—1189）的《新定三礼图》便是使用回收公文纸印刷，纸背公文有淳
熙五年（1178）镇江府学教授徐端卿、中奉大夫充徽猷阁待制知镇江府司马
笈衔名。[3] 这个现象，叶德辉早在 20 世纪初便曾讨论过，他洋洋洒洒列举了
数十个宋、元、明时期用公牍纸背印刷的例子；[4] 张秀民在他的修订本《中国
印刷史》中也谈到这个现象，且更进一步指出南宋京城有专门收购废纸的商店，

1　唐长孺编：《吐鲁番出土文书》（北京：文物出版社，1992—1996）。
2　藤枝晃在他对于敦煌文书的简介中说 "the reverse of almos tall government documents found at
Tunhuang has been used for other purposes, mainly for copying Buddhist texts"（p. 29）. Fujieda Akira, "The
Tunhuang Manuscripts: A General Description," *Zinbun*, 9（1966）:1-32.
3　见聂崇义：《新定三礼图》，收入《中国古代版画丛刊》（上海：上海古籍出版社，1984），册1，页
275—276。
4　叶德辉《书林清话附书林余话》（北京：中华书局，1957），页224—227。

把它当作还魂纸的原料。[1] 这个情况不但见于宋代印书，元明印本也时有所见，根据张秀民一书，明代印刷的元刊本《隋书》用的是洪武初年的行移文册，而翻宋本《李端诗集》用的则是弘治苏州府官册。[2]

从 B 本纸背多为天顺、成化初公文纸判断，其印刷时间必晚于此，但大概也不会晚太多，因为嘉靖以后流行的是不同的翻刻本（详见后述），B 本的印刷时间应该就在成化、弘治、正德年间。至于印刷的地点，由于纸背的公文书尚未完全被解读，现在根据所掌握的有限资料，试作一推断。从所见公文书多来自隶属于南直隶的诸府来看，这些文书有没有可能来自南京呢？也许因为它总辖了南直隶诸府，因而汇整了辖下诸府的废弃公文书？巧合的是，明代南京的国子监（即所谓"南监"）也收藏了数量庞大的书版，其中包括《宣和博古图》一书的书版，根据嘉靖二十三年（1544）黄佐的《南雍志》："博古图三十卷：存者一千一百十七面，脱者十四面。"[3] 那么，这本用南直隶诸府废弃的公文纸印刷的《宣和博古图》有没有可能是印自"南监"的书版呢？《南雍志》记载的唯一线索便是印版数，存者与脱者总数合计应该是 1131 面。经过实际计算傅图所藏至大版的版面数，如果全数无缺应该要有 1267 面，但傅图所藏没有一个印本是完整的，各本均有少数版木脱落或缺页的情况，因此，实际的数目在 1200 面左右，与《南雍志》所载的 1131 面相差不多。1131 这个数字是到了嘉靖年间南监中尚存的版数，其中缺少的近 150 面大概是已经不见、残坏的印版。

明代的南监不仅藏有《博古图》书版，也刊印过《博古图》一书。明代中叶周弘祖汇集明初至嘉靖时期公私刊行出版的书籍为《古今书刻》一书，其中南京国子监出版的书籍中便有《博古图》，列在杂书一类。[4]

这个南监印本大概是明中叶以前流通的主要的本子，杨慎（1488—1559）序《宣和书谱》时提道：

宋宣和中君臣冥盱于豫乐而文具粉饰乎太平，故篆鼎铭钟法帖
名画全集于汴京而麋载于御府，其款识形式则有《宣和博古图》，

---

1 张秀民：《中国印刷史》（杭州：浙江古籍出版社，2006），页 161。
2 张秀民：《中国印刷史》，页 387。
3 黄佐：《南雍志》，卷 18，"经籍考下·梓刻本末"，页 35—36。
4 周弘祖：《古今书刻》，收入《观古堂书目丛刻》二（台北：广文书局，1997），页 455。

> 賾蹟总目则有《宣和书画谱》……《博古图》南国监有刻本，而此
> 书《宣和书谱》虽中秘亦缺，余得之于亡友许吉士稚仁，转写一帙，
> 冀传无绝云。[1]

值得注意的是，明代南京国子监的书版有一大部分是接收自杭州西湖书院，西湖书院为何？原来西湖书院就是南宋的国子监，入元后改为西湖书院，它不但承袭了南宋国子监印书的二十余万书版，并且对这些书版进行整理、修补。[2] 例如自至治元年（1321）至泰定元年（1324），"近岁鼎陈栋宇，工役匆遽，东迁西移，书板散失，甚则置诸雨淋日炙中，骎骎漫灭……"[3] 西湖书院因此曾经对这些南宋书板进行大规模的修补，在这次修补的120部书板中，《博古图》便赫然在列，它被归在"经部"。[4] 换句话说，明代《南雍志》所载的《博古图》书版与《元西湖书院重整书目碑》中的《博古图》应为同一套书版，而元代西湖书院不但仍保有南宋的《博古图》一书书版，并对其加以修补。由此看来《博古图》一书板木流传如下：

南宋国子监（杭州）→元代西湖书院（杭州）→明代南京国子监（南京）

倘若前述至大本印自明代南监的推论可信，那么这个版本实际上可上溯至南宋国子监。因为至大重修版也是在杭州一带所刻，而且许多刻《至大重修宣和博古图》的工人也参加了补刻南宋书版的工作，显示出至大重修版很可能便是修补、印刷自西湖书院的南宋国子监版。

清末的藏书家陆心源也怀疑元至大重修本便是宋本，他的理由在今天看来不一定很充分，他说：

> 书为徽宗时撰，元人不加一字，至大重修之名，殊不可解。益

1　杨慎：《升庵集》，《景印文渊阁四库全书》，册 1270，页 19—20。
2　见"西湖书院：国家重要的出版中心"一节，邓洪波：《中国书院史》（台北：台湾大学出版中心，2005），页 305—321。
3　《西湖书院重整书目记》，见阮元：《两浙金石志》，卷 15，页 46—47。
4　《元西湖书院重整书目碑》，见阮元：《两浙金石志》，卷 15，页 45—46。

靖康之乱，金人尽辇汴京图籍书版而北，见《靖康要录》及《北盟
会编》。自金入元，版已残缺，窃意前后必有王黼进表及纂修校勘
衔名，元人修补刊完，恶其人而去之，故改题至大重修之名，其版
则犹宋刊居多也。[1]

他不知道元代杭州的西湖书院中还庋藏有南宋《博古图》书版，大概也
没注意到《至大重修宣和博古图录》重刻于杭州一带，所以认为至大版是金
人辇而北之的图籍之一。不过他对于各卷卷首、卷尾题名的观察倒是值得注意：

首行至大二字，或小或大，或疏或密，与重修宣和博古图录卷
第几各字，气既不贯，字之工拙悬殊，亦以宋刊挖补之一证也。据
蔡絛说，书成于大观初，《容斋随笔》又称政和中置局，疑宋本已
有政和重修字样，元人改政和为至大，惜无确证耳。[2]

检视全书，的确有陆心源所说的"至大"二字与其余字体、行气不一贯之处，
也许如陆所说，出自元人挖补。

如果上述的推论可以成立，那么《宣和博古图》一书的雕刻与印刷，从
宋代成书之后一直到明代中期，都没有脱离官方系统。在南宋，归国子监管辖；
入元之后，在官方色彩浓厚的西湖书院修补、重印；到了明代，仍然由在南
京的国子监负责。以《宣和博古图》庞大的卷帙来说——全本30卷，合1200
多页，即1200多块书板——似乎不无可能。[3]

了解了B本的印刷时间，其他同属于第一组的元刊二本：A本与C2，印
刷时间则更晚，但大概也不会晚到嘉靖年间，因为到了嘉靖七年（1528），
旧板似乎已不堪使用，使得《博古图》日益难得，蒋旸因此重新翻刻了元至
大本并广为流传，目前各图书馆所著录的《至大重修宣和博古图录》多半即
为蒋旸覆刻本。

1 陆心源：《仪顾堂续跋》（台北：广文书局，1968），卷10，页20。
2 陆心源：《仪顾堂续跋》，卷10，页20。
3 Lucille Chia 注意到宋元时期带有刻工姓名的书籍，除了大藏经或道藏之外，多半具有官方或半官方色彩，或可为旁证之一。Lucille Chia, *Printing for Profit: The Commercial Publishers of Jianyang, Fujian（11th-17th Centuries）*（Cambridge:Harvard University Asia Center, 2002），37.

四、蒋旸覆元刊本

第二组博古图，即 C1 与 D 本，在旧著录中标为"明嘉靖七年（1528）乐安蒋旸覆元刊本"，但其中并无蒋旸重刻的序或跋。查阅"央图"与台北故宫博物院所收藏的蒋旸覆元刊本，其中两本有序，序的内容相同，但"央图"所藏的本子没有署名，而台北故宫博物院所藏的本子中序的末行有"大明嘉靖七年岁在戊子菊月望日乐安蒋旸序"，从微片上来看，这行字似乎是写在另外一张纸上再贴上去的。这本的版面特征、字体与傅图所藏的 C1 与 D 本相同，推测它们应该来自同一套刻板。因此，根据台北故宫博物院所藏的本子，可以推定傅图所藏的这两本虽然没有序与跋，应该也是蒋旸刊本。

这个翻刻本的翻刻缘起，序中说得很明白：

> 古人制器取洁于象……考古人之器，则由是而知古人之政矣。宣和收录其志，恐专为器焉？噫，为器则敝矣。予苦是籍艰于好古者，爰属掌盐司者黄君景星再传佳木，而翻刊之，是亦孔子存羊之意焉，若曰玩物丧志，则予不敢。[1]

大概由于旧版已过于老旧，不堪印刷，使得《宣和博古图》一书印本日渐星稀、难以觅得，为了嘉惠士子，蒋旸因而命执掌盐司的黄景星重刊。从文意来看，蒋旸是黄景星的上级长官，但蒋旸与黄景星为何人？根据《山东通志》："蒋旸，字文辉，乐安人。正德十六年进士，知沐阳县，抚流移、劝耕种、兴学校、饬兵防，以治最擢监察御史，纠弹无所避。督盐河东，再巡畿辅，皆遇岁祲，为民请赈，并加意抚绥，饥民赖以全活。擒畿内妖民以百数，权贵忌之，谪守吉州，创石城以卫民后，晋贵州金事，寻致仕。"[2]而黄景星的个人传记则不甚明了，仅知他是四川酆都人，刻印过《至大重修宣和博古图录》与宋任广《书叙指南》二十卷。[3]

1　见台北故宫博物院藏本，该书著录见"央图"编：《"央图"典藏国立北平图书馆善本书目》（台北："央图"，1969），页 118。

2　孙葆田纂：《山东通志》（上海：商务印书馆，1934），卷 161，页 4779。又见瞿冕良：《中国古籍版刻辞典》，页 575。

3　瞿冕良：《中国古籍版刻辞典》，页 536。

承蒙于志嘉女士见示，[1] 蒋旸与黄景星均出现在《新修河东运司志》中，前者曾任山西巡盐御史，时在嘉靖七年；[2] 后者曾任运使，时在嘉靖五年至嘉靖九年。[3] 这条资料与蒋旸重刊的序言所叙相吻合，《至大重修宣和博古图录》应该就是重刊于嘉靖七年，当蒋旸巡盐山西而黄景星担任盐司运使之时。这个刻本应该就是周弘祖在《古今书刻》中提到的山西河东运司所印的《博古图》。[4]

蒋旸覆刻本的重刻时间可依序言考定，但是其印刷时间并不易判断，推测大概是在这一类卷帙浩大的阔版本流行的嘉靖、万历时期，如郑朴在万历二十四年（1596）所刻《博古图录考正》的序言中所言："《博古图录》一书，乃好古考信之助，旧刻卷帙颇大，即庋置无妨，而囊携称苦矣。予始改册减图，（几）[凡]摹式花纹款识铭籀，则不敢遗旧刻缁黍也……"[5] "央图"藏有几个原来定为蒋旸覆元刊本、现在改为明覆至大刊本者，也是同样的版式、尺寸，但有些卷的印刷字体不同，大概又是蒋旸之后的修补版。

在《古今书刻》中，也就是嘉靖中叶周弘祖所收集的自明初以来公私出版书目中，刻印过《博古图》的单位只有两处，一个是南京的国子监，[6] 另一个是河东运司，[7] 也就是前面已经讨论过的元至大刻本与蒋旸覆刻本两种刻本。除此之外，未见其他私人坊肆刊刻者。我们虽然不知道周弘祖的书目有多完备，但它至少显示出在明代中期以前《博古图》的刻印主要是由官方机构所主导。

到了万历时期，各种私人刻本大兴，到了万历二十四年（1596）《宣和博古图》终于有了缩小的、便于随身携带的巾箱本行世，也就是前述郑朴所刊的《博古图录考正》，版框尺寸只有 17 厘米 ×11.6 厘米（图 8-9）。大约同时的泊如斋（1588 年刊）、宝古堂（1603 年刊）刊本虽然不是巾箱本，但

---

1 特别感谢于志嘉女士在笔者茫然不知如何寻找明代盐政相关资料时，慷慨给予协助，并提供这条资料。

2 冯达道纂修，张应征续修：《新修河东运司志》，《北京图书馆古籍珍本丛刊》史部地理类册 22（北京：书目文献出版社，1988），页 553。

3 冯达道纂修，张应征续修：《新修河东运司志》，《北京图书馆古籍珍本丛刊》史部地理类册 22，页 559。

4 周弘祖：《古今书刻》，页 529。

5 这本书没有影印本，以上序言根据台北故宫博物院藏本，其登录号：故善 002764—002775。著录于《台北故宫博物院善本旧籍总目》，上册，页 613；下册，页 787。

6 周弘祖：《古今书刻》，页 455。

7 周弘祖：《古今书刻》，页 529。

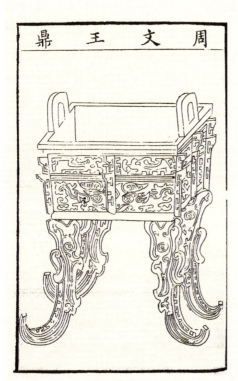

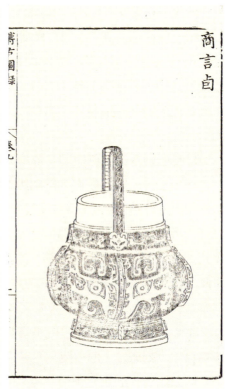

图8-9　郑朴,《博古图录考正》　　　　图8-10　《重修宣和博古图》, 明泊如斋本

也同样大幅缩小了版面尺寸。至大版的版框尺寸为 30 厘米 ×23 厘米, 泊如斋、宝古堂刊本的尺寸仅为 24.2 厘米 ×15.4 厘米（图 8-10）。这样的改变除了便于携带之外, 同时也大幅节省了原料与印刷成本, 应该是在市场竞争激烈的晚明时期增加竞争力的方式之一。今日通见的影印本即为承袭自宝古堂的清初亦政堂本（1753 年刊）, 该本虽然印刷精良, 但较之元至大版, 不仅版面、画面的形式不同, 器物、铭文的细节也时有出入。

结　语

以上集中讨论了几本至大版以及明代的覆刻本《宣和博古图》, 主要从印刷页面所反映出的版印特征出发, 说明了各印本间的承袭关系, 并进一步探讨该书在南宋至明中期的流传。本章的结论是, 在明晚期私人印本大量出现以前，《博古图》可能主要都由官方系统进行修补、印刷，这也解释了为什么今日所见各本《博古图》的内容均相当一致。

虽然这些本子的内容差异不大，但是它们的形式特征有相当差异，呈现出截然不同的视觉特点。如果我们相信每个时代有其特有的视觉文化，而这视觉文化受当时的社会、经济、文化各方面条件的制约，那么元刊本（修自南宋国子监本）所体现出来的求真的特质——借由版式、绘图、铭文所共同显现——到了明末已为另一种态度所取代，成本、流通等商业考虑似乎凌驾于器物的真实呈现之上。了解了《博古图》在元、明流传过程中的变迁之后，我们可以更进一步追问：究竟至大"重修"是重修了些什么？只有解答了这些问题，我们才能在比较坚实的基础上去讨论宋代究竟是如何"看待"古代与古代器物的。

第九章
晚明的古铜知识与仿古铜器 [1]

晚明是中国历史上一个特别的时期，由于社会承平已久，江南社会富庶、文化发达。滥觞于北宋的古铜器赏鉴进入明代，随着文人对于古代的崇尚、古物市场的兴盛，被提升到了另一个阶段。

从今日研究者的角度来看，流通在晚明市场上的古董，正如今日流通在市面上的古董一般，大半是作伪的赝品。然而，这些晚明清初的伪器，却有相当比例被视作是真正的古董，并且被著录于"乾隆四鉴"当中。晚明文人对于古器的了解或误解，有其知识背景。本章所要探讨的是，在宋代金石学的基础上，晚明的知识分子如何建立其对于商周铜器的认识，有什么新的建树，所受到的限制又是如何，并进一步探讨背后的因素。

一、晚明社会的古铜器与仿古铜器

在讨论晚明对于古铜器或仿古铜器的态度时，首先要厘清的是明人对"古铜器"——真正的商周铜器，与"仿古铜器"——宋以后的新铸器态度是否不同。

赵希鹄在《洞天清禄集》中曾经论及新铸铜器，但重点在于鉴别伪古铜器，当代的仿古器似无可观。[2] 虽然在《中兴礼书》中对于句容铸工仿铸古铜之精

1　本章为台北故宫博物院 2003 年特展图录专文，原收录于李玉珉主编：《古色——十六至十八世纪艺术的仿古风》（台北：台北故宫博物院，2003）。

2　见"古钟鼎彝器辨"一节，赵希鹄：《洞天清禄集》，《百部丛书集成》（台北：艺文印书馆，1968），据读书斋丛书影印，页 15—21。

良曾有记录，[1] 但并不入赵希鹄之法眼。

明初曹昭所著《格古要论》中虽提到元代的铸铜名家，云："元杭州姜娘子、平江王吉铸铜器皆得名，花纹粗，姜铸胜于王，俱不甚直钱。"[2] 显然曹昭认为他们所铸之器花纹粗糙、不甚值钱，当代仿古器仍然未能受到鉴赏家青睐。

至明晚期高濂的《遵生八笺》虽仍强调鉴别真伪铜器的重要性，但对于宋以降的仿古铜器则给予正面评价："元时杭城姜娘子、平江王吉二家铸法名擅当时，其拨蜡亦精，其炼铜亦净，细巧锦地花纹亦可人目……"[3] 除了赞美元代姜娘子、王吉的铸造精良之外，对于当代铸铜名家如徐守素，也认为其所铸之仿器不让古代："若出徐守素者，精致无让，价与古值相半，其质料之精，摩弄之密，功夫所到，继以岁月，亦非常品，忽忽成者置之高斋，可足清赏，不得于古具，此亦可以想见上古风神。"[4]

从《洞天清禄集》《格古要论》到《遵生八笺》，可以观察到鉴赏家对于仿古铜器态度的转变。在明初以前，仿古铜器不入鉴赏之列；然而，至明晚期，姜娘子、王吉等所制，在《格古要论》中被评为"花纹粗、不甚值钱"的仿古铸器，在《遵生八笺》中却一跃成为"拨蜡亦精，炼铜亦净"的名器，即使是当代的铸铜名家徐守素所铸之器，由于精致非常，也得到了相当高的评价。由此可知，明晚期对于仿古铜器的态度转趋开放，只要质料纯净、铸造精致、精神风雅者，亦可得到赏鉴家相当高的评价。其中之原因，或如沈德符（1578—1642）在《万历野获编》（万历三十四年 [1606]）中所言：

> 玩好之物，以古为贵，惟本朝则不然。永乐之剔红，宣德之铜，成化之窑，其价遂与古敌。盖北宋以雕漆擅名，今已不可多得。而三代尊彝法物，又日少一日。[5]

1　《中兴礼书》，卷 59，"明堂祭器"。转引自张临生：《文王方鼎与仲驹父簋》，《故宫学术季刊》，第 15 卷 1 期（1997），页 20。
2　曹昭：《格古要论》，《百部丛书集成》（台北：艺文印书馆，1965—），据夷门广牍影印，卷上，卷 6，页 8—9。
3　高濂：《燕闲清赏上卷・新铸伪造》，《雅尚斋遵生八笺》（北京：书目文献出版社，1994），明万历十九年（1591）刻本，卷 14，页 398—399。
4　高濂：《雅尚斋遵生八笺》，页 399—400。
5　沈德符：《万历野获编》（台北：伟文图书出版社，1976），卷 26，"时玩"，册 4，页 1728。

　　由于"真古"文物不可多得，玩好之物遂由"真古"扩及当代"仿古"器物。

　　此外，明晚期鉴赏家们对于"真古"铜器的态度也值得注意。他们不再将铜器视为神物，如"古铜器多能辟祟，人家宜畜之"[1]，而是认为三代铜器引入生活有其适用的种类与场合，否则虽古亦俗。如袁宏道（1568—1610）在《瓶史》"三器具"中所言：

　　　　尝见江南人家所藏旧觚，清翠入骨，砂斑垤起，可谓花之金屋。其次官哥象定等窑，细媚滋润，皆花神之精舍也。大抵斋瓶宜小而矮，铜如花觚、铜觯、尊罍、方汉壶、素温壶、匾壶，窑器如纸搥、鹅颈、茄袋、花樽、花囊、蓍草、蒲搥，皆须形制减小者，方入清供，不然与家堂香火何异，虽旧亦俗也。[2]

　　文震亨（1585—1645）则说上古铜器用于赏鉴则可，日用则不宜。"三代秦汉鼎彝，及官哥定窑龙泉宣窑，皆以备赏鉴，非日用所宜。惟宣铜彝垆稍大者最为适用，宋姜铸亦可。"[3]

　　文震亨虽说上古铜器不宜日用，仅宜于赏鉴，然而当时是否真能辨别"真古""仿古"铜器？高濂在《遵生八笺》中花了很大的篇幅在辨正新旧铜器，[4]但在"论古铜器具取用"一节中说："上古铜物存于今日聊以适用数者论之……元姜娘子铸也，纹片精美，制度可观，其圆鼎三兽面者，如商父乙鼎、父己鼎、父癸鼎、若癸鼎……且可入上赏。……已上式载博古图中，可用，按图索视。"[5]文中所讨论的铜器，除了包括商周古铜器，还包含了元代姜娘子铸造的仿古器物，推测应该也包括了同样类型的当代仿古器。由此看来，在当时日常生活中的"古铜器"，实际上包含"真古"与"仿古"之作，两者界限十分模糊。"真古""仿古"同样受到鉴赏，除了因为当代仿古器物不乏制作精美者之外，

1　赵希鹄：《洞天清禄集》，页18。

2　袁宏道：《瓶史》，《百部丛书集成》（台北：艺文印书馆，1965—），据借月山房汇钞本影印，卷下，页2。

3　文震亨：《长物志》，《百部丛书集成》（台北：艺文印书馆，1965—），据《砚云甲乙编》影印，卷7，页1—2。

4　高濂：《燕闲清赏上卷·新旧铜器辨正》，《雅尚斋遵生八笺》，卷14，页396—398。

5　高濂：《燕闲清赏上卷》，《雅尚斋遵生八笺》，卷14，页400—401。清初谷应泰（1620—1690）的《博物要览》卷一"志鼎彝·志杂器·志铜器"的内容基本上节录于此，见谷应泰：《博物要览》，《百部丛书集成》（台北：艺文印书馆，1965—），据函海本影印，页1—3。

也是面对社会上真伪混杂情况的妥协。由于分辨真伪有时十分困难，那么便接受式雅质精、文饰仿古者，进而笼统称之为古铜器吧！

流通在明代社会中的仿古铜器有哪些呢？大体说来，作为香具的鼎彝是当时最为流行的古铜器类，其次是作为花器的瓿、尊、觯等。这些用来营造生活情调的赏玩品，不仅在明人的笔记、小说中被屡屡提及，也成为当时绘画的题材或营造画面古意的元素。文震亨的这段话总结了古铜器类在当时流行的情况："铜器鼎彝瓿尊敦鬲最贵，匜卣罍觯次之，簠簋钟注歃血盆奁花囊又次之。"[1]

此外，还有不少明代铜器带有款识（参见表9-1），明确记载器物的年代与用途，这些带有款识的铜器几乎为地方文庙或家族祠堂使用的祭器，现存以鼎、爵为主，还包括少数的簠、镫。从宋代振兴古礼以来，仿三代古铜器的鼎、爵、簠、簋、笾、豆以及六尊等器类便成为祭器的基本组合，从宋、元的州县礼书《绍熙州县释奠仪图》到明洪武成书的《明集礼》，乃至清代的《皇朝礼器图式》，都维持上述基本组合。

表9-1　明代纪年之仿古铜器[2]

年代	品名	款识	来源
回历855年 景泰元年（1450）	错金波斯文三足索耳鬲炉	波斯文，六行警句式诗句。	北京征集[3]
明天顺八年（1464）	爵	"天顺八年……"从图片无法辨识款识内容	Mowry, *China's Renaissance in Bronze*, 48[4]
明成化元年（1465）	爵	"成化元年秋七月吉日立" "赐进士第知东筦县知县乐平吴中" "赐进士广东布政司右参政刘炜" "文庙"	英国伦敦维多利亚与艾尔伯特博物馆藏[5]
明成化十七年（1481）	鼎形香炉	"大明成化十七年十月吉日制"	Sheila Riddell, *Dated Chinese Antiquities: 600-1650*, no. 123[6]

1　文震亨：《长物志》，卷7，页22。
2　本表仅收录款识可靠、可作为断代标准之仿古铜器。至于传世器中大量的"大明宣德年制""胡文明""石叟"款文物，由于款识的可靠性尚待商榷，因此不予列入。
3　程长新、张先得：《明金片铜炉和错金鬲炉》，《文物》，1979年第12期，页84—85。
4　Mowry, *China's Renaissance in Bronze*, 48.
5　Rose Kerr, *Later Chinese Bronzes*, 31, fig. 17.
6　Sheila Riddell, *Dated Chinese Antiquities: 600-1650*（London: Faber & Faber, 1979），no. 123.

续表

年代	品名	款识	来源
明成化二十一年（1485）	灯	"文庙祭器 / 成化二十□ 日 / 知府□□……"	Brian Shane McElney, *The Museum of East Asian Art: Inaugural Exhibition*, 85[1]
明弘治十八年（1505）	爵、炉	"弘治乙丑知 / 大竹县事 洮 / 阳刘永成造"	四川省大竹县窖藏[2]
明正德五年（1510）	鼎形香炉 铜瓶一对	成都白马寺纪年墓	四川省成都市出土[3]
明正德十五年（1520）	爵	"知县 / 张淮 / 教谕 / 丘瑄 / 训导 / 潘昂 / 贡献 / 大明 / 正德 / 庚辰 / 冬造"	故宫博物院藏[4]
明正德十六年（1521）	簋	"正德十六年丹阳 / 县知 县李□□"	故宫博物院藏[5]
明嘉靖七年戊子（1528）	鼎	"余于张氏 / 祠堂祭器 / 嘉 靖戊子 / 第八个"	Brian Shane McElney, *The Museum of East Asian Art: Inaugural Exhibition*, 88[6]
明嘉靖二十年（1541）	爵	"嘉靖二十年十月吉旦广 州府造"	英国伦敦维多利亚与艾尔伯特 博物馆藏[7]
明万历二十七年（1599）	鎏金兽面纹尊	"万历己亥秋八月" "云间胡文明造"	Paul Moss&Gerard Hawthorn *The Second Bronze Age*, pl. 90[8]
明万历四十二年（1614）	爵	"万历甲寅年，柳茹贞氏 祠堂造"	英国伦敦大英博物馆藏[9]
明万历（1573—1620）	铁壶	万历款	维多利亚与艾尔伯特博物馆藏[10]
明崇祯八年（1635）	炉	"崇祯 / 乙亥 / 半竹 / 家藏"	四川省岳池县窖藏 《四川文物》，1990 年第 4 期[11]

1　Brian Shane McElney, *The Museum of East Asian Art: Inaugural Exhibition*（Bath: The Museum of East Asian Art, 1993）, vol. 2, 85.
2　余和平、郑章泉等 :《大竹出土明代铜器》,《四川文物》, 1994 年第 1 期, 页 72—73。
3　四川省文物管理委员会 :《成都白马寺第六号明墓清理简报》,《文物》, 1956 年第 10 期, 页 42—49。
4　程长新 :《铜器辨伪浅说（上）》,《文物》, 1989 年第 8 期, 页 38—39。
5　程长新 :《铜器辨伪浅说（上）》, 页 38—39。
6　Brian Shane McElney, *The Museum of East Asian Art: Inaugural Exhibition*, vol. 2, 88.
7　Rose Kerr, *Later Chinese Bronzes*, 31, fig. 17.
8　Paul Moss & Gerard Hawthorn, *The Second Bronze Age: Later Chinese Metalwork*（London: Sydney L. Moss Ltd., 1991）, pl. 90.
9　据笔者目验, 其典藏号为 1927.3-7.1。
10　Rose Kerr, *Later Chinese Bronzes,* 55, fig. 44.
11　张道远 :《岳池县双鄢乡出土铜器窖藏》,《四川文物》, 1990 年第 4 期, 页 62—64, 图五。

续表

年代	品名	款识	来源
明崇祯八年（1635）	潞王鼎形香炉	"敬一主人" "大明崇祯捌年潞国制成壹器"	台北故宫博物院藏
明崇祯八年（1635）	潞王鼎形香炉	"敬一主人" "大明崇祯捌年潞国制拾玖器"	故宫博物院藏[1]
明崇祯九年（1636）	潞王鼎形香炉	"敬一主人" "大明崇祯玖年潞国制肆拾器"	故宫博物院藏[2]
明崇祯九年（1636）	潞王觚	"敬一主人" "大明崇祯玖年潞国制弟肆拾壹器"	日本东京美术学校[3]
天佑四年	闽王延翰师子香炉	"……天佑四年九月四日题"	澄秋馆吉金图[4]

　　祭器虽然是国家社稷与个人家族所不可缺，但由于其特殊的祭祀功能，并不在鉴赏之列，在典雅的书斋摆设中还要避免香火气，如袁宏道所说：

　　　　大抵斋瓶宜小而矮，铜如花觚、铜觯、尊罍、方汉壶、素温壶、匾壶，窑器如纸搥、鹅颈、茄袋、花樽、花囊、蓍草、蒲搥、皆须形制减小者，方入清供，不然与家堂香火何异，虽旧亦俗也。[5]

　　由此可知，流通在晚明社会中的古铜器，实际上包括"真古"与"仿古"两类器物。虽然赏鉴家们仍然会花相当篇幅论述辨伪，然而他们会花更大的篇幅论述古铜器具的使用。因为对于晚明士人而言，要真正辨别真伪是相当困难的，这与晚明古铜器知识的来源有关。

1　王光尧 :《故宫博物院藏潞国铜器考》，《文物》，1994 年第 6 期，页 72—75。
2　王光尧 :《故宫博物院藏潞国铜器考》，页 72—75。
3　容庚 :《海外吉金图录》（台北 : 台联国风出版社，1978），图 81。
4　陈宝琛藏 :《澄秋馆吉金图》（台北 : 台联国风出版社，1976），页 76。
5　袁宏道 :《瓶史》，卷下，页 2。

二、古铜器知识的来源

建立古文物知识最直接的渠道便是收藏古文物，包括前代的收藏品与当代的发掘品。陈继儒（1558—1639）在《太平清话》（万历二十三年 [1595]）卷四中曾提到，吴中权豪家仍袭宋代遗风，好收藏三代铜器，甚至有发古墓盗宝之事：

> 黄五岳云，自顾阿瑛好蓄玩器书画，亦南渡遗风也，至今吴俗，权豪家好聚三代铜器，唐宋玉窑器、书画，至有发掘古墓而求者，若陆完神品累至千卷，王延喆三代铜器数倍于《宣和博古图》所载。[1]

然而，由于缺乏记录，我们对于明代皇室或民间收藏古器物的详细情况并不清楚。[2] 虽然有少数明墓曾出土古代文物，反映了墓主个人的收藏情况，如四川明代张叔佩夫妇墓出土了商晚期的方鼎、东周的圆鼎、唐代的海兽葡萄镜等古董，[3] 但要讨论明代收藏古器物的情况，无疑需要更多的材料。

由于印刷品的流通较广，因此印刷书籍可说是当时一般人建立古文物知识最主要的方式。除了《洞天清禄集》《格古要论》等纯文本的鉴赏书籍之外，最直接的方式便是通过《宣和博古图》或《考古图》等图录来了解古物。这些图录明确绘制了器物的造型、花纹，记录了器物的大小、尺寸、铭文，对于大多数没有机会接触古物的人，无疑是很重要的参考。即使如周密（1232—1298）见识如此之广，也不免要时时参考《宣和博古图》。[4]

1　陈继儒：《太平清话》，《百部丛书集成》（台北：艺文印书馆，1965—），据宝颜堂秘籍本影印，卷4，页5。

2　《天水冰山录》是常被引用的一本书，借以说明当时收藏的大体样貌。但要具体讨论时人所认识的古铜器时，光凭文字记录便有所不足。撰人不详：《天水冰山录》，《百部丛书集成》（台北：艺文印书馆，1965—），据知不足斋丛书影印。

3　叶作富：《四川铜梁明张叔佩夫妇墓》，《文物》，1989 年第 7 期，页 43—47。

4　从《云烟过眼录》中一再提到"博古图"，如"方铜炉，四脚两耳，饕餮面回文，内有东宫二字款。色正黑，后归张受益，其值十二锭，此鼎博古图所无，在可疑之间""周丰鼎，见博古图第三卷，铭六字。子昂题诗云，丰鼎制特小，周人风故淳。摩挲玉质润，拂拭翠光匀，铸法观来妙，铭文考更真。平生笃好古，对此兴弥新""购得括苍叶氏召公尊，其盖细花，款文极精妙。尊腹有五指掐文。中有款细十字。真三代之奇物，博古图有之，俗名手揑尊，后以开元宫遗火，失其盖，送之张万户之子焉"。可知《博古图》应是当时研究、鉴赏古器最重要的参考书，参周密：《云烟过眼录》，《百部丛书集成》（台北：艺文印书馆，1965—），据十万卷楼丛书影印，卷下，页 22、23、29。

《宣和博古图》等书作为图录的作用至晚明达到高峰，不仅好事家大谈《宣和博古图》"比来则徽人为政，以临邛程卓之赀，高谈《宣和博古图》，图书画谱，钟家兄弟之伪书，米海岳之假帖，渑水燕谈之唐琴，往往珍为异宝"[1]，高濂谈"古铜器具取用"时，也明言："已上式载《博古图》中，可用，按图索视。"[2]

目前所见晚明诸版本之《宣和博古图》，卷帙虽仍庞大，但书幅缩小许多，以方便携带、随时查考，如郑朴在《博古图录考正》卷一总说中所言：

> 《博古图录》一书，乃好古考信之助，旧刻卷嘀帙颇大，即庋置无妨，而囊携称苦矣。予始改册减图，几摹式花纹款识铭籀，则不敢遗旧刻缁黍也。至若名物之稍乖，器目之不协，字释释或讹，剥泐之或缺，具参核元本，多方订正，或可以秘蔡帐而内巾箱乎，然挂漏之恩政自不免搜略剐误，盖光雅事不无望于好古君子云。郑朴再题。[3]

晚明印刷业的发达与博古图录的流通，一方面使晚明人可以经由图录认识商周古铜器，另一方面也促进了当时古铜器鉴赏风气的流行。晚明胡应麟（1551—1602）曾说："《博古图》。郑锦衣朴重刻小幅《博古图》，其翻摹古文及云雷饕餮牺兽诸众，较精于前。且卷帙简少，使人易藏，虽寒生俭士，皆得一见商周重器，大有裨于赏鉴家。"[4]

好古风气从《考古图》《宣和博古图》在晚明一再开版印刷也可见一斑，根据 Robert Poor 的统计，从嘉靖七年（1528）至万历三十一年（1603），今日所见至少有七个版本的《宣和博古图》，[5] 对于当时的仿古风气或古物知识起了一定的影响。

《考古图》与《宣和博古图》的具体影响也反映在今日所见的器物或书

---

1 沈德符：《万历野获编》，卷26，"好事家"，册4，页1731。

2 高濂：《燕闲清赏上卷》，《雅尚斋遵生八笺》，卷14，页401。

3 王黼：《博古图录考正》，明万历间遂州郑朴校刊本，卷1"总说"。

4 胡应麟：《甲乙剩言》，《百部丛书集成》（台北：台湾商务印书馆，1965—），据宝颜堂秘籍影印，页8—9。

5 Robert Poor, "Notes on the Sung Dynasty Archaeological Catalogs," *Archives of the Chinese Art Society of America*, 19（1965）：33-44.

图9-1　钱选（传），《鉴古图》，明代，绢本设色，71.8厘米×62厘米，台北故宫博物院藏

画创作上。博古图此类画题在明中期以后相当流行，有时与雅集图结合。在博古图中，不可或缺的是文人与古铜器。对于注重描摹的画家而言，描绘古器物并不是一件容易的事，因此台北故宫博物院所藏题为钱选的《鉴古图》（图9-1）中的古器物明显抄袭自杜堇的《玩古图》（图9-2）；而题为刘松年《博古图》中的器物，则明显可与《宣和博古图》中的器物图相对应，可见《考古图》与《宣和博古图》在当时成为画家描绘古铜器的参考。

图9-2　杜堇，《玩古图》，明代，绢本设色，126.1厘米×187厘米，台北故宫博物院藏

　　《考古图》《宣和博古图》除了提供《博古图》等图像来源，也给宋代以降的工匠在制作仿古器物产生了直接的影响。最具体的例子莫过于内言卣（图9-3）、盟盨（图9-4）、文王方鼎、非鼎等器物，不仅造型、纹饰抄袭自《宣和博古图》等图录，连器内的铭文都企图达到与图录相同的效果。由于模仿十分忠实，清高宗在乾隆三十四年（1769）时还将内言卣、盟簋当作周代器物赏赐国子监，作为大成殿陈设之用。[1]

　　《考古图》《宣和博古图》除了直接镂版印刷之外，间接流传的方式也值得探讨，尤其是作为晚明通识教育一环的类书，经常录有古器物，向读者介绍古器知识。如胡文焕于万历年间刻印的《古器具名附古器总说》（万历二十一年 [1593]）[2]，以及王圻编的《三才图会》（万历三十五年 [1607]），[3]

1　"诏颁内府所藏周器十，陈设大成殿，较阙里汉尊尤为典重。"梁国治奉敕撰：《钦定国子监志》，《景印文渊阁四库全书》（台北：台湾商务印书馆，1983—1986），册600，页518。
2　胡文焕：《古器具名二卷附古器总说一卷》，《四库全书存目丛书》（台南：庄严文化事业有限公司，1995），子部78，页1—72。
3　王圻纂辑：《三才图会（三）》（台北：成文出版社，1970），万历三十五年（1607）刊本，页1070—1095。

图9-3　内言卣，12—17世纪，通高35.3厘米，器高33厘米，台北故宫博物院藏

图9-4　盟盨，12—17世纪，长35厘米，宽21.1厘米，高23.7厘米，台北故宫博物院藏

均录有鼎、罍、舟等古铜器类，器类总说搭配以插图，令读者在阅读之后，对于三代古铜器有基本认识。

　　这些类书、丛书中的古铜器知识的来源为何，《古器具名》在凡例处即明言："是书先《博古图》，次《考古图》，又次《欣赏编》……"再比对总说内容与插图，可知铜器部分来自《宣和博古图》《考古图》，玉器部分则来自元代朱德润所编的《古玉图》。至于《三才图会》，虽未说明来源，但由于《古器具名》（图9-5）与《三才图会》（图9-6）的插图基本相同，可知两者应有所关联。查《古器具名》刻于万历二十一年（1593），早于《三才图会》，《三才图会》之图像或许抄袭自《古器具名》。

　　《宣和博古图》《考古图》中的图像不但被撷取在《古器具名》一类的书籍中，也被撷取在传为南宋龙大渊所撰的《古玉图谱》一书中。[1] 关于《古玉图谱》一书所录内容之怪诞，本章不拟多论。[2] 要特别指出的是，该书虽为玉器图录，但除了圭、璧、璜等之外，竟也包括来自《宣和博古图》的瓴、卣、

1　龙大渊撰：《宋淳熙敕编古玉图谱一百卷》，《四库全书存目丛书》（台南：庄严文化事业有限公司，1995），子部78，页73—708。
2　该书不可能为宋代所编，四库馆臣已指出。由于该书收录了元朱德润的《古玉图》，可知成书于《古玉图》之后，推测很可能是明人所编之书，假托以宋人之名。

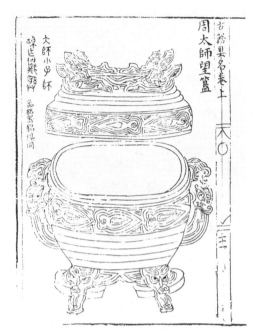
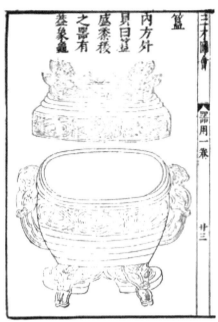

图9-5　周太师望簋，《古器具名》　　　　　图9-6　簋，《三才图会》

尊、牺尊、凫尊等铜器类。

　　《宣和博古图》《考古图》等图录在晚明不但一再被印行，同时也被撷取成各种不同的形式出版，这一方面说明晚明对于古器物知识的兴趣；另一方面，也出现了一个相当讽刺的现象：虽然晚明的印刷业十分发达，真正对于古铜器研究的论述却不多，探究这些印刷品中的古器物知识，竟不出《宣和博古图》之范畴，知识看似爆炸，实际上十分贫乏。而知识被任意传抄转载的结果，是出现了如《古玉图谱》之类的荒诞之作。

三、晚明仿古铜器之风格

　　在知识混乱的情形之下，晚明所铸铜器风格如何？社会风尚与喜好如何？从清初花村看行侍者在《花村谈往·灯庙二市》所说"庙市乃为天下人备器用、御繁华而设也。……新到之物必买，适用之物必买，奇异之物必买……"[1]可

1　花村看行侍者：《花村谈往》，《丛书集成续编》（台北：新文丰出版公司，1989），册278，页768。

知，明中期以后由于社会的繁荣、商品经济的发达，促进了消费文化的发展，也使得工艺品不断推陈出新。作为晚明商品一环的仿古铜器如何因应消费社会中对于新奇事物的喜好，我们可从现存的晚明仿古铜器一窥究竟。

在探讨晚明仿古铜器的风格之前，首先回顾一下相关研究。对于宋代以降仿古铜器的研究是一门相当新的学问，诚如 Rose Kerr 在评 Robert D. Mowry 的文中所说，它才刚刚起步，还待更多的研究者投入。[1]

最早注意到这些器物的是 Soame Jenyns 与 William Watson 写的 *Chinese Art: The Minor Arts* 一书。[2] 该书首先注意到晚期的仿古铜器，书中收录有天鸡尊、错金银壶等。在此之后，William Watson 曾投入部分心力于晚期铜器的研究，也发表了数篇论文[3]，Watson 在文中将晚期铜器分为几类，但由于他的分析材料有些后来被公认为东周铜器，如弗利尔美术馆所藏的子作弄鸟，因此，文中所作的分类或定年也需进一步检讨。继 Watson 之后，Rose Kerr 也写了一系列的文章，讨论宋代到清初铜器的风格，[4] 由于宋、辽、金、元相关的出土器物较多，包括墓葬、窖藏与沉船的出土品，可资比对的资料相对丰富，因此对于宋代至元代铜器的风格，大致有一轮廓。但是在 Kerr 这一系列的文章中，并没有讨论明代中晚期的铜器。Robert D. Mowry 整理克莱格（Clague）收藏的晚期铜器，并出版了专书 *China's Renaissance in Bronze: The Robert H. Clague Collection of Later Chinese Bronzes 1100-1900*。[5] 书中对于每件器物有相当仔细的分析与讨论，包括工艺观察、用途、风格比对等，但是并未讨论晚期铜器的风格与时代特点。

前述诸位学者在研究晚期铜器时，有意无意地跳过晚明，并不是没有原因，

1　Rose Kerr, "Book Review of China's Renaissance in Bronze," *Artibus Asiae*, 54, nos. 3-4（1994）: 380-382.

2　笔者所使用的是日文版。参 R. Soame Jenyns and William Watson 著，井垣春雄译：《中国工艺》（东京：株式会社出版社，1964）。

3　William Watson, "On Some Categories of Archaism in Chinese Bronze," *Ars Orientalis*, 9（1973）: 3-13; William Watson, "Categories of Post-Yuan Decorative Bronzes," *Transactions of the Oriental Ceramic Society*, 46（1981-1982）: 11-28.

4　Rose Kerr, "Metalwork and Song Design: A Bronze Vase Inscribed in 1173," *Oriental Art*, 32（Feb. 1986）: 161-176; Rose Kerr, "The Evolution of Bronze Style in the Jin, Yuan and Early Ming Dynasties," *Oriental Art*, 28（Feb. 1982）: 146-158; Rose Kerr, "A Preliminary Note on Some Qing Bronze Types," *Oriental Art*, 26, no. 4（1980-1981）: 447-456.

5　Robert D. Mowry, *China's Renaissance in Bronze: The Robert H. Clague Collection of Later Chinese Bronzes 1100-1900*（Phoenix: The Phoenix Art Museum, 1993）.

最大的症结是可资比对的标准器太少。虽然有不少纪年铜器（参见表9-1），但多半为祭器，而祭器由于其特殊功能，无论器类还是风格上，均较为保守且封闭。至于作为日用陈设的仿古铜器多半没有纪年，即使有纪年，也需要进一步判断其可靠性，这使得晚明铜器的研究更为困难。

目前，缺乏标准器的问题仍然没有解决。然而我们还是从墓葬出土的仿古铜器以及金银器等其他的金属器着手，尝试重建晚明铜器的部分风格。至于要明了晚明铜器的整体样貌，无疑还需要更多资料的发表以及更多的研究。

1. 仿古之纹饰

从可靠的晚明纪年器可知，明末仿古铜器有较为忠实者，以潞王铸器为代表。目前所见的潞王铸器，包括台北故宫博物院所藏"敬一主人"圆鼎（图9-7），经过 X 光的拍摄，底部款识清晰显现：中央为"敬一主人"，周围环以"大明崇祯捌年潞国制成壹器"；另外，故宫博物院也藏有造型、纹饰相同的"敬一主人"铜鼎二（图9-8），款识之格式与内容也相当接近，但一为崇祯八年（1635）、一为崇祯九年（1636）。[1] 日本则藏有一件"敬一主人"铜觚，铭文格式相同，为崇祯九年所制（图9-9）。[2] 潞王铸器印证了王士禛（1634—1711）在《池北偶谈》卷十九"潞王琴"中所说："故明潞藩，敬一主人……又尝仿宣和博古图式，造铜器数千枚，瘗地中……"[3]

分析上述潞王铸器，器表主要纹饰均为商代的兽面纹，主纹饰浮出器表，形成浮雕的效果，底纹则为规则的雷纹，为典型的商晚期铜器"二层花"装饰。至于器形方面，虽一望而知为圆鼎、觚，但却有意地在局部加以变化。以鼎为例，商晚期的圆鼎一般为三足，但敬一主人圆鼎带有四足；以觚为例，商晚期之觚虽有方体、圆体等不同的造型，但并没有将方觚、圆觚合而为一如敬一主人觚。台北故宫博物院藏兽面纹圆体方足觚（图9-10）虽然没有铭文，但与敬一主人觚风格近似，应该也是潞王铸器，或来自同一作坊。

1   王光尧：《故宫博物院藏潞国铜器考》，《文物》，1994 年第 6 期，页 72—75。
2   容庚：《海外吉金图录》（台北：台联国风出版社，1978），图 81。
3   王士禛：《池北偶谈》，《笔记小说大观（二编）》（台北：新兴书局，1978），卷 19，页 9。

图9-7　敬一主人圆鼎，明崇祯八年（1635），高21.4厘米，口径14.4厘米，台北故宫博物院藏

图9-8　敬一主人铜鼎，明崇祯八年（1635）

图9-9　敬一主人铜觚，明崇祯九年（1636）

图9-10　圆口方足觚，17世纪上半，高28.7厘米，口径15厘米，底宽6.6厘米，台北故宫博物院藏

图9-11　周丹泉款娇黄锥拱兽面纹鼎，　图9-12　钱纹地梅花纹鼎，明晚期（17世纪）
16—17世纪，高16.8厘米，口径13.3厘米，
台北故宫博物院藏

2. 以当代纹样为饰

有的仿古铜器是在古铜器的造型上加上晚明流行的花纹装饰。如陕西省延安市杨如桂墓出土的一件鎏金鼎，时代大约是 17 世纪上半，[1] 该件铜鼎腹饰兽面，有扉棱，底纹为金钱纹。此鼎可能与台北故宫博物院藏周丹泉款娇黄鼎（图 9-11）相似，类似的纹饰也见于该院藏钱纹地梅花纹鼎（图 9-12），均为仿古铜器施加当代纹饰的例子。这类当代纹饰经常出现在器物局部，如鼎的口沿、壶的颈部，纹饰类别常常是云雷纹等几何纹样。

至于明墓出土的铜器，数量最多的是作为供器之用的铜鼎（香炉）、铜瓶、烛台。[2] 值得注意的是，晚明墓葬中出土的铜瓶造型有其特点，为长颈瓶，颈部贴饰蟠螭。另外，铜投壶也是明代中期以前的墓葬或窖藏中较常出土者，

1　姬乃军：《延安明杨如桂墓》，《文物》，1993 年第 2 期，页 84，图 3。
2　如 1510 年左右四川成都白马寺明墓石供桌上的铜香炉与一对铜瓶，见四川省文物管理委员会：《成都白马寺第六号明墓清理简报》，《文物》，1956 年第 10 期，页 42—49。又如万历年间上海潘氏墓出土了铜香炉一、烛台与花瓶各一对，另有银爵杯一，见上海市文物保管委员会：《上海市卢湾区明潘氏墓发掘简报》，《考古》，1961 年第 8 期，页 425—434。

图9-13　鎏金扁足兽面纹鼎线描图，明晚期（17世纪）

图9-14　错金银鸟纹扁足鼎，17世纪，高17厘米，口径12.9厘米，台北故宫博物院藏

如四川省绵阳市明代窖藏出土之铜投壶。[1]

3. 鎏金与错金银

另外，有些仿古铜器则是整体鎏金，形成华丽的装饰效果。重庆市窖藏出土了鎏金扁足兽面纹鼎（图9-13），由于该批窖藏文物中有一件银碗底部带有"崇祯年制"款，可知该批窖藏文物所属年代大约是17世纪上半。[2]造型相似的银鼎在湖南省通道县南明窖藏中也曾出土，[3]该批窖藏还出土了带有款识的银爵、银蟠桃杯等，从款识可知该批器物为祝寿器，时代为顺治三年（1646）至顺治四年（1647）。从上述出土实例可知，浅腹扁足兽面纹鼎为晚明时期所流行的样式，造型类似的错金银兽面纹浅腹扁足鼎（图9-14）也应为17世纪中叶的作品。

观察该扁足兽面纹鼎的特点，虽是模仿商代的铜鼎，但无论造型还是纹饰均加以夸大。就造型而言，三足外撇的斜度加大并刻意强调突出的棱脊；就纹饰而言，兽面纹的细节简化了，却以大面积的错银与局部的错金凸显纹饰，

1　河志国等：《绵阳市红星街出土明代窖藏》，《四川文物》，1990年第2期，页38，照30。

2　王豫：《重庆长寿县出土的明代窖藏金银器》，《东南文化》，1994年第5期，页116—118。

3　怀化地区文物工作队：《湖南通道发现南明窖藏银器》，《文物》，1984年第2期，页88—93。

并在口沿添加一圈不属于商代的雷纹。类似作风的错金银器如错金银提梁卣（图9-15）、错金银角、错金银罍，应属于同时之作。这些器物共同呈现出晚明仿古铜器的最大特点——错金银。

错金银在明代之流行，从"乾隆四鉴"[1]中所收录的错金银器物之数量即可见一斑。在《宣和博古图》800多件的文物中，仅有10余件错金银铜器，其中大半为车马器与兵器，如弩机、镦等；但是在"四鉴"中，错金银器物的数量大增，以《西清古鉴》为例，全书共1529件器，[2]错金银者至少有50余件，多数为牺尊，但不乏商周的卣、甗、壶等。从今日研究者的眼光来看，这些错金银器物绝大多数是晚期仿制品。[3]除了仿古铜器表面经常镶嵌以金、银，晚明时期崛起的铸铜名家，如胡文明、石叟等人，也以错金银作品而得名。

图9-15　错金银提梁卣，17世纪，通高14.7厘米，器高12.7厘米，腹宽8厘米，台北故宫博物院藏

考察古代铜器的发展史，错金银大约出现于春秋晚期，流行于战国与汉代。多半镶嵌于兵器或车马杂器上，也镶嵌在容器上，镶嵌的纹饰多半为云雷纹、兽纹。然而，在晚明的仿古铜器中，普遍以金、银镶嵌于各种器类，以加强纹样的装饰效果。

错金银为何成为晚明仿古铜器的装饰风尚，与当时的古文物知识背景有何关系？最早讨论错金银的是南宋赵希鹄，其在《洞天清禄集》中云：

> 夏尚忠，商尚质，周尚文，其制器亦然。商器质素无文，周器雕篆细密，此固一定不易之论，而夏器独不然。余尝见夏琱戈于铜

1　清高宗乾隆所敕编之《西清古鉴》《宁寿鉴古》《西清续鉴甲编》《西清续鉴乙编》四套铜器图录。关于"四鉴"的编辑时间、成书时间及版本考订，参见刘雨：《乾隆四鉴综理表》（北京：中华书局，1989），页1—14。

2　根据刘雨的统计，见刘雨：《乾隆四鉴综理表》，页7。

3　容庚：《商周彝器通考》（北平：哈佛燕京学社，1941），上册，页290。

上相嵌以金，其细如发，夏器大抵皆然，岁久金脱，则成阴窾，以
其刻画处成凹也。相嵌，今俗讹为商嵌。《诗》云：追琢其章，金
玉其相。[1]

赵希鹄在文中综合三代器物的特点，所谓"夏尚忠，商尚质，周尚文"，[2] 并
且提出镶嵌为夏代铜器的特点。

　　事实上，赵希鹄的这段文字对明代人而言应该是十分抽象的，因为在《考
古图》《宣和博古图》等参考书中并没有夏代器。虽然如此，此段文字却成
为明代鉴赏家论述商周铜器的基调。明初曹昭《格古要论》"古铜论·三代器"
基本上抄袭自《洞天清禄集》。[3] 晚明的高濂则在商质周文的基础上进一步论说，
并且将镶嵌区分为两种，一为金银片，为商代镶嵌；一为云雷丝，为夏代镶嵌：
"三代之器，钟鼎居多，且大容升斗，虽有商质周文之说，然质者未尝不文，
文者未尝不质。……夏嵌用金银细嵌云雷纹片，用玉与碧填剜嵌美甚。曹云
商无嵌法，非也，商亦有之，惟多金银片而少云雷丝嵌细法……"[4] 其他晚明
赏鉴书籍如《长物志》《清秘藏》等对于三代器物之辨基本上不出上述内容。[5]

　　因此可知，在明代的古器物知识库中，错金银一方面代表着某种"古意"，
另一方面错金银的效果也合于明代尚好新奇的风气。因此赵希鹄提出错金银
的观点，不仅屡屡为晚明文人所征引，并被进一步论说，使错金银成为晚明
仿古铜器的特点。

　　从今日所见的晚期仿古铜器来看，带有款识的祭器均未见错以金银者，
因此推测，仿古错金银铜器应该是作为摆设或日常之用。就器类而言，似乎
没有明显区分，晚明常见的仿古器类，如鼎、尊、觚、觯等，表面均见有错
金银者；然而，有些器类，如动物形器——牺尊、天鸡尊等，似乎特别偏好
此装饰技法。此外，许多错金银器为体积较小的迷你器（图 9-16），这类器

1　赵希鹄：《洞天清禄集》，页 15。
2　赵希鹄对于夏商周三代铜器风格的特点基本上为晚明的鉴赏家所遵从，《格古要论》《遵生八笺》
　基本上也持此论调。
3　曹昭：《格古要论》，卷上，卷 6，页 8。
4　高濂：《燕闲清赏上卷》，《雅尚斋遵生八笺》，卷 14，页 396。
5　文震亨《长物志》卷七"海论铜玉雕刻窑器"："三代之辨，商则质素无文，周则雕篆细密，夏则嵌
　金银细巧如发……"张应文《清秘藏》卷上"论古铜器第二"："商器质素无文，周器雕篆细密，独夏
　器间有相嵌以金，细巧若发者，鉴古家不可不知。"见文震亨：《长物志》，卷 7，页 22；张应文：《清
　秘藏》，《百部丛书集成》（台北：艺文印书馆，1965—），据学海类编影印，卷上，页 2。

图9-16　错金银圆鼎，17—18世纪，高11.3厘米，口径9.8厘米，台北故宫博物院藏

物十分受晚明清初收藏家们的喜好，经常作为多宝格中的把玩器。[1]

　　除了金银片、丝之外，有些是以绿色物质镶嵌以加强器表的装饰效果。通过显微镜放大，绿色物质中含有十分微细的孔雀石颗粒，与假锈部位的显微放大镜效果相当近似，两者的成分是否相近，尚待进一步化验。

　　就错金银铜器的镶嵌部位进行工艺观察，有几点现象值得注意：首先，在错金银的下方常有另外一层物质，推测是先以其他材质镶嵌，仅在表现覆以金银，以此达到装饰华丽与节省成本两方面的需求。[2]然而，通过错金银龙纹圆鼎的显微镜放大照片（图9-17）可以看到金彩脱落处下层为黑色的银层，可知该件器物是先以银泥画上云雷、兽面等纹饰，局部再添加以金彩，使器物更加耀眼。

　　至于错金银部位的制作方式至少有镶嵌与涂敷两类。以金、银镶嵌者，通过显微镜放大，可明显看到接缝（图9-18）。为了使镶嵌之金、银更加稳固，在错金银部位的周围经常可见细密的錾痕（图9-19），或是刻意加深边缘的

1　Rose Kerr, *Later Chinese Bronzes*（London: Trustees of the Victoria & Albert Museum, 1990），50-52.

2　Mowry, *China's Renaissance in Bronze*.

图9-17　错金银圆鼎金彩下银层（显微镜放大8倍），明末清初

图9-18　错金银兽面纹罍金丝接缝（显微镜放大36倍），宋至明

图9-19　错金银凫尊错金周围堑痕（显微镜放大8倍），南宋

图9-20　错金银夔凤纹觯错金银堑痕（显微镜放大12倍），明晚期

图9-21　错金银牺尊，元，高26.5厘米，长31.3厘米，台北故宫博物院藏

图9-22　错金银牺尊银泥涂敷（显微镜放大11倍），元

轮廓线（图9-20）。错金银牺尊（图9-21）则为银泥涂敷的例子，从显微镜放大照片（图9-22）可以看到银泥涂敷不匀的现象。

4. 改制古铜器

仿古铜器除了在纹饰上大作文章外，有些则结合了不同器类的造型特征，形成了奇特的造型，Watson 称这类器物为 cast ornament in anachronistic combination。[1] 这些器物即张应文在《清秘藏》中所提到的"屑凑铜器"："屑凑铜器，屑凑，谓搜索古冢旧器不完者，或取其耳，或取其足，或取其錾，或取其腹，或取古壶盖，作圆鼎腹。或取旧镜面，作方片，凑方鼎身。亦用铅冷焊凑合成器，法蜡填饰，点缀颜色，山黄泥调抹作出土状……"[2] 以残损的旧器改装而成。

台北故宫博物院藏器物中有不少"屑凑铜器"的例子，如钟式瓶（图9-23），将残钟倒置，安装上圈足、口沿、錾耳，再将表面处理成一致之锈色，即成为花瓶。另外，在錍的上方加上胆部或将錞于倒置，两侧安装器耳，成为实用之古铜花瓶，均为"屑凑铜器"常见的例子。

除了将残损的铜器改装成完整器之外，改制车马器也是常见的例子。因为车马构件种类繁多、造型多样，在20世纪科学考古之前，宋代至清代的金石学家对于车马器的认识相当有限，更遑论鉴赏家或收藏家了。[3] 因此，在这

1　Watson, "On Some Categories of Archaism in Chinese Bronze," 5-6.

2　张应文：《清秘藏》，卷上，页4。"屑凑铜器"也见于高濂：《雅尚斋遵生八笺》，卷14，页398。文震亨：《长物志》，卷7，页22。

3　许雅惠：《古器新诠——院藏"泳泽书院雷纹簋"的再认识》，《故宫文物月刊》，第225期（2001），页54—69。

图9-23　钟式瓶，明，高25.9厘米，肩宽
12.2厘米，台北故宫博物院藏

图9-24　熊足镦，西周，高13.5厘米，口径5.8
厘米，台北故宫博物院藏

些车马构件出土后，往往被改制成他们所认识的器物，如西周的车马器——
"軎"（安装于轮轴之外，用以固定车轮位置）被改制成熊足镦（图9-24），
改制者将两侧用来插木梢的方孔填实，在底部焊上三足，一变而为兵器末端
的构件——"镦"。

　　另外，将他们所不认识的器物按照《宣和博古图》改制也是一个例子，
如原来称作"旂铃"的弓形器（图9-25），该器物原来是商代的弓形器（图
9-26），用以增加弓的强度。[1] 但由于当时并不认识这类器物，明人于是便按
照《宣和博古图》的旂铃[2]（图9-27）加以改制，去掉两侧的曲臂，安装上铃，
并在器中央加置一铃。

　　关于这些器物改制的年代并不太清楚，但赵希鹄的《洞天清禄集》与曹
昭的《格古要论》中均未提到这类改制的古铜器，直到《遵生八笺》中才出

1　关于弓形器的用途，曾经一番讨论，但如果考虑到弓形器的出土情境，其经常与镞以及弓末器共
出，其作为弓的构件是相当合理的。关于弓形器研究的相关整理，参见黄铭崇：《弓末器及其相关问
题》，《故宫学术季刊》，第20卷第4期（2003），页56—60。
2　作"汉旂铃"，王黼等：《亦政堂重修宣和博古图录》，卷27，页39。

图9-25 弓形器（图册作"旂铃"），商晚期，长19.5厘米，宽5.6厘米，台北故宫博物院藏

图9-26 弓形器，商晚期

图9-27 汉旂铃，《宣和博古图》，清亦政堂本

现"屑凑铜器"，由此推测用古器残片加以改装的风气大概是在晚明达到高峰，并成为当时风格的一个特点。

5. 对其他材质的影响

商周古铜器除了作为仿古铜器的母型之外，也成为晚明其他工艺灵感的来源，时人竞相以其他材质仿制古铜器造型与纹饰。传世器中有不少晚明的仿古铜瓷器、玉器、竹木雕等，明代的墓葬也有不少出土例。[1]

材质之间的相互影响或模仿有其历史轨迹可循，如青铜时代

---

1 如山东省招远市明墓出土紫檀瓶，时代为16世纪中叶或16世纪下半叶；江苏省南京市晚明天启年间（1621—1627）的沐睿墓出土玉提梁卣；陕西省绥德县康熙年间马如龙夫妇合葬墓出土了景德镇明万历年间的五彩兽面纹瓷方鼎。分别见烟台地区文管会：《山东招远明墓出土遗物》，《文物》，1992年第5期，图版陆：5；南京市博物馆：《江苏南京市明黔国公沐昌祚、沐睿墓》，《考古》，1999年第10期，图版五：7；朱捷元：《绥德县出土的明五彩饕餮纹瓷方鼎》，《文物》，1984年第6期，页23。

的铜、陶关系，唐、宋时期金属器与陶瓷的关系，[1] 又如纹饰的相互借用等，[2] 一直是中国工艺美术史中的重要课题。那么，晚明材质之间的相互关系较之前代有何特殊之处？

图9-28　万历款白釉觯，明

以铜器与瓷器的关系为例，自青铜时代以来，陶瓷器常作为铜器的替代品，尤其是当其用作祭器或供器时，陶瓷器经常刻意模仿铜器的风格与组合，如内蒙古自治区赤峰市金墓出土的仿铜陶器，不仅造型、纹饰仿自铜器，而且表面涂绿粉，刻意模仿铜器的色泽；[3] 有些墓葬以瓷香炉取代铜香炉、瓷瓶取代铜瓶。[4]

但在明晚期瓷器除了忠实地模仿古铜的造型与纹饰，更形成了独特的风格，如台北故宫博物院所藏娇黄锥拱兽面纹鼎（参见图9-11），底有"周丹泉造"款。[5] 该件器物之三足鼎造型与腹部的兽面纹，明显是仿自商周铜器，但却刻意施以与铜锈完全不同的黄釉，形成十分特殊而矛盾的效果——一方面相当忠实地模仿"古"铜器，另一方面又完全背离铜器该有的色泽，形成十分"新奇"的效果。相同风格的瓷器也见于上海博物馆所藏白釉觯（图9-28，底有"古周饕餮万历年制"款）、[6] 陕西省绥德县马如龙夫妇墓出土的万历五彩饕餮纹方鼎，均兼具"古"与"奇"双重效果。[7] 除了瓷器仿铜之外，漆木器与玉器仿铜也具有同样的效果。

为什么会出现这样的风格？一方面与当时知识的混乱有关，例如传为龙大渊编的《古玉图谱》一书，虽是玉器图谱，却出现了《宣和博古图》中的铜器。[8] 另一方面与当时的风尚有关，我们回到清花村看行侍者于《花村谈往·镫庙二市》中所说："庙市乃为天下人备器用、御繁华而设也。……新到之物

1　Jessica Rawson, "Chinese Silver and Its Influence on Porcelain Development," *Cross-Craft and Cross-Culture Interactions in Ceramics*（New York: The American Ceramic Society, 1989），275-299.

2　谢明良：《晚明时期的宋官窑鉴赏与"碎器"的流行》，《第三届国际汉学会议论文集——经济史、都市文化与物质文明》（台北："中研院"历史语言研究所，2002），页437—466。

3　李逸友：《昭盟巴林左旗林东镇金墓》，《文物》，1959年第7期，页63—64。

4　如浙江嘉兴项氏墓，陆耀华：《浙江嘉兴明项氏墓》，《文物》，1982年第8期，页37—41。

5　周丹泉为晚明知名的工艺家，以制作仿古瓷器而闻名。关于周丹泉其人与其工艺的研究，参见蔡玫芬：《苏州工艺家周丹泉及其时代》，《区域与网络——近千年来中国美术史研究国际学术研讨会论文集》（台北：台湾大学艺术史研究所，2001），页269—297。

6　周銮书编：《中国历代景德镇瓷器·明卷》（北京：中国摄影出版社，1998），页340。

7　朱捷元：《绥德县出土的明五彩饕餮纹瓷方鼎》，《文物》，1984年6期，页23。

8　龙大渊编：《宋淳熙敕编古玉图谱一百卷》，卷77—93，页563—663。

必买，适用之物必买，奇异之物必买……"[1] 便了解晚明如此矛盾的风格，正符合当时对于"奇异之物"的喜好，这种风气不独为工艺创作的特点，在书画作品中也可见同样的现象。[2]

结　语

晚明的仿古铜器为了与古代建立联系，在造型、纹饰上模仿古代；同时，又加以变化以因应当代对于新奇作风的喜好。这充满矛盾的现象正与晚明的古铜知识相呼应：虽然印刷出版十分兴盛，知识的最终来源却是单一的。

晚明的知识分子对于当时真伪混杂的情况虽有批评，但他们并没有通过研究以建立较客观、正确的知识；相反地，却是继续编辑出版前人图录。追究其原因可能还是与晚明的古物市场发达、知识分子无法自外于市场有关。古物、图录、书籍等都成为市场机制中的一环，它不仅为消费者提供商品，更进一步引导了收藏风气的走向。[3]

1　花村看行侍者 :《花村谈往》，册 278，页 768。
2　明晚期的变形主义即"以奇为古"，参见何传馨 :《博古、拟古与变化——十六至十八世纪仿古风气下的绘画》，收录于李玉珉主编 :《古色——十六至十八世纪艺术的仿古风》。
3　Craig Clunas, "Things of the past," in *Superfluous Things: Material Culture and Social Status in Early Modern China*（Urbana and Chicago: University of Illinois Press, 1991）, 91-115.

第十章

新旧与雅俗

——晚明的古铜器鉴赏

2019 年台北故宫博物院举办的"天孙机杼——明清缂绣精萃"特展中展出了一套粤绣博古图屏,每幅屏风中绣着古铜器,或焚香,或插花,或单纯清供。其中一件扁足方鼎穿插在瓶花与盆花之中,特别引人注目(图 10-1)。这件鼎的造型仿造明清时期十分流行的"文王方鼎",表面装饰变形的兽面,四足是具有特色的"飞龙脚"造型,浓淡不一的赭、绿绣线传达出古铜器表面的斑斓锈色。一旁有盛放香料的香盒以及放置熏香用具的香瓶,整体构成一套炉、瓶、盒香具组,与画面中的花篮、盆花、瓶花共同装点出生活中的雅趣。

北宋中期开始,古铜器逐渐成为上层阶级收藏品鉴的一部分,仿作之器也应运而生,南宋赵希鹄(活动于南宋后期)在《洞天清禄集》中便花了不少篇幅讨论如何辨别古铜器之真伪。元、明承袭宋代之发展,古铜器仍是文人士大夫收藏把玩的对象,如杜堇《玩古图》(图 10-2)之描绘。在晚明大量的品鉴文字中,真伪精粗虽仍为讨论的焦点,但当时的文人、赏鉴家花更大的篇幅讨论古铜器具的使用。晚明文人也提出了他们特有的观点:古代器物有其适用的种类与场合,否则"虽旧亦俗也";相对地,当代仿古制器如果质地纯净、古雅可爱,也能得到鉴赏家的青睐。换句话说,"真古"与"仿古",旧器与新制,不再是品鉴古铜器的唯一标准。这个发展使得晚明古铜器的讨论除了真伪之辨,文人们也关注合宜的使用与场合。

在使用的基础之上,晚明鉴赏家进一步对古铜器加以品第,具体评为上品、中品、下品三品,并且明列各品器目,甚至直指参考书籍。晚明文人区分上品、

图10-2　杜堇，《玩古图》局部，明代

中品、下品的标准是什么？有什么意义？本章从晚明古铜器鉴赏中的品第之风出发，分析品第评等背后所隐含的价值观念与鉴赏心态。

一、品第之风

高濂（活动于1573—1620年）在《遵生八笺》的"燕闲清赏"中，品评了文人生活中的各种风雅之物，其中有一段"论古铜器具取用"，可作为晚明古铜器品第之风的代表。[1]在这段文字中，高濂首先指出古铜鼎的适用场合，接着将合用的古铜器按照样式分类，一一罗列出器名，并给予上赏、次赏、下品的等第，最后说这些样式均记载于《宣和博古图》一书，可以按图索视（图10-3）。

图10-1　粤绣博古图屏（二），明代

1　高濂：《雅尚斋遵生八笺》，明刻本，台北故宫博物院藏，卷14，页33—34。

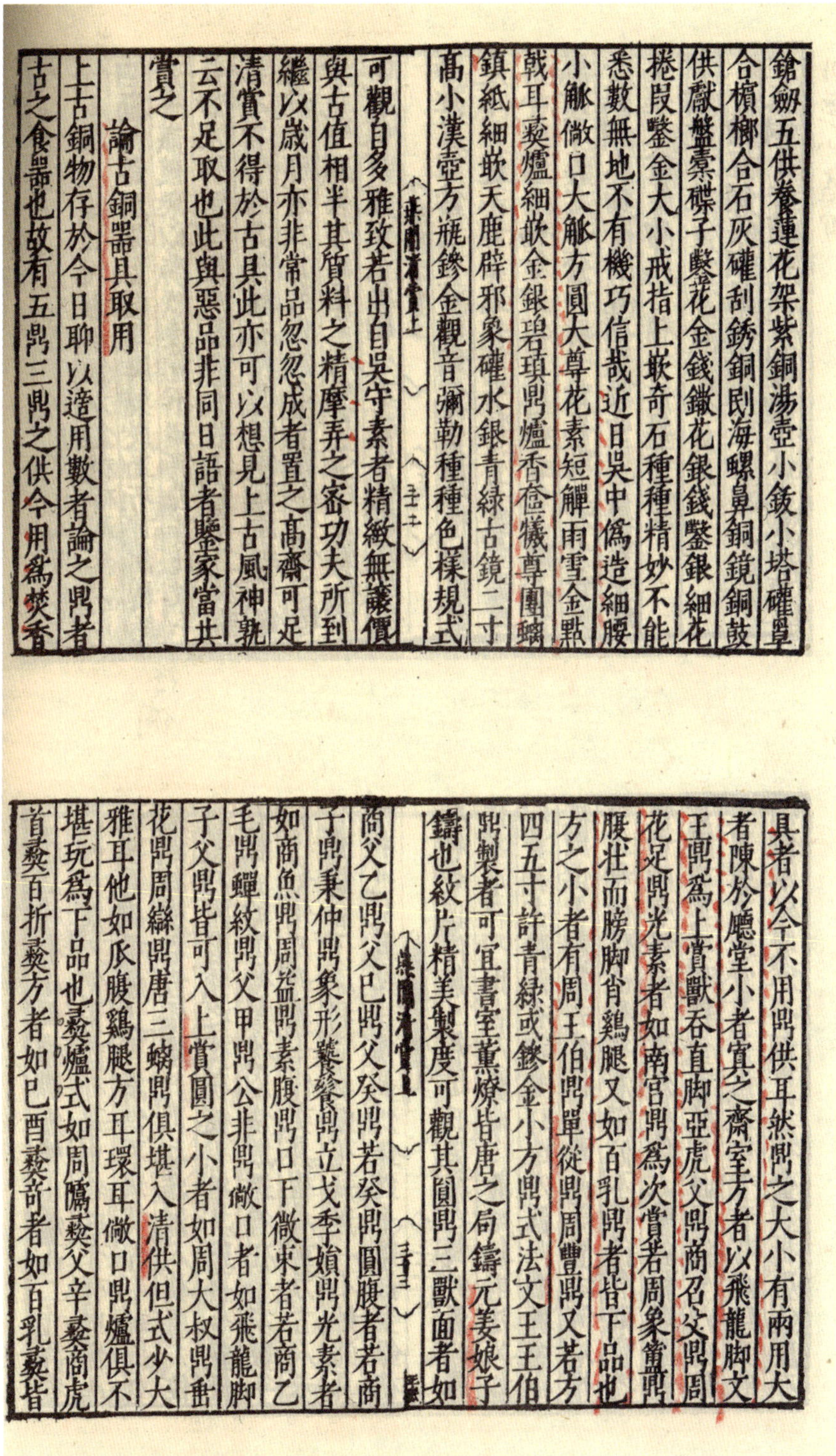

鎗鈒五供養蓮花架紫銅湯壺小銚小塔碓坐
合檳榔合石灰碾刮鏽銅則海螺鼻銅鏡銅鼓
供獻盤紊楪子鏒花金錢鐵花銀錢鏒銀細花
捲股鑒金大小戒指上嵌奇石種種精妙不能
悉數無地不有機巧信哉近日吳中偽造細腰
小觥微口大觥方圓大尊花素觶雨雪金黜
戟耳爇爐細嵌金銀碧瑱黜爐香盒儀尊團蜦
鎮紙細嵌天鹿辟邪象碣水銀青綠古鏡二寸
高小漢壺方瓶鍫金觀音彌勒種種色樣規式

〈遵生八箋上〉〈卅二〉

可觀自多雅致若出自吳守素者精緻無讓僞
與古值相半其質料之精摩弄之審功夫所到
繼以歲月亦非常品忽忽成者置之高齋可足
清賞不得於古具此亦可以想見上古風神兼
云不足取也此與惡品非同日語者鑒家當共
賞之

論古銅噐具取用

古之食器也故有五鼎三鼎之供今用爲焚香
上古銅物存於今日聊以適用數者論之噐者

噐者以今不用噐供耳然噐之大小有兩用大
者陳於廳堂小噐宜之齋室方者以飛龍腳文
王鼎爲上首獸吞直腳亞虎父鼎爲次賞者周象蓋鼎
花足鼎光素者如南宮鼎又如百乳鼎圓
腹壯而膀脚脊鷄腿又如百乳鼎單從鼎豐鼎父若方
方之小者有周王伯鼎

〈遵生八箋上〉〈卅三〉

鑄也紋片精美製度可觀其圓鼎三獸面者如
黜製者可宜書室薰燎皆唐之局鑄元美娘子
四五十許青綠或鏒金小方鼎式法文王伯
商父乙鼎父己鼎父癸鼎若癸鼎圓腹者若商
于鼎秉仲鼎象形饕餮鼎立戈季娥鼎光素者
如商魚鼎周益鼎素腹鼎口干微束者若商乙
毛鼎蟬紋鼎父甲鼎公非鼎微口者如飛龍腳
子父鼎皆可入上賞圓之小者如周大叔鼎垂
花鼎周縧鼎唐三螭鼎方耳環耳鼎爐式俱大
雅玩他如瓜腹鷄腿方耳環耳鼎爐俱不
堪玩耳他如瓜腹鷄腿爐式如周鬲爇父辛爇尚虎
首爇百折爇方者如已酉爇奇者如百乳爇皆

图10-3　高濂，《雅尚斋遵生八笺》，据明万历十九年（1591）刻本影印

列在器目中第一件的就是"飞龙脚"文王方鼎，被高濂评为"上赏"。这件器物在北宋哲宗（1085—1100 年在位）时期甫出现，便受到皇帝、士大夫的重视，因为器内有铭文"鲁公作文王尊彝"，有人认为这是周公用来祭祀周文王的祭器。当时也有人认为铭文过于离奇，必定是好事者所伪作。靖康之乱时，文王方鼎可能连同其他的宫廷收藏被带到北方，进入金代内府，后来不知所终。[1]

被高濂列在"上赏"的，还有元代铸铜名家姜娘子所作的仿古器，有不少样式由于"花纹精美，制度可观"，可入"上赏"，像带有三兽面的圆鼎、圆腹之鼎、素面鼎、口沿下收束的鼎、敞口之鼎等，看来晚明时尚流传不少姜娘子铸器。每种样式项下均条列三四件器，作为范例参考。元代姜娘子铸器也能够进入"上赏"，可见新制的仿古之器只要制作精良、样式端正，同样能受到晚明鉴赏家的赞赏，新、旧不是决定古铜器价值的绝对标准。

至于被列为下品的古铜器有哪些？像腹部巨大而三足肖鸡腿的或表面布满乳丁装饰的百乳鼎，都是高濂所敬谢不敏的。此外，元代姜娘子的铸器中，有些"瓜腹、鸡腿方耳、环耳儌口鼎炉"，这些也都不堪把玩，只能列为下品。最后，高濂又补充说有些器类，像彝、敦、鬲、炉等，即便是古代之器，也不适合放在斋室中使用，再次打破了传统以古器为上、新制仿作为次的阶层关系。

另外，在"新旧铜器辨正"一节中，高濂也没有因宣德炉为新作之器而加以贬抑。反而赞美这些炉有的制作甚为精致，样式雅正，而且表面处理十分细致，古雅可爱。同样地，高濂也论列宣德炉之上、下，并罗列出不少样式与器名，让使用者参考。此处高濂没有明白地列出参考书，不过他所提到的宣德炉器名多半可在后来编成的《宣德彝器图谱》中找到。[2]

晚明这类品评新旧铜器的文字不少，高濂的这两段文字可说是其中最有系统、最具代表性的。这两段文字后来都被清初的谷应泰（1620—1690）抄录到《博物要览》当中。[3]值得注意的是，《博物要览》的内容更加简洁精要，

1　张临生：《文王方鼎与仲驹父簋》，《故宫学术季刊》，第 15 卷第 1 期（1997），页 1—44。
2　"新旧铜器辨正"见高濂：《雅尚斋遵生八笺》，页 397。关于几本宣德炉图谱的年代，参陆鹏亮：《宣炉辩疑》，《文物》，2008 年第 7 期，页 64—76、92。
3　谷应泰：《博物要览》，《百部丛书集成》（台北：艺文印书馆，1965—），据清乾隆年间函海本影印，卷 1，页 1—3。

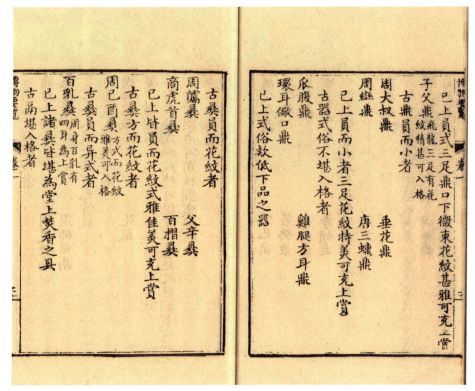

图10-4　谷应泰，《博物要览》，《百部丛书集成》，据函海本影印

删除了品第之外的其他叙述性文字，清乾隆年间刊本的版面更是一律改为条列式（图10-4），更加一目了然，也更便于读者查考。

　　高濂的"论古铜器具取用"不仅明列古铜器名，并指示读者"以上式载《博古图》中可用，按图索视"，成功地将卷帙庞大的宋代金石学巨作《宣和博古图》，转化成一般人可以按表操作的古铜器使用指南。谷应泰在复制高濂的文字的同时，不仅大幅删节文字，只剩下器名，让器名与品等的对应更为清晰，进一步加强其古铜器具的指南功能，更加切合读者、消费者的使用需求。

　　这种按图索骥的方式虽然简单明了，易于操作，但另一位晚明鉴藏家文震亨（1585—1645）却不以为然，他在《长物志》中明白批评道："余所以列此者，实以备清玩一种，若必按图而索，亦为板俗。"[1]虽然不知此话是否

1　文震亨：《水缸》，《长物志》，收录于《笔记小说大观（二十编）》（台北：新兴书局，1977），卷4，页2。

图10-5-1　周文王鼎，《宣和博古图》，1588年泊如斋刻本

图10-5-2　不同材质仿制之文王方鼎（明晚期，兽面纹方鼎[左]；清，白瓷兽面纹方鼎[中]；清，玉兽面纹方鼎[右]）

针对高濂，但文震亨这个批评正说明当时"按图而索"之风十分盛行。"论古铜器具取用"一类的文字大概不止于纸上文章，而且也真正为晚明的使用者提供了实用参考。

流传至今的晚明清初仿古器中，高濂列为"上赏"第一件的"飞龙脚"文王方鼎（图10-5-1），可说是17世纪、18世纪最流行的古铜器样式之一。除了以青铜仿制，还出现玉、珐琅、瓷器等各种材质（图10-5-2），博古屏风上也经常可见它的踪迹，反映出"论古铜器具取用"这类文字对当时流行风气的影响。

从《宣和博古图》一书的刻印情形，也可了解"论古铜器具取用"这类文字可能发挥的影响力。以下整理见诸各图书馆书目记录的明代主要版本：

嘉靖七年（1528）蒋旸覆元刻本，板框高30厘米，宽22厘米

万历十六年（1588）程士庄钞补本，板框高28.9厘米，宽23.3厘米

万历十六年（1588）泊如斋刻本，板框高24.2厘米，宽15.4厘米

万历二十四年（1596）郑朴校刊本，板框高17厘米，宽11.6厘米

万历二十七年（1599）于承祖刻、崇祯九年（1636）于道南修补印本，板框高21厘米，宽14厘米

万历二十八年（1600）饶二溟刻本，板框尺寸不详。

万历三十一年（1603）宝古堂刊本，板框高24.2厘米，宽15.4厘米

《宣和博古图》在明代至少有七次重刻或补刻，其中六次发生在万历年间，从万历十六年至万历三十一年，十五年中刻印之频繁，不能不令人侧目，说明当时的读者对《宣和博古图》有殷切的需求。

这七本中，蒋旸于嘉靖七年覆元刻本时，尚保持元代至大本的宽大页面，高度达30厘米。万历十六年泊如斋开始将版面大幅缩小，万历二十四年的郑朴刻本再度缩小，成为方便携带的巾箱本。每次缩小版面都大幅降低生产成本，有利于流通，使得《宣和博古图》一书越来越容易获得，也让"论古铜器具取用"这类文字能真正发挥影响。

二、雅俗的分野——斋室清赏与庙宇供器

高濂区分上品、中品、下品的标准是什么？如果我们将高濂"论古铜器具取用"一节中所提到的铜器一一对应到《宣和博古图》，会发现这些器物在书中的卷次分布如表10-1所示：

表10-1 《遵生八笺》之品第与《宣和博古图》之卷次对应

卷次	上赏	次赏	下品
卷一 二十六器 商	14		
卷二 十八器 周	3	1	
卷三 二十器 周	1		
卷四 三十一器 周	1		
卷五 三十一器 周汉唐	1		2
总数	20	1	2

《宣和博古图》一书的卷次大体按时代安排。表10-1显示，被高濂评为"上赏"的古代铜鼎有20件，14件集中于卷一商代，卷二周代有3件，卷三至卷五各有1件。至于被列为下品的两件铜器则一律分布在卷五周汉唐鼎。初步比对可知，晚明对于年代越古老的鼎式评价越高，商代的鼎最受赞赏。

除了年代因素，被评为下品的铜器有一些特征，包括"瓜腹、鸡腿方耳、

环耳敞口"等，具体的两件代表例证是"周象簠鼎"（图
10–6）与"百乳鼎"。为什么这类"瓜腹、鸡腿方耳、环
耳敞口"的东周秦汉鼎式，会被评为不堪书斋赏玩的下品？
是使用的方式不对还是场所不宜？

图10–6　周象簠鼎，《宣和博古图》，1588年泊如斋刻本

关于古铜鼎的使用，高濂说上古之时，鼎为食器，现
在则转为焚香之具。然而根据空间性质，合用的鼎形香炉
也不相同："鼎之大小有两用，大者陈于厅堂，小者置之
斋室。"厅堂开放且宽敞，适用大鼎；斋室私密而狭小，
合用小鼎。高濂这段文字主要是针对居家的焚香燎熏，除
此之外，还有一类鼎形香炉也相当普遍，那便是庙宇祠堂
中的香炉。借由焚香，信众将祈求上达天听。庙宇香炉是
宗教用器，经常与一对花瓶、一对烛台，构成"五供"，
亦即神桌上的五件常供之器。[1] 庙宇焚香与居家燎熏，正代
表了古铜香炉在宋代以后的两大主要使用场合。

居家燎熏之香炉有《宣和博古图》可按图索视，庙宇
祠堂的香炉样式如何？表 10–2 中整理了元、明带款的庙宇祠堂香炉，由于带
有款识，功能可以确定。至于四川省成都市白马寺的香炉虽无款，但与一对
花瓶共出，香炉居中，应该也是供器（图 10–7）。观察这些宗教场所使用的
鼎形香炉，其造型均作方形大耳、深圆腹、蹄形足，正与高濂在"论古铜器
具取用"中所说"瓜腹""脚肖鸡腿""方耳"等下品诸俗式不谋而合。原
来这些被列为下品的样式多半用于庙宇，香火气过重，不适合书斋使用。

表 10–2　带款之元、明祠庙鼎形香炉

年代	出土地或典藏地	款识	资料出处
元大德七年 （1303）	江西省宜春市窖藏出土	"大德癸卯年，郡北祈求会新造过锡器外，续置铜香炉四个，永充供养"	谢志杰、王虹光：《江西宜春市元代窖藏清理简报》，页 2
元延祐六年 （1319）	不明	"元北常村黄社香炉"	刘体智：《善斋吉金录》，卷28，页 83

1　关于五供的发展，见 Josh C-C. Yiu, "The Display of Fragrant Offerings: Altar Sets in China," (PhD diss., Oxford University, 2006).

续表

年代	出土地或典藏地	款识	资料出处
元至正六年（1346）	美国大都会艺术博物馆	"湘乡州／居信士／尹文举／舍香炉／永充／陈希宝／应缘者／至正丙戌／六月吉日"	在线典藏：http://www.metmuseum.org/art/collection
明成化十七年（1481）	不明	"大明成化十七年十月吉日制"	Sheila Riddell, *Dated Chinese Antiquities: 600-1650*, no. 123
明正德五年（1510）	四川省成都市白马寺纪年墓出土	无	四川省文物管理委员会：《成都白马寺第六号明墓清理简报》，页42—49
明嘉靖七年（1528）	英国巴斯东亚艺术博物馆	"余于张氏／祠堂祭器／嘉靖戊子造／第八个"	Brian Shane McElnry, *The Museum of East Asian Art, Inaugural Exhibition*, vol. 2, no. 284

图10-7　铜香炉与花瓶，明正德五年（1510），四川省成都市白马寺纪年墓出土

　　所谓的瓜腹、鸡腿脚、方耳等造型从什么时候开始成为庙宇的鼎式？北宋早期聂崇义整理之《三礼图》图示牛鼎、羊鼎、豕鼎时，鼎之造型便为方耳、深腹、三动物形蹄足。[1] 宋代之后，有些鼎形香炉也是深腹、鸡腿脚造型，虽然不一定有款识，推测也是宗教供器，如内蒙古自治区出土的元代钧窑鼎形

1　聂崇义：《新定三礼图》（上海：上海古籍出版社，1984），宋淳熙二年镇州府学刊本，页171。

图10-8　钧窑香炉，元至大二年（1309），内蒙古自治区呼和浩特市出土

图10-9　"大清乾隆年制"款五供香炉，清乾隆年间

香炉（图10-8）、四川省都江堰市出土的晚明龙纹铁炉等。[1] 庙宇香炉之深腹、蹄足、方耳等特点，延续至清代，如"大清乾隆年制"款五供香炉（图10-9）[2]，直到今日的庙宇香炉仍可见此特点。

当上古铜器同时成为文人赏玩与宗教用器的来源时，该如何区别这两类用器？器物的造型、纹饰等风格特点与用途有何关联？整体来说，赏玩之器的制作多半较为讲究，造型、纹饰的掌握较为精良，而且经常在表面施以各色处理，包括青绿假锈、蜡茶色、藏经纸色、金银雨雪点等，以适应晚明文人对于感官的追求。

至于宗教用途的古铜器，由于礼制的规范，器类十分固定，造型与纹饰也有格套可寻，风格变化并不大。比较前述"大清乾隆年制"款的五供香炉

1　钧窑香炉有款："己酉年九月十五小宋自造香炉一个"，见李作智：《呼和浩特市东郊出土的几件元代瓷器》，《文物》，1977 年第 5 期，页 75—77；王纯五：《都江堰市出土的龙纹铁炉探索》，《四川文物》，1998 年第 4 期，页 48—49。

2　Robert D. Mowry, *China's Renaissance in Bronze: The Robert H. Clague Collection of Later Chinese Bronzes 1100-1900*（Phoenix: Phoenix Art Museum, 1993），180.

图10-10　铜香炉，明成化十七年（1481）

与表 10-2 所列明成化十七年（1481）香炉（图 10-10），两件器物的制作时间相差有 200 多年，但造型十分相近，方耳上扬，鼓腹蹄足，只有表面纹饰反映出时代的变化，由此可见宗教用器风格之保守。

虽说古铜器的制作、风格、用途之间有一定关联，但实际上，这个界限有时相当模糊。一件器物可能用在寺庙，也可能放在书斋中，在这种情况下，一不小心可能就让书案看起来像供桌，这样的担忧反映在高濂的古铜器品评之中。他将瓜腹、鸡腿脚的鼎列于下品，正是由于其带有庙宇香火之气，非书斋所宜。

三、文人的焦虑——世俗之用

宣德炉的品鉴也反映出同样的心态——雅室之中必须避免带有香火气的香炉。谷应泰在《博物要览》中具体品评宣德铜炉鼎的款式颜色，列在上品第一件的是"鱼耳炉"；常见的"乳炉"，也就是小巧的三乳足鼎形炉，也是上品，适合放在书室几案上，以备赏鉴。被列在下品的，有不少是庙宇中常见的香炉样式，如"三元炉""索耳分裆炉""角端炉"[1]，带有强烈的世俗功能。

"三元炉"为圆筒造型，上口比底部略大（图 10-11），铜、瓷材质皆有，现代寺庙中仍然可见。有不少瓷炉带有款识，可知其使用地点，如正德十二年（1517）龙泉窑青瓷筒形炉，供奉于六和寺；崇祯二年（1629）的青花云龙纹筒形炉（图 10-12），供奉于关圣帝君庙中；清顺治十二年（1655）的

1　吕震：《宣德彝器图谱》，《丛书集成续编》（台北：新文丰出版公司，1989），卷 16，页 4；卷 9，页 4；卷 11，页 3。

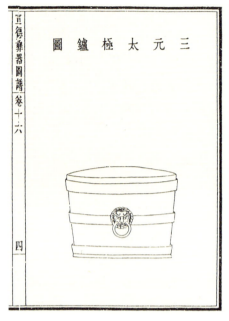

图10-11　三元太极炉，《宣德彝器图谱》　　　图10-12　青花云龙纹筒形炉，明崇祯二年（1629）

青花筒形炉，则是用于济宁州之庙宇中。[1]

　　"索耳分裆炉"是带有三个矮短袋足的鬲形炉，造型相当具有特色：绳索状的錾耳、短颈、鼓腹（图10-13）。北京曾征集到一件景泰年间（1450—1456）的波斯文铜香炉，应是清真寺内的用器，便作此造型（图10-14）。[2]考古实例则见于江苏省苏州市洞庭山17世纪上半许裕甫墓，壁龛中放置一个造型相似的铜香炉，器表装饰浮雕花叶纹，供奉于寿星之前，为供器无疑。[3]

　　至于"角端炉"，其造型取自吉祥神兽角端，形象类似狮子，但头上有角，尾巴上扬，四足角爪分明（图10-15）。类似的动物形香炉经常出现在元代窖藏中，如福建省南平市窖藏出土的狮形熏炉（图10-16）与江西省宜春市

1　本段提到的三件器物，藏地与资料源分别如下：六和寺香炉藏于英国伦敦大维德基金会，该器表面有刻款："庆州府丽水县东口信士陈锷发心喜舍第十个，奉入六和寺中……祈保母亲寿命……自身夫妻偕老……正德丁丑桂月中旬造"，据笔者目验。关圣帝君庙香炉藏于上海博物馆，见中国陶瓷全集编辑委员会：《中国陶瓷全集·明》上（上海：上海人民美术出版社，2000），图208。济宁州香炉藏于英国伦敦大维德基金会，见 Rosemary E. Scott, *For the Imperial Court*（London and Singapore: The American Federation of Arts, 1997），no. 15, 70。

2　程长新、张先得：《明金片铜炉和错金鬲炉》，《文物》，1979年第12期，页84—85。

3　南京博物院：《江苏吴县洞庭山发掘清理明许裕甫墓》，《文物》，1977年第3期，页78—79。

图10-13　索耳分裆炉，《宣德彝器 图谱》

图10-14　波斯文铜香炉，明景泰年间（1450—1456）

图10-15　甪端炉，《宣德彝器图谱》 图10-16　铜狮形熏炉，元，福建省南平市窖藏出土

窖藏出土的铜狮。传统的吉祥神兽有时也做成温酒器，如四川泸州博物馆所藏的明代麒麟温酒器，民间色彩浓厚。[1]

　　"三元炉"等宣炉样式之所以被评为"品格低下"，大概也是因为它们

---

[1]　黄汉杰、曾伟希：《福建南平窖藏铜器》，《南方文物》，1998 年第 2 期，页 29—36，封底图 1；谢志杰、王虹光：《江西宜春市元代窖藏清理简报》，《南方文物》，1992 年第 2 期，页 3，图 4；陈文：《泸州博物馆藏酒文物与泸州酒史浅论》，《四川文物》，1993 年第 1 期，页 64，图 4。

在庙宇中经常可见，世俗的香火气过于浓厚。谷应泰这段评论宣德炉的文字，与冒襄（1611—1693）的《宣炉歌注》与王士祯（1634—1711）《池北偶谈》中的评价大抵相同，可知这样的品鉴观念普遍存在于晚明清初的文人鉴赏家之间。[1]

由于风格的混淆，使得书桌与供桌之辨更显重要，除了熏香的香炉，插花的花瓶同样不可马虎。袁宏道在《瓶史》中强调，书斋之花瓶"宜小而矮"，否则"与家堂香火何异，虽旧亦俗也"。[2]可知体积太大的花瓶带有庙宇香火气，必须避免；否则即使是古器，也俗不可耐。

高矮大小很重要，样式与摆设也必须讲究。晚明鉴藏家屡屡提醒读者不要用有环的花瓶，也切忌成对摆放，"忌有环，忌放成对"。[3]"有环""成对"正是供桌花瓶的特点，考古出土的实例不少，也见于晚明版画之描绘（图10-17）。直至今日，成对的带环花瓶都还是神桌上的基本摆设。

除了担心把书斋弄得像庙宇、书案摆得像供桌之外，斋室的用品与摆设还要注意避免女子闺阁之气以及市肆之气。至于在材质的选择上，文震亨《长物志·置瓶》一节提到花瓶"贵铜瓦，贱金银"，为什么金银器受到鄙视？原因之一是金银器太世俗了，除了用作富贵人家的饮食器皿，还经常被用来祝寿。考古实例有湖南省通道县发现的南明窖藏银器，包括鼎、杯、盘、匜等，器表多半有铭文，蟠桃杯的刻铭："丙戌仲夏，奉贺党太公祖老大人千秋治下，廪监生高暹具。"由此可知这批器是为"党公"祝寿之用。[4]重庆市窖藏也曾出土带"福"字的鎏金银杯、"寿"字鎏金银盘，也是祝寿之器，世俗节庆味道浓厚。[5]这应是文震亨"贱金银"的原因之一，也说明晚明的"长物"必须脱离世俗性的社会功能，才能入赏鉴家的法眼。

文震亨作《长物志》，讨论那些可有可无、不具世俗功能之物，正是这些无用之物营造出晚明文人的生活情调。因此，当物是有用之物，又指涉具体的世俗功能时，便不免俗气。柯律格（Craig Clunas）讨论晚明文人对"物"

---

1 冒襄：《宣炉歌注》，《丛书集成续编》（台北：新文丰出版公司，1989），页669—671；王士祯：《宣炉注》，《池北偶谈》，收录于《笔记小说大观（二编）》（台北：新兴书局，1978），卷15，页11。
2 袁宏道：《瓶史》，《百部丛书集成》（台北：艺文印书馆，1967），据借月山房汇钞本，卷下，页2。
3 高濂：《燕闲清赏下卷·瓶花之忌》，《雅尚斋遵生八笺》，页464；文震亨：《长物志》，卷10，页1。
4 怀化地区文物工作队、通道县文化局：《湖南通道发现南明窖藏银器》，《文物》，1984年第2期，页88—93。
5 王豫：《重庆长寿县出土的明代窖藏金银器》，《东南文化》，1994年第5期，页116—118。

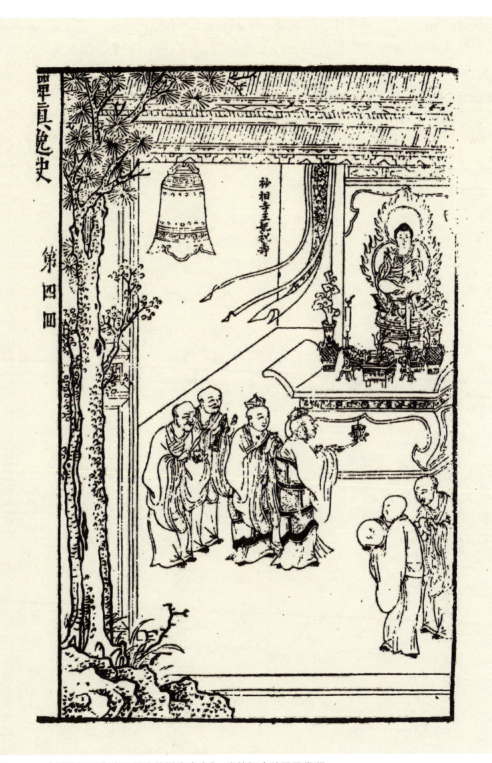

图10-17　《新镌批评出像通俗奇侠禅真逸史》，崇祯间金陵翼圣堂版

的焦虑时指出，由于消费社会的发展，商品扰乱了原本的社会秩序与阶级，使得文人必须不断地借由趣味（taste）的塑造来宣示自己。[1]分析晚明文人对物的负面评价，从他们对"下品""不宜""忌"的讨论中，我们可以更加清晰地勾勒出晚明文人的鉴赏观，并解读出背后所隐含的价值与焦虑。

1　Craig Clunas, *Superfluous Things: Material Culture and Social Status in Early Modern China*（Urbana: University of Illinois Press, 1991）, 164-165.

第十一章
宋代复古铜器风之域外传播初探
——以 12—15 世纪的韩国为例

　　东亚文明的特色之一就是儒家的伦理价值系统，与这不无关系的是三代古铜器形象在中、日、韩的普遍传播：在中国，古铜器形象从宋代金石学开展以后便大行其道，从地上世界的文玩、家具、收藏品到地下世界的墓室浮雕，均可见其踪影；在日本，除了东京汤岛圣堂祭器之外，也见于室町以来的茶道花器中；在韩国，从高丽时期的青瓷到 18 世纪的博古屏风，同样可见商周古铜因素。实际上，将这些时间跨度与涉及地域范围均极大的器物相提并论不一定恰当，因为除了在中国我们可以观察到长期、连续性的发展之外，日、韩两地的演变尚不清楚。但罗列此类器物也可见此一文化语汇带有某种跨越东亚时间与空间之广泛性。[1]

　　要讨论这复杂的文化现象必须追溯到宋代的中国，当文人士大夫"再发现"商周古代铜器与其文化价值之后，在有利的政治、社会条件下，通过文物本身以及金石图录、礼图与其他图籍的流布，古铜器对于宋代以下物质文化有着广泛影响。[2] 除了礼制用途的礼乐祭器之外，一般日用器物也经常仿自商周

1　关于书画艺术当中跨越中、日、韩的东亚文化意象，参石守谦、廖肇亨主编：《东亚文化意象之形塑》（台北：允晨文化出版公司，2011）。

2　近来有不少关于宋代考古、金石的相关研究，参见陈芳妹：《宋古器物学的兴起与宋仿古铜器》，《台湾大学美术史研究集刊》，第 10 期（2001），页 37—160；Yun-Chiahn C. Sena, "Pursuing Antiquity: Chinese Antiquarianism from the Tenth to the Thirteenth Century," (PhD. diss., University of Chicago, 2007)；Ya-hwei Hsu, "Reshaping Chinese Material Culture: The Revival of Antiquity in the Era of Print, 960-1279" (PhD diss. Yale University, 2010)；Jeffery C. Moser, "Recasting Antiquity: Ancient Bronzes and Ritual Hermeneutics in the Song Dynasty," (PhD diss. Harvard University, 2010)。

铜器，例如古代的盛食器鼎、簋、鬲成为香炉，而酒器觚与尊成为花瓶。商周铜器的铭文、器形、装饰纹样大量出现在所谓的装饰艺术中，装点着风雅或附庸风雅的生活。此文化风气也传递到周边的日本与韩国，以下简述相关研究成果。

　　音乐史学者早已关注到中国音乐与韩国音乐之间的关系，[1] 特别是带有复古意图的宋徽宗大晟乐对高丽王朝、朝鲜王朝宫廷雅乐之深远影响；[2] 陶瓷史学者则注意到朝鲜王朝宫廷的铜质、陶瓷祭器，这些祭器按照朝鲜礼书中的规范所制作，而朝鲜礼书则来自朱熹释奠仪。[3] 除了宫廷礼仪用物之外，日、韩上层阶级对于宋代以下的仿古铜器之受容情况，近来也逐渐受到学界重视。从新安海底沉船出水文物包含仿古铜类型铜器、瓷器可知，至少在 14 世纪，日、韩已发展出对中国古铜风格器物的兴趣与需求。日本学者久保智康收集整理日本出土的 13—16 世纪的仿古铜器，讨论这些器物在日本的使用情况，包括寺庙佛供与武家装饰之用。[4] 后来在室町、桃山、江户初期的茶道会中，来自中国的"唐物铜器"（即南宋到明初之仿古铜器）与日本当地仿制的"拟唐物铜器"成为重要花器。[5] 久保智康也就琉球 17 世纪之仿古铜器作一初步

1　韩国传统音乐研究在 20 世纪下半成为重要的研究领域，其中"宗庙祭礼乐（Chungmyo cheryeak）"于 1964 年被韩国官方指定为重要无形文化财，又在 2001 年被联合国教科文组织（UNESCO）指定为非物质文化遗产。关于韩国音乐史的通论著作，参 Chong-hua Park, eds, *Survey of Korean Arts: Traditional Music*（Seoul: National Academy of Arts, 1973）: 7-22; Song Bang-song, *Korean Music: Historical and Other Aspects*（Seoul: Jimoondang Publishing Company, 2000）: 3-38。
2　关于宋徽宗赐予高丽乐器的讨论，见 Keith L. Pratt, "Music as a Factor in Sung-Koryǒ Diplomatic Relations 1069-1126," *T'oung Pao*, second series, 62.4/5（1976）: 199-218; Keith L. Pratt, "Sung Hui Tsung's Musical Diplomacy and the Korean Response", *Bulletin of the School of Oriental and African Studies* 44, no. 3（1981）: 509-521。关于宋乐特别是宋徽宗大晟乐对朝鲜世宗朝制礼作乐的影响，见 Robert C. Provine, *Essays on Sino-Korean Musicology: Early Sources for Korean Ritual Music*（Seoul: IL JI SA, 1988）。Provine 仔细讨论了李朝世宗对唐、宋、元时期音乐相关图籍文献的参考与取舍，特别是选择宋乐作为仿效的对象，世宗与他的大臣也因此认为朝鲜所"恢复"的宋乐较同时期明朝宫廷音乐更为雅正。
3　伊藤郁太郎：《朝鲜时代的官窑的成立と展开》，《东洋陶磁史：その研究の现在》（东京：东洋陶磁学会，2002），页 263—269；崔顺权：《宗庙祭器考》，收入宫中遗物展示馆：《宗庙大祭文物》（首尔：宫中遗物展示馆，2004），页 156—178。原文有中文、日文摘要。
4　久保智康著，彭涛译：《新安沉船装载的金属工艺品：其特点以及新安沉船返航的性质》，《南方文物》，2008 年 4 期，页 142—154，141；久保智康：《中世日本における仿古铜器の受用と模仿》，《东アジアをめぐる金属工艺：中世・国际交流の新视点》（东京：勉诚出版，2010），アジア游学 134，页 173-191。
5　久保智康：《茶の汤における唐物铜器》，《野村美术馆研究纪要》，第 20 期（2011），页 1—66。本章整理茶会记中对于铜花器的记录与流传至今的"唐物铜器"，讨论室町、桃山至江户初期茶道中"唐物铜器"的使用情况、风格表现特征与茶人的关系。

考察，它们的类型以供器组"三具足"（香炉、花瓶、烛台各一）为主，有别于日本茶道珍赏之"唐物铜器"。[1] 久保智康这一系列研究，大致勾勒出仿古铜器在日本的使用与发展，但作者并未涉及其他材质，不知除了金属器之外，来自中国的"唐物铜器"是否也与日本其他工艺传统有所交流。另外，在日本的脉络中，此类深具中国上古色彩的铜器有何文化价值与意义，也待进一步讨论。

至于仿古铜类型器物在韩国的情况，除了前述乐器与朝鲜王朝祭器外，尚未见系统性的整理与讨论。本章以12—15世纪（相当于高丽王朝中期至朝鲜王朝前期）的韩国为中心，结合文献、图籍与器物，考察中国三代古铜器意象流布海东的背景脉络，并追踪朝鲜王朝祭器图式之中国源头及在韩国陶瓷所见之新诠释。之所以以12世纪为讨论起点，是因为此时宋代、高丽官方外交转趋密切，徽宗甚至将复古礼器赐给高丽，在南宋开始流行的仿商周铜器作风也被引入高丽青瓷中；而以15世纪为讨论下限，则因此时开启另一阶段的互动交流，大量汉地规制通过典籍传入朝鲜，在朝鲜一朝宫廷典礼的形成过程中扮演关键角色，成为朝鲜礼仪制度的基础。

一、商周铜器的再兴与流被海东

商周以礼器为主的青铜文化滥觞于二里头，发展于商、周，而大约在秦灭六国时画下句号。有别于青铜时代的其他文化，商周青铜文化的特点是有着大量且种类复杂的仪式性容器以供祭祀与宴飨，包括食器盛装黍稷肉类、酒器盛装醴酒、水器以供沃盥。容器的种类分化代表着盛装内容的区别与相关礼仪的细致化。在世界各古文明当中，复杂多样的容器标志着黄河流域古文明的特点。

秦汉奠定帝制中国的基础，作为维系商周贵族身份等级的青铜器失去了赖以维持的社会结构，成为明日黄花。虽然不再具有实际的社会功能，但是商周青铜礼器并没有被遗忘，而是被神话化，从"九鼎"传说到武梁祠室顶画像中"不炊自熟，五味自生"的神鼎，都与三皇五帝一般成为历史记忆的

1　久保智康：《东アジアをめぐる金属工芸——中国、朝鲜、日本、そして琉球》，《东アジアをめぐる金属工芸：中世·国际交流の新视点》，页272—278。

一部分。于是从汉到唐，因"地不爱宝"而出现的钟鼎彝器成为祥瑞的象征、天命之符瑞；[1]古代器物以其神异性格被收集、记录下来。这种神秘性的解释至北宋中期出现转折，刘敞（1019—1068）、欧阳修（1007—1072）等人首次将青铜器当作过去的文化遗存来收藏，将其视为客观存在的对象来研究，从铭文出发，也逐步对铜器的造型与名称、纹饰的作用等，发展出一套方法，开启了"金石学"此一研究领域。他们相信，通过对一手材料的研究，可以让他们对三代文化有更直接而深刻的认识、订正传世文献的谬误。

在欧阳修与刘敞的提倡下，后起的士大夫、文人无不投入商周古铜器的收藏，无论是以文学知名的苏轼（1037—1101）、以科学知识见长的沈括（1031—1095），还是以绘画扬名的李公麟（1049—1106），均收藏古铜器，也屡发议论。各收藏家也经常将所藏古铜器整理出版，如欧阳修的《集古录》收录了他所收藏的古器铭文，原有1000卷，包含十数件铜器铭文。到了11世纪晚期，出现《考古图》（后序作于1092年）一书，作者为宋哲宗元祐年间任宰相的吕大防（1027—1097）之弟吕大临（1044—1093）。书中收录200多件铜器与10余件玉器，除了少数来自内府收藏，多半集录自30多位私家收藏，当时赫赫有名的政治人物文彦博（1006—1097）之藏品也在其中。这本书与欧阳修的《集古录》不同，除了铭文之外，它还记录了器物的图像、出土地、收藏地、尺寸等，具备了现代图录的基本要素。

以吕大临为主的元祐学者合作《考古图》一书，很容易令人联想到北宋党争，新旧两派人士以象征三代理想的古铜器作为各自政治立论之依托。[2]北宋研究古铜器的经世取向以宋徽宗（1101—1126年在位）之《宣和博古图》为代表，在宋徽宗的大力支持下，原来以士大夫为主的古铜器收藏研究一变而为皇家事业，前代士大夫的收藏大量进入宫廷，并且成为徽宗礼制改革中

1　"地不爱宝"是宋代常见的词语，其本身就带有神异色彩，就如天降祥瑞一般，地也以出宝物的方式传达天命。关于历代铜器之出土与神话性的记录，见 Noel Barnard, "Records of Discoveries of Bronze Vessels in Literary Sources and Some Pertinent Remarks on Aspects of Chinese Historiography," *The Journal of the Institute of Chinese Studies of the Chinese University of Hong Kong* 6, no. 3（December 1973）: 455-546。关于中古时期铜器的神异解读及其与道教的关系，见 François Louis, "Cauldrons and Mirrors of Yore: Tang Perceptions of Archaic Bronzes," *Georges-Bloch-Jahrbuch der Universität Zürich,* no. 13（2008）: 203-235。

2　关于北宋古铜器图录编纂的政治性及其与新旧党争的关系，见 Ya-hwei Hsu, "Reshaping Chinese Material Culture: The Revival of Antiquity in the Era of Print, 960-1279,"（PhD diss. Yale University, 2010），36-61。

新制礼器的范本，北宋中期开始发展的金石学至此达到高峰。就金石收藏研究对于礼器的影响而言，徽宗以铜铸成之"新成礼器"在某种程度上取代了宋初以来根据聂崇义《三礼图》所制造的竹木祭器，将商周铜器要素注入朝廷礼器中，但由于《三礼图》之使用由来已久，也许可上溯到东汉，东汉至唐代也可偶见《三礼图》类型礼器、祭器，[1]因此要根本断绝《三礼图》的传统也不可能，于是形成了《宣和博古图》与《三礼图》两种类型礼器、祭器并见的情况。

　　金石研究虽与礼有关，但作为金石图录的《宣和博古图》本身对礼祭器设计制作的直接影响有限，因为一般礼的执事者很难直接运用这套包含30卷、800多件铜器的庞大图录，它对礼的影响主要通过礼图的转介，最主要的两本是南宋时期编成的《绍兴制造礼器图》、《绍熙州县释奠仪图》（以下简称《释奠仪图》）。前者是在宋室南渡、于绍兴十二年（1142）宋金和议后所编纂，为了恢复徽宗"新成礼器"，高宗朝廷不仅大量重制新成礼器，也从《宣和博古图》中选取了十数件器物，编纂为《绍兴制造礼器图》，并将其镂版、颁发至州县。此举将徽宗的新成礼器制度推广到地方，不过效果也许不如预期，所以当朱熹（1130—1200）于淳熙六年（1179）知南康军时，抱怨地方州县春秋释奠文宣王不合礼仪，祭器仍因循《三礼图》之旧，因此上书请求礼部将合适的仪节与新成礼器颁发至地方。朱熹的请求一直到绍熙五年（1194）才得到响应，礼部太常寺将高宗年间颁布的《绍兴制造礼器图》与《政和五礼新仪》中合于州县的仪节下临安府镂版，装裱作册，颁发地方，成为《绍熙州县释奠仪图》，[2]由此可知《绍熙州县释奠仪图》的图像实来源于《绍兴制造礼器图》。后者现今只存文字，收录在《中兴礼书》当中；[3]不过《释奠仪图》尚有传世，可供我们推想《绍兴制造礼器图》的图像大概。换句话说，《宣和博古图》对礼器制作的影响是间接的，是通过二手礼图：从《宣和博古图》而有《绍兴制造礼器图》，从《绍兴制造礼器图》而有《释奠仪图》，

1　如唐代哀皇后陵出土之山尊、牺尊，见谢明良：《记唐恭陵哀皇后墓出土的陶器》，《中国陶瓷史论集》（台北：允晨文化出版公司，2007），页172—189。其他汉至唐《三礼图》类型器物的讨论，见Ya-hwei Hsu, "Reshaping Chinese Material Culture: The Revival of Antiquity in the Era of Print, 960-1279," 25-36。
2　朱熹：《绍熙州县释奠仪图》，《百部丛书集成》（台北：艺文印书馆，1965— ）。
3　徐松辑：《中兴礼书》，《续修四库全书》（上海：上海古籍出版社，1995），册822，页40—44。

三者间彼此相互继承。[1] 在朱熹门人弟子的推广下，《释奠仪图》一书成为南宋晚期到元代地方文庙祭器制作的主要参考，至今尚有不少实物留存。[2]

以上将古铜器在北宋中叶以后的再发现与新角色稍作交代，由于本章会一直提到《宣和博古图》与《释奠仪图》二书，因此必须在一开始就将这些书籍的关系说明清楚。北宋中期之后复兴的古铜器与相关礼器系统是如何传到高丽的呢？

北宋初期，高丽与宋朝曾有密切的官方外交，在建隆三年（962）高丽就遣使朝贡，开始官方外交。[3] 宋代宫廷的礼仪规制，包括"祭器图"，[4] 以及宋太祖开宝四年（971）大规模开雕的《大藏经》[5] 均被带到高丽。但随着北宋早期几次伐辽战争的失利，衡量政治现实，高丽于成宗十三年（宋太宗淳化五年 [994]）开始奉辽正朔，使节往来则时通时辍；在宋仁宗即位后，宋、丽外交几乎停顿，终在天圣八年（1030）高丽遣使来华后画下句点，"其后绝不通中国者四十三年"。[6] 即使在官方关系陷入低潮的情况下，两国间仍有着文化层面的交流，主要通过个人、商旅，如《高丽史》记载，在显宗十八年（1027）年时，有江南人李文通向高丽显宗献书册597卷。[7]

1068 年在宋朝主动派遣地方官员至高丽示意后，[8] 两国重启外交，1071年高丽使节再度来到汴京，[9] 1078 年宋神宗也派遣使节出使高丽，并赐高丽乐

1　关于《宣和博古图》《绍兴制造礼器图》与《绍熙州县释奠仪图》的关系，参见本书第七章。

2　见陈芳妹：《"与三代同风"：朱熹对东亚文化意象的形塑初探》，《台湾大学美术史研究集刊》，第31期（2011），页61—150。

3　脱脱等撰：《宋史》（台北：鼎文书局，1980），卷487，页14036。关于宋朝、高丽外交简史，参陈尚胜：《中韩交流三千年》（北京：中华书局，1997），页23—29。

4　成宗二年（983，宋太平兴国八年）："五月甲子九日……博士任老成至自宋，献大庙堂图一铺并记一卷、社稷堂图一铺并记一卷、文宣王庙图一铺、祭器图一卷、七十二贤赞记一卷。"见郑麟趾：《高丽史》（汉城：延世大学校出版部，1961），卷3，页67—68。

5　成宗十年（991，宋太宗淳化二）："韩彦恭还自宋，献大藏经。王迎入内殿，邀僧开读，下教赦。"见郑麟趾：《高丽史》，卷3，页77。

6　脱脱等撰：《宋史》，卷487，页14045。

7　显宗十八年（1027，宋仁宗天圣五年）："宋江南人李文通等来献书册，凡五百九十七卷。"见金渭显编：《高丽史中中韩关系史料汇编》，页33。郑麟趾：《高丽史》，卷5，页110。

8　文宗二十二年（1068，宋神宗熙宁元年）："秋七月辛巳，宋人黄慎来见，言皇帝召江淮、两浙、荆湖南北路都大制置发运使罗拯曰：'高丽，古称君子之国，自祖宗之世输款甚勤，暨后阻绝久矣。今闻其国主贤王也，可遣人谕之。'于是拯奏遣慎等来传天子之意。王悦，馆待优厚。"见郑麟趾：《高丽史》，卷8，页177。

9　文宗二十五年（1071，宋神宗熙宁四年）："三月庚寅，遣民官侍郎金悌奉表礼物如宋。初黄慎之还，移牒福建，请备礼朝贡。至是遣悌由登州入贡。"见郑麟趾：《高丽史》，卷8，页179。

器。[1]因应女真的兴起，宋朝积极拉拢高丽，两国的关系在12世纪宋徽宗在位时达到顶点。在两国官方往来中，最值得注意的是大晟乐传入高丽。1113年（高丽睿宗八年，北宋徽宗政和三年）安稷崇使宋，十月出发，十一月抵达汴京，来年六月还自宋。[2]此时正是徽宗朝廷礼乐改革正如火如荼进行的时候，表11-1整理了这两年间徽宗的礼制改革措施。

表 11-1　1113—1114 年徽宗礼制改革重要举措

时间	举措	资料来源 *
政和三年（1113）	正月甲寅行乡饮酒礼	《政和五礼新仪》《文渊阁四库全书》本，册 647，页 34
	庚辰诏议礼局新修五礼仪注，宜以政和五礼新仪为名	《纪事本末》，卷 133，页 4190
	四月庚戌，颁五礼新仪	《宋史》，卷 21，页 391《纪事本末》，卷 133，页 4190—4191
	五月己酉手诏，崇宁之初纳魏汉津之说成大晟新乐，荐之郊庙而未施于燕享，夫今乐犹古乐也，比诏有司以大晟乐播之教坊，按试于庭……可以所进乐，颁之天下，其旧乐悉禁，仍令尚书省措置立法	《纪事本末》，卷 135，页 4237《宋大诏令集》，卷 149，页 551
政和三年（1113）	七月己亥诏……比衷集三代鼎彝簠簋盘匜爵豆之类，凡五百余器，载之于图，考其制而尚其象，与今荐天地飨宗庙之器，无一有合，去古既远，失其传矣。……可于编类御笔所置礼制局，讨论古今沿革，具画来上，朕将亲览，参酌其宜蔽，自朕志断之，必行革千古之陋，以成一代之典，庶几先王垂法后世	《纪事本末》，卷 134，页 4193—4194
政和三年（1113）	七月己亥，成立礼制局，督造礼器（一说政和二）	《纪事本末》，卷 133，页 4192《长编》，卷 91
政和三年（1113）	十月乙丑，阅新乐器于崇政殿，出古器以示百官十月乙丑，御崇政殿阅举制造礼器所之礼器，并出古器宣示百官	《宋史》，卷 21，页 392《纪事本末》，卷 134，页 4200

1　郑麟趾：《高丽史》，卷 9，页 191。高丽一朝音乐有唐乐、雅乐、乡乐三大类，唐乐传自中国，雅乐为礼仪使用，唐乐与雅乐有时混同，至于乡乐则为本地音乐。关于宋代唐乐之传入高丽，见韩国精神文化研究院编：《韩国学基础资料选集——中世篇》（城南：韩国精神文化研究院，1991），页 593—595。
2　郑麟趾：《高丽史》，卷 13，页 275。

续表

时间	举措	资料来源 *
政和三年（月份不详）	徽宗皇帝祀圜丘方泽太庙明堂礼器款识三卷 政和癸巳，帝获周罍于镐京，秋获商卣，获兕敦于长安，又获黄目尊于浚都，后复幽燕，获耶律德光所盗上古宝玉尊，形制与黄目尊等莹然无少玷缺，在廷莫知所用，帝独识其为灌尊，实周人之重宝。诏礼官圜丘祭天之器，仿古尽用吉玉，然后之古人之祀，不特止于玉几玉爵玉豆也	《籀史》卷上，页1—3
	获楚公钟于鄂州嘉鱼县 又见《钟鼎款识》政和三年武昌太平湖进楚公钟	《金石录》，卷11，页287 《钟鼎款识》，页67
	秘阁有敦，其实鼎也。政和三年内降宣和殿古器图，凡百卷，考论形制甚备，于是馆下以藏古器，别为书谱上	《广川书跋》，页683
政和四年（1114）	三月甲子获宝簠："明年获周镈，越三月甲子获宝簠。帝承天休，宪三代稽古，象物昭德于彝器……命我先人，典司制作，肇新宋器……于是一洗汉唐诸儒臆说之陋，万世而下始识三代尊彝之制，使六经所载，不为空言，共惟徽宗皇帝圣明述作之盛，一时文物比隆三代，可谓韶尽美矣，又尽善也。"	《籀史》，卷上，页4
	天赐簋：帝受元命，天易帝簋，用绥于神祇……	《政和礼器》，页55
	四月癸丑，阅太学、辟雍诸生雅乐	《宋史》，卷21，页393
	五月庚午十又二日丙戌夏至日，"徽宗皇帝政和四年夏祭方泽礼器款识一卷"刻长铭器类包括：牛鼎、簠、簋。另有牺象鼎彝尊罍壶豆二十八，款器则惟旅	《籀史》，卷上，页4
	五月夏祭皇地祇一事	《长编拾补》，卷33，页4—7
	八月丙寅，铸明堂太室牛鼎、清庙礼簋	《政和礼器》，页48、53

* 资料来源书目简称：《长编》：李焘《续资治通鉴长编》；《纪事本末》：杨仲良《续资治通鉴长编纪事本末》；《长编拾补》：黄以周《续资治通鉴长编拾补》；《政和礼器》：孙诒让《宋政和礼器考》

　　由表11-1可知，此时新的礼仪规章《政和五礼新仪》已在政和三年四月颁布，大晟新乐与编钟也在政和三年五月颁布天下，礼器则从当年七月开始密集改制，为此各地也不时进献地下出土的古铜器，一方面作为肯定徽宗作为的天降祥瑞，一方面也作为新制礼器的参考。政和四年（1114）五月铸成了第一批郊祀礼器，此时安稷崇尚在汴京，不知是否得见。六月，安稷崇带着徽宗赐予高丽睿宗的乐器、曲谱、指诀图启程回国，检视此次赏赐清单，其中并没有编钟，[1] 编钟的赏赐要等到下一年。

1　徽宗所赐乐器有铁方响、石方响、琵琶、五弦、双弦、筝、箜篌、觱篥、笛、篪、箫、匏笙、埙、大鼓、杖鼓、栢板等。见郑麟趾：《高丽史》，卷70，页535—536。

图11-1　政和鼎，北宋政和六年（1116）

1115年高丽睿宗派遣王字之、文公美如宋，并派高丽进士五人至太学就学，[1] 翌年王字之返国时，宋徽宗郑重地将大晟新乐与乐器赐给高丽，并诏曰："三代以还，礼废乐毁，朕若稽古，述而明之，百年而兴，乃作大晟……夫移风易俗，莫若于此，往祗厥命，御于邦国，虽疆殊壤绝，同底大和，不其美软，今赐大晟雅乐。"[2] 乐器作为外交手段在这段文字中表达得淋漓尽致，宋朝传达出希望与高丽交好的意愿，以期两国关系如乐钟的乐音一般和谐。[3]

1116年秋，高丽睿宗派遣李资谅使宋，答谢宋徽宗赐大晟乐。[4] 李出使汴京期间，正是徽宗的宫廷礼器陆续铸造完成之际，徽宗更将新成礼器赐予大臣，以为家庙祭器，流传至今日的"政和鼎"就是在此时完成的（图11-1）。[5] 这件器物是少数留存至今的徽宗"新成礼器"，原来是赐给童贯家庙之用，器形仿自商晚期鼎，主体装饰典型的兽面纹，铭文格式则仿自西周，综合了商周铜器的特点。除了将新成礼器赐给大臣家庙之用外，徽宗也在来年（1117）三月庚寅赐给高丽新成祭器。[6] 值得注意的是，后来负责编纂《宣和博古图》的王黼奉命招待高丽来使李资谅，不知是否与李资谅

1　睿宗十年（1115，宋徽宗政和五年）：遣进士五人赴太学"伏望皇帝陛下悯恻深衷，推明故事，特下国子监，或于璧雍收管，许令就便学业则容迹于诸生之末……"见郑麟趾：《高丽史》，卷14，页279。

2　郑麟趾：《高丽史》，卷70，页524。

3　关于赐乐与乐器在宋朝、高丽外交中之角色，尤其是1069—1126年间，见Keith L. Pratt, "Music as a Factor in Sung-Koryŏ Diplomatic Relations 1069-1126," 199-218；Keith L. Pratt, "Sung Hui Tsung's Musical Diplomacy and the Korean Response," 509-521。关于大晟乐传入高丽及后续发展的史料汇考，见韩国精神文化研究院编：《韩国学基础资料选集——中世篇》，页600—605。

4　睿宗十一年（1116，宋徽宗政和六年）："（秋七月）己酉，遣李资谅、李永如宋，谢赐大晟乐。"见郑麟趾：《高丽史》，卷14，页284。

5　台北故宫博物院编：《千禧年宋代文物大展》（台北：台北故宫博物院，2000），页100。

6　"三月庚寅，赐高丽祭器，高丽进士权适等四人赐上舍及第"，见脱脱等撰：《宋史》，卷21，页397。

有特殊情谊，还上奏为李资谅在史馆中记下一笔。[1]

　　12 世纪 20 年代，随着金朝的壮大，高丽的战略地位更显重要，为寻求高丽支持，徐兢（1091—1153）在宣和中随使高丽，回国后撰成《宣和奉使高丽图经》（序于 1124 年），记录了他在出使高丽途中的见闻，包括该国的地理、风土民情、器用制度等。除了文字记录之外，由于徐兢雅好丹青，原书配有他沿途所绘之图，惜在靖康之难后便已亡佚。[2] 在徐兢的高丽行中，他特别注意到高丽乐舞之可观，他认为原因之一便是"熙宁中王徽尝奏请乐工，诏往其国，数年乃还。后人使来，必赍货奉工技为师，每遣就馆教之。比年入贡，又请赐大晟雅乐即请赐燕乐，诏皆从之，故乐舞益盛可以观听"[3]。

　　宋朝与高丽的关系在政和年间达到顶点，高丽几乎每年都派遣使者如宋，徽宗也极尽所能地拉拢高丽，甚至赐御笔书画，这些御笔书画虽不一定出自徽宗之手，但显见徽宗对高丽的重视。[4] 此时正是宋徽宗礼制改革进行得如火如荼之际，无论是大晟乐还是新成祭器，均赐予高丽，在宋朝与周边的关系中这是十分特殊的。[5] 此一连串带有强烈政治目的的使节交流使得徽宗的新成礼、乐器流布海东，部分并为后来的朝鲜王朝所继承。许多在中国已不见的礼乐器及制度，仍可在今日的韩国找到遗绪。[6]

1　"（徽宗政和七）三月十五日，馆伴王黼、同馆伴范讷奏：'臣切惟陛下宠眷三韩，去年其王侯遣陪臣李资谅、李允继岁入贡，召同辅臣燕于睿谟殿。中席，资谅永跋望清光，踌躇感恋，相顾涕泗被面，泪堕酒中，见者为之太息。伏望圣慈付之史馆。'从之。"见徐松辑：《宋会要辑稿》（北京：中华书局，1957），册 8，页 7861。
2　见"宣和奉使高丽，诏路允迪、傅墨卿为使介，其属徐兢，仿元丰中王云所撰鸡林志为高丽图经，考稽详备，物图其形，事为其说，盖徐素善丹青也。宣和末，先人在历阳，虽得见其图，但能抄其文，略其绘画。乾道间刊于江阴郡斋者，即家间所传之本。图亡而经存，盖兵火后徐氏亦失元本。"参周辉撰，刘永翔校注：《清波杂志校注》（北京：中华书局，1994），卷 7，页 323—324。
3　徐兢：《宣和奉使高丽图经》，《百部丛书集成》（台北：艺文印书馆，1965—），卷 40，页 6。
4　睿宗十二年（1117，宋徽宗政和七年）："癸亥，命置天章阁于禁中，藏宋帝所赐亲制诏书及御笔书画。"见郑麟趾：《高丽史》，卷 14，页 287。不过所谓御笔书画是否真为徽宗所书，那是另一个问题。在政治场域中，是否为徽宗亲笔所书也许不是最重要的，重要的是这些作品得到了徽宗的认可。相关讨论见 Maggie Bickford, "Huizong's Paintings: Art and the Art of Emperorship," in Patricia B. Ebrey and Maggie Bickford, eds, *Emperor Huizong and Late Northern Song China: The Politics of Culture and the Culture of Politics*（Cambridge: Harvard University Asia Center, 2006）, 453-513.
5　"政和中，升其使为国信，礼在夏国上，与辽人皆隶枢密院；改引伴、押拌官为接送馆伴。赐以大晟燕乐、笾豆、簠簋、尊罍等器，至宴使者于睿谟殿中。"脱脱等撰：《宋史》，卷 487，页 14049。
6　韩国今日的孔庙祭典乐章仍以"安"命名，沿用宋代大晟乐府之释奠乐名，见 Robert C. Provine, *Essays on Sino-Korean Musicology: Early Sources for Korean Ritual Music*（Seoul: IL JI SA, 1988）, 125-126；沈旸：《李氏朝鲜时期都城文庙祭孔考》，《故宫博物院院刊》，2008 年第 3 期，页 79—98。

二、高丽（918—1392）中期以后的仿古铜青瓷

使节所带回的大量宋朝礼乐器，除了用于朝廷仪典之外，对高丽时期的文化还产生了什么影响呢？时至今日，最显著的便是在 12 世纪的高丽青瓷中出现了一股仿商周古铜器的作风。高丽青瓷是在中国之外、受到越窑影响最早烧成的青瓷之一，徐兢随使高丽时曾看到"翡色"狻猊出香，一般认为即高丽青瓷。[1] 到了南宋，赏鉴家甚至称高丽青瓷为"天下第一"，他处所造均不及。[2] 20 世纪早期以来高丽青瓷也引起陶瓷学界的广泛重视，讨论课题包括高丽青瓷是烧成于 9 世纪初[3]、9 世纪末、10 世纪初[4]还是 10 世纪下半[5]；与中国瓷窑如越窑、耀州窑、汝窑在技法与器形的关系，如何编年[6]；作为贸易陶瓷出口的情况如何[7]等，以上中、日、韩各地的陶瓷学者有诸多研究。限于语言，笔者对于韩文报告与研究无法完全掌握，主要通过中文、英文、日文

1　徐兢：《宣和奉使高丽图经》，卷 32，页 2。关于高丽青瓷"翡色"的涵义及其与越窑关系的早期研究整理，见 G. St. G. M. Gompertz, "The 'Kingfisher Celadon' of Koryo," *Artibus Asiae* 16, no. 1/2（1953）：5-24。此文对于早期英文、日文研究有较好的整理，然关于越窑之讨论，在寺龙口越窑址发现后显然已过时。从技术层面探讨越窑对高丽青瓷窑的影响，见金英美：《越窑制瓷技术向高丽青瓷的传播与影响》，《浙江省文物考古研究所学刊》，第 5 辑（2002），页 201—225。

2　最常被引用的一条资料是南宋太平老人的《袖中锦》，里面提道："监书、内酒、端砚、洛阳花……高丽秘色……皆为天下第一，他处虽效之，终不及。"见太平老人：《袖中锦》，《四库全书存目丛书》（台南：庄严文化，1995），子 101，页 385。

3　目前所见高丽青瓷最早之纪年器为 1989 年在朝鲜的黄海南道白川郡円山里窑址发现数件"淳化三年（992）"铭太庙祭器碎片，类似还有一件藏于韩国梨花女子大学校"淳化四年"太庙祭器。有学者认为在此批祭器出现之前，高丽青瓷应已有一段烧造历史。郑良谟从越窑璧形足底的流行时间，推测中国的青瓷烧造技术在 9 世纪初东北亚海上贸易之王张保皋的引进下传入高丽，见郑良谟著，金美英译，金光烈校：《高丽青瓷》（北京：文物出版社，2000），页 9—25。

4　伊藤郁太郎认为目前所见淳化款祭器可能具有保守尚古作风，不能代表当时高丽青瓷的最高水准，根据窑址与越窑的编年资料，青瓷的烧造应可推至 9 世纪末、10 世纪初，见伊藤郁太郎：《高丽青磁をめぐる诸问题——编年论を中心に》，《东洋陶磁》，第 22 期（1992—1994），页 5—17。

5　也有学者根据纪年资料，结合高丽成宗一朝引进宋代朝仪制度，推定高丽青瓷的出现最早只能到 10 世纪下半叶，见尹龙二撰，李炳赞译：《高丽青磁の起源》，《东洋陶磁》，第 22 期（1992—1994），页 33—40；尹龙二著，片山まび译：《韩国陶瓷史の研究》（东京：淡交社，1998），页 122—130。

6　高丽青瓷的编年早段仰赖几座纪年的高级墓葬，晚段则加入干支铭器，伊藤郁太郎：《高丽青磁をめぐる诸问题——编年论を中心に》，页 5—17；郑良谟撰，李炳赞译：《干支铭を通して见た高丽后期象嵌青磁の编年》，《东洋陶磁》，第 22 期（1992—1994），页 19—31。Yutaka Mino, "A Re-Examination of an Inlaid Celadon Mae-byong Decorated with Cranes and Clouds," *Archive of Asian Art*, no. 39（1986）：71-74；谢明良：《对于史天泽墓的一点意见——兼评〈石家庄后太保村史氏家族墓发掘报告〉》，《故宫文物月刊》，第 20 卷第 1 期（2002），页 76—103。

7　今井敦：《海を渡つた高丽青瓷》，《Museum 东京国立博物馆美术志》，第 503 期（1993 年 2 月），页 25—33；马争鸣：《中国出土的高丽青瓷》，《东方博物》，第 33 辑（2009 年 4 期），页 59—65。

的转介。[1] 以下就根据笔者所掌握的材料，尝试讨论高丽青瓷中仿商周古铜器的问题。

　　就目前资料所见，有一批高丽青瓷具有商周古铜器的特征，这些瓷器装饰技法均为印花，不见镶嵌，韩国学者均定其年代为 12 世纪。这些瓷器与南宋时期的发展趋势一致，此时由于古器物图录的散布，中国南方瓷窑开始大量制造仿商周铜器的瓷器，如仿鼎、鬲作为香炉，仿觚、尊、觯作为花瓶。[2] 在南宋时期的窑址中有所出土，[3] 也有来自纪年墓或遗址、年代较无争议的仿古铜瓷器例证，如江西省樟树市南宋端平三年（1236）墓的青白瓷鼎式炉（图 11-2）、[4] 同地区景定三年（1262）墓的白釉鬲式炉[5]、浙江省德清县咸淳四年（1268）吴奥墓出土的龙泉窑瓶与鬲式炉（图 11-3）、浙江省丽水市德祐元年（1275）潘氏墓出土的龙泉窑六角瓶。[6] 还有浙江省绍兴市钱清镇环翠塔出土的龙泉窑奁式炉，出土时置于"咸淳乙丑（元年，1265）六月廿八日辛未"石函中。[7] 从这个大脉络来看，这批高丽青瓷更具体的时间应当在 12 世纪下半叶以后，甚至可能晚到 13 世纪。虽然数量不多，但这批瓷器表现各不相同，有的与商周青铜器接近，有的则表现出明显的转化与变形。

　　高丽青瓷中表现与商周古铜器最接近的是藏于韩国国立中央博物馆的一件香炉（图 11-4），造型为商晚期方鼎，器表模印兽面纹，兽面之上为夔纹带；在此件器物的外底还有一组刻画铭文，上为亚形族徽，下方有几个不太清晰的文字符号。[8] 此件器物对古铜器特征的掌握相当不错，无论在器形比例还是

1　关于高丽青瓷的研究，见郑良谟著，金美英译，金光烈校：《高丽青瓷》（北京：文物出版社，2000）。高丽青瓷简短的研究回顾，参见金立言：《高丽青瓷研究基础问题》，《故宫文物月刊》，第 18 卷第 5 期（2000），页 58—73；片山まび：《从亚洲观点看高丽青瓷——以研究史所见的对外关系为中心》，《故宫文物月刊》，第 24 卷第 11 期（2007.02），页 38—45。关于韩国陶瓷史，见尹龙二著，片山まび译：《韩国陶瓷史の研究》。

2　"古以萧埃达神明而不焚香，故无香炉。今所谓香炉，皆以古人宗庙祭器为之，爵炉则古之爵，狻猊炉则古之踽足豆，香球则古之鬵，其等不一，或有新铸而象古为之者。"见赵希鹄：《洞天清禄集》，《丛书集成新编》（台北：新文丰出版公司，1985），册 50，页 184。

3　江西省文物考古研究所编：《景德镇湖田窑址》（北京：文物出版社，2007），图版 104；浙江省文物考古研究所：《寺龙口越窑址》（北京：文物出版社，2002），页 227，图 309、311、314，页 282，图 421。

4　张柏编：《中国出土瓷器全集》（北京：科学出版社，2008），第 14 册，图 63。

5　张柏编：《中国出土瓷器全集》，第 14 册，图 66。

6　浙江省博物馆：《浙江纪年瓷》（北京：文物出版社，2000），图版 215、216、220。

7　浙江省博物馆：《浙江纪年瓷》，图版 214。

8　郑良谟、秦华秀：《高丽陶瓷铭文》（首尔：国立中央博物馆，1992），页 20，图 9。

图11-2　青白瓷鼎式炉，南宋端平三年　图11-3　龙泉窑鬲式炉，南宋咸淳四年（1268）
（1236）墓出土　吴奥墓出土

图11-4　方鼎形香炉及铭文，12世纪，韩国国立中央博物馆藏

纹饰细节上都很接近河南省安阳市出土的商晚期方鼎（图11-5）。[1] 若无可靠的参照作品，应该不太容易掌握铜器的器形比例与花纹细节。

　　南宋时期，北宋的古器物图录《考古图》与《宣和博古图》开始被用来当作器物制作时的参考书，时而可见模仿自这两本图录的仿制古铜器，[2] 这件

1　中国青铜器全集编辑委员会：《中国青铜器全集》（北京：文物出版社，1997），册2，图版43。
2　目前所见仿自《考古图》《宣和博古图》的器物主要出土自四川与浙江杭州。关于杭州出土的这类仿制古铜器之讨论，参见本书第五章。

 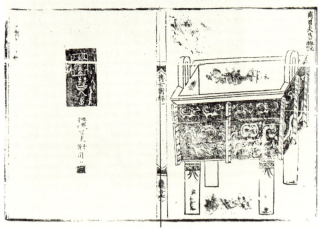

图11-5　子韦方鼎，商晚期，河南省安阳　图11-6　商召夫鼎，《至大重修宣和博古图录》
市出土

12 世纪的高丽青瓷是否也是从图录而来呢？经比对《考古图》与《宣和博古图》之后发现，韩国国立中央博物馆的这件青瓷方鼎形香炉与《宣和博古图》卷一所载的"商召夫鼎"（图 11-6）器形、花纹皆同，铭文的外观形似但笔画细节含糊，[1] 可见高丽陶工对商代金文相当陌生。《宣和博古图》中徽宗的大臣释此铭文为"亚形中召夫，子辛月○过"，今日学者将之读为"亚实孤竹"。由此可知，韩国国立中央博物馆的方鼎形香炉的确来自《宣和博古图》，与南宋的发展一致。宋朝文人士大夫的好古风气影响到陶瓷器的设计，并在东亚陶瓷交流中进一步传递到高丽。

但目前无法确知韩国国立中央博物馆的方鼎形香炉直接转译自图录，还是本于一件青铜制品。一般说来，图录的描绘有将立体作品平面化、呆板化的趋势，因此如果直接抄摹图录，主体纹饰很容易变得扁平、缺乏空间感，这在明晚期的仿古铜器中经常可见。[2] 从照片来看，这件方鼎形香炉的器形比例与纹饰细节的掌握均佳，也许有类似的青铜器或仿制古铜器作为陶工的参考。另一件忠实之仿古铜高丽青瓷是藏于大阪市立东洋陶磁美术馆的圆鼎形

1　宋徽宗敕编：《宣和博古图》，至大重修本，卷 1，页 17。

2　Robert Poor, "Notes on the Sung Dynasty Archaeological Catalogs," *Archives of the Chinese Art Society of America*, no. 19（1965）: 33-44。李玉珉：《古色——十六至十八世纪艺术的仿古风》（台北：台北故宫博物院，2003），页 95—96。

图11-7 圆鼎形香炉,12世纪　　　　　　　图11-8 铜鼎,1323年左右

香炉(图11-7),[1] 该器造型与花纹均佳,也有可能是来自高品质的仿古器物。发现于韩国新安外海、时代约元至治三年(1323)的沉船中曾打捞出数量不少的元代仿古铜器,其中一件铜鼎(图11-8)器身的装饰花纹就和藏于大阪市立东洋陶磁美术馆的高丽青瓷圆鼎形香炉相近,[2] 也许是宋元时期流行的仿古纹饰。新安沉船虽然年代较晚,但它从庆元(今浙江宁波)出港后可能停泊于不同的港口,转运不同地区的产品与货品,[3] 提供了一个例证让我们思考宋元时期仿古铜器流传到韩国、日本的情况:为什么这种类型的铜器会出现在新安沉船中?它们在日本、韩国被视为当代实用器还是古董?使用情形如何?是否仍具有三代的象征?目前我们对于这些课题所知相当有限,是将来研究时应该注意的。

1　大阪市立东洋陶磁美术馆编:《高丽青磁への诱い》(大阪:大阪市立东洋陶磁美术馆,1992),页46,图34。
2　国立中央博物馆:《마음을담은그릇:신안향로》(首尔:国立中央博物馆,2008),页15。
3　久保智康有新的发现,他将新安沉船中出水的金属器(尤其是仿古类型青铜器)与日本寺庙出土品对比后推测,新安沉船中有不少应为输出至日本的商品,但并非所有商品均输出至日本市场,例如银器以及罕见于日本的造型的铜器便可能是为了韩国市场,见久保智康著,彭涛译:《新安沉船装载的金属工艺品:其特点以及新安沉船返航的性质》,页142—154、141。

图11-9　鼎形香炉，12世纪　　　　图11-10　鼎形香炉，12世纪

　　据笔者目前所见，忠实模仿图录的高丽青瓷仅此一例，多数高丽仿铜青瓷器是带着较多的自我表现：造型多半来自鼎，为带有三足、二立耳的容器，不过腹部明显加深，大概是出于实用考虑；三足则变得相当低矮，以稳定器身。[1] 花纹也有不同程度的变形，藏于韩国国立中央博物馆的兽面纹香炉尚保留雷纹地上装饰兽面的作风（图11-9），[2] 但藏于韩国梨花女子大学校的香炉腹部，则只见散布的雷纹，主体动物已不可辨（图11-10）。[3] 在韩国全罗南道康津郡的沙堂里窑址曾出土过一块陶片（图11-11），与前述韩国国立中央博物馆所藏香炉颈肩之际的形状与花纹相合；[4] 另有一块陶片之花纹（图11-12）与现藏于日本大阪市立东洋陶磁美术馆的方形香炉（图11-13）相同，曾经大阪市立东洋陶磁美术馆报道，[5] 可知在朝鲜半岛南端康津郡的沙堂里窑址也是12世纪时生产此类仿古铜青瓷的地点之一。

　　上述这些高丽仿古铜青瓷的作风可以和大约同时期东亚大陆上出现的仿

1　相关例证参见胡德智、万一编：《灿烂与淡雅——朝鲜、日本、泰国、越南陶瓷图史》（南宁：广西美术出版社，1999），页14；梨花女子大学校博物馆编：《梨花女子大学校创立100周年纪念馆博物馆新筑开馆图录》（首尔：梨花女子大学校出版部，1990），图版76。

2　胡德智、万一编：《灿烂与淡雅——朝鲜、日本、泰国、越南陶瓷图史》，页14。

3　梨花女子大学校博物馆编：《梨花女子大学校创立100周年纪念馆博物馆新筑开馆图录》，图版76。

4　大阪市立东洋陶磁美书馆编：《高丽青磁への诱い》，页183，图174—176。

5　大阪市立东洋陶磁美书馆编：《高丽青磁への诱い》，页46，图35；页183，图174—175。

图11-11　韩国全罗南道康津郡沙堂里窑址采集陶片 图11-12　韩国全罗南道康津郡沙堂里窑址采集陶片

图11-13　青瓷方炉，12世纪，日本大阪市立东洋陶磁美术馆藏

古铜器物相比较，尤其是在杭州（南宋临安城）及杭州附近出土者，包括铜器与陶瓷。此地区出土的铜器有完全仿自《宣和博古图》者，如发现于湖州的一件鼎。[1] 陶瓷尚未见到完整器，不过从残片仍可看出其纹饰仿自商周古铜

1　Ya-hwei Hsu, "Reshaping Chinese Material Culture: Revival of Antiquity in the Era of Print, 960-1279," 209-210, figs 4.16-4.17.

图11-14　兽面纹陶片，私人藏

器，以雷纹为地，于雷纹地上再施加主体动物纹样（图11-14），[1]目前所见多是没有上釉的素烧陶。这类陶片曾见于紧邻南宋皇城的乌龟山窑址，[2]此遗址目前学界公认为南宋官窑遗址，可能是文献中的郊坛下官窑。在南宋首都杭州一带出现这类较忠实的仿《宣和博古图》的器物，应与移居南方的皇室、士大夫意图延续北宋徽宗新礼与金石收藏的风气有关。[3]高丽青瓷忠实仿古的表现较接近于杭州地区，而与12世纪、13世纪时生产仿古铜类型瓷器的民间瓷窑相距较远，包括景德镇湖田窑[4]、寺龙口越窑（图11-15）[5]、龙泉窑（图11-3）[6]、耀州窑[7]，这些瓷窑的作品多半带有较强烈的当代色彩，推测高丽仿古铜青瓷的烧造应与开城、杭州之间的往来有关。近年来南宋临安城的考古也出土了一些高丽青瓷破片，包括高品质的所谓"翡色"青瓷与品质较粗的

1　唐俊杰：《祭器、礼器、邵局：关于南宋官窑的几个问题》，《故宫博物院院刊》，2006年第6期，页52，图4。
2　中国社会科学院考古研究所编：《南宋官窑》（北京：中国大百科全书出版社，1996），彩版5.1。
3　关于南宋忠实之仿古铜器物与金石文化之讨论，参见本书第五章。
4　江西省文物考古研究所编：《景德镇湖田窑址》（北京：文物出版社，2007），图版104。
5　浙江省文物考古研究所：《寺龙口越窑址》（北京：文物出版社，2002），页227，图309、311、314；页282，图421。
6　浙江省博物馆：《浙江纪年瓷》（北京：文物出版社，2000），图版214—216。
7　陕西省考古研究所：《宋代耀州窑址》（北京：文物出版社，1998），图版85—86。

图11-15　越窑鼎式炉，12—13世纪

图11-16　"淳化四年"太庙祭器，韩国梨花女子大学校博物馆藏

镶嵌青瓷，[1] 应可视为南宋、高丽往来的另一例证。

　　关于高丽仿古铜青瓷，一般定其为香炉，至于是用于宗教祭祀还是贵族阶级的风雅好古之物，尚待确认。12 世纪高丽的宫廷祭器样式如何，并不太清楚，目前所见确为高丽祭器者为 10 世纪之作，包括一件藏于韩国梨花女子大学校博物馆的尊，有款"淳化四年（993）癸巳，太庙第一室享器，匠崔吉会造"（图 11-16）；另外 1989 年在距离高丽朝首都开城不远的円山里窑址也发现一些类似的"淳化三年（992）""淳化四年"款太庙祭器，器形可辨者有簠、簋、豆（图 11-17）。这些器物时代较早，是高丽青瓷最早的纪年器，应该是按北宋初年聂崇义编订的《三礼图》所制作。[2] 在徽宗赐给高丽《宣和博古图》系统之新成祭器后，这类按《三礼图》制作的祭器是继续沿用还是全面改制？关于这个问题，《高丽史》并无明载，仅提及有些吉礼中所使用的礼器以常享器皿担当。[3] 要到朝鲜李朝，才出现大量样式特殊的陶瓷祭器，许多仿自商周古铜器，不过它们的祖形并非高丽青瓷，也非徽宗的"新成礼器"，而是南宋、元代礼图与仿铜礼器的转介，详见以下讨论。

1　如杭州市文物考古所：《南宋恭圣仁烈皇后宅遗址》（北京：文物出版社，2008），彩版 44。马争鸣认为杭州出土的翡色青瓷品质高，为官方供品；而镶嵌青瓷品质较粗，应为贸易瓷。见马争鸣：《杭州出土的高丽青瓷》，《东方博物》第 29 辑（2008 年 4 期），页 109—115。
2　南秀雄：《円山里窑迹と开城周边の青磁资料》，《东洋陶磁》第 22 期（1992—1994），页 105—120。在讨论北宋官窑是否为汝窑时，谢明良也曾论及円山里出土的太庙祭器，唯高丽仿古类型青瓷是否可作为北宋官窑侧写，尚待更多材料佐证。谢明良：《北宋官窑研究现状的省思》，《故宫学术季刊》，27 卷第 4 期（2010），页 22—23。
3　《高丽史》志 15 "礼·吉礼大祀·别庙"："祝史，纳神主，如常仪，祝版，燔于斋坊，若后妃别庙，则无功臣配享，礼器不设，则以常享器皿行之。"见郑麟趾：《高丽史》，卷 61，页 371。

图11-17　"淳化三年"太庙祭器（可能为豆残件），朝鲜黄海南道白川郡円山里窑址出土

三、图籍传播与朝鲜（1392—1910）前期祭器

如前所述，北宋徽宗为了拉拢高丽，曾赐予高丽新成乐器与祭器，因此如果朝鲜李朝宫廷中的祭器、乐器使用徽宗礼制改革后的新成礼器系统，也不令人意外。的确，有些李朝祭器明显可见徽宗新成礼乐器的影响，如李朝的青铜编钟便是以徽宗的大晟编钟为蓝本，钟的整体形状、钟纽镂空蟠龙造型大致与大晟编钟相同，只是表面纹饰相当简省，省略了蟠虺花纹，只在鼓部中央加上一个圆盘形突起的"隧"作为演奏时的打击点（图11-18）。[1]

然而并非所有的李朝祭器均来自徽宗新成礼器系统，而且随着时代推移，

---

[1]　李朝编钟图像，见国立古宫博物馆：《国立古宫博物馆开馆图录》（首尔：国立古宫博物馆，2005），页109。大晟编钟图片，见台北故宫博物院编：《千禧年宋代文物大展》（台北：台北故宫博物院，2000），页102。

图11-18　李朝青铜钟（左）与北宋大晟钟（右）比较

礼器的内容、样式也随之变化，后期明显受到明朝礼仪的影响，例如韩国国立古宫博物馆收藏的宗庙祭器当中有一套黄铜六彝，均为深腹碗形，表面铸有象征纹样，置于浅盘形的舟上。这套彝、舟组合与《明集礼》中描绘的六彝完全相同，可知是受到明礼的影响（图11-19）。[1] 另有一件黄铜龙尊（图11-20），与明宣德皇帝在世宗十二年（1430）赏赐给朝鲜的白瓷青花酒海造型、纹饰相近，应该是复制自此件青花瓷器的礼器。[2] 关于宣德赏赐的这件白瓷青花酒海，片山まび与一些韩国学者曾为文讨论过，片山认为宣德赏赐的酒海在李朝司瓷院中再生产并扩大使用，使这类青花器成为李朝王家权威象征。[3] 从这件黄铜龙尊来看，除了青花瓷器，李朝也用金属复制了这件政治象征物。

　　本章主旨并不在全面讨论朝鲜李朝祭器的发展与演变，此范围过大，非

1　李朝后期黄铜六彝图像，见国立古宫博物馆：《国立古宫博物馆开馆图录》，页98—100。《明集礼》六彝，见徐一夔编：《明集礼》，《景印文渊阁四库全书》（台北：台湾商务印书馆，1983），册649，页195—198。

2　黄铜龙尊，见国立古宫博物馆：《国立古宫博物馆开馆图录》，页94，图53。

3　见片山まび：《再生产される威信财——朝鲜王朝初期の祭器とその生产》，《国立历史民俗博物馆研究报告》，第94期（2002年3月），页3—14。另外从窑址出土的朝鲜时期官窑瓷器也可见其与明代瓷器的关系，见伊藤郁太郎：《朝鲜时代の官窑の成立と展开》，《东洋陶磁史：その研究の现在》（东京：东洋陶磁学会，2002），页263—269。

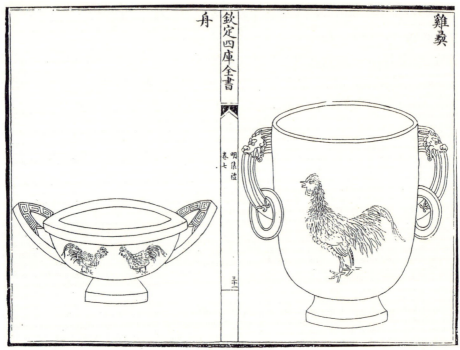

图11-19 李朝黄铜鸡彝（上）与《明集礼》中鸡彝（下）比较

图11-20　李朝黄铜龙尊

笔者能力所及；也不在于将《世宗实录·祭器图说》与李朝祭器之间作对比，《世宗实录·祭器图说》作为李朝早期陶瓷祭器的范本如今已是学术界常识。[1] 本章主要讨论李朝礼器是如何选择、吸纳中国的礼器系统的，尤其是在李朝礼仪发展史上具开创地位的世宗阶段（1419—1450）。李朝在太宗（1401—1418）之时曾命大臣撰吉礼，但完整的吉、嘉、宾、军、凶五礼制定始于世宗，《世宗实录》有载："太宗命许稠撰吉礼序例及仪式，其他则未及。每遇大事，辄取办于礼官，一时所拟。上乃命郑陟、卞孝文撰定嘉宾军凶等礼，取本朝已行典故，兼取唐宋旧礼及中朝之制，其去取损益均禀宸断。"[2] 此时为了制礼作乐，在李朝世宗二十一年（1439，明英宗正统四年）更赋予使明大臣购书任务："凡礼乐制度诸书，广求而来。"[3] 可知图籍文书在李朝早期移植中国礼乐制度中占有重要地位。宫廷雅乐的部分，Robert C. Provine 曾讨论过中国图籍对李朝的影响，[4] 本章则以祭器为核心，探讨来自中国的图籍在李朝早期礼仪制定过程中的角色。

《世宗实录》五礼的吉礼项下有完整的祭器图说，对祭器样制有清楚说明，当是世宗制定礼乐制度的成果。它是了解朝鲜王朝初期制礼的重要材料，也成为后来朝鲜王朝礼仪大典《国朝五礼仪》的基础。这些礼书中的描绘成为李朝早期祭器制作的依据，指导祭器的造型与花纹。[5] 因此这里便以《世宗实录·祭器图说》（1452）作为讨论对象，根据"祭器图说"中所列的参考书籍，分析在朝鲜早期礼仪订立的过程中，世宗与他的大臣参考了哪些来自汉地的资料、图籍，如何取舍。这些书籍的时代、性质不一，跨越北宋、南宋、元朝，但归根究底仍为北宋金石收藏与徽宗礼制改革之遗绪所影响。以下就"祭器图说"中提到的图籍分别讨论之。

1　关于韩国学界对陶瓷、铜质祭器与世宗《祭器图说》的研究整理，参见李定恩：《三代意象的嬗变：〈朝鲜王朝世宗实录·祭器图说〉》，页 1—4，论文发表于台湾大学艺术史研究所研究生论文发表会，2011 年 10 月 15 日。

2　朝鲜国史编纂委员会编：《朝鲜王朝实录·世宗实录》（首尔：朝鲜国史编纂委员会，1955—1958），册 5，页 176。

3　世宗二十一年（1439）九月三日记录，见《朝鲜王朝实录》，册 4，页 234。

4　Robert C. Provine, *Essays on Sino-Korean Musicology: Early Sources for Korean Ritual Music*, 66-104.

5　朝鲜国史编纂委员会编：《朝鲜王朝实录》，册 5，页 178—187。

（一）朱熹《绍熙州县释奠仪图》

《世宗实录》最重要的参考书为"朱文公《释奠仪式》"，有时也简省为《释奠仪》，此书即为朱熹所编的《绍熙州县释奠仪图》。[1] 在本章开头部分曾提到这本书是朱熹任地方官时有感于州县释奠文宣王孔子仍因循《三礼图》之陋，不见新成礼器气象，因而屡次上书朝廷的结果。换句话说，《释奠仪图》一书是徽宗新成礼器传播于地方州县之重要媒介。在朱学发达后，《释奠仪图》成为元代州县释奠文宣王之重要参考，许多文庙祭器均循此规制。

《释奠仪图》一书如何传入朝鲜？据载元世祖至元二十七年（1290，高丽忠烈王十六年）时，高丽集贤殿大学士安珦（1243—1306）赴元，在元大都得到新刊《朱子全书》，遂手抄此书，携回高丽，为朱子学传入高丽之始。[2] 忠烈王二十四年（1298），安珦再次居留燕京，此次他到文庙拜谒，在文庙学官的询问下，安珦答："我国文物祀典一遵华制，岂无圣庙耶？"[3] 但实情是高丽国子监屡经兵火已破败不堪，于是安珦在忠烈王二十七年（1301）将自己宅舍献给朝廷作为国学，[4] 并在忠烈王二十九年（1303）派博士金文鼎至中国江南摹绘孔子与七十弟子像，并求祀孔祭器、乐器以及六经诸子回国。[5] 值得注意的是，派博士去江南收购经籍的主要原因是"闻江南犹存宋室礼物又多朱子新书"[6]。《释奠仪图》与相关祭器制度大概在这个背景下首度传入高丽，后来朝鲜王朝初期，明成祖永乐元年（1403，李朝太宗三年）又曾赐予《朱子全书》一部。[7]

《世宗实录》中来自《释奠仪》的祭器有笾、豆、簠、簋、俎、篚、爵、坫、幂尊疏布巾、著尊、壶尊、大尊、龙勺、洗罍、洗。比较《世宗实录》与《释奠仪图》中的器物描绘，两者的承袭关系毋庸置疑，但变形之处也不少。以簠、簋为例，《世宗实录》大体仍保留了《释奠仪图》中所描绘的方器、圆器外形，但簠、簋盖顶端波形纽则变得相当难理解（图11-21）；纹饰方面的变形也

1　朱熹：《绍熙州县释奠仪图》，《百部丛书集成》。
2　"留燕京，手抄朱子书，摹写孔子朱子真像。笃好知为孔门正脉，手录其书，摹写孔朱真像而归。"见安珦：《晦轩先生实纪》，《韩国历代文集丛书》（首尔：景仁文化社，1999），册35，页69。
3　"留燕京，谒文庙。学官问东国亦有圣庙耶，先生曰：我国文物祀典一遵华制，岂无圣庙耶？"安珦：《晦轩先生实纪》，《韩国历代文集丛书》，册35，页75。
4　安珦：《晦轩先生实纪》，《韩国历代文集丛书》，册35，页77。
5　郑麟趾：《高丽史》，卷105，页322—324。
6　安珦：《晦轩先生实纪》，《韩国历代文集丛书》，册35，页80。
7　太宗三年（1403）十月二十七日，原文作"朱子成书"，见《朝鲜王朝实录》，册1，页282。

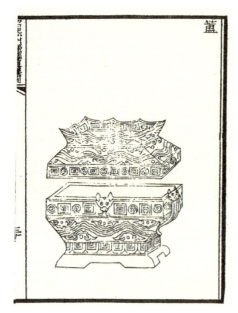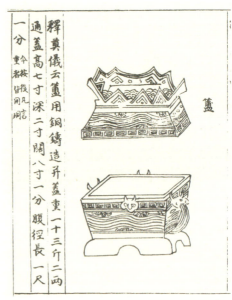

图11-21　《绍熙州县释奠仪图》（左）与《世宗实录》（右）中簠的比较

很显著，如簠盖与腹的抽象纹饰成为花朵形（图11-22）。

　　这个清单中值得注意的是，《世宗实录》并没有对《释奠仪图》照单全收，以六尊为例，《世宗实录》只取著尊、壶尊、大尊三者，山尊、牺尊、象尊三器则另有来源。其中特别值得注意的是牺尊、象尊的描绘，关于这两件礼器应作何形，一直以来是汉地礼家争论的焦点。《世宗实录》略过朱子《释奠仪图》之徽宗新制，而采用陈元靓《事林广记》所载之《三礼图》传统，关于这点，详见下文"（三）陈元靓《事林广记》"部分。

　　定为15世纪的朝鲜粉青沙器中有许多即与《世宗实录》中的描绘相当接近，应该是本于"实录"，器类包括簠（图11-23）[1]、簋、牺尊、象尊与著尊（图11-24、图11-25）[2]等，就目前出版资料来看，韩国首尔的湖林博物

1　佐川美术馆编:《韩国ソウル湖林博物馆所藏李朝陶磁の名品——白磁と粉青沙器》（滋贺：佐川美术馆，2006），页83，图63；大阪市立东洋陶磁美术馆编:《粉青沙器》（大阪：大阪市立东洋陶磁美术馆，1996），页20，图55。
2　佐川美术馆编:《韩国ソウル湖林博物馆所藏李朝陶磁の名品——白磁と粉青沙器》，页90，图70。

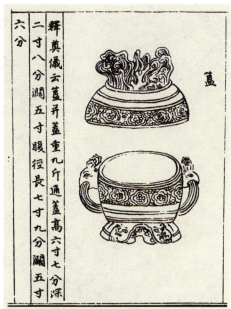

图11-22　《绍熙州县释奠仪图》（左）与《世宗实录》（右）中簋的比较

图11-23　粉青沙器镶嵌雷文簠，15世纪

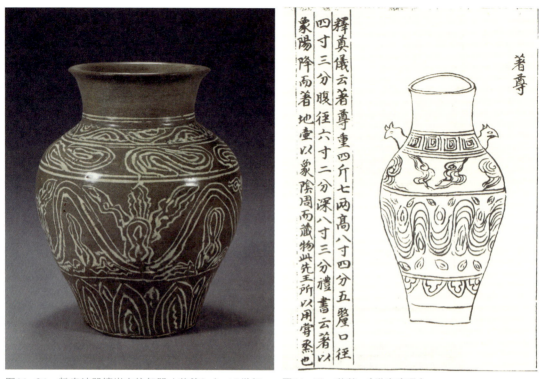

图11-24　粉青沙器镶嵌山纹祭器（著尊？），15世纪　　图11-25　著尊，《世宗实录》

馆是主要的收藏中心之一。[1] 虽说是根据《世宗实录》的规定，但簠盖顶锐利的波浪边缘与利落的环形组带有金属器的特点。特别值得注意的是，湖林簠的波浪边缘似为透空，中间可见半透明的釉，这些特点均与湖南省慈利县出土"大德乙巳"（1305）款的元代铜簠接近（图11-26），此件器物有题识"大德乙巳（1305）靖州达鲁花赤脱欢等、知州许五略、判官田进义、吏目郭中等谨识云"，为靖州（今湖南靖县）地方祭器。[2] 朝鲜瓷簠带有元代铜簠的特点，说明制作的陶工也许见过类似的金属器。在新安沉船中曾发现一些元代的仿古铜香炉、花瓶，[3] 应该有一些元代铸造的祭器在高丽晚期至朝鲜早期时被带到海东。

1　此图录收录了大量粉青沙器祭器，其类型的划分便是对照《世宗实录》中的"祭器图说"，见湖林博物馆：《분청사기제기粉青沙器祭器》（선울：湖林博物馆，2010）。笔者要感谢谢明良先生提供这则资料并慷慨出借此书。
2　刘廉银：《慈利县出土的元代铜簠》，《文物》，1984年第5期，页81。
3　文化公报部编：《新安海底遗物》（东京：同和出版社，1983），页113、116、117、123、124、130。

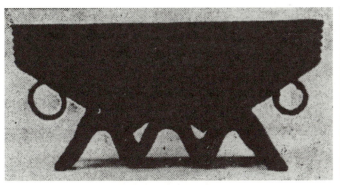

图11-26 铜簠，大德乙巳〔1305〕款　　　　　　　图11-27 白瓷祭器，17世纪以后

随着朝鲜陶瓷祭器自身的发展，簠、簋逐渐远离《世宗图录》中的描绘，仅余方、圆器形以资区别，17世纪以降器形更接近日用白瓷器皿，仅以扉棱为识（图11-27）。[1]

（二）陈祥道《礼书》

《绍熙州县释奠仪图》所载乃州县释奠文宣王所用礼器，与中央朝廷祭祀社稷、宗庙所使用之礼器并不相同，如朝廷礼仪六尊（著尊、壶尊、大尊、山尊、牺尊、象尊），六彝（鸡彝、鸟彝、斝彝、黄彝、虎彝、蜼彝）俱备，但地方释奠文宣王只用六尊，不用六彝，这些《释奠仪图》不载的器物，《世宗实录》便以陈氏《礼书》作为参考。所谓陈氏即北宋陈祥道（1053—1093），其著《礼书》共150卷，历时20年，于宋哲宗元祐（1086—1094）年间表进于朝。[2]此书对宋代的礼、祭器制作是否有影响，尚待评估。不过由于卷帙庞大，收罗广泛，南宋《玉海》称其："凡历代诸儒之说及近代聂氏之图，或正其失，或补其缺，于礼学最详。"[3]《礼书》之所以被引介入李朝，不知是否因其"于礼学最详"。

《世宗实录》来自《礼书》者包括甄、铏、鸡彝、鸟彝、斝彝、黄彝、匕、

1　参大阪市立东洋陶磁美术馆编：《天にささげる器：朝鲜时代の祭器》（大阪：大阪市立东洋陶磁美术馆，2008），图17。

2　参"进礼书表"，陈祥道：《礼书》，《北京图书馆古籍珍本丛刊》（北京：书目文献出版社，1988），册3，页1。

3　转引自赵士炜：《中兴馆阁书目辑考》，《中国历代书目丛刊》（北京：现代出版社，1987），页403。

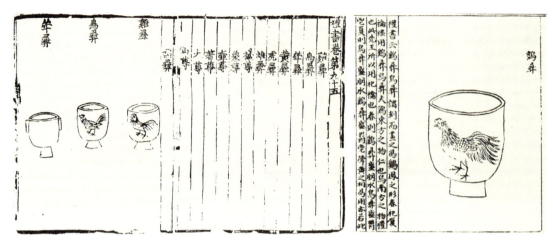

图11-28 《礼书》（左）与《世宗实录》（右）中鸡彝比较

宬、几（图11-28左）。[1] 不过今日所见最早的《礼书》刊本为元至正七年（1347）
福州路儒学刊明修本，书中器物的描绘十分简略，细节多无法辨识（图11-
28）。《世宗实录》的器物描绘远较福州路《礼书》刊本清晰，朝鲜也许得
见其他版本。

（三）陈元靓《事林广记》

至于祭器所必备的牺尊、象尊，《世宗实录》舍朱熹《释奠仪图》（图
11-29）不用，而采用陈元靓《事林广记》中的描绘（图11-30），并抄录《事
林广记》的图说如下："《事林广记》云：牺尊，饰以牛于尊腹之上……""《事
林广记》云：象尊，饰以象于尊腹之上……"除了牺尊、象尊之外，采自《事
林广记》的还有釜、镬。该书目前尚存数个版本，内容也颇有差异，[2] 比较
《世宗实录》与现存时代较早的《事林广记》，发现它与元至顺年间（1330—
1333）建安椿庄书院刊本的图像描绘相近，图说内容完全相同，很可能是采
用此本。[3] 此本特点是一器一图，新旧礼器系统并陈而以《三礼图》之旧传统

1　陈祥道：《礼书》，页388、380、368、390、177、188。
2　关于此书版本的讨论，参见胡道静与森田宪司文，收录在陈元靓：《事林广记》（北京：中华书局，
1999），页559—572。
3　陈元靓：《事林广记》，元至顺间建安椿庄书院刻本，《续修四库全书》（上海：上海古籍出版社，
1995—2002），册1218，页377。

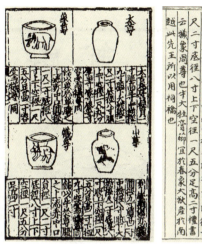

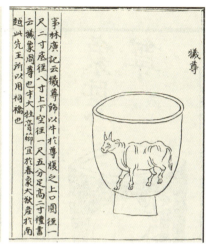

图11-29　牺尊，《绍熙州县释奠仪图》

图11-30　牺、象尊（左），《事林广记》，元至顺建安椿庄书院刻本；牺尊（右），《世宗实录》

占上风，仅于鼎、爵可见徽宗所制定的新成礼器样式。[1]整体来看，应是椿庄书院编辑整理后的结果。

　　《事林广记》并非礼书，而是日用类书，内容包罗万象，在椿庄书院本中祭礼器收录在"器用类"。取自《事林广记》的牺尊、象尊二器造型曾是汉地历代礼家争论的焦点，宋初聂崇义集诸家所纂之《三礼图》中便罗列了牺尊、象尊两种不同解释与样式：一是释牺、象为具象动物，而在器腹画牺、象之形；另一则是释牺为婆娑，象为以象骨为饰，因此牺尊器腹绘凤凰，象尊则装饰象牙（图11-31）。[2]宋代金石考古学发展之后，推翻了《三礼图》的这些说法，而将考古所见、背上开孔的动物造型容器定为牺尊、象尊，如《宣和博古图》、《释奠仪图》（图11-29）所录。李朝世宗的大臣对于汉地牺尊、象尊的争议也有了解，曾于世宗六年（1424）时提议"依《周礼》画腹凿背，两存之"，[3]不知为何后来编成的"祭器图说"中仅存"画腹"一类，明显违背了朱熹《释奠仪图》的"凿背"样式。

　　《世宗实录》中对于牺尊、象尊的描绘也有值得注意之处，相较于《事林广记》之简略粗率，《世宗实录》中的描绘具体明晰，为何会出现抄摹本

1　陈元靓：《事林广记》，页376—378。

2　聂崇义：《新定三礼图》，《中国古代版画丛刊》（上海：上海古籍出版社，1988），册1，页191。

3　朝鲜国史编纂委员会编：《朝鲜王朝实录·世宗实录》，册2，卷23，页574。

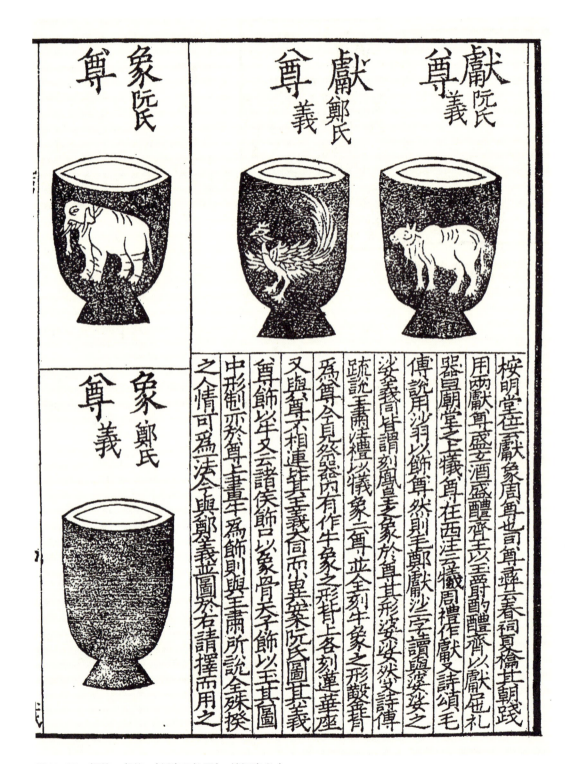

图11-31　牺尊、象尊，《新定三礼图》，镇江府学本

较母本清晰的情况？事实上，李朝官员应该对《事林广记》图式的最终来源——《三礼图》——并不陌生，因为这本书至少在10世纪便已传入高丽，[1] 992年高丽成宗的太庙祭器便受到《三礼图》影响，高丽文宗十三年（1059）官员还曾雕印《三礼图》以进："庚辰，知南原府事试礼部员外郎李靖恭进新雕三礼图五十四板，孙卿子书九十二板，诏置秘阁，仍赐衣褶"。[2] 既雕有印板，应该也有印本流传，这或许是《世宗实录》中的牺尊、象尊描绘比《事林广记》还好的原因之一。

　　《世宗实录》中"画腹"的牺尊、象尊稍晚还是被改易为朱熹《释奠仪图》中的"凿背"样式，这似始于《国朝五礼仪》（1474），[3] 此样式为18世纪的《宗庙仪轨》（1706—1800年编纂）[4] 与19世纪的《社稷署仪轨》（1820—1846）[5] 所继承。类似的改变也见于15—18世纪的李朝祭器，从粉青线刻象纹尊（图11-32）[6] 变为白瓷象形尊（图11-33）[7]，陶瓷作品与图籍描绘之间虽有一定距离，但牺、象造型之转变是一致的。

　　《事林广记》之传入朝鲜在1401年（明惠帝建文三年、李朝太宗元年），为使明使节李舒返国时所献，同时进献的还有《大学衍义》《通鉴集览》。[8] 自此之后，该书在太宗、世宗朝成为礼仪重要参考书籍，《朝鲜王朝实录》中屡见大臣征引、讨论。[9]

1　学界最常引用的一条资料是高丽成宗二年（983，宋太平兴国八年）："五月甲子九日……博士任老成至自宋，献大庙堂图一铺并记一卷、社稷堂图一铺并记一卷、文宣王庙图一铺、祭器图一卷、七十二贤赞记一卷。"见郑麟趾：《高丽史》，卷3，页67—68。

2　郑麟趾：《高丽史》，卷8，页168。

3　笔者并未能取得《国朝五礼仪》一书，关于此书之牺尊、象尊描绘是参考片山まび：《再生产される威信财——朝鲜王朝初期の祭器とその生产》，页9。不过片山まび认为《国朝五礼仪》中牺尊、象尊的改变是受到《明集礼》的影响。

4　首尔大学校奎章阁编：《宗庙仪轨》（上）（首尔：首尔大学校奎章阁，1997），页38—39。

5　据本仪轨，此时祀社稷只用象尊，不见牺尊，见首尔大学校奎章阁编：《社稷署仪轨》（首尔：首尔大学校奎章阁，1997），页41—42。

6　全罗南道光州市忠孝洞窑址出土，转引自片山まび：《再生产される威信财——朝鲜王朝初期の祭器とその生产》，页6，图3。

7　明知大学校博物馆：《白瓷祭器：礼与艺的交会》（용인시：明知大学博物馆，2010），页24—35。佐川美术馆编：《韩国ソウル湖林博物馆所藏李朝陶磁の名品——白磁と粉青沙器》，页58。

8　太宗元年（1401）十二月九日记录，见朝鲜国史编纂委员会编：《朝鲜王朝实录》，册1，页219。

9　太宗朝之征引讨论，见太宗十一年一月十五日、太宗十二年一月十五日、太宗十四年十月十八日。朝鲜国史编纂委员会编：《朝鲜王朝实录》，册1，页575、621；册2，页42。网络全文搜寻：http://sillok.history.go.kr（1/31/2012）。

图11-32　粉青线刻象纹尊，全罗南　图11-33　白瓷铁绘象尊，17世纪
道光州市忠孝洞窑址出土

（四）阮逸、胡瑗《皇祐新乐图记》

在《世宗实录》中有一些器物的来源为《圣宋颁乐图》，包括牛鼎、羊鼎、
豕鼎、鸾刀四器，由书名显见是来自宋代的乐器图谱，经由图像比对可确定
为宋仁宗年间阮逸、胡瑗所编的《皇祐新乐图记》。[1] 该书原来是仁宗朝乐器
改革的记录，作者阮逸、胡瑗为当时主其事者。[2] 根据《皇祐新乐图记》"总
叙诏旨"所记，于皇祐二年（1050）时，仁宗深感乐器之音律未协、形制不
合古法，因而诏令大臣阮逸、胡瑗改制乐器。阮、胡二人在皇祐五年（1053）
完成新制乐后，将始末与新成乐器样制辑录一书，是为《皇祐新乐图记》。阮、
胡二人改制之时曾参考宫中所藏的上古乐器，其中可能包括收录在《宣和博
古图》中的"周宝和钟"。[3] 比对《皇祐新乐图记》与《世宗实录》中的牛鼎、
羊鼎、豕鼎，可见两者插图基本相同：在主礼器"鼎"之外，上方有覆盖的"幂"
与供抬举用的"扃"，右方有插肉的"毕"（图11-34）。鼎足造型与器名

1　Keith L. Pratt 在研究高丽乐器时，也曾提到朝鲜文献中所见的《大宋颁乐图》就是《皇祐新乐图记》，
不过并未进一步讨论其内容、图说，Pratt 并推测此书也许是在 1076 年高丽使节崔资谅出使宋朝时所
带回，见 Keith L. Pratt, "Sung Hui Tsung's Musical Diplomacy and the Korean Response," 516.
2　阮逸、胡瑗：《皇祐新乐图记》，《景印文渊阁四库全书》（台北：台湾商务印书馆，1983—1986），
册 211，页 1—22。
3　据欧阳修的记录，这套编钟是仁宗景祐（1034—1037）修大乐时所发现，后藏于太常寺，见欧阳
修：《欧阳文忠公文集》，《四部丛刊初编》（台北：台湾商务印书馆，1965），卷 134，页 1042。图像见
宋徽宗敕编：《宣和博古图》，至大重修本，卷 22，页 23a、24a、25a。

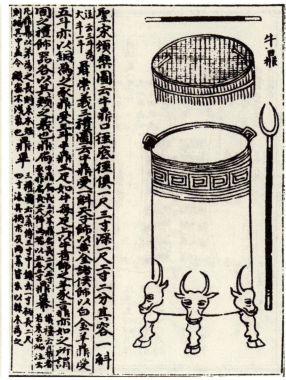

图11-34　《皇祐新乐图记》（左）与《世宗实录》（右）中牛鼎比较

相称，牛鼎饰牛头，羊鼎饰羊头，豕鼎饰豕头；器身筒形，口沿立两耳。《皇祐新乐图记》之鼎器身有铭文，内容为"皇祐癸巳岁九月□卯朔十二日戊寅，诏有司铸其鼎……"这个鼎铭大概不合于李朝之用，因而在《世宗实录》中改易为雷纹装饰带。

　　《皇祐新乐图记》撰成于北宋、高丽双方中止官方往来之时，此书大概不可能于此时经由外交渠道传入高丽，比较可能是传入于北宋、高丽外交恢复之初（11世纪下半叶）。12世纪早期宋徽宗将新制的大晟乐与仿古乐器赐给高丽，然而《皇祐新乐图记》的乐器样式并未被新制取代，制作于李朝后期的钟仍有遵循此书者（图11-35），与徽宗之新乐并存。[1]反观中国，在历经政争、礼制改革、朝代更迭之后，《皇祐新乐图记》样式的器物可能早在南宋便已不存，仅余一书以为证。

1　国立古宫博物馆：《国立古宫博物馆开馆图录》（首尔：国立古宫博物馆，2005），页112，图66。

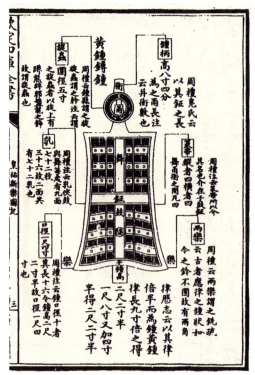

图11-35　《皇祐新乐图记》中钟图（左）与李朝特钟（右）比较

（五）《周礼图》

另有山罍、圭瓒、筵的来源为《周礼图》，根据乐器的描绘，Robert C. Provine 认为这本书是附在《纂图互注周礼》前方的"周礼经图"，且根据内文有"今大晟乐"字句，他推测此书的纂辑时间在1110—1125年。[1] 从《世宗实录》中山罍、圭瓒、筵的描绘来看，Provine 推论《周礼图》来自《纂图互注周礼》的"周礼经图"应该是正确的（图11-36），这本书传入韩国后，在当地又重刻出版。[2] 不过《纂图互注周礼》现存最早为南宋建本，它的初纂时代是否可追溯至徽宗，有待商榷。最直接的证据在于有些插图旁标注"礼器局"，这个单位有别于徽宗的"礼制局"，是宋高宗在绍兴十四年（1144）、绍兴十五年（1145）时所创立，

1　Robert C. Provine, *Essays on Sino-Korean Musicology: Early Sources for Korean Ritual Music*（Seoul: IL JI SA, 1988），105-115。要感谢李定恩与笔者讨论"周礼经图"在朝鲜的重刻与再出版，这让笔者重新审视了《纂图互注周礼》的重要性。

2　《纂图互注周礼》（北京：北京图书馆出版社，2003），页 2a、10a。

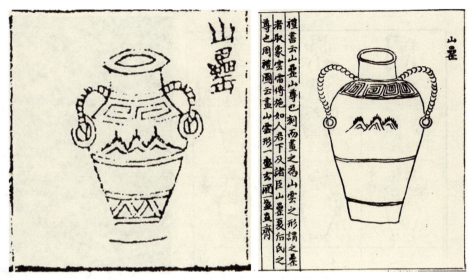

图11-36　《纂图互注周礼》（左）与《世宗实录》（右）中山罍比较

曾在绍兴十五年底颁发礼器样式《绍兴制造礼器图》到地方以为州县参考。因此，《纂图互注周礼》中凡标注"礼器局"或"礼局样"（图11-37）者，指的应是南宋初年高宗"礼器局"颁发之样。[1] 由此可知《纂图互注周礼》是一整理、编辑之作，内容涵盖不同时代与作者，南宋时期福建曾刊刻出版不少这类书籍。

　　《纂图互注周礼》之成书必须放到经学家以图解经的传统中，此传统由来已久，最早的《三礼图》为东汉郑玄所作，在唐代的《历代名画记》中也录有《春秋图》《周礼图》《尔雅图》等。[2] 宋代由于以科举为国家取士的主要渠道，使得考试参考用书大行其道，并在书中穿插图表以辅助记忆，于是除了《纂图互注毛诗》《纂图互注周礼》等书籍，[3] 也出现了成套的《六经图》，可能是历代流传经图有系统的整理与增订。最早的《六经图》为宋代杨甲于绍兴年间所编，曾刻石于昌州郡学（今重庆市荣昌区），经后人补录，在乾道元年（1165）改为印本流传。不过宋本《六经图》今仅存残本二卷，为宋末建刊巾箱本，目前所见最早完本为明代嘉靖年间（1522—1566）的信州（今

1　关于宋高宗恢复徽宗朝礼制的措施，参见本书第五章。
2　张彦远：《历代名画记》，《丛书集成新编》（台北：新文丰出版公司，1985），册53，页120—121。
3　《纂图互注毛诗》（台北：台北故宫博物院，1995）;《纂图互注周礼》。

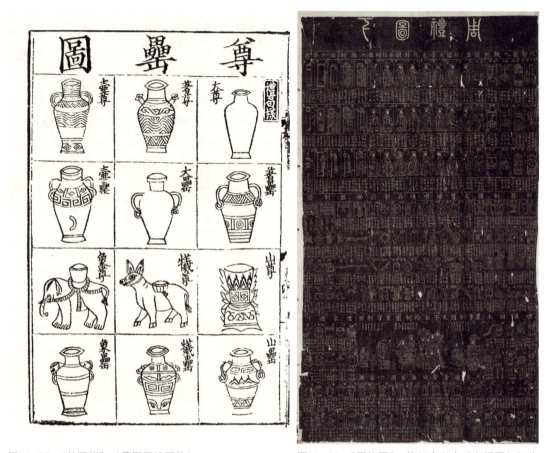

图11-37 "礼局样"，《纂图互注周礼》

图11-38 《周礼图》，信州府学本《六经图》拓片

江西省上饶市）府学石刻本（图 11-38），[1]之后更有许多类似的《五经图》《七
经图》《九经图》等编辑出版。[2]在这个脉络之下，《纂图互注周礼》中的经
图应该也是编辑整理后的结果，内容包含不同时代、作者的解释与描绘。

　　来自《周礼图》的三件器物中，山罍一器特别值得注意，朱熹的《释奠
仪图》中描绘有山尊（图 11-39），但没有山罍。《世宗实录》虽引《礼书》
说山罍即山尊，"《礼书》云：山罍，山尊也，刻而画之为山云之形"，但
并没有采用朱熹的山尊样式。

1　任金城：《木刻六经图初考》，《中国古代地图集：战国—元》（北京：文物出版社，1990），页 61—
64。

2　相关书籍参阅《四库全书存目丛书》（台南：庄严文化，1997），经 153。

图11-39　山尊,《绍熙州县释奠仪图》

经比较《世宗实录》与《礼书》、《周礼图》（即《纂图互注周礼》之"周礼经图"）可知,《世宗实录》中的山罍采用的是《纂图互注周礼》中的样式（图11-36）,[1] 特点是颈部有两个绳索形把手,颈、肩之际装饰雷纹,腹部装饰山纹,同时具备山纹与云雷纹正呼应一旁图说:"山罍,山尊也,刻而画之为山云之形。谓之罍者,取象云雷博（博?）[2] 施,如人君下及诸臣。"有趣的是,如同《礼书》与《事林广记》的例子一般,《世宗实录》的描绘也较《纂图互注周礼》来得清晰。由于李朝礼仪也深受明代影响,经查考《明集礼》（初编于洪武四年 [1371],成书于嘉靖九年 [1530]）,当中祀天的山罍（图11-40）与《世宗实录》所录有相近之处,[3] 两者均在颈部有双耳,腹部有山纹,但《明集礼》中的山罍没有在肩部装饰雷纹,不知是否与《世宗实录》有关。相近实物见于15世纪后半叶的李朝白瓷祭器,如藏于韩国湖岩美术馆的青花铁绘白瓷祭器（图11-41）,[4] 表面纹样以青花铁绘为之或许与青花在李朝被

1　查考陈祥道《礼书》现存最早刊本——至正七年（1347）福州路儒学刻明修本,在卷九十六"祀天牺尊"之后虽列有"山罍",却没有图示,见陈祥道:《礼书》,页372。清嘉庆九年（1804）郭氏校经堂刊本虽有插图,但仅腹部的山纹与《世宗实录》相类,并不见双耳与肩部雷纹,见陈祥道:《礼书》（台北:台湾大学图书馆藏）,嘉庆九年（1804）郭氏校经堂刊本,卷96,（图）页1。
2　据《世宗实录》所录,此字写作"博",然蒙审查人提示,古人常将"博"写为"博",原文应为"云雷'博'施"较合理。
3　徐一夔:《明集礼》,《景印文渊阁四库全书》（台北:台湾商务印书馆,1983）,册649,页106。
4　胡德智、万一编:《灿烂与淡雅——朝鲜、日本、泰国、越南陶瓷图史》,页72。

图11-40　山罍，《明集礼》，《景印文　图11-41　青花铁绘白瓷三山纹罍，15世纪后半
渊阁四库全书》

赋予政治权威性有关。[1]

　　根据图像比对结果，表11-2整理了《世宗实录》中各祭器的来源：

表11-2　《世宗实录》各祭器与文献对应表

参考书籍	器物
阮逸、胡瑗，《皇祐新乐图记》（1053）	牛鼎、羊鼎、豕鼎、鸾刀
陈祥道，《礼书》（1086—1094）	甑、铏、鸡彝、鸟彝、斝彝、黄彝、匕、敦、几
朱熹编，《绍熙州县释奠仪图》（1194）	笾、豆、簠、簋、俎、篚、爵、坫、幂尊疏布巾、著尊、壶尊、大尊、龙勺、洗罍、洗
陈元靓（1137—1181），《事林广记》	牺尊、象尊、釜、镬
不著撰人，《纂图互注周礼》	山罍、圭瓒、筵

　　从上表可知，《世宗实录·祭器图说》对于中华文化的受容有其选择性，

1　片山まび认为李朝祭器的特点之一就是复制明朝所赐祭器，他以宣德皇帝赏赐的青花龙纹酒海为例，说明类似的青花器在李朝司瓷院中再生产并扩大使用，使青花成为王家权威之象征。见片山まび：《再生产される威信财——朝鲜王朝初期の祭器とその生产》，页3—14。

大体而言是以朱熹的《释奠仪图》为主要参考，但并非照单全收，尤其是宋代礼器中较具争议性的山尊、牺尊、象尊，《世宗实录》选择了与朱子传统不同的表现。另外，《世宗实录》参考书籍的涵盖范围除了礼书之外，也包括经图甚至类书等在中国属于不同门类（genre）的书籍，门类的界限模糊了，无论是礼书还是类书、经图均为礼仪服务。

　　这些不同门类的书籍所记载的礼器多半是历经北宋金石字勃兴、徽宗礼器改革之后，再加整理推广的结果：《礼书》是在士大夫金石收藏的背景下，对古老的《三礼图》与礼祭器进行大规模整理；《绍熙州县释奠仪图》则摒弃《三礼图》祭器，推广徽宗《宣和博古图》系统的新成礼器；而作为类书的《事林广记》则引介《三礼图》的部分内容，使其再度成为时兴的知识。值得注意的是，虽然《三礼图》至少在高丽前期便已传入，但《世宗实录》却选择参考当代出版的《事林广记》，而非直探古老的《三礼图》。世宗与其大臣们或许是有意回避饱受宋儒批评的《三礼图》，又或许是要彰显他们对"中朝"新知的掌握。《世宗实录·祭器图说》的分析让我们重新思考"礼失求诸野"这句古老谚语，它似乎暗示着边陲对中心的文化固守，但从《世宗实录》这个例子来看，这些在所谓文化边陲地区所保留下来的器用习俗固然非一成不变，有时也非一脉相承，在过程中曾经历了再包装与再诠释。

结　语

　　在历经改朝换代与政争之后，东亚大陆上汉地王朝的礼仪规章经历了一系列的改变，原来以《三礼图》为系统的宫廷礼器，在宋仁宗时曾小规模改制，至今尚有《皇祐新乐图记》为证；到了宋徽宗时，将地下出土文物大规模地应用在当代礼仪之中，而有新成礼器。靖康之难、宋室南渡后，虽一时中断，但绍兴年间很快又取得《宣和博古图》并复兴了徽宗的新成礼器。古铜器的风格不仅影响了宋金南北各地瓷窑，连远在朝鲜半岛的高丽青瓷也可见三代铜器的因素。这些在汉地基本上前后相承的几个礼器系统，在李朝世宗的"祭器图说"中同时并陈，原来彼此竞争、此消彼长的局面模糊了，呈现的是一个不同时代的综合体，像个时间胶囊一般。有些在汉地已经不复存在的礼器造型仍然通过新解释而被保留下来，甚至流传到今日。

　　儒学在东亚世界的流播过程中，如何在不同的脉络中与各地文化进行互动、转化、冲突与融合是目前学界关心的问题。[1]学者们对于儒家经典的研究有助于我们了解上层知识分子思想、价值观念之形成与发展，本章则通过与礼相关的有形之"物"看到文化互动的物质面，直视其中"自我"与"他者"间的各种关系，包括拉锯、接受与转化。徽宗一朝将新成礼乐制度与器用输出至高丽，有其政治目的与象征性，高丽一方的接受亦然；动作虽大，但对原已拥有一套制度的高丽而言，不一定可以在短时间内真正接受、内化。12世纪早期，宋徽宗的赐礼、赐乐与稍晚高丽仿古铜青瓷的出现是否有直接关系，仍然不太清楚。高丽仿古铜青瓷的出现也可能发生在南宋时期杭州与开城的交流中，根据目前看到的资料推测，这个可能性很大。我们知道，《宣和博古图》一书虽完成于徽宗朝晚期，但在当时混乱的政局中，不一定镂板印行；目前确知的镂板时间是在南宋绍兴年间、朝廷从北方重新寻得此书之后，而印刷地点在杭州。[2]高丽青瓷中有全仿《宣和博古图》者，时间应在该书镂板之后，其忠实仿古的风格也与南宋杭州一带的做法遥相呼应，因此推测这类青瓷的出现可能与开城、杭州之间的交流有关。至于南宋仿古铜器物在杭州地区的出现则有其脉络，一方面是风雅的象征，另一方面也包含了对旧都汴京文化的缅怀；而这类青瓷对高丽上层阶级的意义、在高丽出现与使用的脉络等问题，是未来研究中应当注意的问题。

朝鲜时期的资料，无论是图籍还是文物，均较高丽时期丰富许多。由于本章所讨论的"复古"器物（当中大多为祭器）在朝鲜时期主要仰赖图籍以为制作样本，因此在15世纪李朝礼仪成立过程中扮演重要角色的《世宗实录》之"祭器图说"成为讨论重点。根据与中国图籍的比对，我们可以还原这些图籍原来在中国的脉络，追踪它们传入朝鲜的过程，并分析其在朝鲜世宗朝如何被撷取、使用。对这些图籍的分析也展示出文化交流当中一个重要的面向，亦即在文化边缘的所谓"接受者"对于核心地"新知"的追求，已传入的古老知识有时似乎要受到"新知"的再认可以获得新生，如"祭器图说"之取《事林广记》中对《三礼图》的再解释。这让我们再思考传统"礼失求诸野"的说法——虽然在文化边缘地可看到与文化中心地类似之礼与礼器，但内涵

1　关于东亚儒学与政治近来有大量研究，关于此研究之视野、方法与目标，参黄俊杰：《东亚文化交流中的儒家经典与理念：互动、转化与融合》（台北：台大出版中心，2010）。
2　相关讨论参见本书第八章。

可能经过了多重的转化。

　　从高丽时期到朝鲜时期，中间明显有一个缺环，也就是高丽末蒙古时期。13世纪上半叶蒙古多次入侵高丽，迫使高丽成为其藩属；13世纪下半叶元朝与高丽除了宗藩关系外，也缔结姻亲，两地人员流动的结果也促进了高丽与元朝的文化交流，朱子学之传入高丽即是一例。此时正当朱子释奠仪在元朝各地逐渐普遍施行之际，推测释奠仪与释奠祭器应该也传入了高丽，不过尚无实物证据。在韩国新安外海发现的沉船可说是此一时期两地交流的见证，新安沉船中出水了不少元代仿古铜器，这让我们思考以下一系列的问题：有哪些宋元仿古类型器物、文物传入高丽（甚至曾有任何商周铜器传入高丽否）？在高丽是如何使用这些器物，作为实用器还是收藏品？宋元士大夫的古铜鉴藏风气对高丽是否有影响？本章对于作为媒介之"物"的实质作用只能算初涉，但这无疑是日后研究中应特别关注之处。

　　作为一项初步的研究，本章尝试讨论在文化互动中，看似被动的文化受纳方如何主动地将外来文化转为己用，呈现出动态互动（interactive）的过程，在这挪用（appropriation）的过程中，一种文化的性格与特殊性得以显现。另外，在文化交流的研究中，如何避免去脉络化，是个挑战。笔者虽意识到此问题，但限于时间与能力，尚无法深入讨论高丽、朝鲜的情境脉络。本章中解决的问题有限，但笔者衷心希望本章中观察到的现象与提出的问题是有意义的，可以给有兴趣的研究者提供一个深入思考的出发点。

第十二章
现代化潮流下日本的中国古铜器受容 [1]

　　参观台北故宫博物院的游客，或许会发现园区中有两件看似古老的青铜器，一为三足圆鼎，一为四足方鼎。方鼎铸造于 1992 年，模仿典型的西周青铜器，腹部有鸟纹与突起的乳丁。相较之下，三足鼎的外观则较为特殊，其造型虽仿自常见的古鼎，腹部却装饰着罕见的云纹、波涛纹以及梅花（图12-1）。[2] 表面的铭文也同样引人注目，两面铜板上的文字均来自孙中山（1866—1925）：一面高浮雕他所写的"博爱"二字（图12-2），另一面则是他的遗训（图12-3）。从铭文来看，这件鼎似乎是为了纪念孙中山而制。不过这件鼎原来与孙中山并无关联，两面的铭文铜板其实是 1965 年时所添加，目的是遮掩下方的日文铭辞；[3] 原来表面装饰的樱花则以梅花掩盖。[4] 根据日文原文，1938 年战争期间日军在南京兵工厂铸了这件鼎，完成后被运回东京。战争结束后，这件南京大鼎在 1950—1951 年间被送至台湾地区。[5]

1　本章译自 Ya-hwei Hsu, "Reception of Chinese Bronze Antiquities in Early Twentieth-Century Japan," *Journal of the History of Collections* 29, no. 3（November 2017）: 481-496.

2　关于现代大鼎的讨论，见 Lillian Lan-ying Tseng, "Monumentality and Transnationality: The Fascination with Gigantic Ding Bronze Vessels in Modern China," in Gabriele Genge and Angela Stercken, eds., *Art History and Fetishism Abroad: Global Shiftings in Media and Methods*（Bielefeld: Universität Duisburg-Essen, 2014）, 289-302。

3　关于底下的日文铭文，见索予明：《"南京大鼎"流浪记——纪念抗战胜利五十周年》，收入索予明：《漆园外摭：故宫文物杂谈》（台北：台北故宫博物院，2000），页 534—535。

4　有关台北故宫博物院与孙中山的关联，见索予明：《文物与国运》，《故宫文物月刊》，第 1 期（1983），页 6—11。

5　有关文物归还，见杭立武：《中华文物播迁记》（台北：台湾商务印书馆，1980），页 71。

图12-2　孙中山"博爱"铭文，南京大鼎（笔者摄）

图12-1　南京大鼎，1938年（笔者摄）

图12-3　孙中山遗训，南京大鼎（笔者摄）

　　作为日本战利品，南京大鼎挑起了中国的矛盾情绪。南京大鼎现在转为纪念战争中丧生的中国人民，纪念的对象一夕翻转。

　　鼎，或许是历史最悠久的政治象征物。自春秋时期出现九鼎神话以来，鼎便被视为天命的象征，经常与政治正统相联系。[1] 神话中九鼎的起源可上溯至夏禹，禹统一九州后，铸九鼎以象九州，秦始皇统一六国后佚失九鼎，表示秦的统治不得天命。往后历史上许多统治者在面临合法性危机时，仍试图铸造九鼎。[2] 作为帝制中国的遗存，鼎的象征并未随着 1912 年中华民国建立而结束。1943 年，在重庆的国民党人还铸造了九鼎，打算献给蒋介石（1887—

1　有关战国至汉代的九鼎神话，见 Hung Wu, *Monumentality in Early Chinese Art and Architecture*（Stanford: Stanford University Press, 1995），1-15。

2　Riccardo Fracasso, "The Nine Tripods of Emperor Wu," in Antonino Forte, ed., *Tang China and Beyond*（Kyoto: Italian School of East Asian Studies, 1988），85-96.

1975），以庆贺废除百年不平等条约。后来引起舆论批评，献鼎仪式在最后一刻取消。[1] 曾经是古史辨健将的学者顾颉刚（1893—1980），还参与了这套九鼎铭文的撰写，因此受到嘲讽。[2] 由此可见，鼎的象征在中国是如此历久不衰，鼎的挪用也从形塑集体记忆，到巩固中央政权，满足了不同的政治目的。[3]

　　日本人所铸的南京大鼎，令中国观者心中勾起了鼎的传统象征。但南京鼎对日本人而言有何重要性？鼎，或者说带有古风的中国铜器，对日本人有何意义？来自中国的工艺品——"唐物"——在日本已有好几百年历史，被用于室内装饰、茶道道具和佛教供具，当日本在明治（1868—1912）、大正（1912—1926）与昭和（1926—1989）早期逐步转型为现代国家时，传统的唐物知识如何影响日本对中国古青铜器的认识与理解？从南京鼎出发，本章将考察 20 世纪早期日本的中国古铜器知识，并检视其在现代化过程中如何转变和被挪用的。

一、唐物传统下的中国古铜器

　　"唐物"指的是中世纪以来从中国输入日本的艺术与工艺品。至少从 13 世纪开始，将军家已经将唐物用于室内装饰，佛教僧侣也用作供器，可见于出土物、寺院账册记录和画卷描绘。[4] 和中国一样，在日本最受欢迎的唐物铜器类别，是可作为花瓶或香炉使用的器物。在佛教供养具中，香炉、花瓶与烛台构成一组"三具足"供器。尽管这些器物被通称为"古铜"，[5] 绝大多数的唐物铜器都是宋代以后制造，远远晚于它们的祖型——商周青铜器。换言之，大部分的唐物铜器只是带有古风，而非真正的古代器物。由于来自中国的青

1　邓野：《向蒋介石铸献九鼎的流产与非议》，《近代史研究》，2009 年第 2 期，页 148—151。
2　余英时：《未尽的才情：从〈顾颉刚日记〉看顾颉刚的内心世界》（台北：联经出版社，2007），页 59—60。
3　曾蓝莹：《神话、历史与记忆：从司母戊鼎的现代际遇谈起》，收入历史博物馆编辑委员会编：《1901—2000 中华文化百年论文集》（台北：历史博物馆，1999），页 717—767；Lillian Lan-ying Tseng, "Monumentality and Transnationality," 289-302。
4　Hiroko Nishida, "The Collection and Appreciation of Chinese Art Objects in 15th—16th Century Japan, and their Legacy," in Stacey Pierson, ed., *Collecting Chinese Art: Interpretation and Display*（London: Percival David Foundation, 2000），9-17；久保智康：《茶の湯における唐物铜器》，《野村美术馆研究纪要》，第 20 期（2011），页 1—66。
5　西田宏子：《花生としての古铜と青磁の器》，收入德川美术馆、根津美术馆编：《花生》（东京：大塚巧艺社，1982），页 139。

铜器愈来愈受欢迎，日本也开始制作极为相似的复制品，以致有位 16 世纪的作者也坦言自己无法区分中国的原作和日本的仿制品。[1]

18 世纪、19 世纪，日本上层阶级对中国古物的兴趣更进一步，一些江户儒者也模仿明清文人的生活方式。他们作诗、写字、弹琴、品评书画，就像中国的文人一般。伴随着这股新风潮的是新的饮茶方式——煎茶道——的出现，也就是将茶叶放在茶壶中冲泡。平安时代（794—1185）传入的抹茶道，则是将茶叶研磨成茶粉，在碗中打击出泡。[2] 煎茶道与明、清时期的文人文化密切相关。

书法家市河米庵（1779—1858）是江户文人之代表。他来自显赫的儒门世家，娴熟于中国经典且致力于书法的创作与教授。[3] 此外他也收藏有数量庞大的中国艺术品，包括绘画、书法、青铜器以及文房用具，并在 1848 年出版了《小山林堂书画文房图录》。[4] 书籍引首图绘了市河米庵心目中的理想生活（图 12-4），处于山林中的书斋宛如中国文人的书斋一般。序中提到他的书斋壁上挂着书画，铜玉文房则罗列案上。市河米庵收藏的艺术品或许也用于茶道或焚香，以营造如明清文人般的生活情调。

从图录可知，市河米庵收藏的中国铜器绝大多数是明清时期所制；[5] 少数被定为汉代，今日看来这些定年显然有问题。例如一件"汉弦文鼎"明显是明清时期的仿制品，口沿内侧还留有清晰的焊接痕迹（图 12-5、图 12-6），这个工艺痕迹可知这件器物绝非商周时期所铸。[6] 市河米庵对真伪、年代的误判并非特例，中国明清时期的鉴赏家也经常无法分辨真伪，[7] 在乾隆皇帝的收

1　西田宏子：《花生としての古铜と青磁の器》，页 139。

2　Patricia J. Graham, *Tea of the Sages: The Art of Sencha* (Honolulu: University of Hawai'i Press, 1998), 66-135.

3　关于市河米庵的生活情调和书法，见堀江知彦：《书家としての米庵》，《Museum 东京国立博物馆美术志》，第 94 号（1959 年 1 月），页 10—13；角井博：《王建中书幅と市河米庵——寄赠者·阿部孝次郎氏に寄す一》，《Museum 东京国立博物馆美术志》，第 334 号（1979 年 1 月），页 17—25。

4　市河米庵：《小山林堂书画文房图录》，嘉永二年（1849）刊本，日本国立国会图书馆藏，http://dl.ndl.go.jp/，检索时间 2014 年 12 月 15 日。

5　市河米庵：《小山林堂书画文房图录》，辛卷，页 11、15、30。

6　市河米庵：《小山林堂书画文房图录》，辛卷，页 2。2016 年夏天，笔者至东京国立博物馆提调这件器物，在此感谢市元塁和猪熊兼树两位研究员的帮助。

7　参见本书第九章。

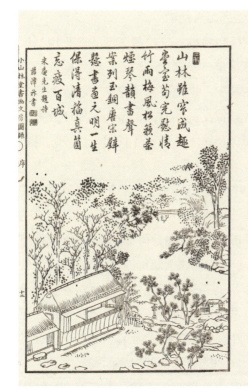

图12-4　小山林堂图绘，市河米庵，《小山林堂书画文房图录》，嘉永二年（1849）刊本

图12-5　仿制汉代铜鼎，市河米庵收藏，18—19世纪
中国制

图12-6　汉弦文鼎，市河米庵，《小
山林堂书画文房图录》，嘉永二年
（1849）刊本

藏图录中，便有许多明清仿制品也被标为商周古器物。[1]

　　市河米庵对来自中国的金石学知识相当熟稔，其收藏图录的形式也是来自中国的金石图录：先是藏品描图，接着是一段简短的讨论。典型例证是北宋的《宣和博古图》与清代的《西清古鉴》，这两部都是皇家的收藏图录，市河米庵也经常引用。在青铜器的辨伪与铭文释读方面，市河米庵还参考了诸如屠隆（1542—1605）、高濂（1573—1620）、阮元（1764—1849）等权威的中国收藏鉴赏家的著作。[2]

　　尽管古铜鉴赏风气来自明清时期的中国，但日本的上层阶级也发展出了自己的品鉴趣味，这清楚地展现在流通于日本的中国青铜器中。最受赞赏的唐物古铜器皆属于中国宋代至明代时期的制品，[3]而且可追溯至 16 世纪幕府将军与大名之收藏。许多以独特的造形与朴素的表面装饰为特征，[4]例如广受赞扬的唐物花瓶“杵の折れ”，本为丰臣秀吉（1537—1598）所有，后为德川家康（1543—1616）所藏。这件花瓶以其造形而命名：圆腹上有长颈，像是被折断的杵一般（图 12-7），[5]除了颈部两侧的双耳，整体朴素无纹，但其器表闪烁着细致的茶褐光泽，显然是因仔细的色泽处理与表面抛光所致。日本的“仿唐物铜器”制品也展现出类似的审美趣味，如曾经著名茶人武野绍鸥（1502—1555）收藏的“世永”铭青铜花瓶，器表看似朴素无纹，但仔细观察可看到从口沿至器足布满细微的垂直线条（图 12-8）。[6]这些规整的痕迹为表面打磨时所留下，创造出一种日本特有的含蓄的视觉效果。如同许多学者所指出的，这些花瓶证实了一条 16 世纪的记载：素面古铜的价值较带装饰

1　容庚（1894—1983）曾讨论乾隆皇帝的古铜器图录，刘雨进一步对乾隆四鉴所收录的铜器逐一整理，并评论其真伪，见刘雨：《乾隆四鉴综理表》（北京：中华书局，1989）。

2　屠隆和高濂的著作在晚明很受欢迎。关于晚明鉴藏书籍的讨论，见 Craig Clunas, *Superfluous Things: Material Culture and Social Status in Early Modern China*（Urbana: University of Illinois Press, 1991）。

3　关于宋代以后的青铜器研究，参 Rose Kerr, *Later Chinese Bronzes*（London: V&A Far Eastern Series, 1990）；Robert D. Mowry, *China's Renaissance in Bronze: the Robert H. Claque Collection of Later Chinese Bronzes 1100-1900*（Phoenix: The Phoenix Art Museum, 1993）；Philip K. Hu, *Later Chinese Bronzes: The Saint Louis Art Museum and Robert E. Kresko Collections*（Saint Louis, MO: Saint Louis Art Museum, 2008）。

4　久保智康：《茶の汤における唐物铜器》，页 1—66。

5　德川美术馆、根津美术馆编：《花生》，图版 57。

6　德川美术馆、根津美术馆编：《花生》，图版 71。

图12-7　"杵の折れ"铜花瓶，13—14世纪　图12-8　"世永"铭铜花瓶，15—16世纪日本制
中国制

者为高，[1] 这种崇尚朴素的作风一直延续到江户时代（1603—1868）。[2]

　　综上所述，至少从 13 世纪开始，日本便广泛使用带有仿古风格的中国青铜器。18—19 世纪时，上层阶级进一步仿效明清文人的生活方式。日本鉴赏家虽然熟悉中国的金石图录与艺术谱录，但他们发展出自己的独特风格，重视细致的表面处理，而非中国青铜器上常见的装饰纹样。在一个被宋、元、明、清仿制青铜器包围的世界中，日本鉴赏家通常无法明确区别晚期仿制品与商周古器，[3] 不过这点对他们来说有多重要，尚不清楚。

二、中国古铜器的收藏与研究

　　19 世纪末，日本社会全面转型，明治维新让日本成为一个现代国家，也让日本成为亚洲唯一的帝国主义国家。将军与大名家族衰落，伴随着现代化

1　出自《君台观左右帐记》记载，相关讨论见西田宏子：《花生としての古铜と青磁の器》，页139。
2　和泉市久保惣记念美术馆编：《花の器》（和泉市：和泉市久保惣记念念美术馆，1994），页44，图76。
3　时至今日，这些器物有时仍难以区分，有时连产地为中国还是日本都难以确定。

的建设，新型经济精英兴起。艺术品与古董从没落的旧家族转移到新兴实业家手中，其藏品奠定了许多当代博物馆的基础。[1]

1903 年，东京帝室博物馆举办一大型展览，标志着日本对中国古铜器的受容进入一个新的阶段。[2] 展览中设古铜器专区，陈列着来自天皇与私人的收藏。[3] 这些展品虽然均被视为古代器物，但同时涵括了商周与宋元明清的青铜器。其中住友友纯（1865—1926）收藏的 36 件古铜器令人大开眼界：报纸提到，当时住友进入中国古铜器收藏领域才不到 10 年，便能有如此傲人的收藏。[4] 往后数年，住友持续收藏高品质的中国青铜器，[5] 并于 1911—1916 年间出版了一系列豪华的图录——《泉屋清赏》，1921 年又出版增订本。《泉屋清赏》增订本采用了当时最先进的珂罗版（collotype）技术印刷图像，聘请东京帝国大学与京都帝国大学的教授担任编辑，并成为艺术图录的新标杆。

20 世纪最初的 20 年，住友成了中国古铜器最大的收藏家之一，当时中国正处于内忧外患之中，许多大收藏家被迫散出他们的收藏。[6] 大体说来，这些藏品较以往流通的艺术品品质更高，年代更为久远。[7] 住友设法收购中国金石学家的藏品，包括阮元[8]、陈介祺（1813—1884）[9]、端方（1861—1911）[10] 以

1　田中日佐夫：《美术品移动史：近代日本のコレクターたち》（东京：日本经济新闻社，1981）；小田部雄次：《家宝の行方：美术品が语る名家の明治·大正·昭和》（东京：小学馆，2004）。

2　《博物馆の特别展览会（古铜器の部）》，《朝日新闻》，1903 年 4 月 18 日，东京，朝刊，第 3 版。线上资料库：朝日新闻社闻藏 II ビジュアル，2014 年 10 月 21 日查询。

3　东京帝室博物馆编，《帝室博物馆鉴赏录·古铜器》（东京：东京帝室博物馆，1906）。

4　《博物馆の特别展览会（承前）（古铜器の部）》，《朝日新闻》，1903 年 4 月 22 日，东京，朝刊，第 3 版。线上资料库：朝日新闻社闻藏 II ビジュアル，2014 年 10 月 21 日查询。

5　有关住友收藏中国古代青铜器的历史，见外山洁：《泉屋博古馆所藏工艺作品の蒐集时期とその特色について（1）：青铜器·镜鉴》，《泉屋博古馆纪要》，第 27 卷（2011），页 81—108。

6　富田升：《流转清朝秘宝》（东京：日本放送出版协会，2002），页 98—126。

7　关于中国绘画，见古原宏伸：《近八十年来的中国绘画史研究的回顾》，收入台湾大学历史学系编：《民国以来国史研究的回顾与展望研讨会论文集》（台北：台湾大学，1992），页 541—551；关于中国古代青铜器，见富田升著，赵秀敏译：《近代日本的中国艺术品流转与鉴赏》（上海：上海古籍出版社，2005），页 272—312。

8　阮元的收藏包括图版 43、65、56，关于这些藏品的讨论，见泷精一、内藤湖南编：《泉屋清赏》增订本（东京：国华社，1921—1922），解说卷"彝器"，页 31、32、42。

9　陈介祺的收藏包括图版 23、86、98、105；相关讨论，见泷精一、内藤湖南编：《泉屋清赏》增订本，解说卷"彝器"，页 23、52、56、59—60。

10　端方的收藏包括图版 7、50；有关它们的讨论，见泷精一、内藤湖南编：《泉屋清赏》增订本，解说卷"彝器"，页 14、35。有关住友铜器入藏时间与来源的整理，见外山洁：《泉屋博古馆所藏工艺作品の蒐集时期とその特色について（1）：青铜器·镜鉴》，页 81—108。

及清宫旧藏 [1]。相较之下，从其他日本藏家处取得的藏品数量较少。[2]

随着越来越多高品质的商周青铜器进入日本，日本人开始欣赏庄严的兽面装饰。此外，中国传统的青铜器研究方法——金石学，也在此时受到重视。[3] 日本现代考古学的开创者，后来成为京都帝国大学第一位考古学教授的滨田耕作（1881—1938），在 1903 年帝室博物馆展览期间 [4] 于主要的艺术杂志《国华》上发表了一篇文章，专门介绍中国古代青铜器。[5] 滨田此文以及其他 20 世纪前 20 年发表于《国华》的文章，均明显受到中国的金石图录及鉴赏谱录中的金石学知识影响。[6]

进入 20 世纪 20 年代，以传世器为主的中国艺术品收藏开始发生变化。著名的金石学家、以清遗民自居的罗振玉（1866—1940），于 1911—1919 年间旅居京都。[7] 1916 年罗振玉出版《殷墟古器物图录》，聚焦商代晚期河南安阳殷墟出土的文物。[8] 在此之前，系统性的殷墟出版均集中于甲骨文字，罗振玉此书乃首部报道出土文物之作。图录中清晰的图像清楚地呈现出骨器、石器与铜器上的细致雕刻与精美镶嵌。受到殷墟新材料的启发，滨田比较青铜礼器、刻画兽骨以及白陶上的装饰图样，完全根据出土材料进行讨论。[9] 也可

1　如图版 26、28 和 74，有关这些藏品的讨论，见泷精一、内藤湖南编，《泉屋清赏》增订本，解说卷"彝器"，页 24、26、46。

2　见泷精一、内藤湖南编：《泉屋清赏》增订本，解说卷"彝器"，页 31；图版 8，解说卷"彝器"，页 16。

3　见富田升著，赵秀敏译：《近代日本的中国艺术品流转与鉴赏》，页 272—312。有关晚清金石学及其与中国政治局势关系的研究，见 Shana J. Brown, *Pastimes: From Art and Antiquarianism to Modern Chinese Historiography*（Honolulu: University of Hawai'i Press, 2011）。

4　有关滨田在日本考古学领域中的开拓者角色，见斋藤忠：《日本考古学史の展开》（东京：学生社，1990），页 278—287。

5　滨田青陵：《中国の古铜器に就いて》，《国华》，第 163 号（1903 年 12 月），页 144—150。

6　芳舟：《中国の古铜器》，《国华》，第 183 号（1905 年 8 月），页 53—57。1918 年御藤朝太郎撰文，讨论的仍是住友男爵收藏的传世古铜觚、爵铭文，见国华社编：《国华索引》（东京：国华社，1956），页 367。

7　关于罗振玉作为中日收藏家的中介，见 Zaixin Hong, "A Newly Made Marketable 'Leftover': Luo Zhenyu's Scholarship and Art Business in Kyōto（1911-1919），" in Yang Chia-Ling and Roderick Whitfield, eds., *Lost Generation: Luo Zhenyu, Qing Loyalists and the Formation of Modern Chinese Culture*（London: Saffron Books, 2012），142-171; Chia-Ling Yang, "Deciphering Antiquity into Modernity: The Cultural Identity of Luo Zhenyu and the Qing Loyalists in Manzhouguo," in Yang Chia-Ling and Roderick Whitfield, eds., *Lost Generation: Luo Zhenyu, Qing Loyalists and the Formation of Modern Chinese Culture*, 189-190.

8　罗振玉：《殷墟古器物图录》（京都：东山学社，1916）。

9　滨田耕作：《中国古铜器研究の新资料（殷墟发见と传ふる象牙彫刻と土器破片）》，《国华》，第 379 号（1921 年 12 月），页 197—206。

见滨田在 1913—1916 年间于欧洲专研考古学之后，试图超越中国传统金石学、探索出土文物的理想。[1]1926 年，滨田与其他日本学者共同创立东亚考古学会，希望与北平大学的中国学者共同在殷墟进行考古工作。不过他们的计划受阻，最终没能实现。[2]

20 世纪 20 年代，河南新郑、洛阳金村以及山西浑源数座东周时期的高级大墓被盗，大量罕见的青铜器和玉器涌入市场，许多与之前所见的传世器完全不同。这些盗掘品的品质和数量均暗示出，其所有者为当时最高级的贵族。大量地下新出土的青铜器改变了收藏家的喜好以及学者的研究方法。此时收藏家更喜欢"生坑"的青铜器，也就是仅稍加清理的出土器，表面仍有黄土与铜锈附着。与此相对的则是"熟坑"，为了便于上手摩挲，土锈去除得比较彻底，并用蜡打磨至表面泛着黑色或褐色光泽，多见于明清以来的传世青铜器。

在滨田耕作的带领下，现代考古学与美术史方法逐渐凌驾于中国传统的金石学之上。此处不妨比较 20 世纪 20 年代初出版的《泉屋清赏》增订本，以及 1934 年出版的《白鹤金吉集》。这两本图录均聘请东京帝国大学和京都帝国大学的教授担任编辑和作者，所收录的铜器均为上乘之作，既能代表日本的中国古青铜器收藏，又反映出当时日本学术研究的水平。两部著作的出版时间相隔十多年，从收录的铜器可见审美趣味从熟坑转移到生坑，由作品讨论则可见从金石学到考古学的转变，收藏与研究两者之间有着密切的关系。

《泉屋清赏》增订本的规模庞大，共五册，分为两部分：171 件青铜器与100 件铜镜，图版以黑白为主，彩色图版有 30 页。在致密光滑的大幅页面上，以珂罗版印刷出精美的图像，装帧同样豪华而讲究。住友聘请了四位学者参与增订本的编辑：主编分别是东京帝国大学的泷精一（1873—1945）和京都帝国大学的内藤湖南（1866—1934），撰稿人则是京都大学的滨田耕作和东京帝国大学的原田淑人（1885—1974），两所大学都有相当贡献。由于滨田负责撰写青铜器的说明，以下分析将聚焦于滨田的讨论。

《泉屋清赏》增订本是住友收藏的核心，收录的很多作品为久负盛名的

1 滨田敦等：《浜田耕作博士略年表·主要著作目录》，《东方学》，第 67 卷（1984 年 1 月），页 42—49。
2 吉开将人：《近代日本学者与殷墟考古》，收入李永迪主编：《纪念殷墟发掘八十周年学术研讨会》（台北：台北"中研院"历史语言研究所，2015），页 25—50。

中国金石藏家的旧藏，以传世青铜器为特色。这也意味许多器物业已累积了不少讨论，滨田必须参考过去金石学的成果。在青铜器铭文的释读方面，滨田相当仰赖阮元[1]和刘心源（1848—1917）的著作。[2]在器物的讨论方面，他经常引用宋代的《考古图》和《宣和博古图》这两本中国最古老的金石学图录。[3]从滨田所引用的材料可知，他对中国传统的金石学知识有很好的掌握。

滨田是第一位将考古学和美术史方法应用于中国古代青铜器研究的人，要早于其中国和欧洲的同行。[4]尽管《泉屋清赏》增订本中的青铜器没有出土地，当滨田面临断代或器物使用功能方面的问题时，经常参照他所知道的考古材料。当时现代考古学在中国处于萌芽阶段，能够比较的例子非常少，因此滨田在讨论时主要仰赖殷墟出土的器物，或是他亲自参与发掘的中国东北地区的汉墓陶器。[5]换言之，在《泉屋清赏》增订本中，滨田尝试将现代学科方法引入传世青铜器的研究中。

更精确地说，滨田十分重视考古出土脉络，并将其运用至传世器的研究中。例如在推敲铜甗的功能时，滨田将其与中国东北地区汉代古墓出土品进行比较。从后者出土的陶灶上可见釜上置甑，组合成一组蒸炊器具；它们的器形结构与铜甗相似，因此两者的功能也应该相同。[6]此外，他在为住友收藏的青铜器订年时，还应用了时代风格（period style）的概念，例如在讨论一件铜尊时，滨田比较殷墟出土器上类似的饕餮母题，认为两者年代接近且彼此相关。[7]滨田也注意到不同材质的相互影响，例如铜器上的绳纹应该是仿自陶器。[8]前述的分析与讨论，可见滨田对现代学科方法的采用，从出土脉络的分析到形式特征的客观观察皆然。

然而传统金石学和现代考古学方法并不总是相辅相成，有时亦互相冲突，

1　滨田多次引用阮元的《积古斋钟鼎彝器款识》。见泷精一、内藤湖南编：《泉屋清赏》增订本，解说卷"彝器"，页 16、31—32、42、52。
2　滨田多次引用刘心源的《奇觚室吉金文述》。见泷精一、内藤湖南编：《泉屋清赏》增订本，解说卷"彝器"，页 23、25、43、52、56、59—60。
3　见泷精一、内藤湖南编：《泉屋清赏》增订本，解说卷"彝器"，页 13、14、28、31—32、34、59。
4　有关 20 世纪初中国与欧洲青铜研究的回顾，见陈芳妹：《商周青铜容器的课题与研究方法》，收入台湾大学历史学系编：《民国以来国史研究的回顾与展望研讨会论文集》（台北：台湾大学，1992），页 959—990。
5　滨田耕作：《"南满洲"に於ける考古学の研究》，《东洋学报》，第 2 卷第 3 号（1912），页 340—357。
6　见泷精一、内藤湖南编：《泉屋清赏》增订本，解说卷"彝器"，页 17。
7　见泷精一、内藤湖南编：《泉屋清赏》增订本，解说卷"彝器"，页 23。
8　见泷精一、内藤湖南编：《泉屋清赏》增订本，解说卷"彝器"，页 14。

令滨田左右为难。例如，在讨论一件饕餮纹大鼎时，他指出该纹样与殷墟出土器相似，暗示此鼎来自晚商。不过在参考传统金石学中金文的观点后，滨田最后将这件器物定于周代。[1] 今日看来，这件器物应当为典型的商代晚期大鼎。随着时间发展，滨田越来越有意识地采用新的研究方法。至 20 世纪 30 年代，他公开批评中国传统的青铜器研究，认为其以铭文为主，完全缺乏美术与考古面向的观察。[2]

那些来自中国、素负盛名的传世器，使得住友很快便成为名扬一时的收藏家，但也赋予其收藏鲜明的金石学基调。相较之下，其他藏家的藏品，包括根津嘉一郎（1860—1940）、嘉纳治兵卫七代（1862—1951）以及藤井善助（1873—1943），多来自 20 世纪 20 年代和

图12-9　青铜盉，公元前13世纪—公元前12世纪

20 世纪 30 年代被盗掘的大型墓葬。像根津美术馆收藏的有名的左、中、右三件大盉，便盗掘自河南安阳殷墟一座商王陵墓（图 12-9）。在这些收藏家中，七代嘉纳治兵卫拥有全日本第二大的中国古铜器收藏，并于 1931 年创立白鹤美术馆。[3] 该美术馆于 1934 年向社会大众开放，并出版图录《白鹤金吉集》，专门介绍馆中的中国古铜器。[4] 在此之前，嘉纳曾于 1907 年和 1930 年出版了

1　见泷精一、内藤湖南编：《泉屋清赏》增订本，解说卷"彝器"，页 10。
2　滨田耕作、梅原末治编：《删订泉屋清赏》（京都：住友吉左卫门，1934），页 2—3。
3　这些收藏后来成为向公众开放的博物馆的基础：1926 年藤井善助的藤井有邻馆开放，1934 年嘉纳治兵卫的白鹤美术馆开放，1941 年根津嘉一郎的根津美术馆开放。住友家的泉屋博古馆于 1960 年成立。
4　嘉纳治兵卫：《白鹤金吉集》（神户：财团法人白鹤美术馆，1934）。

两本豪华图录，收录所藏日本、韩国及中国古代艺术品。[1] 从这些图录的内容可知，从 1907 年至 1930 年，嘉纳的中国古代铜器收藏大量增加。

《白鹤金吉集》总共收录 50 件青铜器，包含容器与铜镜。梅原末治（1893—1983）负责图录内容，内藤湖南担任监修，中国学者郭沫若（1892—1978）协助铭文校释。梅原末治是滨田耕作的学生，在编纂《泉屋清赏》增订本时，曾担任内藤和滨田的助手。后来滨田于 1938 年去世，次年梅原继任京都帝国大学考古学讲座教授。

《白鹤金吉集》以收录新出土的青铜器为特色，其中许多出自河南与陕西。它们的外观与传世青铜器截然不同，器表经常覆盖着锈斑与土沁，这些长期在土中埋藏而产生的痕迹，证明了器物的真实性。[2] 梅原经常使用"土中古色"一词来描述器表色泽；[2] 此外，他也注意到器物表面的有机质残留，如传洛阳金村出土的一件错金银涡纹罍，表面附着网格状纤维，可能是草席遗留下的痕迹，可借此推测其原来的埋藏环境。[3] 由于出土器物表面的土锈与有机质残留有助于鉴定真伪，有时还透露出埋葬环境等信息，于是收藏家和研究者转而偏好未经上蜡磨光的生坑青铜器。

梅原对器物形式特征的客观观察，在他编著的另一本图录《欧米搜储中国古铜精华》中有着更明显体现。该书出版于 1933—1935 年间，收录梅原至欧美各国所考察的中国古代青铜器。在这本图录中，他强调客观的观察，进一步加入线绘的剖面图来呈现器物的结构（图 12-10）。[4] 这些线绘图虽然常见于考古报告中，却很少用于艺术图录。

梅原也经历了从传统到现代的转变，就如同他的老师滨田耕作一样。他在 1933 年追述道：他进入古铜器研究领域时，学习的是金石学和传世青铜器；而后在海外三年（1926—1929）参访了许多欧洲和美国的博物馆，并将研究重心转移至出土器物。[5] 梅原的客观观察与记录，无疑是一种充满现代性的创

---

1 嘉纳治兵卫发行：《白鹤帖》（兵库：嘉纳鹤堂，1907）；嘉纳治兵卫：《白鹤帖》（兵库：白鹤山庄，1930—1931）。

2 赞美出土器锈斑的，参嘉纳治兵卫发行：《白鹤吉金集》，图版 14；赞美色泽的，参图版 7、8、12、17、19、22 等。

2 嘉纳治兵卫发行：《白鹤吉金集》，图版 5、6、10。

3 嘉纳治兵卫发行：《白鹤吉金集》，图版 23。

4 梅原末治：《欧米搜储中国古铜精华》（大版：山中商会，1933—1935）。

5 梅原末治：《欧米搜储中国古铜精华》，前言。

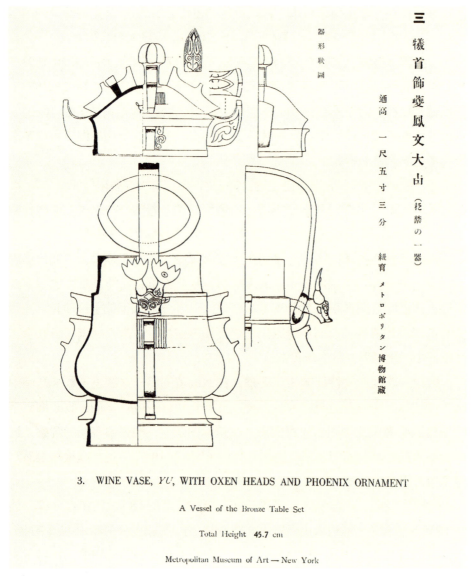

图12-10　卣剖面线图

新，但他对器表色泽变化的兴趣则源于传统鉴赏——无论是源于中国的金石学传统还是日本的唐物美学。

　　20世纪最初的30年，见证了日本在中国古铜器受容的重大转变。20世纪初，日本欣然接受流传于日本的仿古唐物铜器，以及从中国输入的古代青铜器，如1903年帝室博物馆的大型展览所见。1910年后，随着素负盛名的中国金石收藏大量进入日本，中国传统的金石学观点也成为主流。到了20世纪

20 年代，大量的出土青铜器加上现代考古学的引进，金石学逐渐为美术史和考古学等现代学科所取代。

三、仿古新制之铜器

表面看来，现代日本的收藏家似乎是追随着欧美收藏家的脚步，踏入中国艺术的收藏领域。然而中国艺术品输入日本的历史悠久，在唐物的传统中，日本人除了收藏书画与器物，还将其用于生活之中，并且进行仿制。明治维新后，日本持续仿造具有中国古代风格的青铜器，随着日本对中国古铜器的认识发生转变，仿制品的造型、功能和文化意涵也有了明显改变。

明治时期和大正时期，煎茶会盛行，有时由许多茶室共同举行，规模很大。有些茶会还设专区陈列艺术品，以备品评。不少工艺品便是为了此类茶道会而制作，可视为唐物传统之延续。茶道会中各茶室使用的器具与陈列的书画艺术作品，经常列在茶会的流程单中，事后有些还图绘成册，作为图录出版。[1]古董商积极地举办茶会，[2]而新兴的经济精英则把握机会，建立社会网络，并从没落的贵族手中收购流散出来的藏品。[3]日本主要的铜器收藏家，有不少便属于明治维新后崛起的新富阶层。

金属工艺家秦藏六（1814—1892）在 1885 年制作的青铜花瓶，便属此唐物传统之产物（图 12-11）。[4]这件花瓶出现在 1891 年的茶会中，有会后出版的茶会图录为证。[5]根据秦藏六亲笔书写的箱书可知，这件装饰有动物母题的

1　许多茶人出版图录，以视觉化的方式记录茶道之进行，这是明治和大正时期流行的做法。有关图录与茶道的研究，见宫崎修多：《茗讌图录の时代》，《文学》，第 7 卷第 3 号（1996.7），页 33—45。

2　古董商人举办了许多煎茶茶道聚会，见宫崎修多：《茗讌图录の时代》，页 34—35；有关艺术商人在煎茶会中的角色，见 Yu-chih Lai, "Tea and the Art Market in Sino-Japanese Exchanges of the Late Nineteenth Century: Sencha and the Seiwan meien zushi," in Joshua A. Fogel, ed., *The Role of Japan in Modern Chinese Art* (Berkeley: Global, Area, and International Archive and University of California Press, 2012), 42-68。

3　见田中日佐夫：《美术品移动史》，页 19—70；玉虫敏子：《明清文物赏玩の系谱と静嘉堂コレクション》，收入静嘉堂文库美术馆编：《静嘉堂藏煎茶具名品展》（东京：静嘉堂文库美术馆，1998），页 2—7。

4　岩崎弥之助男爵后来获得了这件器物，故此器进入了静嘉堂收藏。见静嘉堂文库美术馆编：《静嘉堂藏煎茶具名品展》，页 19、91。有关秦藏六及其子的传记，见黑田让：《名家历访录·中编》（京都：黑田让，1901），页 48—58。

5　静嘉堂文库美术馆编：《静嘉堂藏煎茶具名品展》，页 18。

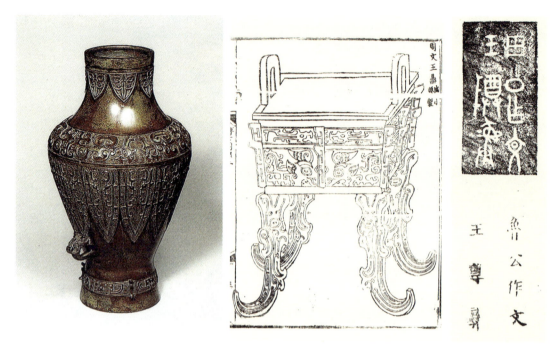

图12-11　青铜花瓶，一代秦藏六仿《宣　图12-12　周文王鼎，《至大重修宣和博古图录》，元至大刊本
和博古图》制，1885年

　　花瓶仿自《宣和博古图》中的一件尊。秦藏六之子继承了他的金属工艺技术，并与住友建立起密切关系。他不仅在 1903 年为住友所藏的盉补上丢失的器盖，还替住友撰写了初版《泉屋清赏》，于 1911—1916 年出版。[1]

　　除了茶道用具外，仿中国古铜风格的器物也持续作为佛教供具。1917 年，报纸报道了一则引人注目的新闻：当时在日本占领下的朝鲜，几位朝鲜僧人赠送给日本首相一件银制香炉，以感谢他对朝鲜佛教的支持。该报道还指出，这件银器乃仿自"文王鼎"。[2] "文王鼎"是北宋晚期的一件名器，收录于《宣和博古图》（图 12-12）中。这件器之所以引起北宋朝臣的关注，是因为器内有铭"鲁公作文王尊彝"，有人将其解释为周公作来祭祀文王的礼器，因而造成一时轰动。[3] 至 17—18 世纪的中国，文王方鼎盛极一时，除了青铜仿制

1　泷精一、内藤湖南编：《泉屋清赏》增订本，解说卷"彝器"，页 58；外山洁：《泉屋博古馆所藏工艺作品の蒐集时期とその特色について（1）：青铜器·镜鉴》，页 86。

2　《文王の鼎を模せし银制香炉·鲜僧寺内首相を访问して赠呈す》，《読売新闻》，1917 年 9 月 5 日，朝刊，第 5 版。线上资料库：読売新闻ヨミダス历史馆，2014 年 10 月 21 日查询。

3　《至大重修宣和博古图录》，元至大刊本，卷 2，页 3。台北"中研院"历史语言研究所藏。

图12-13　岩崎大鼎，1910年　　　　　图12-14　周举鼎，《至大重修宣和博古图录》

品外，还以各种材质制作，如珐琅、陶瓷和玉石等。[1]从这篇新闻报道可知，文王鼎之风潮至迟在1917年也波及韩国与日本。

　　超越唐物传统，此时也出现了新的挪用方式。大收藏家、三菱财阀第二代社长岩崎弥之助男爵（1851—1908）逝世后，他的友人于1910年进献了一件巨大的青铜三足鼎到他墓前，鼎内镌刻着他们的名字。[2]从腹部的兽面纹可知，此鼎仿自商代（图12-13）。根据《朝日新闻》报道，这件巨鼎是由铸金大家冈崎雪声（1854—1921）根据《宣和博古图》中的"周举鼎"制成（图12-14）。[3]这件仿古的铜器放置于欧洲风格的建筑之前，不具有任何实际功能，

1　鉴赏家欣赏文王鼎扁平四足，称其为"飞龙脚"。见高濂：《雅尚斋遵生八笺》（北京：书目文献出版社，1988），页400。有关不同媒材的复制品，见李玉珉主编：《古色——十六至十八世纪艺术的仿古风》，页176—179。

2　《故岩崎男墓前の巨鼎》，《朝日新闻》，1910年4月1日，东京，朝刊，第5版。线上资料库：朝日新闻社闻藏Ⅱビジュアル，2014年10月21日查询。

3　《至大重修宣和博古图录》，卷3，页7a。

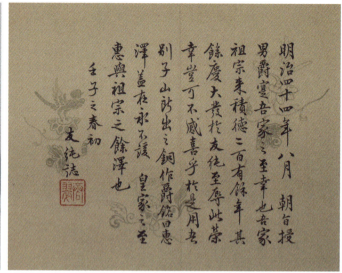

图12-15　住友友纯所铸铜爵与亲书短笺，1911年

比较像一件纪念品，用以缅怀岩崎在中国艺术品和古籍善本收藏方面的成就。[1]
岩崎的收藏奠定了静嘉堂文库与美术馆的基础，两者均紧邻岩崎墓园，建于
1924 年，之后屡经扩建，而有今日之规模。

　　同样地，住友友纯也于 1911 年仿中国古铜器铸造了一件纪念品，他还亲
手书写了一纸短笺，说明事件的缘起（图 12-15）。[2]当年天皇授予住友男爵
爵位，住友将此殊荣归于祖宗余泽，为纪念这莫大的荣耀，他不仅将大阪新
落成宅邸的花园命名为"庆泽"，还模仿商周贵族制作了一件爵，刻有铭文"惠
泽"二字（图 12-15），借此表达对天皇和祖先的感念。[3]短笺中还提到，此
器是用自家别子铜山所出之铜矿所铸，原来铸铜原料也来自祖宗德泽，因为
住友家自 1691 年起，世代皆以冶铜为业。[4]这件铜爵在铜料的取得以及铭文
的内容上，一再向祖宗致敬，充分展现出其作为纪念品的特性。

1　1903 年的帝室博物馆展览中有一件岩崎所藏铜器，获得当时人的高度赞誉。见东京帝室博物馆
编：《帝室博物馆鉴赏录·古铜器》，图 15；《博物馆的特别展览会（古铜器的部）》，《朝日新闻》，1903
年 4 月 18 日，东京，朝刊，第 3 版。线上资料库：朝日新闻社闻藏 II ビジュアル，2014 年 10 月 21
日查询。
2　该件铜爵出现在 2016 年夏天泉屋博古馆东京分馆所举办的住友春翠特别展览中。
3　有关住友的生平年表，见泉屋博古馆编：《住友春翠：美の梦终わらない》（京都：泉屋博古馆，
2016），页 24—32。
4　朝尾直弘监修，住友史料馆编：《住友の历史》（京都：住友史料馆，2013—2014），页 30。

　　岩崎男爵的铜鼎和住友男爵的铜爵召唤着商周古铜器的多重意涵。就如商周古铜器为贵族阶层的专属之物，这些铜器也标志着拥有者特殊的社会地位。此外，铸器献给过世的友人或祖先，在令死者荣耀的同时，也祈求对生者的护佑，此点也与商周青铜器相呼应。为召唤古铜器的社会与礼制意涵，它们的形制与装饰都非常接近其商周祖型：岩崎大鼎仿自《宣和博古图》，但体积变大；住友的铜爵则可能以自家所收藏的商爵为范本。器表的镌刻铭文，进一步使这些仿制品的纪念意义表露无遗。

　　铸于 1938 年的南京大鼎标志着这一系列发展的新转折。作为一件战争纪念品，南京大鼎采用中国传统的鼎形香炉样式，器表的装饰纹样却一反传统，自有其来源与象征。装饰性浓厚的云纹和波涛纹的涵义令人费解，但樱花图案是日本人经常使用的纹样。实际上，在 20 世纪 20 年代和 20 世纪 30 年代，当日本逐步踏上军国主义的道路时，樱花也随着政府宣传，成为军人随时准备好为天皇效忠的象征。[1] 樱花与军人的联结，说明为何铸于南京的大鼎表面以樱花作为装饰。若从这个角度来思考，或许腹部上、中、下三层的装饰纹样分别代表三军：云纹代表空军，樱花代表陆军，波涛纹则代表海军。

　　就整体的形式特征而言，南京大鼎虽仿自商周古铜器，但具有高度的选择与象征性。作为祭祀之器，其造型仍采用传统的鼎式。不过南京大鼎属于国家所有，和商周铜器作为贵族家族特有的象征大不相同。大鼎器表特殊的、带有军事象征的装饰纹样，具体展现出此现代之转折。来自古代的造型借由新的装饰纹样从传统中解放，并被赋予新的文化意义。

　　回顾 20 世纪最初的 20 年，仿古新制的青铜器仍忠实地追随着古代原型。报纸报道明确提到"文王鼎"和"周举鼎"这些名称，说明日本的上层社会对《宣和博古图》相当熟悉，并视其为权威之作。就在这时，一些著名的中国金石学家的收藏也进入日本，重新燃起日本学者与藏家对中国金石著作的兴趣。进入 20 世纪 30 年代，美术史与考古学等现代学科一再挑战传统金石学之权威，战时的宣传更进一步将新的纹饰与象征注入古代造型之中，催生出南京大鼎这般混合传统与现代、中国与日本的作品。

1　Emiko Ohnuki-Tierney, Kamikaze, *Cherry Blossoms, and Nationalisms: The Militarization of Aesthetics in Japanese History*（Chicago: University of Chicago Press, 2002）, 109-115.

结　语

当我们看到南京大鼎时，往往会联想到鼎在中国的传统形象，特别是源远流长的政治正统象征。作为战争的纪念物，南京大鼎乍看之下似乎是对此中国传统的挪用。进一步检视发现，日本自有其唐物传统，并且也有仿照商周古铜器制作工艺器用的历史。20世纪早期的日本，由于出土材料和现代学科方法的引入，中国古铜器研究经历了现代转型，这也激发出一波新的挪用和仿制。在这过程中，有些新崛起的实业家借由收藏知名的古物，来提高他们的社会和文化地位，同时也获得研究者的支持。还有些人甚至模仿古代商周贵族，铸造青铜器作为个人的纪念物，收藏、研究、复制三方面紧密地交织在一起。南京大鼎标志着这一路发展的新转折，由日本所设计、在中国制造的南京大鼎，或许来自传统中国鼎之象征，但同时也源自20世纪早期日本对中国古物的收藏、研究与挪用，蕴含着丰富且多元的跨文化信息。

论文出处

第一编　金石考古

第一章　政治漩涡中的北宋金石学家

本章翻译自 "Antiquaries and Politics: Antiquarian Culture of the Northern Song, 960-1127," in *World Antiquarianism: Comparative Perspectives*, edited by Alain Schnapp et al, 230-248. Los Angeles: Getty Research Institute, 2013.

第二章　宋代士大夫的金石收藏与礼仪实践——以蓝田吕氏家族为例

本章发表于《浙江大学艺术与考古研究》，第三辑（2018），页131—164。

第三章　今之古礼——司马光《书仪》与蓝田吕氏家族墓地

本章为未刊稿。

第四章　宋徽宗的古铜收藏、礼器革新与宫廷新风格

本章翻译自 "Antiquities, Ritual Reform, and the Shaping of New Taste at Huizong's Court." *Artibus Asiae* 73, no. 1（2013）: 137-180.

第二编　再创典范

第五章　南宋金石收藏与中兴情结

本章发表于《台湾大学美术史研究集刊》，第31期（2011），页1—60。

图版目录

第一编　金石考古

第一章　政治漩涡中的北宋金石学家

第二章　宋代士大夫的金石收藏与礼仪实践
　　　　　——以蓝田吕氏家族为例

第三章　今之古礼
——司马光《书仪》与蓝田吕氏家族墓地

第四章　宋徽宗的古铜收藏、礼器革新与宫廷新风格

清凉寺汝窑》，彩版159.1）

图4-25　钫，前46年，高36厘米，口部11厘米×11厘米，陕西省西安市出土（中国青铜器全集编辑委员会编：《中国青铜器全集》[北京：文物出版社，1998]，卷12，页55，图53）

图4-26　定窑白瓷簋，12世纪早期，高10.9厘米，台北故宫博物院藏，图片由台北故宫博物院提供

图4-27　定窑白瓷盘，1199年，高7厘米，口径17.3厘米，南京博物院藏（中国陶瓷编辑委员会编：《中国陶瓷》[上海：上海人民美术出版社，1983]，册9，图版88）

图4-28　宋徽宗神霄玉清万寿宫诏碑，1119年，高315厘米，宽117厘米（李志纲编：《中国古代碑帖拓本》[香港：香港中文大学文物馆，2001]，页129）

第二编　再创典范

第五章　南宋金石收藏与中兴情结

图5-1　牺尊，南宋，浙江省湖州市出土，长37厘米，高26厘米，湖州市博物馆藏（图片出自湖州市博物馆编：《湖州市博物馆藏品集》[杭州：西泠印社出版社，1999]，页87。线图由湖州市博物馆提供）

图5-2　牺尊，《至大重修宣和博古图录》，卷7，页5，台北"中研院"历史语言研究所藏，图片由台北"中研院"历史语言研究所提供

图5-3　礼图，《纂图互注周礼》，页9a–b（中华再造善本[北京：北京图书馆出版社，2003]）

图5-4　王俅：《啸堂集古录》，宋刻本，框高24.4厘米，宽18.2厘米（任继愈主编：《中国国家图书馆古籍珍品图录》[北京：北京图书馆出版社，1999]，页92）

图5-5　弭仲簠，王厚之：《钟鼎款识》（北京：中华书局，1985），页40

图5-6　《集古录》之翻刻铭文，吕大临等：《考古图　续考古图　考古图释文》（北京：中华书局，1987），页61

图5-7　伯戈馈盨，吕大临等：《考古图　续考古图　考古图释文》，页118

图5-8　汉注水匜，《至大重修宣和博古图录》，卷20，页12a，台北"中研院"历史语言研究所藏，图片由台北"中研院"历史语言研究所提供

图5-9　董武钟，王厚之：《钟鼎款识》，页6—7

图5-10　商鹿钟，王厚之：《钟鼎款识》，页8

图5-11　樊敏碑，洪适：《隶续》（北京：中华书局，1986），页5.1a

图5-12　铜瓶，南宋乾道九年（1173），高30.8厘米，英国维多利亚与艾尔伯特博物馆藏（Rose Kerr, *Later Chinese Bronzes*[London: V&A Far Eastern Series, 1990], 43）

图5-13　铜瓶局部（Rose Kerr, *Later Chinese Bronzes*, 44）

图5-14　汉山龙温壶，《至大重修宣和博古图录》，卷13，页3a，台北"中研院"历史语言研究所藏，图片由台北"中研院"历史语言研究所提供

图5-15　蟠首虬纹盉，《至大重修宣和博古图录》，卷19，页58a，台北"中研院"历史语言研究所藏，图片由台北"中研院"历史语言研究所提供

第六章　宋、元《三礼图》的版面形式与使用
——兼论新旧礼器变革

图6-9　圭璧，《新定三礼图》，镇江府学本，卷11，页4a

图6-10　玉圭、璧组，秦或西汉，玉璧直径15.5—16.5厘米，山东省烟台市芝罘岛出土[李零：《铄古铸今：考古发现和复古艺术》（香港：香港中文大学出版社，2005），页14]

图6-11　墨车，《新定三礼图》，镇江府学本，卷2，页6b

图6-12　辂车，东汉晚期至西晋，长40.7厘米，宽41厘米，甘肃省武威市雷台出土（中国青铜器全集编辑委员会编：《中国青铜器全集》，册12，页152，图149）

图6-13　蝴蝶装（左）与包背装、线装（右）书籍，版心位置不同，笔者绘图

图6-14　冕服图，《新定三礼图》，镇江府学本，卷1，页8

图6-15　匏爵图，《新定三礼图》，镇江府学本，卷12，页4

图6-16　冠冕图，《新定三礼图》，镇江府学本，卷3，页5

图6-17　冠冕图，《重校三礼图》，郑氏家塾本，卷3，页7

图6-18　丧服图下，《新定三礼图》，镇江府学本，卷16，页4

图6-19　玉辂，《新定三礼图》，镇江府学本，卷9，页4

图6-20　簠、簋，《新定三礼图》，镇江府学本，卷13，页6a

图6-21　谷璧、蒲璧，《新定三礼图》，镇江府学本，卷10，页2b

图6-22　挈壶之图，《纂图互注毛诗·毛诗举要图》，南宋建刊本，诗图5（不著撰人：《景印宋本纂图互注毛诗》[台北：台北故宫博物院，1995]）

图6-23　新旧鼎俎之图，《纂图互注周礼·周礼经图》，南宋建刊本，礼图11（不著撰人：《纂图互注周礼》，中华再造善本[北京：北京图书馆出版社，2003]）

图6-24　铜牺尊（出土一对），南宋，长37厘米，浙江省湖州市采集（湖州市博物馆编：《湖州市博物馆藏品集》[杭州：西泠印社出版社，1999]，页87）

图6-25　牺尊，《绍熙州县释奠仪图》，指海本，页32a（朱熹编：《绍熙州县释奠仪图》，《百部丛书集成》影印指海本[台北：艺文印书馆，1965]）

图6-26　至元癸巳铭吴郡学铜爵及铭文，1293年，高23厘米，法国巴黎赛努奇博物馆藏（Michel Maucuer, *Bronzes de la Chine impériale des Song aux Qing*[Paris: Paris-Musées, les musées de la Ville de Paris, 2013], 32-33）

图6-27　爵，《绍熙州县释奠仪图》，指海本，页41a

图6-28　铜簋、铜爵，元大德九年（1305）文靖书院祭器，簋高12.8厘米，爵通高23厘米，衡阳市博物馆藏（陈建明主编：《复兴的铜器艺术：湖南晚期铜器展》[北京：中华书局，2013]，页178、182）

图6-29　铜爵及铭文，皇姊大长公主造全宁路文庙祭器，可能为泰定三年（1326），高21.4厘米，内蒙古自治区赤峰市征集（高延青主编：《内蒙古珍宝·青铜器》[呼和浩特：内蒙古大学出版社，2007]，页170）

图6-30　铜簋及铭文，皇姊大长公主造全宁路三皇庙祭器，可能为延祐四年（1317），高9.2厘米，内蒙古自治区赤峰市征集（内蒙古自治区文物工作队编：《内蒙古出土文物选集》[北京：文物出版社，1963]，页118，图159）

图6-31　陶簋、陶簠，元张弘毅（1274—1339）夫妇墓，簠高21.2厘米，簋高22.2厘米，陕西省西安市曲江新区出土（西安市文物保护考古研究院：《西安曲江元代张达夫及其夫人墓发掘简报》，《文物》，

第三编　世传衍变

第八章　《至大重修宣和博古图录》的版印特点与流传
　　　　——从傅斯年图书馆藏品谈起

第九章　晚明的古铜知识与仿古铜器

紫禁城出版社，2010]，页289）

图9-9　敬一主人铜觚，明崇祯九年（1636）（容庚：《海外吉金图录》[台北：台联国风出版社，1978]，
　　　　图81）

图9-10　圆口方足觚，17世纪上半，高28.7厘米，口径15厘米，底宽6.6厘米，台北故宫博物院藏，
　　　　图片由台北故宫博物院提供

图9-11　周丹泉款娇黄锥拱兽面纹鼎，16—17世纪，高16.8厘米，口径13.3厘米，台北故宫博物院藏，
　　　　图片由台北故宫博物院提供

图9-12　钱纹地梅花纹鼎，明晚期（17世纪），台北故宫博物院藏，图片由台北故宫博物院提供

图9-13　鎏金兽面纹扁足鼎，明晚期（17世纪），重庆市窖藏出土（王豫：《重庆长寿县出土的明代窖
　　　　藏金银器》，《东南文化》，1994年第5期，页117，图1.2）

图9-14　错金银鸟纹扁足鼎，17世纪，高17厘米，口径12.9厘米，台北故宫博物院藏，图片由台北
　　　　故宫博物院提供

图9-15　错金银提梁卣，17世纪，通高14.7厘米，器高12.7厘米，腹宽8厘米，台北故宫博物院藏，
　　　　图片由台北故宫博物院提供

图9-16　错金银圆鼎，17—18世纪，高11.3厘米，口径9.8厘米，台北故宫博物院藏，图片由台北故
　　　　宫博物院提供

图9-17　错金银圆鼎金彩下银层（显微镜放大8倍），明末清初，台北故宫博物院藏，图片由台北故宫
　　　　博物院提供

图9-18　错金银兽面纹罍金丝接缝（显微镜放大36倍），宋至明，台北故宫博物院藏，图片由台北故宫
　　　　博物院提供

图9-19　错金银兕尊错金周围堑痕（显微镜放大8倍），南宋，台北故宫博物院藏，图片由台北故宫博
　　　　物院提供

图9-20　错金银夔凤纹觯错金银堑痕（显微镜放大12倍），明晚期，台北故宫博物院藏，图片由台北故
　　　　宫博物院提供

图9-21　错金银牺尊，元，高26.5厘米，长31.3厘米，台北故宫博物院藏，图片由台北故宫博物院
　　　　提供

图9-22　错金银牺尊银泥涂敷（显微镜放大11倍），元，台北故宫博物院藏，图片由台北故宫博物
　　　　院提供

图9-23　钟式瓶，明，高25.9厘米，肩宽12.2厘米，台北故宫博物院藏，图片由台北故宫博物院提供

图9-24　熊足鍑，西周，高13.5厘米，口径5.8厘米，台北故宫博物院藏，图片由台北故宫博物院提供

图9-25　弓形器（图册作"旂铃"），商晚期，长19.5厘米，宽5.6厘米，台北故宫博物院藏，图片
　　　　由台北故宫博物院提供

图9-26　弓形器，商晚期，台北故宫博物院藏，图片由台北故宫博物院提供

图9-27　汉旂铃，《宣和博古图》，清亦政堂本（王黼等：《宣和博古图》[台北：新兴书局，1968]，卷
　　　　27，页39）

图9-28　万历款白釉觯，明，上海博物馆藏（周銮书编：《中国历代景德镇瓷器·明卷》[北京：中国摄
　　　　影出版社，1998]，页340）

第十章 新旧与雅俗
——晚明的古铜器鉴赏

图10-1 粤绣博古图屏（二），明代，台北故宫博物院藏，图片由台北故宫博物院提供

图10-2 杜堇《玩古图》，明代，绢本设色，126.1厘米×187厘米，台北故宫博物院藏，图片由台北故宫博物院提供

图10-3 高濂：《雅尚斋遵生八笺》，据明万历十九年（1591）刻本影印（北京：书目文献出版社，1994），卷14

图10-4 谷应泰：《博物要览》，《百部丛书集成》据函海本影印（台北：艺文印书馆，1968）

图10-5-1 周文王鼎，《宣和博古图》，1588年泊如斋刻本，台北"中研院"历史语言研究所藏，图片由台北"中研院"历史语言研究所提供

图10-5-2 不同材质仿制之文王方鼎 a.明晚期，兽面纹方鼎 b.清，白瓷兽面纹方鼎 c.清，玉兽面纹方鼎，台北故宫博物院藏，图片由台北故宫博物院提供

图10-6 周象簠鼎，《宣和博古图》，1588年泊如斋刻本，台北"中研院"历史语言研究所藏，图片由台北"中研院"历史语言研究所提供

图10-7 铜香炉与花瓶，明正德五年（1510），四川成都白马寺纪年墓出土（四川省文物管理委员会：《成都白马寺第六号明墓清理简报》，《文物》，1956年第10期，页42—49）

图10-8 钧窑香炉，元至大二年（1309），内蒙古自治区呼和浩特市出土（相鹤彻夫编：《世界陶磁全集》13[东京：小学馆，1975—1987]，图版103）

图10-9 "大清乾隆年制"款五供香炉，清乾隆年间（Robert D. Mowry, *China's Renaissance in Bronze: The Robert H. Clague Collection of Later Chinese Bronzes* 1100-1900[Phoenix: Phoenix Art Museum, 1993], 180）

图10-10 铜香炉，明成化十七年（1481）（Sheila Riddell, *Dated Chinese Antiquities: 600-1650*[London: Faber & Faber, 1979], no. 123）

图10-11 三元太极炉，吕震：《宣德彝器图谱》，《丛书集成续编》（台北：新文丰出版公司，1989），卷16，页4

图10-12 青花云龙纹香炉，明崇祯二年（1629），上海博物馆藏（中国陶瓷全集编辑委员会编：《中国陶瓷全集·明》上[上海：上海人民美术出版社，2000]，图208）

图10-13 索耳分裆炉，吕震：《宣德彝器图谱》，卷9，页4

图10-14 波斯文鬲炉，明景泰年间（1450—1456），北京征集（程长新、张先得：《明金片铜炉和错金鬲炉》，《文物》，1979年第12期，页84—85）

图10-15 甪端炉，吕震：《宣德彝器图谱》，卷11，页3

图10-16 铜狮形熏炉，元，福建南平窖藏出土（黄汉杰、曾伟希：《福建南平窖藏铜器》，《南方文物》，1998年第2期，页29—36，封底图1）

图10-17 《新镌批评出像通俗奇侠禅真逸史》，崇祯间金陵翼圣堂版（周芜编：《金陵古版画》[南京：江苏美术出版社，1993]，页403）

第四编　东亚流风

第十一章　宋代复古铜器风之域外传播初探
——以 12—15 世纪的韩国为例

图11-1　政和鼎，北宋政和六年（1116），高23厘米，台北故宫博物院藏，图片由台北故宫博物院提供

图11-2　青白瓷鼎式炉，南宋端平三年（1236）墓，高6.8厘米，江西省樟树市出土（张柏编：《中国出土瓷器全集》[北京：科学出版社，2008]，册14，图63）

图11-3　龙泉窑鬲式炉，南宋咸淳四年（1268）吴奥墓出土，高6.5厘米，浙江省德清县出土（浙江省博物馆：《浙江纪年瓷》[北京：文物出版社，2000]，图版216）

图11-4　方鼎形香炉，12世纪，高18.4厘米，韩国国立中央博物馆藏（郑良谟、秦华秀：《高丽陶瓷铭文》[首尔：国立中央博物馆，1992]，页20，图9）

图11-5　子韦方鼎，商晚期，高25.3厘米，河南省安阳市孝民屯南M2508出土（中国青铜器全集编辑委员会编：《中国青铜器全集》[北京：文物出版社，1997]，册2，图版43）

图11-6　商召夫鼎，宋徽宗敕编：《至大重修宣和博古图录》，卷1，页17，台北"中研院"历史语言研究所藏，图片由台北"中研院"历史语言研究所提供

图11-7　圆鼎形香炉，12世纪，高17厘米，日本大阪市立东洋陶磁美术馆藏（大阪市立东洋陶磁美术馆编：《高丽青磁への诱い》[大阪：大阪市立东洋陶磁美术馆，1992]，页46，图34）

图11-8　铜鼎，1323年左右，通高15.9厘米，新安海底沉船（国立中央博物馆：《마음을담은그릇：신안향炉》[首尔：国立中央博物馆，2008]，页15）

图11-9　鼎形香炉，12世纪，高16.2厘米，韩国国立中央博物馆藏（胡德智、万一编：《灿烂与淡雅——朝鲜、日本、泰国、越南陶瓷图史》[南宁：广西美术出版社，1999]，页14）

图11-10　鼎形香炉，12世纪，高12厘米，韩国梨花女子大学校博物馆藏（梨花女子大学校博物馆编：《梨花女子大学校创立100周年记念馆博物馆新筑开馆图录》[首尔：梨花女子大学校出版部，1990]，图版76）

图11-11　全罗南道康津郡沙堂里窑址采集陶片（大阪市立东洋陶磁美书馆编：《高丽青磁への诱い》，页183，图174—176）

图11-12　全罗南道康津郡沙堂里窑址采集陶片（大阪市立东洋陶磁美书馆编：《高丽青磁への诱い》，页183，图174—175）

图11-13　青瓷方炉，12世纪，高11.9厘米，大阪市立东洋陶磁美术馆藏（大阪市立东洋陶磁美书馆编：《高丽青磁への诱い》，页46，图35）

图11-14　兽面纹陶片，私人收藏（唐俊杰：《祭器、礼器、邵局：关于南宋官窑的几个问题》，《故宫博物院院刊》，2006年第6期，页52，图4）

图11-15　越窑鼎式炉，12—13世纪，高9.1厘米，浙江寺龙口越窑址出土（浙江省文物考古研究所，《寺龙口越窑址》[北京：文物出版社，2002]，页227，图309）

图11-16　"淳化四年"太庙祭器，高35厘米，梨花女子大学校博物馆藏（梨花女子大学校博物馆：《梨花女子大学校创立100周年记念馆博物馆新筑开馆图录》，页63，图66）

图11-17　"淳化三年"太庙祭器，可能为豆残件，円山里窑址出土（大阪市立东洋陶磁美术馆编：《高

图11-35 《皇祐新乐图记》钟图（左）李朝特钟（右）比较（左：阮逸、胡瑗：《皇祐新乐图记》，册211，页12；右：国立古宫博物馆：《国立古宫博物馆开馆图录》，页112，图66）

图11-36 《纂图互注周礼》（左）与《世宗实录》（右）山罍比较（左：《纂图互注周礼》[北京：北京图书馆出版社，2003]，页9；右：《朝鲜王朝实录》，册5，页185）

图11-37 "礼局样"，《纂图互注周礼》（《纂图互注周礼》[北京：北京图书馆出版社，2003]，页9）

图11-38 《周礼图》，江西上饶信州府学本拓片，台北"中研院"历史语言研究所藏，图片由台北"中研院"历史语言研究所提供

图11-39 山尊，《绍熙州县释奠仪图》，页35

图11-40 山罍，《明集礼》，《景印文渊阁四库全书》（台北：台湾商务印书馆，1983），册649，页106

图11-41 青花白瓷铁绘三山纹罍，15世纪后半，高27.8厘米，韩国湖岩美术馆藏（胡德智、万一编：《灿烂与淡雅——朝鲜、日本、泰国、越南陶瓷图史》[南宁：广西美术出版社，1999]，页72）

第十二章 现代化潮流下日本的中国古铜器受容

图12-1 南京大鼎，1938年，位于台北故宫博物院，笔者拍摄

图12-2 孙中山"博爱"铭文，南京大鼎，笔者拍摄

图12-3 孙中山遗训，南京大鼎，笔者拍摄

图12-4 小山林堂图绘，市河米庵：《小山林堂书画文房图录》，嘉永二年（1849）刊本，日本国立国会图书馆藏，图片由日本国立图书馆提供

图12-5 仿制汉代铜鼎，市河米庵收藏，18—19世纪中国制，高27厘米，东京国立博物馆藏，笔者拍摄

图12-6 汉弦文鼎，市河米庵：《小山林堂书画文房图录》，嘉永二年（1849）刊本，日本国立国会图书馆藏，图片由日本国立图书馆提供

图12-7 "杵の折れ"铜花瓶，13—14世纪中国制，高25.7厘米，名古屋德川美术馆藏（德川美术馆、根津美术馆编：《花生》[东京：大冢巧艺社，1982]，图版57）

图12-8 "世永"铭铜花瓶，15—16世纪日本制，高37.8厘米，私人收藏（德川美术馆、根津美术馆编：《花生》，图版71）

图12-9 青铜盉，公元前13—公元前12世纪，高73厘米，河南省安阳市殷墟出土，东京根津美术馆藏（《中国青铜器全集》[北京：文物出版社，1993—]，册3，图142）

图12-10 卣剖面线图（梅原末治：《欧米搜储中国古铜精华》[东京：山中商会，1933—1935]，图版3）

图12-11 铜花瓶，一代秦藏六仿《宣和博古图》制，1885年，高29.6厘米，东京静嘉堂文库美术馆（静嘉堂文库美术馆编：《静嘉堂藏煎茶具名品展》[东京：静嘉堂文库美术馆，1998]，页19）

图12-12 周文王鼎，《至大重修宣和博古图录》，元至大（1308—1311）刊本，卷2，页3，台北"中研院"历史语言研究所藏，图片由台北"中研院"历史语言研究所提供

图12-13 岩崎大鼎，1910年，冈崎雪声制，位于东京岩崎墓园，笔者拍摄

图12-14 周举鼎，《至大重修宣和博古图录》，卷3，页7a，台北"中研院"历史语言研究所藏，图片由台北"中研院"历史语言研究所提供

图12-15 住友友纯所铸铜爵与亲书短笺，1911年，泉屋博古馆藏，图片由泉屋博古馆提供

附录　关于宋代古物学之研究与讨论

　　唐宋变革说从 20 世纪早期内藤湖南提出以来，在学术界引起了极大反响，唐宋之间社会、政治、经济、文化的巨大变化成为研究焦点。内藤湖南以宋代为中国近世之始说提出后，引起日本学界对于中国历史分期的论辩。[1] 在内藤湖南的基础之上，宫崎市定进一步将宋代的发展与意大利的"文艺复兴"相比较，并罗列东、西"文艺复兴"之共同点与可能之关系。[2] 法国的谢和耐（Jacques Gernet）也称宋代为"中国的文艺复兴"（The Chinese 'Renaissance'），不过他强调"文艺复兴"一词仅笼统提示两文明间平行之发展，东西各自具有不同的性格。[3]

　　"文艺复兴"一词由于特别强调与中世纪之间的断裂，在欧洲历史或艺术史领域均遭受了不少批评。但就知识界的发展而言，北宋确实与 14—15 世纪的意大利一般，出现了迥异于过去的发展。在意大利，自罗马时代以来便矗立在各地的建筑和雕像，这些中世纪基督教神学视为"异教"的遗存，引起了人文主义学者的兴趣。他们亲自考察过去的遗物与遗迹，并留下记录，

1　关于内藤湖南的唐宋变革说与此说对日本学界的影响，参见 Hisayuki Miyakawa, "An Outline of the Naitō Hypothesis and It's Effects on Japanese Studies of China," *Far Eastern Quarterly*, 14, no. 4（1955）: 533-552。

2　宫崎市定：《东洋のルネッサンスと西洋のルネッサンス》，《史林》，第 25 卷第 4 期（1940），页 465–480；第 26 卷第 1 期（1941），页 69—102。

3　"But this allusion to European history should be taken simply for what it is—a mere reminder of the very general parallelism of the history of civilizations and the long-term fellowship which has united them during the course of their development." Jacques Gernet, *A History of Chinese Civilization*（Cambridge: Cambridge University Press, 1996）, 298.

先锋者为彼特拉克（Francesco Petrarch, 1304—1374）。[1] 于是中世纪的神异记录不再被认真对待，任何无法验证的故事均被摒弃。[2] 类似的发展也出现在北宋，自秦火以来，商周古代铜器的出土多半被当作特异的事件，若非地不爱宝，即天降祥瑞，是天地对统治者的认可。[3] 北宋的欧阳修与他的朋友刘敞开始以崭新的眼光看待古代青铜器，他们收集古代铜器、研究上面的铭文与相关礼仪制度，并以客观实证的态度记录下他们的收藏，欧阳修的《集古录》被公认为是现存最早的"金石学"之作。刘敞进一步阐明研究古铜器的最终目的："礼家明其制度，小学正其文字，谱牒次其世谥，乃为能尽之。"[4] 跨越时空300多年，欧阳修与彼特拉克以同样的实证态度面对古典遗存，难怪宫崎市定、谢和耐会将宋代士大夫对古代的兴趣与意大利文艺复兴相联结。

一、宋代金石学的评价 —— 从考古到古物学

着眼于宋人的实证态度，20世纪的许多学者均以具有现代意义的"考古"（archaeology）一词，称呼北宋士大夫对于古代遗物的兴趣与考证。王国维（1877—1927）首先提出这个看法，他在1927年的文章中，从搜集、传拓及著录、考订及应用三个方面讨论宋人在金石学方面的成就。[5] 该文中文篇名为"宋代之金石学"，英文于同年发表，作"Archaeology in the Song Dynasty"。[6] "金石学"一词译为archaeology，而非中性的study of metal and stone，或有时带有贬义的antiquarianism，明显是着眼于这个新学问的开创性与现代性。王国维的文章虽短，但具有重要意义，他将宋代金石学的发展放

1　Roberto Weiss, *The Renaissance Discovery of Classical Antiquity*（Oxford: Basil Blackwell, 1988）.

2　"Modern archaeology really began when the Mirabilia ceased to be taken seriously. For their rejection was really the assertion of a new approach to history, a refusal to put up any longer with tales not backed by reliable evidence." Roberto Weiss, *The Renaissance Discovery of Classical Antiquity*（Oxford: Basil Blackwell, 1988）, 204.

3　关于汉、唐之间对古铜器的观点，参见 Noel Barnard, "Records of Discoveries of Bronze Vessels in Literary Sources and Some Pertinent Remarks on Aspects of Chinese Historiography," *The Journal of the Institute of Chinese Studies of the Chinese University of Hong Kong*, 6, no. 3（December 1973）: 455-546; François Louis, "Cauldrons and Mirrors of Yore: Tang Perceptions of Archaic Bronzes," *Georges-Bloch-Jahrbuch der Universität Zürich*, 13（2008）: 203-235.

4　刘敞：《公是集》，《丛书集选》（台北：新文丰出版公司，1984），第489册，卷36，页437。

5　王国维：《宋代之金石学》，《国学论丛》，第1卷第3期（1927），页45—49。

6　Wang Guowei, "Archaeology in the Song Dynasty," *The China Journal*, 6, no. 5（1927）: 222-231.

到整个中国学术史的发展中并赋予其意义。王国维对宋代金石学的高度评价也为后来的学者所继承，如谢和耐也以 archaeology 称呼宋代金石学的发展。[1] 鲁德福（Richard C. Rudolph）更将宋人对一手材料的重视与 19 世纪德国史料学派的兰克（Leopold von Ranke）相提并论。[2]

王国维提出的几个观察面向也影响了后来的研究者，如陈云倩（Yun-Chiahn C. Sena）完成于 2007 年的博士论文，虽然运用了不少考古材料，特别是士大夫墓葬中的复古碑石，但论文的整体结构，包括收藏、著录、应用（collecting, cataloguing, and appropriating antiquity）三部分，仍可见王国维的影子。[3] 不过陈云倩的论文标题采用 antiquarianism 而非 archaeology，则显示出 20 世纪后半以来，学界对于宋代金石学认识的转变。

由于宋人的金石研究具有现代精神（详见下节），加上"考古"一词在北宋已经出现，因此学者谈中国考古学史时，经常将宋代金石学当作 20 世纪考古学的前身。然而现代考古是 20 世纪早期李济自西方引进，就方法而言，考古学重地层与器物类型分析，与金石学没有关系，金石学只重文字的态度更是为考古学者所不取。[4] 但金石学中的历史倾向还是在现代考古学发展过程中留下影响，诚如张光直所论。他以 traditional antiquarianism 称呼宋代的发展，有别于注重地层、器物类型的现代考古（modern archaeology）。[5] 明显地，对于受西方社会科学训练的现代考古学者来说，宋代的金石学尚不能称作 archaeology。Antiquarianism 泛称与古物学者（antiquarian）相关的各种行为，包含收藏、研究、考证古代遗物，此处暂且译为"古物学"。在 18—19 世纪的欧洲，古物学者经常因各种古怪、不合时宜的行为被讪笑贬抑，[6]

1　Jacques Gernet, *A History of Chinese Civilization*（Cambridge: Cambridge University Press, 1996），341-342.

2　R. C. Rudolph, "Preliminary Notes on Sung Archaeology," *The Journal of Asia Studies*, 22, no. 2（1963）: 169-177.

3　Yun-Chiahn Sena, "Pursuing Antiquity: Chinese Antiquarianism from the Tenth to Thirteenth Century,"（PhD diss., University of Chicago, 2007）.

4　陈星灿在"金石学及其向近代考古学的过渡"一节中，对于 20 世纪早期金石学与考古学的交互影响有简要讨论，参见陈星灿编：《中国史前考古学史研究》（北京：生活·读书·新知三联书店，1997），页 52—62。

5　K. C. Chang, "Archaeology and Chinese Historiography," *World Archaeology*, 13, no. 2（October, 1981）: 156-169.

6　Stephen Bann's preface and editors' introduction, "Mine are the subjects rejected by the historian: antiquarianism, history, and the making of modern culture," in Martin Myrone and Lucy Peltz eds., *Producing the Past: Aspects of Antiquarian Culture and Practice 1700-1850*（Vermont: Ashgate, 1999），1-14.

但历史悠久的古物学在现代学科形成过程中有其贡献，莫米利亚诺（Arnaldo Momigliano）便指出古物学者重视实物、以主题而非编年的研究方法均在 19 世纪时为现代西方史学所吸收。[1] 在中国，古物学也同样在考古学与美术史学的形成、发展中留下了深刻烙印。

二、关于金石图录之研究

王国维等学者所谓宋代金石学之"科学性"或"现代性"，主要来自对宋代金石图录之分析讨论。在欧阳修、刘敞等第一代学者的提倡下，古铜器在士大夫文人之间风行一时，他们不仅收藏古铜器，也举办各种聚会，交换彼此的意见，更将他们的收藏与研究成果编纂为图录。这些图录成为研究宋代金石学的主要材料，也是后来学者衡量宋代金石学成就的主要根据，代表著作为欧阳修的《集古录》、吕大临的《考古图》（1092 年后记）、宋徽宗敕编的《宣和博古图》。《集古录》是第一本有系统集录、讨论古代石碑与铜器文字的著作，原是欧阳修题在他所收藏的金石拓片后方之跋尾。《考古图》则开创了有图有文的图录新形式，书中收录内府与三十多位私人收藏家的古物收藏，除了 224 件青铜器之外，还包括玉石器 14 件。《考古图》是 11 世纪末私人收藏家的集中展示，《宣和博古图》则显示了 12 世纪初宋徽宗以帝王之尊投入古铜器收藏的成果。该书共三十卷，共收录八百多件青铜器，在"乾隆四鉴"（《西清古鉴》《宁寿鉴古》《西清续鉴甲编》《西清续鉴乙编》）出现之前，《宣和博古图》是规模最庞大的古器物图录。[2] 欧阳修的《集古录》以集录古代文字为主，《考古图》《宣和博古图》则如现代图录一般，以器物为单位，客观地记录器物图像、铭文拓片与释文、尺寸、容量等，《考古图》甚至加注出土地与藏地。在基本资料之后，还有一段文字讨论该器物与古代历史或礼仪制度的关系。如此客观翔实的记载使得王国维和鲁德福径以 archaeology 来称呼宋代金石学。

《考古图》与《宣和博古图》是北宋晚期古物学发展的巅峰之作，也是

1　Arnaldo Momigliano, "Ancient History and the Antiquarian," *Journal of the Warburg and Courtauld Institutes*, 13, nos. 3-4（1950）: 285-315.

2　关于徽宗的三大收藏图录，最近研究可参见 Patricia B. Ebrey, *Accumulating Culture: The Collections of Emperor Huizong*（Seattle: University of Washington Press, 2008）.

学界一直以来关心的焦点。20 世纪早期的传统金石学者，如朱剑心的《金石学》，已指出此二书"图其形"的特点。[1] 王国维首先大规模整理宋代著录的有铭青铜器，纂辑为《宋代金文著录表》，之后经容庚、罗福颐增补，成为为研究者提供方便的工具书。[2] 另外，王国维在《书宣和博古图后》一文中首先讨论了徽宗的古铜器收藏与《宣和博古图》之成书时间，[3] 交叉比对几本宋代图籍对于内府收藏的记录，认为《宣和博古图》成书于宣和五年（1123）之后。这个编纂年代上限基本为学界所接受，但关于《宣和博古图》的编纂情形与作者则引发了不少讨论。容庚就《宣和博古图》的历代著录与流传论作者与成书。[4] 叶国良则进一步提出《宣和博古图》的编纂与徽宗朝搜求古器、制作礼乐间的关系，[5] 这是一个突破性的观察，不过作者的兴趣在于考察金石学与宋代学术之间的关系，因此没有就此点加以阐发。

　　陈梦家应该是第一位深入考察《宣和博古图》与徽宗礼乐改革之关系的学者，在一篇由王世民整理的遗作中，陈梦家讨论了《宣和博古图》的版本、书名、修订、编作年代、编撰人等课题。[6] 这篇文章引用资料博洽，论证中肯，与叶国良的结论基本相同。他们二人的研究大致解决了《宣和博古图》的编纂问题：该书初编于大观初年（1107），当时朝廷下令考订古器，新造礼器；之后在礼局主持经营下编成《宣和殿古器图》，于政和三年（1113）颁降；又在宣和五年（1123）重修为《宣和博古图》。陈梦家此文虽晚至 1998 年才问世，但根据王世民的后记，它成于 1965 年后半年，该年陈梦家在北京琉璃厂获得嘉靖七年蒋旸翻刻至大本《博古图录》，因作斯文。

　　《考古图》的作者与成书时间因有吕大临的后记，大致没有异议。至于流传至今的几个版本中均记载有徽宗甚至南宋初年的事迹，应该是后来重刻

1　朱剑心：《金石学》（台北：台湾商务印书馆，1962）。

2　王国维著，容庚重编：《宋代金文著录表》，《丛书集成续编》（台北：新文丰出版公司，1989），册 93；王国维著，罗福颐校补：《三代秦汉两宋金文著录表》（北京：北京图书馆出版社，2003）。

3　王国维：《书宣和博古图后》，《观堂集林》（上海：上海书店，1922），卷 18，页 917—919；容庚：《宋代金石书籍述评》，《容庚选集》（天津：天津人民出版社，1994），页 18—27；陈梦家著，王世民整理：《博古图考述》，《湖南省博物馆文集》（长沙：船山学刊杂志社，1998），第四辑，页 8—20。

4　容庚关于宋代吉金书籍之研究，参见容庚：《宋代吉金书籍述评》，页 18—27。

5　叶国良：《宋代金石学研究》（台北：台湾大学中文所博士论文，1982），页 86—95；叶国良：《博古图修撰始末及其相关问题》，《幼狮学志》，第 18 卷第 1 期（1984），页 130—142。

6　陈梦家著，王世民整理：《博古图考述》，页 8—20。

时所混入，张勋燎已有清楚辩证。[1]

　　《考古图》《宣和博古图》等宋代图录所记载的商周古青铜器共超过千件，但这些器物大多不存，现仅余藏于台北故宫博物院的"父癸鼎"[2]与上海博物馆的"厚趠方鼎"[3]；前者经《宣和博古图》著录，后者载于赵九成的《续考古图》中。不过，"厚趠方鼎"虽与《续考古图》中的"父辛鼎"铭文相同，[4]但造型、纹饰不同，无法确定是否为同一件器物。20世纪70年代晚期北京拣选了一件西周晚期铜簋，[5]铭文与《宣和博古图》著录的"刺公敦"相同，[6]器物的造型与花纹也相同，如果不是《宣和博古图》中著录的器物，也应是同套列簋中的一件。

三、关于复古器物之研究

　　随着11世纪下半叶古文物的出土、收藏与著录，士大夫与朝廷礼官发现国初以来按照聂崇义《三礼图》所制造的朝廷礼器竟然于古无据，[7]与地下出土的商周青铜礼器完全不同，因此屡有批评。徽宗开始以三代铜器为范本，全面改造宫廷礼器，并且大规模搜求商周古铜器，前代士大夫收藏于是大量进入内府。然而徽宗"新成礼器"完成后不久，便发生了"靖康之难"，内府收藏尽为金人辇之而北，新成礼器也大部遗失。到了南宋，时人已不识得这些北宋礼器，至清末，它们都被认为是周、秦或南朝宋之遗物，直到孙诒让撰《宋政和礼器文字考》，才将宋徽宗的新成礼器辨识出来。[8]徽宗的新成礼器留存至今可识者尚有数十件的大晟编钟、2件政和鼎、3件宣和山尊等。除了金石图录，这些器物也是学者们研究的重点。

1　张勋燎：《吕大临考古图的成书年代和版本问题》，《古文献论丛》（成都：巴蜀书社，1988），页226—237。

2　Wen C. Fong and James C. Y. Watt eds., *Possessing the Past: Treasures from the Taipei Palace Museum* (New York: The Metropolitan Museum of Art, 1996), 221, pl. 96.

3　东京国立博物馆等编：《上海博物馆展》（东京：东京国立博物馆，1993），页38，图12。

4　赵九成：《续考古图》，《百部丛书集成》（台北：艺文印书馆，1965— ），卷4，页17。

5　程长新、张先得：《伯椃虘簋之再发现》，《文物》，1980年第5期，页61—62。

6　宋徽宗敕编：《宣和博古图》（台北"中研院"历史语言研究所藏至大重修本），卷17，页12—13。

7　关于《三礼图》的编纂与后周、宋初的政治情势，参见 François Louis, "Representing Rulership in the Northern Song Era: Nie Chongyi's Sanli tu," paper presented at the conference *Representing Things: Visuality and Materiality in East Asia*, Department of Art History, Yale University, April 2009.

8　孙诒让：《古籀拾遗　古籀余论》（北京：中华书局，1989），页48—57。

最早注意到宋代仿古铜器的是容庚，他除了系统地研究金石图录之外，在其《商周彝器通考》中也收录宋代仿古铜器，主要是徽宗与高宗朝的宫廷铸器，虽目之为"仿造"，但汇集的实物与文献材料为之后的研究奠立了基础。[1] 1948 年，鲁德福首度撰写专文讨论一件藏于加拿大皇家安大略考古博物馆（Royal Ontario Museum of Archaeology）的钟，上有改款的"大和"二字，经过爬梳史料，鲁德福复原了该钟原来的铭文应该是"大晟"，是徽宗大晟编钟中的一件，铸于崇宁四年（1105）或崇宁五年（1106），改款于金世宗大定十四年（1174），此时大晟编钟被金廷用于宫廷典礼之中。[2] 鲁德福这篇文章把大晟钟在入金后的命运考证明白了，有重要贡献。后来在 1963 年，吕文信以藏于辽宁省博物馆、器缘加刻"上京都僧录官押"款的大晟钟讨论徽宗朝之议定新乐到金人入侵后大晟钟被辇之而北的命运，解释了"上京"款钟流落至东北的原因。[3] 次年陈梦家也撰文补充，尤其着重考订大晟钟入金后从一开始被忽视，到刮去"大晟"改为"大和"的过程。[4] 陈梦家的讨论较细致，不过文中使用的关键材料与考订大体不出鲁德福文章的范围。

截至 20 世纪 60 年代，关于宋代仿古器物的讨论限于徽宗的宫廷铸器，内容则是征引文献、考订器物的制作背景，对于器物本身之器形、纹饰的分析相当有限。首先从艺术史的角度来审视宋代图录与仿古器物的是 Robert Poor，他在讨论《考古图》《宣和博古图》的明代刻本时，发现明代仿古铜器有平板、生硬的特点，正与图录中的器物描绘接近，因而推测这些仿古铜器应该是本于图录，平面化的图像特点于是被转移到立体器物上。[5] Robert Poor 首次将图录与器物相联系，开创了一个新的研究角度，将讨论从古文字、文献考订扩展到风格表现的分析。同时，Poor 也提出了一个重要的观察：宋代的金石图录在成书后不仅作为金石收藏家的案头书籍，也为器物制作者提供了参考。

Robert Poor 的讨论虽然涉及明代仿古铜器，但是他并没有扩大讨论；从

1　容庚：《商周彝器通考》（北平：哈佛燕京学社，1941），页 183—192。

2　R. C. Rudolph, "Dynastic Booty: An Altered Chinese Bronze," *Harvard Journal of Asiatic Studies* 11, nos. 1-2（1948）: 174-180.

3　李文信：《上京款大晟南吕编钟》，《文物》，1963 年第 5 期，页 42—44。

4　陈梦家：《宋大晟编钟考述》，《文物》，1964 年第 2 期，页 51—53。

5　Robert Poor, "Notes on the Sung Dynasty Archaeological Catalogs," *Archives of the Chinese Art Society of America*, 19（1965）: 33-44.

容庚到陈梦家等中国学者也仅讨论带有款识的宋代宫廷铸器。但世界各大博物馆都收藏有大量的晚期中国铜器，它们多数时代不明，也没有出处，加上缺乏可供参照的考古出土品，令研究者相当头痛。William Watson 首先对这些文物进行研究，按照风格进行分类、排比，试图理出器物时代之先后。[1] 今天看来，Watson 有些关于年代的判断不一定正确，不过他认为宋代仿古器的特点为"忠实模仿"（close imitations），并为明清两代所仿制，这个洞见后来成为 Rose Kerr 与 Robert D. Mowry 研究的基础。尤其是 Kerr，在 Watson 的基础上，她进一步分析宋、金、明各朝代仿古器物的风格特点，除了博物馆藏品外，Kerr 还充分利用有限的考古材料，建立坚实的立论基础，对厘清各时代风格有重要贡献。[2]

　　至于 20 世纪七八十年代的中国学界，由于商周考古迭有新发现，青铜时代是中国学者研究的重点。此时有一些零星但重要的材料发表，除了上述"伯桃盨簋"之外，周铮撰文介绍藏于故宫博物院的宣和山尊与中国国家博物馆所藏的徽宗赐童贯铡鼎，也讨论了徽宗朝放弃《三礼图》、重新制定礼乐制度的情况。[3]

　　进入 20 世纪 90 年代，凭借研究青铜时代考古文物的丰富经验，罗森（Jessica Rawson）也涉足晚期仿古器物的研究。罗森将研究上古铜器的经验应用到晚期器物的研究上，特别注重礼制、器物与使用者三者的互动关系，从长时段讨论青铜器不同的意义与社会功能，从商周青铜礼器文化的确立与中止、宋代之转型讨论到后续之流变。[4]

1　William Watson, "On Some Categories of Archaism in Chinese Bronze," *Ars Orientalis*, 9（1973）: 1-13.

2　Rose Kerr, "A Preliminary Note on Some Qing Bronze Types," *Oriental Art*, 26, no. 4（1980）: 447-456; "The Evolution of Bronze Style in the Jin, Yuan, and Early Ming Dynasties," *Oriental Art*, 28, no. 2（1982）: 146-158; "Metalwork and Song Design: A Bronze Vase Inscribed in 1173," *Oriental Art*, 32, no. 2（1986）: 161-176; "Song and Yuan Bronzes," *Transactions of the Oriental Ceramic Society*, 54（1989-1990）: 9-24; *Later Chinese Bronzes*（London: V&A Far Eastern Series, 1990）. Robert D. Mowry, *China's Renaissance in Bronze: the Robert H. Claque Collection of Later Chinese Bronzes 1100-1900*（Phoenix: The Phoenix Art Museum, 1993）.

3　周铮：《宣和山尊考》，《文物》，1983 年第 11 期，页 74—75、67；周铮：《贯铡鼎考》，《中国历史博物馆馆刊》，1995 年第 1 期，页 129—134。

4　Jessica Rawson, "The Ancestry of Chinese Bronze Vessels," in Steven Lubar and W. David Kingery eds., *History from Things: Essays on Material Culture*（Washington D.C.: Smithsonian Institute, 1993）, 51-73; "The Many Meanings of the Past in China," in D. Kuhn and H. Stahl eds., *Die Gegenwart des Altertums: Formen und Funktionen des Altertumsbezugs in den Hochkulturen der Alten Welt*（Heidelberg: Edition Forum, 2001）, 397-421; "Novelties in Antiquarian Revivals: the Case of the Chinese Bronzes," *Gugong xueshu jikan*, 22, no. 1（2004）: 1-34.

　　此时还有一篇较为特殊的文章，艺术史家韩文彬（Robert E. Harrist）在研究李公麟绘画时，对北宋古物学产生兴趣，试图从《考古图》中的器物描绘复原李公麟的古物收藏与绘画风格。[1]

四、21 世纪的新发展 —— 材料与课题之开展

　　2000 年，台北故宫博物院举办"千禧年宋代文物大展"，展出宋代宫廷制作的青铜器，引发了学界对宋代复古艺术的兴趣。展览图录中收录了两篇相关文章：张临生讨论以李公麟为主、活跃在 11 世纪末的金石收藏家，[2]陈芳妹则讨论宋代古器物学的发展以及徽宗朝青铜器与制礼作乐的背景。[3]这两篇文章延续容庚、陈梦家以来的研究，处理课题一为北宋士大夫收藏家，另一以徽宗宫廷的礼器复古为主，两人均以"古器物学"称呼北宋古铜器的收藏与研究，对北宋古物学发展有细致讨论。

　　21 世纪初以来对于复古与艺术的兴趣不限于东方，西方学界亦然，关心范围也不限于宋代。在 2004 年就有三个相关的研讨会：首先，台北故宫博物院举办的"玩古·赏新——十六至十八世纪艺术的仿古风"研讨会，主要探讨明末清初不同艺术的仿古风格。稍后在美国纽约专门研究装饰艺术与物质文化的 Bard Graduate Center，由 Peter Miller 与 François Louis 主办的"欧洲与中国古物家的时代（The Age of Antiquaries in Europe and China）"研讨会，从比较的观点讨论欧洲与中国的古物学。接下来德国维尔茨堡大学（Universität Würzburg）也举行了一个研讨会，讨论在中国不同时期、不同情境下对"古"的认识，论文集已于 2008 年出版。[4]另外，芝加哥大学（University of Chicago）在巫鸿的主持下，也在 2006 年举办两次关于中国复古艺术的会议，

1　Robert E. Harrist, "The Artist as Antiquarian: Li Gonglin and His Study of Early Chinese Art," *Artibus Asiae*, 55, nos. 3-4（1995）：237-280.

2　张临生：《李公麟与北宋古器物学的发轫》，台北故宫博物院编：《千禧年宋代文物大展》（台北：台北故宫博物院，2000），页 19—49。

3　完整讨论见陈芳妹：《宋古器物学的兴起与宋仿古铜器》，《台湾大学美术史研究集刊》，第 10 期（2001），页 37—160。

4　Dieter Kuhn and Helga Stahl eds., *Perceptions of Antiquity in Chinese Civilization*（Heidelberg: Edition Forum, 2008）.

成果于 2010 年出版。[1]2010 年，长年研究西方发掘、利用、复兴古代现象的法国学者 Alain Schnapp 也集结了东西方不同领域的学者，[2] 在美国加州盖蒂研究所（Getty Research Institute）举办"世界的古物学（world antiquarianism）"工作坊，论文集于 2013 年出版。除研讨会外，台湾大学艺术史研究所发行的《台湾大学美术史研究集刊》也于 2011 年秋出版"复古专号"，集结五篇讨论宋代到民国初年的文章。[3]

　　21 世纪以来，这些展览、研讨会、论文集、专刊之举行与出版，可以看到中西学界在世纪交接之际，对于各文明如何认识过去、挪用过去有着共同的兴趣，无论是研究材料还是课题上都有所探索。就研究材料而言，《考古图》与《宣和博古图》二巨著仍为研究重心，但讨论焦点从编纂过程转移到编纂背后之政治、文化：陈云倩认为《考古图》反映了士大夫对于"古"的认识与解释，而《宣和博古图》则是朝廷官员基于礼仪目的编纂，其中器物的分类与解释均力图与三礼扣合。[4] 诚然《考古图》与《宣和博古图》的性质不同，但《考古图》作者吕大临曾任秘书省正字，书中对于古代礼仪制度也多有阐发；相对地，《宣和博古图》一书除了商周礼器之外，也包含大量的铜镜、车马杂器等不属于礼的范畴的器物。要从公、私的角度将此二书截然划分，有其困难。笔者则从当时宫廷政治的角度考察《考古图》《宣和博古图》之间的关系。由于《考古图》中所收录的收藏家有不少为活跃于元祐时期的士大夫，加上作者吕大临为元祐宰相吕大防之弟，因此笔者认为《考古图》的成书与"元祐更化"有不可分割的联系。采取"绍述"路线的徽宗所敕纂的《宣和博古图》虽然在内容与体例上明显参考了《考古图》，但全书刻意回避吕大临与《考古图》，反而屡屡援引王安石与《字说》，反映出在政争的背景下，《宣和博古图》一方面继承《考古图》，一方面又为其反动的矛盾关系。[5]

　　就器物而言，徽宗朝铸造的大晟钟仍吸引了不少学者的目光，他们的研

1　Wu Hung, ed., *Reinventing the Past: Archaism and Antiquarianism in Chinese Art and Visual Culture*（Chicago: The Center for the Art of East Asia, University of Chicago, 2010）.
2　最具代表性的作品为 Alain Schnapp, *The Discovery of the Past: The Origins of Archaeology*（London: British Museum Press, 1996）。
3　陈芳妹主编：《台湾大学美术史研究集刊》，第 31 期（2011）。
4　Yun-Chiahn C. Sena, "Cataloguing Antiquity: A Comparative Study of the Kaogu tu and Bogu tu," in Wu Hung ed., *Reinventing the Past: Archaism and Antiquarianism in Chinese Art and Visual Culture*, 200-228.
5　Ya-hwei Hsu, "Reshaping Chinese Material Culture: The Revival of Antiquity in the Era of Print,"（PhD diss. Yale University, 2010）, 36-61.

究跨越鲁德福与陈梦家对于大晟钟宋、金命运之讨论，并往不同方向开展：李幼平从音乐学视角研究大晟编钟的音律，[1] 林萃青（Joseph S. C. Lam）则研究大晟钟作为一种政治展演的手段，[2] 伊沛霞（Patricia Ebrey）则对照仁宗朝的乐器改革探讨徽宗大晟钟成功的原因。[3]

除了徽宗的宫廷铜器之外，南宋、元代民间所制器物也成为新的研究焦点，包括墓葬与窖藏出土品。关于这些民间制器的讨论，也将材料拓展至原来不受重视的《三礼图》《绍熙州县释奠仪图》，以及其他根据《考古图》《宣和博古图》编辑而成的图籍，如《纂图互注周礼》《纂图互注毛诗》以及州县学中的礼器碑。Susan Erickson 注意到四川宋元时期的窖藏经常出现模仿商周青铜器的陶瓷，证明了此时古物相关知识应有一定程度的普及。[4] 谢明良仔细分析元代北方不同地区墓葬出土的陶器，将它们与《宣和博古图》《三礼图》的描绘相联结，并推测这些书籍的影响可能存在地域性。[5] 笔者也讨论了图录与元代墓葬陶器的关系，指出朱熹所编的《绍熙州县释奠仪图》来自《宣和博古图》，并论证《宣和博古图》除了直接影响器物制作之外，也通过二手礼书与其他纂图类书籍间接地扩大影响。[6] 陈芳妹广泛收集考古所见的两宋仿古器物，分析它们的风格，讨论它们可能的使用脉络以及从考古到玩古态度之转变，[7] 最近又以宋、元府学的礼器与礼器碑为焦点，讨论朱熹《绍熙州县释奠仪图》中的复古礼制如何通过朱熹的故旧门生向各地传播。[8]

除了铜器与陶瓷，苏芳淑（Jenny F. So）则整理了宋、辽、金时期的玉器，

1　李幼平 :《大晟钟与宋代黄钟标准音高研究》（上海 : 上海音乐学院出版社，2004 ）。

2　Joseph S. C. Lam, "Huizong's Dashengyue, a Musical Performance of Emperorship and Officialdom," in Patricia B. Ebrey and Maggie Bickford eds., *Emperor Huizong and Late Northern Song China: The Politics of Culture and the Culture of Politics* (Cambridge: Harvard University Asia Center, 2006), 395-452.

3　Patricia Ebrey, "Replicating Zhou Bells at the Northern Song Court," in Wu Hung ed., *Reinventing the Past: Archaism and Antiquarianism in Chinese Art and Visual Culture*, 179-199.

4　Susan N. Erickson, "Investing in the Antique: Bronze Vessels of the Song Dynasty (960-1279)," in D. Kuhn and H. Stahl eds., *Die Gegenwart des Altertums: Formen und Funktionen des Altertumsbezugs in den Hochkulturen der Alten Welt*, 423-435.

5　谢明良 :《北方部分地区元墓出土陶器的区域性观察——从漳县汪世显家族墓出土陶器谈起》，《故宫学术季刊》，第 19 卷第 4 期（2002 ），页 143—168。

6　参见本书第七章 ; Ya-hwei Hsu, "Reshaping Chinese Material Culture: The Revival of Antiquity in the Era of Print," 135-196.

7　陈芳妹 :《追三代于鼎彝之间 : 从考古到玩古的转变》，《故宫学术季刊》，第 23 卷第 1 期（2005 ），页 267—332。

8　陈芳妹 :《"与三代同风"：朱熹对东亚文化意象的形塑初探》，《台湾大学美术史研究集刊》，第 31 期（2011 ），页 61—150。

并认为仿古玉的出现与文人有密切关系，提出"文人玉"（"literati" jades）的概念。[1] 这正与近来研究特别重视宋代古物学与士人关系的趋势相合。如陈云倩讨论士大夫墓葬中墓志的复古表现；[2] 孟洁予（Jeffery C. Moser）则从思想史的角度，讨论宋代复古、礼学与北宋理学思想的关系；[3] 笔者则从南宋时期的金石收藏与仿古器物讨论偏安于杭州一带的士大夫的收藏心态。[4]

在这股对于宋代复古、仿古艺术的兴趣中，李零的《铄古铸金——考古发现和复古艺术》对于中国艺术中的复古与仿古现象做了通盘的介绍与整理，上从青铜时代的古物收藏，下至明清篆刻。[5] 该书对于 21 世纪以来的相关研究有不错的整理，但为普及性读物，有些讨论未能深入。但是跨时段的讨论让读者了解到"复古"鲜少是一成不变地复制过去，而是在"古"的旗帜下，创造新的形式与解释，以为"今"服务。"复古"并非墨守过去，而是激发创意的一大泉源。[6]

五、未来展望

以上讨论试着勾勒出关于宋代古物学的研究大势：就研究材料而言，20—21 世纪，从特重《考古图》《宣和博古图》二书与徽宗宫廷制器，扩大到宋元时期民间制器与衍生自《考古图》《宣和博古图》之二手图籍及碑石。就探讨课题来说，从厘清图录的编纂时间与过程、器物的特点与表现，到在政治史、思想史及物质文化等不同脉络中探索其意义。以下谈谈几个未来可能继续开展之研究方向。

---

1   Jenny F. So, "Finding Paradigms among Northern Sung Jades," in Taipei Palace Museum ed., *Conference on Founding Paradigms: Papers on the Art and Culture of the Northern Song Dynasty*（Taipei: Taipei Palace Museum, 2008）, 723-757.

2   Yun-Chiahn Sena, "Pursuing Antiquity: Chinese Antiquarianism from the Tenth to Thirteenth Century."

3   Jeffery C. Moser, "Recasting Antiquity: Ancient Bronzes and Ritual Hermeneutics in the Song Dynasty,"（PhD diss. Harvard University, 2010）.

4   参见本书第五章。

5   李零：《铄古铸今：考古发现和复古艺术》（香港：香港大学出版社，2005）。

6   这也促使有些青铜时代的研究者从收藏、好古、复古的角度反思商周器物，参见 Jessica Rawson, "Reviving Ancient Ornament and the Presence of the Past: Examples from Shang and Zhou Bronze Vessels," in Wu Hung ed., *Reinventing the Past: Archaism and Antiquarianism in Chinese Art and Visual Culture*, 47-76; Lothar von Falkenhausen, "Antiquarianism in Eastern Zhou Bronzes and Its Significance," in Hung Wu ed., *Reinventing the Past: Archaism and Antiquarianism in Chinese Art and Visual Culture*, 77-102.

　　虽然21世纪的研究大大拓展了研究的材料与范围,但除了北宋的《考古图》《宣和博古图》与相关之衍生图录之外,南宋的金石作品尚未受到足够重视。受制于政治形势,南宋时期的发展与北宋截然不同,此时虽不似北宋时期那样大家辈出,也没有强力的皇帝赞助,却是确立金石收藏研究在士人文化中占一席之地的关键时期。另外,南宋也是仿古器物大量出现的时期,材质从铜、陶瓷、玉到金银,功能也从朝廷礼器、佛道寺庙用器到文人的书斋摆设。近十年的研究虽已跨出北宋宫廷铸器向南宋民间制器延伸,但由北宋至南宋所发生的改变尚待深入研究,南宋士人在其中扮演的角色近来开始受到重视,是未来应当继续留意的方向。最后,许多学者不约而同地注意到宋代复古铜器对于邻近的韩国、日本产生的影响,见于朝廷礼器、释奠祭器、茶道花器等,宋代金石收藏通过外交、儒学向日本、韩国传播的课题也值得探讨。

　　过去宋代青铜器图录一直被放在"金石学"的学术脉络中讨论,仿古类型器物也由于看似缺乏创新与个性,且违反形式主义"风格"发展的轨迹,在艺术史研究中长期被忽略。近来在强调跨领域整合与脉络(context)分析的方法之下,无论古物图录还是器物上的复古表现都被放到不同的脉络中探讨。这个方法也让我们对北宋金石收藏之兴起有新的认识,它与晚唐以来排佛崇儒的发展密切相关,与文学上的复古——"古文运动"一样,是新兴的士大夫阶层对于中国文化核心价值的思考,代表了他们的文化宣言。长期来看,他们不仅树立了一个新的学科,也成功扭转了中国物质文化的走向,从汉唐之时强烈的外来影响,一变而为宋代以下之回归古典,使得三代古铜形象无所不在。除此之外,主要的金石收藏研究者既为士大夫文人,他们的作品中也隐含了皇帝与士大夫、士大夫与士大夫之间的矛盾,以及与当代学术思潮的关系。这些研究不仅拓展、深化了我们对唐宋变革当中文化、物质面向的认识,也与当今新政治史的关怀相吻合。